BECK'SCHE SONDERAUSGABEN

CARL SCHNEIDER

Die Welt des Hellenismus

Lebensformen
in der spätgriechischen Antike

VERLAG C.H. BECK MÜNCHEN

Eine Auswahl aus der 1967/69
unter dem Titel ‚Kulturgeschichte des Hellenismus'
erschienenen zweibändigen Originalausgabe

Mit 20 Abbildungen auf Tafeln

CIP-Kurztitelaufnahme der Deutschen Bibliothek

Schneider, Carl
Die Welt des Hellenismus: Lebensformen in d.
spätgriech. Antike.
(Beck'sche Sonderausgaben)
ISBN 3-406-05731-4

ISBN 3 406 05731 4

Umschlagentwurf von Wolfgang Taube, München

Satz und Druck bei Georg Appl, Wemding
Printed in Germany

Vorwort

Dem Ersuchen des Verlages C.H. Beck, diejenigen Kapitel meiner zweibändigen ‚Kulturgeschichte des Hellenismus', die den hellenistischen Menschen und sein Alltagsleben behandeln, zu einer Sonderausgabe zusammenzufassen, konnte ich umso eher nachkommen, als die Sache selbst eine derartige Auswahl rechtfertigt. In seinem schönen Hellenismusbuch formuliert G. de Reynold den lapidaren Satz: „L'homme, c'est donc le Grec; ce pourra être, par extension, l'Européen." Dieser griechische Mensch, richtungweisend für alle europäische – und außereuropäische – Menschlichkeit, erreichte im Hellenismus eine einmalige Höhe, denn für diese Epoche gilt: „Une rose d'automne est plus qu'une autre exquise." (G. de Reynold, L'Hellénisme et le génie européen. Fribourg 1944. S. 39, 43).

In keiner anderen Periode der Weltgeschichte – von der Renaissance abgesehen – gibt es eine derartige Fülle von Persönlichkeiten, die – im Guten wie im Bösen – jegliche Form sprengten. In diesem Band jedoch sollen nicht überragende Gestalten des Hellenismus oder historische Ausnahmesituationen, sondern der hellenistische Mensch inmitten seiner Alltagswelt gezeigt werden. Seine Lebensfülle und innere Spannweite offenbaren sich in den Besonderheiten der Sprache ebenso wie in den komplexen Beziehungen zwischen Mann und Frau oder in dem neuen Verhältnis zur Natur. Die zunehmende Verstädterung, ein Charakteristikum des Hellenismus, bot dem Menschen der damaligen Zeit neue Voraussetzungen und Möglichkeiten für seine Wohnkultur, sie steigerte die Freude an Kleidung und Schmuck und weckte die Lust an verfeinerten Eßsitten; sie erleichterte aber auch die Überwindung sozialer Gegensätze und schärfte den Blick für Probleme der Bildung und Erziehung. In einem bis dahin nie dagewesenen Ausmaß intensivierte und differenzierte der Hellenismus das Berufsleben und seine Arbeitsvorgänge, er war aber auch eine überaus genußfreudige Epoche, in der Spiel und Tanz, Sport und Reisen, häusliche Feste und öffentliche Feiern voll zu ihrem Recht kamen. Ein Exkurs über das oft widersprüchliche Verhältnis des Hellenismus zu Sterben und Tod rundet die Darstellung dieser farbigen und vielschichtigen Epoche ab.

Der Text dieser Sonderausgabe folgt im großen und ganzen dem Wortlaut meiner ‚Kulturgeschichte des Hellenismus'. Zusätze dienen der besseren Verdeutlichung oder entsprechen neuen Forschungsergebnissen aus der Zeit nach dem Erscheinen der Originalausgabe. Notwendige Kürzungen ergaben sich daraus, daß diese Auswahl für einen größeren Leserkreis bestimmt ist; aus dem gleichen Grund wurde auch der gesamte Anmerkungsapparat weggelassen, dafür aber das Zitatenverzeichnis erweitert.

Vor allem aber wurde Wert auf eine gute Bibliographie gelegt. Ein solches Buch muß auf weiterführende Literatur hinweisen, daher darf es nicht nur allgemeine Werke nennen, sondern muß bei den zahlreichen Spezialfragen den Weg zur Spezialliteratur ebnen, die oft nur in Artikeln entlegener Zeitschriften und nicht immer leicht auffindbaren Dissertationen vorhanden ist. Die Möglichkeit, eine Reihe charakteristischer und hoffentlich nicht allzu bekannter Bilder einzufügen, ist der Großzügigkeit des Verlages zu verdanken.

Für eine Reihe von Anregungen und Kritiken, die zu Änderungen oder Zusätzen führten, dankt der Verfasser ganz besonders A. Heuss, P. Pédech, O. Seel und W. Theiler. Vor allem aber gilt sein Dank auch diesmal wieder Frau Dr. Ursula Pietsch, die sich in der gewohnten Weise unermüdlich mit dem Manuskript und seiner Drucklegung beschäftigt hat. Die Register stellte Frau Ingeborg Schneider her.

Ebenso wie die ‚Kulturgeschichte des Hellenismus' ist auch dieser Ausschnitt dem Freunde Rolf Madaus gewidmet.

Speyer, im September 1974 *Carl Schneider*

Inhaltsverzeichnis

I. Die Grundlagen des hellenistischen Lebens

II. Der Alltag

Verzeichnis der Abbildungen

I. Die Grundlagen des hellenistischen Lebens

1. Der hellenistische Mensch und das hellenistische Menschenbild

Schon seit langem ist es üblich, vom hellenistischen Menschen und vom hellenistischen Menschenbild zu reden, und das ist auch berechtigt. Wenn man eine Zeit in ihrer Besonderheit nicht über einer Summe von Einzelheiten übersehen will, muß man nach dem Besonderen im Wesen des Menschen einer solchen Epoche fragen. Nur muß man sich vor zu großen Vereinfachungen hüten, die daraus entstehen können, daß man allzu rasch Analogien zu anderen Epochen sucht und danach interpretiert, oder aber daraus, daß man das eine oder andere Merkmal des Menschen einer bestimmten Zeit verallgemeinert und überbetont. Beides ist in bezug auf den hellenistischen Menschen geschehen. Man hat den hellenistischen Menschen etwa vom Barock her gedeutet, weil einige seiner Merkmale den Eigentümlichkeiten des Barockmenschen entsprachen oder zu entsprechen schienen, man hat ihn aber auch vom modernen Menschen her gedeutet und behauptet, seine Wesensmerkmale seien etwa moderne Weltangst, Technisierung oder dergleichen gewesen. Aber das alles wird dem sehr komplexen Tatbestand nicht gerecht.

Wenn versucht werden soll, ein Bild des hellenistischen Menschen als eines epochal-typischen zu sehen, so darf dieser nicht losgelöst werden von der eigentümlichen seelischen Grundhaltung des griechischen Menschen zu allen Zeiten. Es gibt griechische Wesenszüge, die durch die ganze griechische Geschichte zu verfolgen sind, die auch im Hellenismus nicht ausstarben, sondern nur in neuen Modifikationen seine eigentliche Basis bildeten. So gilt es, die allgemein griechischen Grundzüge des hellenistischen Menschen und dann deren eigentümliche Abwandlung zu sehen.

Der hellenistische Mensch hätte nach der Veränderung der Welt seit dem Alexanderzug, mitten zwischen fremde Völker und Kulturen geworfen, als Glied einer zahlenmäßig verschwindend kleinen Minderheit nicht bestehen können, wenn nicht im Tiefsten seines Wesens das Bewußtsein gelebt hätte, als *Grieche einmalig* zu sein, und das Bild des griechischen Menschen, das ihm vorschwebte, erfüllen zu müssen. Mochte man noch so viel Verständnis für die Barbaren haben, mochte man gewillt sein, von ihnen zu lernen, Mitleid mit ihnen zu haben, vieles an ihnen zu bewundern, im letzten wußte man immer, daß man mehr war. Die darüber erbitterten Römer nannten das ‚vanitas Graeca', und moderne Autoren haben es ihnen nachgeredet und von der ‚maßlosen Eitelkeit' des hellenistischen Menschen gesprochen; in Wirklichkeit war dieses Überlegenheitsgefühl jedoch Hauptkraft und oftmals einzige Kraft griechischer Selbsterhaltung.

Um so überraschender ist es, daß aus diesem Griechen-Bewußtsein trotz der guten hellenistischen äußeren Möglichkeiten kein klar definiertes, eindeutig erstrebtes und politisch verwirklichtes *panhellenisches* Ideal wurde. Warum sind von Alexander bis Mithradates Eupator alle Versuche gescheitert, die Welt unter griechischem Vorzeichen zu einen? Warum ist dieses Bewußtsein nicht stark genug gewesen, der griechischen Selbstzerfleischung Einhalt zu gebieten, Rom und andere Mächte abzuwehren? Panhellenismus war oft verkündet, als zu erstrebendes Ziel hingestellt und auch weiter gepredigt worden. Historisch nicht genau den Tatsachen entsprechend prägte man für das Verhalten der Spartaner im Jahre 404 die schöne Formel, sie hätten nicht das eine der beiden Augen Griechenlands ausreißen wollen, und machte sie zu Panhellenen; Herakles, der Schutzherr der makedonischen Dynastie, wurde zum Panhellenen:

> Argeier oder Theber? Keins von beiden wünsch' ich,
> Denn meine einz'ge Burg ist aller Griechen Vaterland.

Bitter klagte Apollodoros von Karystos: Warum vernichten die Griechen einander, obwohl sie gut miteinander leben könnten? Ihre Verschiedenheit sei gerade ihr Reichtum und kein Grund zur Selbstvernichtung.

Aber auch die besten Einsichten und die vielen vorhandenen Möglichkeiten führten zu keinem politischen Ergebnis. Ansätze waren vorhanden, aber alle wurden verspielt. Die Gründung des korinthischen Bundes nach der Schlacht von Chaironeia (338/37) erfolgte unter Verwendung weitgehender panhellenischer Formeln, Philipp war „ganz Griechenlands Führer" (πάσης τῆς Ἑλλάδος ἡγεμών), der Hellenenbund (κοινὸν τῶν Ἑλλήνων), dessen Partner untereinander Frieden hielten, war in einem einzigen gemeinsamen Synedrion vertreten. Der geplante Perserkrieg war ein griechischer Krieg, wer von Griechen in außergriechischen Armeen diente, sollte als Hochverräter gelten. Vielen mochte es scheinen, als ob nunmehr die panhellenischen Gesichtspunkte des Isokrates und anderer zur vollen Reife und praktischen Verwirklichung gediehen seien. Auch Platoniker und Peripatetiker wie Kallisthenes haben das wenigstens zeitweise geglaubt. Aber es endete in einer Enttäuschung. Nicht einmal Athen, das Philipp dadurch zu überzeugen suchte, daß er die Gefangenen und Gefallenen von Chaironeia ohne Gegenleistung zurücksandte, glaubte an die panhellenische Gesinnung des Königs; es wollte darin nichts weiter als makedonische Hegemonieansprüche sehen. Trotz dieses Mißerfolges hat Alexander zunächst wieder den Gedanken des Panhellenismus aufgegriffen, und man kann kaum bezweifeln, daß es ihm damit Ernst war. Es wäre sonst nicht zu verstehen, daß weitblickende Griechen wie Phokion von Athen oder Eumenes und Hieronymos von Kardia, der der gesamten königlichen Kanzlei vorstand, die kleinathenische Enge des Demostheneskreises überwanden und dem König treu ergeben blieben. Zwei Wege ist Alexander gegangen: Wie Philipp knüpfte er an die Tradition der Perserkriege an, am stärksten propagandistisch als er nach seiner ersten siegreichen Schlacht dreihundert erbeutete persische Rüstungen der athenischen Göttin mit der Inschrift weihte: „Alexander, Sohn des Philipp, und die Hellenen mit Ausnahme der Spartaner weihten dies als Siegeszeichen über die Barbaren, die Asien bewohnen." Daneben hat er die panhellenische Bedeutung des griechischen Mythos und Homers viel stärker herangezogen, sowohl in der Verehrung seines Familienheros Herakles als auch in der Nachahmung des homerischen Achilleus und den Weihungen für den panhellenischen Zeus von Olympia.

Als aber Alexander persisches Zeremoniell annahm, Mischehen zwischen Makedonen, Griechen und Persern im wahrsten Sinne des Wortes inszenierte, in Opis der „Völkerversöhnung" (ὁμόνοια) ein Opfer darbrachte und seine Hauptstadt nach Babylon verlegte, da hat er sich von einem politischen Panhellenismus endgültig losgesagt. Schuld daran waren gewiß nicht nur die Erfahrungen, die er mit dem Individualismus und Freiheitsdrang, Lokalegoismus und Spießbürgergeist, Traditionalismus und Starrsinn, mit den positiven und den negativen Seiten der griechischen Poleis gemacht hatte. Er hatte auch selbst schwere Fehler begangen, die bei den Griechen den Gedanken aufkommen lassen mußten, daß es ihm in Wahrheit mit dem Panhellenismus gar nicht sehr ernst sei. Es war keine glückliche Idee, die Zerstörung Thebens vom Panhellenenbund rechtfertigen zu lassen und es war ebensowenig geschickt, Griechenland dem Antipatros zu übergeben, der zwar mit Aristoteles und Isokrates befreundet war, aber starr auf den makedonischen Hegemonieansprüchen beharrte.

Was Alexander nicht vermochte, vermochte der Hellenismus erst recht nicht, obwohl Demetrios Poliorketes noch einmal versuchte, den korinthischen Bund zu erneuern (302). Immerhin bleibt als ein nicht bis ins letzte zu lösendes Problem die Frage bestehen: Warum haben die Freiheitsparolen eine viel stärkere Propagandawirkung und Durchschlagskraft gehabt als der Panhellenismus? Diese Frage ist besonders kompliziert, da doch leicht zu erkennen war, daß an die Stelle der Freiheit in Wahrheit nur eine andere Knechtschaft trat. Das große, sowohl politische wie schließlich auch geistige Rätsel des hellenistischen Menschen liegt in der Tatsache, daß ziemlich alle, Aitoler und Achaier, Sparta und Rhodos, Pergamon und Bithynien, Ptolemaier und Seleukiden, bei allem gemeinsamen Kulturbesitz und Griechenbewußtsein sich lieber gegenseitig zerfleischten und das ‚barbarische' Rom gegen Griechen anriefen als panhellenisch zu handeln. Es genügt nicht, wirtschaftliche Gründe oder den dauernden Kampf zwischen Oligarchen und Demokraten oder die nie ganz zu überwindende Spannung zwischen Griechen und Makedonen dafür verantwortlich zu machen, wenn gewiß auch das Selbstbewußtsein der Makedonen die Griechen oft genug und noch lange gekränkt hat. Die Tragödie des Eumenes von Kardia ist letztlich darauf zurückzuführen. Daß ein politischer Panhellenismus trotzdem noch Möglichkeiten hatte, beweisen die Fälle, in denen er wenigstens für einige Zeit vorhanden war und die Sehnsucht nach ihm nicht ausstarb. So hat der Galliereinfall von 279 und die Errettung Delphois das panhellenische Bewußtsein aufflammen lassen; die delphischen Soterien wurden zum Fest der Erinnerung an die Errettung ‚der Griechen', des ‚allen Griechen gemeinsamen Heiligtums des Apoll' und des Sieges über die Barbaren. Selbst in den furchtbaren Zeiten nach den Plünderungen Sullas lag noch ein panhellenischer Schimmer auf Delphoi. Auch das Verhalten der Herrscher blieb nicht ganz unbeachtet: in Delphoi dankte man den Pergamenern für ihr Wohlwollen gegen *alle* Griechen (πρὸς ἅπαντας τοὺς Ἕλληνας), Polybios unterstrich jede noch so kleine panhellenische Handlung Philipps V., und Mithradates Eupator verdankte seinen Erfolg zu einem großen Teil einer panhellenischen Propaganda. Es entstanden sogar neue panhellenische Zentren, so seit 242 das penteterische Asklepiosfest von Kos, zu dem die Griechen von der Peloponnes bis Thrakien, von Sizilien bis zum Inneren Kleinasiens und von allen Inseln Festgesandtschaften schickten. Nicht zu vergessen ist endlich die Ausgestaltung des Proxeniewesens, das Griechen über Länder, Meere und Grenzen hinweg verband. Von der großen panhellenischen Erdbebenhilfe für Rhodos und ähnlichen Hilfsaktionen spricht Polybios mit höchster Bewunderung.

Daß man aber überall in den Ansätzen stecken blieb, hatte zwei tiefere Gründe. Der eine war die besondere Art der griechischen *Emotionalität,* die man die negative Seite der Agonistik und des Freiheitsdranges nennen könnte. Ein oft völlig unmotivierter, rein emotionaler Haß hetzte Griechen immer wieder gegen Griechen, Polybios liefert Beispiele genug dafür. Man wird diesen seelischen Beweggründen nicht gerecht, wenn man sie wirtschaftlich oder äußerlich zu erklären sucht. Ein uraltes gefühlsmäßiges Mißtrauen trennte auch in einer neuen Welt die Griechen voneinander: „Traue einem Korinther, aber wähle ihn nicht zum Freund" – „Die Kreter sind immer Lügner, wilde Tiere", so und ähnlich haben sich auch hellenistische Griechen beschimpft.

Der zweite Grund ist darin zu suchen, daß das Bewußtsein, Grieche zu sein, vielfach nur ein *Kultur- und Bildungsbewußtsein* war. Der Hellenismus hat das nur verstärkt. Die Griechen aller Schichten, wo immer sie auch lebten, kannten ihren kulturellen Besitz und waren stolz auf ihn, Homer gaben sie ebensowenig preis wie den Mythos, auch wenn sie längst nicht mehr an ihn glaubten. Sie kannten und verherrlichten ihre Geschichte bis hin zur unbedeutendsten Lokalgeschichte. Mitten im Krieg ließen hellenistische Feldherren von wandernden Rezitatoren und Dionysostechniten ihren Truppen die großen Literaturwerke vortragen, damit den Soldaten bewußt wurde, daß sie für das Griechentum kämpften. Das sophistische Ideal des gebildeten Menschen wurde zum Kennzeichen des Griechen schlechthin, und deshalb bemühten sich zahlreiche Höfe, einige mit viel Glück, neue Bildungszentren zu werden statt politische Mittelpunkte zu sein. In Städten wie Athen konnte es bis zu einem hohen Bildungsdünkel kommen, der dann eine radikale Opposition herausforderte. Diogenes wurde das Wort zugeschrieben, daß Bildung nur eine Beschäftigung für Leute sei, die nichts zu tun hätten.

Von jeher war das griechische Bildungsbewußtsein mit der Fähigkeit zu *kritischer Beobachtung,* vor allem zu erbarmungsloser Selbstbeobachtung, verbunden gewesen, und im Hellenismus ist diese Verbindung intensiviert und die kritische Haltung bis hin zu einer fast methodischen psychologischen und soziologischen Schau gesteigert worden. Die Sokratik hatte Selbsterkenntnis und Selbstkritik zum Merkmal des gebildeten Menschen erhoben, die Tragödie und die klassische Geschichtschreibung hatten sie in einem unerhörten Maße dem ganzen Volke zugetraut, der Hellenismus hat beide bis zur Erforschung letzter und sublimster seelischer Inhalte und zu einer durch und durch sauberen Beachtung aller Symptome menschlichen Verhaltens fortgeführt. Die Kraft und der Mut zur beobachtenden Kritik machten vor nichts mehr halt, weder vor dem eigenen Ich noch vor anderen, sie dokumentierten sich in literarischer, philosophischer, künstlerischer Kritik – nur die politische wurde mehr und mehr beschnitten, starb aber nicht ganz aus. Sie war gerecht oder ungerecht, witzig oder banausenhaft, aufbauend oder niederreißend, depressiv oder anmaßend-rechthaberisch: die Griechen „schmähen alle hemmungslos, mit denen sie auf Grund eines Wahrheitsanspruches nicht übereinstimmen", hat Cicero nicht falsch gesehen.

Im Hellenismus trat diese kritische Selbst- und Menschenbeobachtung in den Formen der beobachtenden Psychologie auf. Vieles hatte auf diesen Weg gedrängt, das seit Platon erwachsende Interesse an der Seele, die Menschenbilder der großen Dichter, die Beobachtungen der Ärzte seit vielen Generationen. Neu war aber, daß man die Deutung der Phänomene und oft auch der Symptome mehr und mehr der Philosophie überließ, sich aber ohne sie an der bloßen Beobachtung erfreute. Vor allem wurde eins wichtig: Die sich vom Platonismus her anbahnende Dreischichtung des Menschen machte das Seelische zum Objekt der Beschreibung. Wie durch die Trennung von Seele und Leib den Medizinern die Möglichkeit gegeben wurde, Leichen ungehemmt zu sezieren, wurde es durch die allmählich sich durchsetzende Trennung von Seele und Geist ermöglicht, alles Transzendent-Metaphysische dem Geist anzuhängen, so daß man die Seele, ähnlich wie den Körper, unbefangen in ihrem tatsächlich-empirischen Verhalten belauschen konnte. Weil der Nous Gott war, wie es in einem Menanderzitat heißt, blieb die Seele dem Menschen, ja sogar dem Tiere, vorbehalten. Dabei tut es nichts zur Sache, daß diese beobachtende Psychologie kaum je wissenschaftlichen Ambitionen entsprang, sondern meist einer praktischen Zielsetzung, wobei freilich ihre Einsichten dann in Gefahr geraten konnten, wenn das pädagogische oder teleologische Element in den Vordergrund rückte. So waren die feinen psychologischen Einsichten der Epikureer nur Mittel zur Erreichung der wahren Seelenruhe. Es entstand keine neue Spezialwissenschaft, sondern Kunst, Literatur, Rhetorik, allenfalls die Medizin waren die Träger der neuen psychologischen Beobachtung.

Noch blieben die Kategorien vielfach grob. Nicht immer trennte man zwischen Verhalten und Wertung, und allzu oft begnügte man sich mit einfachsten Typenschemata wie dem Unterschied zwischen heiteren und düsteren oder gar ehrlichen und verschlagenen Menschen. Aber an einigen Stellen ist der hellenistische Mensch unerhört sublim erfaßt.

Da hat zunächst die neue Komödie die Psychologie gewisser Erscheinungen und Spielarten des athenischen Menschen gezeigt, und zwar so deutlich, daß von vornherein klar wird, daß dies nicht nur Menschentypen einer bestimmten Epoche, sondern eindeutig attische Menschen sind, während Antiochener oder Alexandriner anders aussehen mußten, was die psychologisierenden alexandrinischen Dichter bezeugen. Die Väter und Söhne, Sklaven und Hetären, Parasiten und unmilitärischen Soldaten, die verkalkten Greise und höheren Töchter, ihre bürgerliche Erotik und ihr gelegentliches angeberisches Über-die-Stränge-Schlagen, ihre Sentimentalität und Knausrigkeit, ihr Aberglaube und ihr billiger Witz sind durch Rede, Handlung und Ausdruck mit wenigen Strichen so glänzend gezeichnet, daß weder eine naturalistische Photographie noch ein idealisierendes Gemälde, sondern eine saubere, warme und einfühlende psychologische Deskription entstanden ist. Hier ging es um wirkliche

Menschen, deren äußeres ‚behavior' mit ihrem Innenleben völlig übereinstimmte.

Die *beobachtende Psychologie* des Normalen wie des Abnormen hat sich auch der Memoirenliteratur, einer typisch hellenistischen Schöpfung, der Anekdotenerfindung und -sammlung und der Geschichtschreibung bedient. Hellenistisch ist, daß ihre Gestalten aufhörten, handelnde oder leidende Figuren zu sein, daß sie lebende und erlebende Menschen wurden, was selbst bei sparsamster Zeichnung erkennbar ist. Man beobachtete den Menschen von seiner frühesten Kindheit bis zu seinem letzten Wort; dabei nahm man freilich oft Schemata zu Hilfe, fand, daß es bedeutungsvoll war, wie er mit Kindern umging, ob er als Erwachsener noch zum Spielen fähig war, wie er körperlich auf Affekte und Emotionen reagierte. Man verfolgte seine innere Entwicklung nach oben oder unten, seine ‚Bekehrungen' und Rückfälle. Hervorragend wurde die Symptomatik etwa der Furcht oder der Trauer registriert. Der Blick für individuelle und sozialpsychologische Differenzen wurde geschärft; die Alexandergeschichte traute dem König zu, daß er zu jedem Volksstamm in einer besonderen Weise sprach, die dessen seelische Eigenart berücksichtigte.

Die Höhenlage der beobachtenden Psychologie geht aus der *Porträtkunst*, in erster Linie aus der typisch hellenistischen Kunst der Münzporträts, hervor. Vergleicht man ohne Rücksicht auf den künstlerischen Wert und die historische Bedeutung die bekanntesten Porträtmünzen hellenistischer Herrscher, so erkennt man die feinste psychologische Kenntnis der Ausdruckssymptomatik, verbunden mit ihrer charakterologischen Aussage. Da finden sich im Ausdruck einsichtige Klugheit und nüchterne Energie – Ptolemaios I. –, scharf ausgeprägte charakterliche Selbständigkeit – Seleukos I. –, sinnliche Unruhe – Demetrios Poliorketes –, abgeklärter Pessimismus – Antiochos I., dessen gesenkte Mundwinkel als eindeutiges Symptom festgehalten sind –, fettes, aber kluges und raffiniertes Genießertum – Ptolemaios II. –, weiche Müdigkeit – Ptolemaios III. –, nervöse Arroganz – Pyrrhos –, ausgezehrte, schwer leidende Übererregtheit – Antiochos IV., erschütternd besonders im Gegensatz zu der temperamentvollen, zupackend lebendigen Extraversion Demetrios' I. von Baktrien –, lauschendes Lauern – Philetairos –, rohe Brutalität – Pharnakes I. In den unerhört veristischen Porträtköpfen der späthellenistischen Plastik, auch besonders von leidenden und müden Menschen, hat die darstellende Beobachtung ihren Höhepunkt erreicht.

Leider ist uns nur ein Spezialwerk zur beschreibenden hellenistischen Psychologie erhalten, *Theophrasts* ‚Charaktere', die man allzusehr nur im Lichte der Komödie gesehen hat. Die Tatsache, daß der in seinen Werken naturwissenschaftlich bestimmte Theophrast (371–287) sich an die Aufgabe der Menschenbeschreibung heranwagte, darf nicht übersehen werden und bezeichnet auch den Ort dieser Schrift. Nicht nur die Komödie hat ihn geprägt, sondern mindestens ebenso stark Aristoteles, über den er in der eigenartigen Abgrenzung des Psychischen vom Biologischen und der Befreiung der Beobachtung vom teleologischen Dogmatismus in den ‚Charakteren' weit hinausgewachsen ist. Vor allem hat ihn dazu, ähnlich wie Menander, die Feinheit seines Blickes für seelische Kleinstgebilde prädestiniert, vielleicht ist sie die Folge seiner Herkunft aus Lesbos.

Als differentialpsychologische Schrift sind die ‚Charaktere' durch zwei Besonderheiten ausgezeichnet, sie beobachten wirklich Gesamtstrukturen in ihrem Verhalten, und sie differenzieren dabei aufs sorgfältigste, ohne abstrakt zu analysieren. Beides ist hellenistisch, und zwar erst hellenistisch. Es ist psychisch-symptomatisch, ob sich einer zu oft die Haare schneiden läßt und die Zähne bis zu strahlender Weiße putzt, oder ob er mit schwarzen Fingernägeln herumläuft. Man erkennt die Eigenart eines Menschen daran, ob er einen eben Eingeschlafenen aufweckt, ob er seine Kinder beim Sport überanstrengt oder eine Lobrede auf seine eigene Frau verfaßt. Temperamentmerkmale werden aufgezeigt an einem, der seinem Nächsten immer sofort ins Wort fällt, oder an einem Phlegmatiker, der die Dauergewohnheit hat, im Theater einzuschlafen. Intellektuell differenzierend wird der Abergläubische vom Unkomplizierten und dieser vom Kritiklosen unterschieden. Besonders treffend ist der Blick für nervöse Strukturen, die an der Grenze des Pathologischen liegen, etwa für die Pseudologia phantastica oder das krankhafte Sensationsbedürfnis. Schwatzhaftigkeit (ἀδολεσχία) ist psychologisch etwas anderes als Geschwätzigkeit (λαλιά), Sensationsmacherei (λογοποιία) etwas anderes als Angeberei (ἀλαζονεία): der Schwatzhafte redet wahllos, ohne irgendwelche Unterschiede zu machen, der Geschwätzige läßt keinen anderen zum Reden kommen oder auch nur ausreden, der Sensationsmacher berauscht sich selbst emotional und erzählt daher kritiklos auch Dinge aus dunkelsten Quellen, der Angeber behauptet, daß die Künstler oder Handwerker in Asien besser seien als in Europa, ohne auch nur das geringste davon zu verstehen. Psychologisch unterschieden werden Hochmut (ὑπερηφανία), Standesdünkel (ὀλιγαρχία), kleine Eitelkeit (μικροφιλοτιμία) und eitle Wichtigtuerei (περιεργία): der Hochmütige besucht keinen, der nicht vorher zu ihm gekommen ist, der Dünkelhafte kennt und zitiert nur den einen Homervers, der die Vielherrschaft ablehnt und die Monarchie fordert, der kleine Eitle schreibt auf das Grabmal seines Hundes, von welcher Rasse er war, und der Wichtigtuer bietet sich an, einen Weg zu zeigen, den er selbst nicht kennt. Als Strukturmerkmale werden Heuchelei (εἰρωνεία), Schmeichelei (κολακεία) und Servilität (ἀρεσκεία) unterschieden: der Heuchler hat immer eine Ausrede bereit, der Schmeichler lacht über die witzlosesten Witze dessen, dem er schmeichelt, der Servile redet jeden Beliebigen mit Exzellenz (κράτιστε) an. Nicht jedes Verhalten ist psychisch kontrollierbar: wer immer zur unrechten Zeit kommt, ist eben ein nicht weiter zu definierender Tolpatsch und Pechvogel (ἀκαιρία). Theophrast scheut sich nicht, auch die gröbsten und selbst pathologische Symptome zu verwenden. Was grobe Strukturen angeht, so werden etwa Taktlosigkeit (ἀηδία), Unsauberkeit (δυσχέρεια), seelische Primitivität (ἀγροικία) und Unverschämtheit (ἀναισχυντία) unterschieden: der Taktlose erzählt beim Essen Dinge, die anderen den Appetit verderben, der Schmutzfink benutzt im öffentlichen Bad übel riechendes Öl, der Primitive singt schmetternd im Bade, der Unverschämte übergießt sich im Bade selbst mit warmem Wasser, um dem Badewärter kein Trinkgeld geben zu müssen; gewinnsüchtig (αἰσχροκέρδεια) ist dagegen erst der, der sich im Bad von einem Fremden die Salbe geben läßt. Diese letzte Unterscheidung macht besonders klar, wie minuziös die Beobachtungen bis zu den seelischen Wurzeln vordringen. Von psychopathischen oder pathogenen Phänomenen werden endlich Aberglaube, Altersdebilität, abnorme Feigheit und kriminelle Veranlagung meisterhaft symptomatisch beschrieben. Die Nachwirkung solcher Beobachtungen finden sich bei den hellenistischen Historikern häufig: wiederholt bemüht sich Polybios, Philipp V. als einen solchen Pechvogel zu zeichnen: er kommt oft wenige Minuten zu spät trotz aller Anstrengungen und Gewaltmärsche, seine Sturmleitern sind im entscheidenden Augenblick ein wenig zu kurz.

Theophrast ist nicht der einzige Schriftsteller dieser Art gewesen. Auch die Peripatetiker Lykon und Ariston von Keos (um 225) und der von Plutarch benutzte Duris von Samos haben ähnliche differenzialpsychologische Bücher verfaßt, leider sind sie verlorengegangen.

Blieben diese Darstellungen und Menschenbilder noch vielfach in der Symptomatik stecken, so hat die hellenistische Literatur in Prosa und Dichtung sich in noch tiefere Schichten gewagt. Dabei ist ihnen die Komplexität menschlichen Seelenlebens in einem unerhörten Maße aufgegangen. Die wirklichen und scheinbaren Widersprüche in der seelischen Entwicklung, das Auf und Ab innerer Konflikte, die Gegensätzlichkeit der Gefühle und des Strebens sind erkannt worden und wurden bewußt gemacht; als ein Musterbeispiel ist Apollonios von Rhodos zu nennen. *Johannes Leipoldt* hat längst richtig erkannt: „Daß das Ich mit einem anderen Ich im Streit liegt, wird erst von den hellenistischen Griechen im Anschluß an Platon festgestellt, die gute Beobachter sind.“

Offenbart sich in dieser Fähigkeit zur seelischen Beobachtung des eigenen Ich oder der anderen ein typisch griechischer Wesenszug, der sich im Hellenismus nur gesteigert und abgewandelt hat, so war der zweite damit verwandt: der unstillbare *Drang zu sehen, zu erleben, aufzunehmen,* also die griechische *Neugier* in all ihren Tiefenschichten. Wieder spricht das Zeugnis der Lateiner über ihre griechischen Zeitgenossen deutlich genug: es war ihnen schlechthin unheimlich, wie empfänglich die Griechen für alles Seltsame oder Neue waren. Das gereichte nicht immer zum Vorteil; so sprengte die historische und geographische Wanderlust und Neugier nur allzuoft die Kontur jeder geordneten Geschichtschreibung, aber die Leser wollten das so. Im Hellenismus war vorschnelle Neugier oft genug das ernsteste Hindernis für echte Forschung.

Damit hing die ungeheure Wendigkeit und Anpassungsfähigkeit des hellenistischen Griechen zusammen. Sie war nicht neu, πολύτροπος (vielgewandt) war immer ein griechisches Ideal. Auch dafür hatten die Lateiner keinerlei Verständnis, sondern entrüsteten sich vielmehr über die ‚temporaria ingenia' der Griechen. Ein Blick, der die Mannigfaltigkeit der Menschen, Dinge und Ereignisse in ihren Unterschieden und feinsten Nuancen rasch erfaßte, die Fähigkeit und beständige Bereitschaft, sich der jeweiligen Lage sofort anzupassen und sich umzustellen, wann und wo es nötig wurde, waren Wesensmerkmale, aus denen sich vieles im hellenistischen Leben erklärt. Dieser Anlage zur Extraversion kamen die neuen Weltverhältnisse in jeder Weise entgegen, sei es, daß man sich anpaßte, um Chancen auszunützen, sei es, daß man mit aller seelischen Wachheit die letzte Möglichkeit finden mußte, seine in jeder Form bedrohte Existenz zu erhalten.

Daraus hat sich ganz konsequent die hellenistische Vielgeschäftigkeit (πολυπραγμοσύνη) entwickelt. Auch hier erwuchs etwas Neues aus alten Wurzeln. Platon und selbst Aristoteles hatten den Fleiß noch nicht sehr hoch gewertet, im Hellenismus entstand aus den neuen Möglichkeiten in Verbindung mit der seelischen Anlage eine ganz neue Atmosphäre menschlichen *Handelns.* Wer viel sieht und vieles erlebt, will auch selbst vieles tun. Daß dabei Menge, Geschwindigkeit und Größe oft auf Kosten der Qualität und Tiefe gingen, lag auf der Hand, es war im Wesen aller menschlichen Unzulänglichkeit begründet. An diesem Schaffensdrang zerbrach selbst in dem bürokratischen Ägypten alle Engstirnigkeit und alles Spießbürgertum. Ob Kallimachos, der am Anfang der Epoche steht, vom beständigen Lärm der Werkstätten und dem endlosen Gesang der Wasserträger in Alexandreia Kopfschmerzen bekommt oder Libanios noch nach dem Ausgang dieser Zeit in Antiocheia den gleichen Rhythmus des tätigen Lebens preist – es ist immer das Spiegelbild der hellenistischen Psyche, das sich darin zeigt.

Strukturell aufs engste damit verwandt war eine weitere griechische Eigenschaft, die im Hellenismus gesteigert erscheint, die πανουργία (Listigkeit), die die Römer als ‚Graeca adulatio' (Charakterlosigkeit) wiederum verabscheuten und nicht verstanden, ein Komplex von Wachheit, Klugheit, List, Betrug, Hinterlist und Schmeichelei in untrennbarem Ineinander. Seit den Listen des Odysseus, dem homerischen Hermeshymnus und den spartanischen Erziehungsprinzipien haben die Griechen diese Haltung nicht als unethisch oder menschenunwürdig empfunden; im Hellenismus aber wurde sie oft zur einzigen Waffe, die den Griechen noch blieb, wenn sie sich selbst erhalten wollten. Nur sie war der römischen Brutalität gewachsen, und daher ist der Ärger der Römer über sie wohl verständlich. Dank ihrer einzigartigen Einfühlungsfähigkeit in den Gegner wurde jedes Register menschlicher Schlauheit gezogen, von plumper Schmeichelei bis zu raffinierter Hinterlist, immer aber mit formaler Eleganz und nicht ohne emotionale Beteiligung.

Die Steigerung aller dieser Züge im griechischen Wesen ist nun auch für die Veränderung des *agonalen Wesenszuges* im hellenistischen Menschen maßgebend gewesen. Natürlich blieb er als psychische Modalität voll erhalten, aber seine Ausmaße und Ausdrucksformen änderten sich entscheidend: an die Stelle des Agon trat der Wettbewerb. Der Satz „Schön ist der Wettkampf" behielt bis zum Späthellenismus Geltung, aber nur noch in seltenen Fällen wurde darunter jene Leidenschaft verstanden, die sportlich, geistig, künstlerisch oder sogar militärisch mit dem Gegner rang, um der Beste zu sein; im Hellenismus rang man meist, um der Erste zu werden. Darum konnte auch alles zum Agon werden: es gab Schönheitskonkurrenzen von Frauen und Männern, Trink- und Eßwettbewerbe, in Megara sogar einen Kuß-Agon, einen Wettkampf im Rätsellösen. Bei den großen gymnischen wie musischen Kämpfen entstand, von vielen beklagt, die Klasse der Star-Athleten, die den Agon zur Sensation machten. An die Stelle des Sieges trat allmählich der Rekord; lange Siegerlisten erzählten nicht mehr, wie man siegte, sondern wie oft und wo. Die Sieger ließen sich gut bezahlen und schlossen sich zu Vereinen – wie den Stephaniten, Hieroniten, Techniten und wie sie alle hießen – zusammen, die Agonistik wurde organisiert und geschäftlich ausgewertet. Weil man Sieg mit Rekord zu verwechseln begann, änderte sich die agonale Haltung auch da, wo sie am erstesten blieb, im Bereich des Ethos. Erst im Hellenismus entstand die Bewunderung für den Menschen, der sich in hartem Kampf gegen das eigene Ich selbst überwindet, nachdem allerdings seit Prodikos in der Ethisierung der Heraklesgestalt gewisse Vorläufer dagewesen waren. Diogenes war doch nicht nur ein Narr, sondern ein ehrlicher Kämpfer gegen sich selbst; die indischen Weisen und ihre Selbstverbrennung wurden nicht als seltsam empfunden oder belächelt, sondern von vielen ebenso bewundert wie die in ständiger Spannung (τόνος) lebenden radikalen Stoiker.

Griechisch war im hellenistischen Menschen der nie ganz zu unterdrükkende Drang nach *Freiheit,* mochte er auch allzu oft nur noch im formalen oder im verlogenen Freiheitspathos enden. Als seelisches Erlebnis war er echt. Die traurige Rolle, die dieses Freiheitsbedürfnis in der politischen Geschichte des Hellenismus gespielt hat, darf über seine innere Größe nicht hinwegtäuschen. Niemals wäre die politisch so oft mißbrauchte Freiheitspropaganda auf fruchtbaren Boden gefallen und hätte Menschen, Städte und Völker so getäuscht, wenn sie nicht an ein Zentrum griechisch-hellenistischen Innenlebens gerührt hätte. *Heuss* hat auf den Zusammenhang dieses Freiheitsstrebens mit der Agonistik hingewiesen und damit seine psychologische Besonderheit erkannt: „Die Freiheitsparole war wirkungslos, wenn kein Gegner da war", Freiheit bedeutet in erster Linie „Freiheit von der Herrschaft des Gegners". Immer aber blieben die Freiheitsgefühle in einer nie ganz klaren emotionalen Tiefe; sie waren so stark und dynamisch, daß sie rationale und vernünftige Erwägungen gar nicht an sich heranließen. Nur daher ist man aus den unaufhörlichen, einander widersprechenden Freiheitserklärungen Polyperchons, der Ptolemaier, Antigoniden, des Pyrrhos, der Römer nicht klug geworden. Man sollte auch nicht bestreiten, daß viele der törichten hellenistischen Kriege nur oder fast nur für dieses in vielen Farben schillernde emotionale Ideal bis zur Selbstvernichtung geführt worden sind. Es ging in den griechischen Bruderkämpfen des dritten Jahrhunderts wirklich nicht nur um Land, Beute und wirtschaftliche Interessen. Auch die oft geradezu grotesk törichten politischen und kriegerischen Handlungen der Städtebünde hingen noch irgendwie damit zusammen, daß man für „die größte Sache, die Freiheit der Hellenen" – so formulierte es Polybios – jedes Opfer zu bringen, aber auch jede Torheit zu begehen fähig war. „Nichts Größeres gibt es für den griechischen Menschen als Freiheit", sagt eine Inschrift von Priene aus dem stürmischen dritten Jahrhundert, und das war echt empfunden. Daß es trotzdem nicht immer zum Handeln kam, ja, daß man sich schließlich die Freiheit lieber schenken lassen als sie sich erwerben wollte und daß die Befreiung einer Stadt mit Freiheit verwechselt wurde, ändert nichts am Freiheitsideal selbst. Die „Flagge des Hellenenschutzes und der Hellenenbefreiung", die Durchführung der griechischen Befreiung durch römische Offiziere, das Freilassungsdekret von 196 wären sinnlos gewesen, wenn die Römer nicht erkannt hätten, daß die Griechen hier völlig kritiklos reagierten. Ganz selten einmal, wie in Kappadokien, ist das Verlogene mancher Freiheitsangebote erkannt worden. Wo es opportun war, nahm man darauf Rücksicht; selbst im pergamenischen und kyreneischen Testament wurde die Freiheit wenigstens der Griechenstädte nicht angetastet, und die griechische Pentapolis in Kyrene ist noch zweiundzwanzig Jahre länger frei geblieben als das umliegende Land. *Wilamowitz'* bekannter Ausspruch, daß es „den Athenern immer am besten geht, wenn eine fremde Garnison in der Stadt liegt", ist richtig, aber die Athener dachten und handelten nicht danach. Vom Lamischen Krieg bis zum Kampf gegen Sulla hat es immer wieder Menschen gegeben, die für die freilich nur noch vermeintliche Freiheit Griechenlands gefallen sind.

Aufs Ganze gesehen war die Übersetzung des Freiheitserlebens in die politische Sphäre unfruchtbar, um so erfolgreicher aber in die Sphäre geistiger und kultureller Schöpfungen. Der emotionalen Fülle entsprechend erschien das Freiheitserleben auch hier in vielen Formen: Es konnte zum freien Stolz des Bedürfnislosen werden, angefangen bei dem schon vorhellenistischen Kleruchen Eutheros, der es vorzog, als armer Handwerker zu leben anstatt eine gut bezahlte Stelle bei einem Reichen anzunehmen, und bei den radikalen Kynikern einen Höhepunkt erreichend. Es konnte zum stoischen Ideal einer Freiheit werden, die sich in jeder Notwendigkeit frei wußte. Es konnte intellektualisiert werden und als Freiheit von Irrtum und Wahn pathetisch oder nüchtern auftreten. Es konnte zu einer strengen Ethik führen: frei ist nur der, der das Gute tut; es konnte aber auch zur völligen Schrankenlosigkeit in der Form werden, wie sie seit Stilpon die Megariker lehrten und zuweilen den Herrschern anpriesen. Immerhin hat, soweit wir sehen, ein dogmatischer Machiavellismus kaum eine große Rolle gespielt und ein praktischer nur bei einigen späthellenistischen Herrschern und Herrscherinnen, denn die allgemeine Scheu vor dem Tyrannenschema wurzelte zu tief.

So verschieden das Freiheitserleben sich im einzelnen auch äußerte, es kam doch aus derselben Wurzel und blieb mit ihr in steter Verbindung. Doch hätte ebenso wie im Politischen auch im Kulturellen und Geistigen dieser Freiheitsdrang wohl zum Chaos geführt, wenn er nicht immer wieder gezügelt worden wäre von einem Verlangen nach *Form, Gestaltung* und *Ordnung*. Der Hellenismus ist eine der großen Gestaltungs- und Formungsepochen der Weltgeschichte. Nicht, daß alle diese Gestaltschöpfungen künstlerisch oder schön wären; die Behauptung, es habe in der Antike keinen Kitsch gegeben, widerlegt jeder Blick in eine hellenistische Terrakotten- oder Hausgerätesammlung. Aber der Drang nach Gestalt, Grenze, Kontur war auf allen Lebensgebieten vorhanden. Weder der Freiheit noch dem Rausch gestattete man, Unordnung (ἀκολασία) zu schaffen. Der Alexanderzug war alles andere als nur ein Heldenepos, eine ekstatische Schwärmerei, eine rauschhafte Abenteuererepisode oder überspannter Wahnsinn, sondern, Arrian läßt das deutlich genug erkennen, ein großartiges Kunstwerk nüchterner Ordnung mit technischer, wissenschaftlicher, taktischer und diplomatischer Vorbereitung bis ins kleinste. An ihn schloß sich jene Ordnung in Verwaltung und Regierung an, die wir nur zufällig aus dem ptolemaischen Ägypten so genau kennen, die aber in den anderen hellenistischen Staaten nicht viel anders gewesen sein wird. Was im großen gilt, gilt auch im kleinen. Städteordnungen, Betriebsordnungen, Vereinsordnungen, Hausordnungen sind aus der hellenistischen Welt nirgends wegzudenken. Nicht nur das Recht, sondern auch die Philosophie wurden zu Wegweisern dieser Ordnung im Gewirr der Zeit und des Lebens und zum Schutz gegen die Tücken des Freiheitserlebens. Es ist erstaunlich, wie in einer Welt, die so aus jedem Gleichgewicht geraten war und ständig neu geriet, Werke gestalteter Ganzheitlichkeit auf allen Gebieten geschaffen wurden, die oft so fein und zerbrechlich waren, daß sie nicht von Dauer sein konnten. Es ist überraschend, daß noch heute selbst aus kleinsten literarischen oder archäologischen hellenistischen Fragmenten sofort ein Ganzes erkennbar ist. Wenn sie nicht von außen bedrängt wurden, war jede der hellenistischen Städte und Gemeinschaften ein eigenes Kunstwerk, vergleichbar den kunstvollen Reden hellenistischer Rhetorik, zuchtvoll selbst im Überschwang, und frei noch in der bis an die Grenzen der Pedanterie gehenden Verwaltungsbürokratie, eine Ordnung, die in ganz anderer Weise, aber wesensgleich, selbst bei dem gewagtesten hellenistischen Kunstwerk wiederkehrt.

Dieses Streben nach Gestalt und Ordnung, das urgriechisch ist, steigerte sich wiederum und endete schließlich in der Bevorzugung des *Formalen.* Es enthüllte sich in einer zunehmenden Freude am Dekorativen und Konventionellen, wie zum Beispiel in der Entwicklung von bestimmten Konventionen bei der Darstellung weiblicher Schönheit in Plastik, Malerei, Gedicht und Roman. Es zeigte sich in der Umwandlung fremder orientalischer Gebilde in griechische Gestalten, in der Schaffung feinst ausgewogener, rein formal bestimmter metrischer Kunstwerke, in der Bindung der Musik an eine raffiniert durchdachte Musiktheorie und Musikästhetik, in der Bindung der Wissenschaft an formale Mathematik oder Grammatik, in der definierenden Lexikographie oder Kommentierung, in der disponierenden und gliedernden Literaturwissenschaft. Überall standen Maß, Gestalt und Kontur im Vordergrund. Selbst die Geschichtswissenschaft konturierte – außer bei einigen ganz Großen – Götter, Heroen und Menschen durch Einschachtelung in Stammbäume, Listen und Register oder milderte das formlos-überdimensionale Bild einer Gestalt. Bestandsaufnahme ersetzte häufig wirkliche Erkenntnis: mit der gleichen Sorgfalt wurden Pflanzen, Steine, Tiere, Mythen, Dichter, Philosophen, Ereignisse registriert und geordnet.

Endlich ist ein letztes griechisches Merkmal hellenistischer psychischer Strukturen nie zu übersehen, die ungeheure seelische *Leidensfähigkeit*, die das Leiden in jeder Gestalt bejaht. An dieser Stelle zeigt sich der Gegensatz zwischen griechischem und orientalischem Menschentum. Der Orientale sieht im Leid eine Störung der göttlichen Ordnung und tröstet sich damit, daß er zuletzt doch recht bekommt, daß es ihm in der Zukunft oder im Jenseits gut gehen wird und daß ein Gott alles ‚herrlich hinausführt' – als bekanntestes Beispiel denke man an die Vergewaltigung des ursprünglich stark griechisch beeinflußten Hiob-Buches durch den orientalischen Schluß. Die seelische Einstellung des Griechen im Hellenismus ist dazu diametral. Er wußte, daß das ‚happy end' die Tiefe des Leides ebenso zerstört wie die Größe der Leidüberlegenheit, deshalb hat man nicht einmal die ‚Alkestis' als Tragödie anerkannt, weil sie ein gutes Ende hatte. Der Grieche hat immer betont, und der hellenistische Grieche hat dieses Erkenntnisgefühl bis zu den letzten Extremen gesteigert, daß Hektor *und* Achilleus sterben müssen, er schwelgte geradezu in der Darstellung Sterbender. Er setzte selbst an die Stelle der religiösen Seligkeit den mit den Menschen leidenden Gott, die verwundete Aphrodite, die klagende Demeter, den mühseligen und beladenen Herakles, den hinkenden Hephaistos, den schuldigen und sühnenden Apollon, den von Leidenschaften getriebenen, selbst leidenden Zeus. Das war von jeher griechisch, aber im Hellenismus ist es viel stärker erlebt worden, vielleicht deshalb, weil der Leidensfähigkeit mehr Leiden zugemutet worden waren. Nur Ammen, Greise, weibische Männer und „Pfaffen wie Teiresias" *(Theiler)* wollen dem Leid entfliehen, der wirkliche Mensch zeigt sein wahres göttliches Menschentum im Leiden- und Sterbenkönnen. Über der ganzen hellenistischen Kulturgeschichte liegt etwas von der triumphierenden Stimmung des Euripides – der auch hierin einer der ersten hellenistischen Menschen war: Ruhmlos wären wir, und kein Lied würde unser gedenken, wenn wir nicht zerstört worden wären.

Auf diesen seelischen Grundlagen hat sich eine Reihe von Spannungen entwickelt, in denen der hellenistische Mensch und das hellenistische Menschenbild sich am klarsten darstellen lassen:

1. Die Spannung zwischen dem Menschen der *Weltweite* und dem *Kleinbürger*. Sie ist schon oberflächlich erkennbar an der Gleichzeitigkeit von weltweitem Kosmopolitismus und Sehnsucht nach der Enge der Heimatpolis. Auf der einen Seite wurden die Grenzen immer weiter, bis sie schließlich ins Grenzenlose übergingen, auf der anderen Seite wurde das Enge, Kleine, Begrenzte als Wert erkannt und erstrebt. Beides ist so eng miteinander verbunden, daß sich in dieser Verbindung, nicht in der einen oder der anderen Seite allein,

ein entscheidendes Merkmal hellenistischer Menschen offenbart. Weltweite und Weltoffenheit, Weitendrang und Weitensehnsucht lagen nicht außerhalb des Lebensbereiches des hellenistischen Städters, sondern verliehen ihm die Züge, die ihn deutlich von der Bürgerlichkeit aller bürgerlichen Epochen abhoben. Auf den Plätzen und Straßen der Städte verkündeten die Wanderprediger der Popularphilosophien, die von weither kamen und weithin zogen, Kosmopolitismus, Welteinheitsgedanken, Menschheitsideen, und der Bürger hörte sie an wie einst die politischen Prediger der klassischen Vergangenheit. Gebildetere Kreise ließen sich darüber hinaus in Vorträgen statt für die Verfassung für den Kosmos erwärmen und suchten in einem kosmischen Einheitsglauben leicht platonischer Prägung die letzten anthropozentrisch-isolationistischen Gedanken zu überwinden. Auf der Ebene individueller Tiefengefühle zeigte sich die Spannung in Fortführung des schon altgriechischen Ineinanders von Sehnsucht nach der Ferne und Heimweh, die in hellenistischer Zeit in Worten wie ἐπιθυμεῖν, στενάζειν, ἐπιποθεῖν und anderen zusammenfielen. Heimweh und Sehnsucht nach der Heimat, seit der Odyssee wesentliche Erlebnisformen des griechischen Menschen, sind durch die hellenistische Ausweitung der Welt nicht gemindert worden. Οἴκοι ποθεῖν bleibt ein tiefes Leid, das am ehesten durch die Gemeinschaft von Freunden aus der alten Heimat gemildert werden kann. Wenn Kallimachos über Kyrene oder Theokrit über Sizilien spricht, ist dieser Gefühlskomplex mit seiner Polarität ebenso spürbar wie in der unendlichen und doch irgendwie auf ein Ziel gerichteten Sehnsucht der hellenistischen Odysseelandschaften, die den eigentümlichen Reiz dieser Bilder ausmacht. Rationalistische Ausgliederungen solcher Gefühlsspannungen vollzogen sich auch, ließen aber ihren emotionalen Ursprung noch erkennen: „Ich liebe und verehre besonders mein eigenes Vaterland und meine Heimat, aber ich preise und ich bestaune auch die der anderen.“ Oder aber die Spannung konnte sich schlicht auflösen, ohne ganz zu verschwinden: so läßt Menander einen heimkehrenden Seefahrer, der viele Länder gesehen hat, schließlich sagen: „Sei gegrüßt, o liebes Land, seit langer Zeit verehre ich dich voller Sehnsucht. Nicht jedes Land grüße ich auf solche Weise; wohl aber, wenn ich dies mein liebes Landgütchen wiedersehe, das mich aufgezogen hat, dann meine ich, daß dies ein Gottesgeschenk ist.“ Die hellenistischen Weltreisenden, die es ständig umhertrieb, hatten doch einen Blick dafür behalten, daß auch die unwirtlichsten Gegenden für deren Bewohner den Zauber der Heimat besaßen; die griechischen Kolonisten Alexanders quälte das Heimweh nach Griechenland so stark, daß sie sich sofort nach dessen Tod unter dem Ainianen Philon in einem gefährlichen Aufstand die Heimkehr zu erkämpfen suchten. Die Pole dieser Spannung lagen sehr weit auseinander: Etwa in der gleichen

Zeit vertraten die einen die Meinung, das beste sei, ständig zu Hause zu bleiben, um glücklich und frei zu sein, und wünschten den Verächtern bürgerlicher Enge, daß sie zeitlebens zur See fahren müßten, ohne jemals an Land zu kommen; auf der anderen Seite haben die Alexanderhistoriker nicht aufgehört zu betonen, daß man den König und seine Gefolgschaft nur aus einer unstillbaren Sehnsucht nach dem Fernen, Unbekannten verstehen könne. Unter Anaxagoras' Namen lief eine hellenistische Anekdote um, die Fernweh und Heimweh zu vereinigen suchte: „Zu einem, der ihn gefragt hatte: ‚Liegt dir nichts an deinem Vaterland', antwortete er: ‚Bei Zeus, sehr viel liegt mir an meinem Vaterland.' – Dabei zeigte er aber auf den gestirnten Himmel."

2. *Maßlosigkeit des Übermenschen und Ethos des Durchschnittes.* Dank der ihm zuweilen für antike Dinge eigenen Feinfühligkeit hat Schiller einen Blick für die Besonderheit der großen Menschen in den Biographien Plutarchs gehabt. Diese Menschen aber sind, soweit sie der griechischen Welt angehören, mit wenigen Ausnahmen solche der hellenistischen Epoche. Abgesehen von der Welt der Renaissance gibt es kaum eine zweite Periode der Weltgeschichte, die in verhältnismäßig wenigen Jahren eine solche Fülle von Persönlichkeiten aufwies, die jedes Format sprengten. Der eine Pol des hellenistischen Menschenbildes waren Gestalten, die im Erhabenen wie im Erbärmlichen, im Guten wie im Bösen das letzte mögliche Extrem erreichten oder erstrebten, die bis zur „krampfhaften inneren Unruhe, die Größtes unbedingt schnell erreichen will" gelangten, ohne Rücksicht darauf, ob sie damit sich selbst und die Welt um sich herum zerstörten. *Alexander* war der erste Vertreter dieses Menschentyps, wenn man bei ihm allerdings auch zwei Einschränkungen machen muß: Einerseits war er viel zu intellektuell gezügelt, und vieles von dem, was Späteren als Übermenschentum in irgendeiner Weise erschien, entstand nur aus dem, was *Heuss* „die Vorliebe Alexanders für die Zweideutigkeit seines Tuns und Gebarens" genannt hat, andererseits entstammen die übertreibendsten Schilderungen seiner Maßlosigkeiten, besonders im Schrecklichen, dem Tyrannenschema einer alexanderfeindlichen späteren Geschichtschreibung. Nach ihm riß die Kette nicht mehr ab. Aber so ähnlich sich diese hellenistischen Übermenschen auf den Thronen aus der Entfernung auch sein mögen, sie waren doch untereinander sehr verschieden, differenzierter noch als die Renaissancemenschen. Was sie verband, war allein das Überdimensionale. Die hellenistische Anekdote hat das richtig erkannt und reizvoll gezeichnet, so wenn sie *Antigonos* beim Hinweis auf die Überlegenheit der feindlichen Flotte antworten läßt: „Für wie viele Schiffe zählst du mich?" Andere Anekdoten sind kritischer, wie zum Beispiel jene über Pyrrhos, der seinen Offizieren vorträgt, was er noch alles erobern wolle, und dem der

Thessalier Kineas schließlich erwidert: „Was aber dann, wenn wir die ganze Welt erobert haben?"

Solche und ähnliche Geschichten hat der Hellenismus zu Hunderten schaffen können, weil die übergroßen Menschen im Guten und Bösen Stoff in Fülle dafür lieferten. Seit Droysen hat die hellenistische Geschichtschreibung gern in *Demetrios Poliorketes* und *Pyrrhos* die hervorstechendsten Beispiele dieses an Komplexqualitäten so reichen Menschentyps gesehen. *Demetrios Poliorketes* war nach dem Bild, das die großartige Geschichtschreibung des Hieronymos von Kardia hinterlassen und Plutarch gut aufbewahrt hat, schon durch die Fülle der in ihm vereinigten Gegensätze groß. Grenzenlos an Großzügigkeit, Edelmut und menschlicher Anständigkeit, die keine Verräterei der Gegner nachtrug, alle Gefangenen freiließ und beschenkte, und an Tapferkeit, die sich auch in den widrigsten Fällen nicht bezwingen ließ, seinem Vater gegenüber voll uneingeschränkter Liebe und Ergebenheit, war er doch ebenso grenzenlos im Genuß, im Umgang mit Frauen, im Trunk. Das unruhige Element der See ließ ihn, ‚den Sohn Poseidons', nicht los, weil es sein eigentliches Lebenselement war; statt Kriege vernünftig zu planen, ließ er technische Monstra konstruieren, die natürlich nie funktionieren konnten. Man hat ihn grenzenlos geliebt und grenzenlos gehaßt, er hat wenig vollbracht und ist doch viel gewesen.

Pyrrhos dagegen war von viel kleinerem Format, aber von ähnlicher Grundstruktur. Nur trat bei ihm an die Stelle der grandiosen Unbekümmertheit eine sanguinische Unruhe und Hast. Das machte ihn auch im Charakter und in den Mitteln kleiner, so daß er selbst vor Bestechungen nicht zurückschreckte. Der Zickzack-Kurs seines Lebens entstand, weil er jedem lockenden Ziel nachlief, ohne zu fragen, ob es sich lohnte oder ob er ausreichende Mittel dafür besaß. Weil er einem Traumreich nachjagte, das ohne Grenzen war, deckte er sich nicht den Rücken, verbündete sich mit jedem, der ihm in den Weg kam, ließ sich von Ptolemaios II. mißbrauchen, führte kein Vorhaben zu Ende und unterschied nie Wichtiges von Unwichtigem. Weil er wirklich glaubte, so groß wie Alexander zu sein, träumte er in der Nacht von ihm, schrieb nicht nur selbst Memoiren, sondern hielt sich zwei Biographen, Kineas und Proxenos. Es gehört zu den schon oft empfundenen Ironien der Weltgeschichte, daß er, der Unmögliches begehrte, in der fast lächerlichen Enge einer Polis elend zugrunde ging.

Einen anderen Typ des hellenistischen Übermenschen bildeten die ptolemaischen Herrscher heraus, nämlich den des großen Verschwenders. *Ptolemaios I.* wird das Wort zugeschrieben, daß es besser sei, Reichtum zu verschenken, als ihn zu besitzen, aber erst in *Ptolemaios II. Philadelphos* erhielt dieser Typ seine volle Ausprägung. Kallimachos und Theokrit haben das Sprengen des menschlichen Maßes ganz richtig empfunden und nicht etwa geschmeichelt: „Wie wir Zeus als größten Gott preisen, so müssen wir Ptolemaios als größten Menschen besingen" –, „Wie die Dichter über die Heroen singen, so singe ich über Ptolemaios". Verschwenderisch im höchsten Maße, aber launenhaft dotierte Ptolemaios Kunst und Wissenschaft, feierte er – nicht ohne Kitsch – die prunkvollsten Paraden und Feste der Antike, führte er dilettantische Kriege, die höchst sinnvoll hätten sein können und gut geplant waren. Spätere Ptolemaier sind allein schon durch die Spitznamen der Alexandriner eindeutig charakterisiert, und zwar in der gleichen Linie: ‚Schwelger' (Tryphon), ‚Dickwanst' (Physkon), ‚Flötenbläser'.

Unter den Seleukiden fanden sich ähnliche Typen in *Antiochos III.* und *Antichos IV.* Beide kannten weder Selbstbeschränkung noch eine vernünftige Beurteilung ihrer Situation. Das Maß der Verschwendung und die Kosten der zahlreichen Kriege überstiegen sogar, im Unterschied zu Ägypten, die Mittel des Reiches. Hier entfaltete sich letzte Lebensfülle im Angesicht des Unterganges.

Schließlich sei noch an *Mithradates VI. Eupator* erinnert, der ein letztes Mal alle Merkmale dieses Typs in der ausgeprägten Form aufwies. Man darf sich durch die Urteile römischer Schriftsteller nicht täuschen lassen, an Mithradates offenbarte sich das, was jedem großen hellenistischen Menschen seelisch zu eigen war und was in dem Zuge zum Übermenschlichen und Überdurchschnittlichen seinen Mittelpunkt besaß.

Aber diese Menschen waren nur Exponenten ihrer Zeit. Denn das hellenistische Leben ließ auf allen Gebieten des Daseins diesen Zug der seelischen Grundstruktur als einen allgemeinen Wesenszug erkennen. Bis in die Sprache hinein kann man dies Steigern und Übertreiben an der Fülle der Pleonasmen verfolgen: Ein einfaches Wort wie ἀεί wurde durch das plerophore πάντοτε überhöht und schließlich noch zu ἀεὶ καὶ πάντοτε übersteigert. Sogar die 7 Weisen formulieren ihre Sprüche nur noch in Superlativen und lehren, was „das Älteste", „das Schönste", „das Größte", „das Schnellste", „das Stärkste", „das Weiseste", „das Göttlichste" sei. Deutlicher offenbart sich diese Steigerung darin, daß der hellenistische Mensch eine unbändige Freude am Risiko und am Wagnis hatte. Man baute Kolossalbauten, die beim ersten Erdbeben einstürzten, Schiffe, die zu groß waren, um manövriert werden zu können, Maschinen, die raffiniert konstruiert waren, aber viel zu kompliziert, um zu funktionieren. Man riskierte die gewagtesten Metren und Wortbildungen, die keinerlei Aussagekraft besaßen, aber als Wagnis reizten. Man errichtete riesige Mauer- und Befestigungsanlagen, ohne auch nur entfernt die Menschen zu haben, die sie verteidigen konnten. Die Zeitgenossen haben das bereits erkannt, besonders an Pyrrhos. Antigonos nennt ihn einen Würfelspieler, der mit seinem Spielgewinn nichts anzufangen wußte, sondern immer weiter würfelte, bis er zuletzt alles verlor, und Plutarch hat eine ähnliche Beurteilung überliefert: „Was er durch Taten gewann, verlor er durch Illusionen, und was ihm gehörte, verlor er aus Begierde nach dem, was er nicht hatte." Doch können die gleichen Urteile für viele andere gelten, etwa für die durch Wagemut und Risiko imponierenden, durch Hemmungslosigkeit und gigantische Planungen packenden Großunternehmer vom Stile des Dioiketen *Appollonios,* die scheiterten, weil ihnen Selbstbeschränkung und Ziel fehlten. In allen diesen Fällen kam wie bei den Herrschern, Künstlern, Rednern zu der Freude am Risiko auch der Rausch der Macht. Er war nicht, wie bei den Römern, bewußter und zielstrebiger Wille zur Macht; es gibt keinen hellenistischen Imperialismus, der sich hinsichtlich seiner seelischen Basis mit dem römischen vergleichen ließe. Wenn Lysimachos, der sowohl eine außergewöhnlich hohe griechische Bildung besaß als auch zum Spaß mit Löwen zu ringen pflegte, und Antigonos noch als Achtzigjährige in den Krieg zogen, so hatte das nichts mit dem Geist des Imperialismus zu tun; jeder der zahlreichen kleinen Lokaltyrannen, der oberen ptolemaischen und seleukidischen Hofbeamten, Verwandten und Freunde der Könige, bot im Grunde das gleiche Bild.

Alles das führte schließlich zu einer völligen *Verachtung der Mitte.* Es ist überraschend, wie schnell sich die Disziplin der alten makedonischen Offiziere lockerte und wie sie den Extremen verfielen. Charakteristisch sind die Worte, mit denen Antigonos einen Freund zurückwies, der ihn bat, seine zwar großzügigen, aber sinnlosen Verschwendungen einzustellen. „Deine Worte ... riechen nach einer Küchenschürze" (περιζώματος ὄζουσιν). Darin liegt aber auch etwas von der Tragik des Hellenismus: weil zum mindesten entscheidende Persönlichkeiten sich nicht mehr begnügen konnten, weil das Erreichbare ihnen zu durchschnittlich war, sind sie und ihre Epoche am Unerreichbaren gescheitert.

Doch ist auch dieser Pol der Spannung durch den entgegengesetzten gebunden worden. Dem Übermenschen stellte sich die Tendenz zur bewußten *Beschränkung* entgegen. Stoa und Kynismos predigten nicht nur das Glück in der Beschränkung, sondern lebten es vor. Zu den alten griechischen Tugenden kamen zwei neue, die allgemeine Menschenfreundlichkeit (φιλανθρωπία) und das Wohlwollen gegen jedermann (εὔνοια). Sie ermöglichten und erstrebten ein Dasein ohne Wagnis und Risiko. Auf ihrer Basis entstand eine neue Gesellschaft und Geselligkeit, die in Landsmannschaften, Clubs, Berufsgenossenschaften, Weltanschauungsvereinen, religiösen Sekten, Hilfsorganisationen sich selbst einengte.

Aus der Spannung der beiden Pole entstand die seelische Haltung einer gezügelten *‚humanistischen' Ritterlichkeit* und eines großartigen Taktes im Verkehr von Mensch zu Mensch. Diese von Euripides ersehnte Menschlichkeit gehörte zu den verbreitetsten Merkmalen des hellenistischen Menschen in allen Schichten. Schon im Bild Alexanders suchten Schriftsteller sorgfältig nach allen Zügen echter Menschlichkeit, bauten sie zu liebenswürdigen Anekdoten und rührenden Geschichten aus und überlieferten sie so geschickt und überzeugend, daß auch alexanderfeindliche Schriftsteller sie nicht übergehen konnten oder zu übergehen wagten. Der Alexanderroman hat diese Züge schließlich übersteigert. Daran änderte sich auch in den Zeiten nach Alexander zunächst nichts. Wohlwollen erzeigte man sowohl dem Unterworfenen wie dem Feind: *Wilamowitz* hob rühmend hervor: „Der Hellenismus . . . hält sich von der Unterdrückung des fremden Volkstums grundsätzlich fern", und *Heuss* hat von dem hohen ethischen Niveau der hellenistischen Kriege, ehe die Römer kamen, gesprochen; es gibt dafür zahlreiche Beispiele. Weder Demetrios Poliorketes noch sein Sohn Antigonos Gonatas haben Städte zerstört oder deren Bewohner in die Sklaverei verkauft, sondern trotz militärischer Nachteile sogar Kunstwerke geschont. Pyrrhos forderte Antigonos persönlich zum ritterlichen Zweikampf, Antigonos Gonatas sorgte für den Sohn seines gefallenen Gegners, Seleukos I. erwies sich in jeder Weise den Ptolemaiern dankbar; seine Treue zu seiner persischen Frau und seine Milde gegen alle Unterworfenen sind in der Antike anerkannt worden. Im Späthellenismus ging diese Haltung bei den Herrschern allmählich verloren, doch hat sie gelegentlich auf Römer eingewirkt.

Im Früh- und Hochhellenismus aber begegnen wir dieser Haltung fast überall, und die Zeitgenossen haben sich darüber gefreut. „Wie wunderbar ist doch der Mensch, sofern er Mensch ist", hat Menander staunend gesagt. Sie sprach aus dem armseligen Tempelhäftling Ptolemaios, der für zu ihm geflüchtete mißhandelte Zwillinge arbeitete, stritt und betete, ebenso wie aus dem tiefen Mitleid der Künstler, die mit warmem Herzen das kleine menschliche Elend in Bild oder Gedicht zum Ausdruck brachten.

Mit dieser Menschlichkeit und dem Blick für den anderen verband sich die Erkenntnis des Wertes der *Genügsamkeit* – fast im Sinne Bachs –, die in warmer und fröhlicher Entsagung keineswegs kleinbürgerlich war, sondern sich den Göttern am nächsten wußte. Die – unhistorischen – Kynikeranekdoten über die Begegnung Alexanders mit Diogenes sind weder aus philosophischen Ressentiments noch aus politischen Propagandamotiven entstanden, sondern aus dieser innerlichen Heiterkeit des genügsamen, entsagenden, aber dadurch erst weltüberlegenen Gemütes. Unter den Herrschern sollen Antipatros und Antigonos Gonatas diese Heiterkeit besessen haben, unter den Menschen aller Klassen hat sie die neue Komödie entdeckt:

> Nicht vieles ungern, weniges mit Liebe haben,
> Schmerzlose Armut ziehe bittrem Reichtum vor.

Oder es kann auch negativ ausgedrückt werden; bei Menander beklagt sich ein Reicher: „Ich besitze ein großes Vermögen und werde von allen reich genannt, aber von keinem glücklich", ja sogar:

> Der Anfang aller Übel für den Menschen ist
> Dann, wenn's ihm gut geht, allzu gut.

Reichtum ist besonders gefährlich, er macht die blind, die nach ihm ausschauen, und erweist sich selbst als blind, er umschließt mehr Übel, als man denkt.

Dabei geht es ganz ohne falsches Pathos ab. Weniger Dinge bedürfen ist kein heroisches Opfer, sondern das Zeichen der Glückseligkeit und Überlegenheit. Nur so kann man leicht das Notwendige ertragen, und nur so wird man wirklich lebenstüchtig, während die Gier nach dem Unerreichten unglücklich, lächerlich und auf die Dauer auch erfolglos macht. Denn „wir leben nicht wie wir wollen, sondern wie wir können".

3. Humor und Optimismus – Verzweiflung und Pessimismus. Auch diese für die Epoche charakteristische Spannung hat ihre Wurzeln in den tiefsten seelischen Schichten. Der Hellenismus war eine Zeit unerschöpflichen Humors, und zwar tiefsten wie flachsten Humors. Nicht nur die meisten Formen des Witzes, sondern auch viele Witze der Weltliteratur gehen direkt oder indirekt auf hellenistische Überlieferung zurück. In den dunkelsten Jahren sind Lustspiele gedichtet und aufgeführt worden, und allein die zahlreichen Fragmente und die wenigen Stücke, die wir besitzen, genügen zum Beweis dafür, daß sich mit dieser Welt nur die Lustspiele Shakespeares messen können. Freilich ist auch hier eine Strukturwandlung eingetreten: der Humor der Nea war nicht mehr der des Aristophanes und seiner Hörer. Die lauten, scharfen, übersprudelnden Gefühle wurden milder und gedämpfter, der Humor wurde teils wärmer, teils reflektierter, teils innerlicher, teils komplizierter und gegensätzlicher. Theokrits ‚Kyklop' ist ein schönes Beispiel dafür, wie ein ganz gelöster, ganz tiefer und doch ganz von Gegensätzlichkeiten erfüllter Humor künstlerisch aufs sublimste gestaltet werden konnte. Wer darüber lächelte, mußte nicht nur kultiviert sein, sondern auch die edelste Form des Humors nacherleben können. Sicher vermochten das nicht alle hellenistischen Menschen, aber ebenso sicher ist, daß nur im Hellenismus ein solches Werk entstehen konnte, weil die Menschen dafür reif waren. Dasselbe gilt für Kallimachos' Humor. Gewiß gab es manches Hausbackene, manches Schulmeisterlich-Moralisierende im hellenistischen Humor, gewiß war die Situationskomik zuweilen eine Schattierung zu subtil, um noch komisch zu wirken, aber der hellenistische Mensch hat auch darüber gelacht. Von welcher Brillanz ist der Humor in den hellenistischen Epigrammen; ein Beispiel genügt aus Hedylos (um 270):

> Vom Morgenrot bis zur Nacht und von der Nacht wieder
> Bis zum Morgenrot trinkt Pasisokles aus Vierchoen-Krügen.
> Dann ist er plötzlich irgendwohin verschwunden. Aber beim Wein
> Spielt er viel honigsüßer als der Sizilianer (Asklepiades).
> Ist er doch auch viel wortgewaltiger, wenn seine Anmut aufleuchtet.
> Daher, Freund, schreibe und trinke dabei.

Die scherzhaften Liebesepigramme etwa der hellenistischen Apfelverse waren von einer Lustigkeit und zugleich Feinheit und Eleganz ohnegleichen. Priapeen und Mimiamben repräsentierten die derbere Art des Humors, aber auch in ihnen war nirgends Witzlosigkeit oder bloße Banalität. Den Humor des feinen Spottes entwickelte die menippeische Satire, die man nicht nach dem vergröbernden Lukian allein beurteilen darf.

Außerhalb der literarischen Schichten gab es einen üppigen *Volkshumor*, der sich in kurzen, oft derben und anzüglichen, aber immer witzig pointierten Geschichtchen äußerte. Die Erfindungen solcher Witzchen kannten kein Ende, und viele von ihnen sind für alle Zeiten klassisch geworden. Noch im vierzehnten Jahrhundert lachte der gestrenge Nikephoros Gregoras über einen solchen Volkswitz des Diogenes: „Er sah einen Jungen, der Steine nach der Menge werfen wollte. Da rief er: ‚Paß auf, daß du deinen Vater nicht triffst'."

Die hellenistische bildende Kunst ist vielfach Ausdruck dieses warmen menschlichen Humors, an erster Stelle in der Terrakottenbildnerei; man kann an hellenistischen Terrakotten die ganze Skala menschlichen Lachens ablesen. Da gibt es das ganz feine, zurückhaltende, kaum merkliche Lächeln des jungen Mädchens, das mit einem Vogel spielt, das kokette, selbstgefällige Lächeln der verwöhnten Dame in den reiferen Jahren, das dumme, fast blöde Lächeln des schwachsinnigen Knaben, das triumphierende Oberlehrerlachen des Pädagogen, das sinnenfrohe Lachen des jungen Zechers, das resignierte, aber weise Lächeln des Alters. Die unsagbare Gelöstheit dieser menschlichen Meisterwerke vermag es, noch nach Jahrtausenden Menschen so froh zu machen wie ihre einstigen Schöpfer.

Von der lauten und lärmenden, selbst groben und zügellosen Heiterkeit der Phlyakenposse über den geistvollen Witz der Athener und die frivole, elegante Spöttelei in Samos und Alexandreia bis hin zu dem herzlichen, warmen Humor großer und kleiner Kinder in so manchem Papyrusbrief oder zu dem verständnisvollen, weltüberlegenen Lächeln der Epikureer schwingt jene hellenistische *Heiterkeit,* die die ganze, oft schwer geprüfte Epoche so liebenswert macht.

Aus dieser Heiterkeit wuchs ein unbekümmerter Optimismus, der oft genug den Tatsachen widersprach:

> Der Griechen Männer wissen immer, was sie tun,
> Und all ihr Handeln zeigt noch irgendwie Vernunft.

Auch wenn das Ironie sein sollte, haben es doch viele getrost geglaubt. Mit einer Naivität ohnegleichen vertraute dieser Optimismus auf die Erfolge der Lehrmeisterin Natur, auf die Sinnhaftigkeit der Welt, die göttliche Weisheit des Menschen, das Vergnügliche des Lebens, das Utopische der Zukunft. Ein echter Idealismus beseelte viele: Anständigkeit, Haltung und Charakter galten als für jedermann mehr oder weniger erreichbar.

Aber wieder wurde auch dieser strukturelle Grundzug durch seinen Gegensatz in Spannung gehalten. In den Ausdrücken von *Depressionshaltungen* ist der Einfluß des Euripides nicht zu verkennen, die Haltung selbst wurde vielfach durch die neuen Lebensformen abgewandelt. Man klagte über den unvollkommenen Zustand der menschlichen Natur, besonders über das Alter, die Krankheiten, die Leiden aller Art, man entdeckte, daß das Schuldigsein allen eingepflanzt ist und keiner ihm entgeht. „Da ich Mensch bin, habe ich gefehlt. Das ist gar nichts Merkwürdiges." Auch der von Natur nicht Schlechte wird zwangsmäßig oft schlecht, wenn das über ihn kommende Unglück zu groß ist.

Zwei äußere Bedingungen scheinen die immer vorhandene pessimistisch-depressive Seite des Griechentums im Hellenismus gefördert zu haben, das allzu rasche Wachstum aller Dinge und die aus ihm resultierende Übermüdung und der besonders in den beginnenden Katastrophen für viele notwendige Zwang, ständig zu kompensieren. Das erstere wurde vor allem in den neuen Städten deutlich sichtbar. Wie in jeder Großstadtkultur, ist der Mensch auch hier frühzeitig *überbeansprucht* worden. Es ist sicher kein Zufall, daß es unter den vielen hellenistischen Kinderdarstellungen der Plastiken, der Bronzen und der Terrakotten so viele müde, fast greisenhafte, allzu frühreife und wissende

Kindergesichter gibt. Die ergreifende Tragik des Zwangs zur Kompensation wird bei den hellenistischen Herrschern des zweiten Jahrhunderts am deutlichsten, aber nur, weil wir über sie das meiste Material besitzen: sie gilt ebenso für die Menschen der anderen Klassen. Wenn man die beständigen Katastrophen, Verwirrungen, Niederlagen überleben wollte, mußte man seelisch kompensieren; das erforderte aber auf die Dauer mehr Kraft, als den Menschen zur Verfügung stand. Antiochos IV. ist wohl das beste und erschütterndste Beispiel. Die beschämenden Kindheitserlebnisse als Geisel in Rom, die schwere Last des Erbes eines verfallenden Seleukidenreiches, das kampflose Zurückweichenmüssen vor römischem Diktat schufen eine nervöse Mentalität mit einem ständigen Kompensationsdruck, der für die törichten Handlungen des Königs mehr verantwortlich war, als die alten Historiker meinten.

Scheinbar unvermittelt stand für diese Menschen das Gute neben dem Bösen, das Lachen neben dem Weinen, der sonnige Optimismus neben dem tiefen Pessimismus. Daraus konnte, wiederum älteren griechischen Stimmungen nicht fremd, eine tiefe *Verzweiflung* aufkommen, und zwar schon im Frühhellenismus: „Wen die Götter lieben, der stirbt jung"; „Blind und jammervoll ist des Menschen Leben"; „Menschsein allein ist genügend Grund, unglücklich zu sein".

4. *Leben um jeden Preis – Lebensmüdigkeit und -verzicht.* Es ist nur natürlich, daß aus diesen komplizierten seelischen Spannungen auch eine Spannung in der Haltung dem Leben gegenüber entstehen mußte. Wieder besaß sie zwei völlig entgegengesetzte Pole. Nur infolge seines unbändigen Lebenswillens hat der hellenistische Mensch die Fülle der Katastrophen überstehen können. Ein starker Lebensdrang bestimmte die gesamte Epoche, man wollte leben und man konnte leben, auch in den hoffnungslosesten Situationen. Oft scheint es, als ob diese Menschen überhaupt nicht sterben wollten. Noch als Greise zogen sie in die Schlachten. Sie wollten auch nicht alt sein: „Jeder jammert über das Greisenalter, aber jeder will es erreichen", spottete Menander. Auf jede Weise suchte man sein Leben zu erhalten oder zu verlängern. Philemon stellte einmal eine Wertrangordnung auf: Höchstes Gut ist die Gesundheit, dann der Erfolg (εὐπραξία), dann die Lebensfreude und endlich, keinem etwas schuldig zu sein. Man gewöhnte sich an Gifte, um gegen Vergiftungen immun zu werden, man brachte für seine Gesundheit jedes Opfer – dem Arzt, dem Kurpfuscher, dem Heilzauberer, der Kräuterfrau. Selbst der Tod wurde Stimulans für das Leben. Die tanzenden Skelette auf den Ton- und Silberbechern oder den Speisezimmer-Mosaiken wiesen auf Weinkrug, Schöpfkelle, Braten, Kranz und Flöte hin und verkündeten: „Essen wir und trinken wir, morgen

nämlich sterben wir." Das ist nicht gelegentlicher Materialismus, sondern urhellenistisch, und findet seine Parallelen auf Grabinschriften, Briefen und in Dichtungen aller Art.

Denn Leben hieß *Lebensgenuß,* und man jagte ihm in jeder Weise nach. Der Hellenismus war eine der genußfreudigsten Epochen der Weltgeschichte. In allen Schichten galt als Binsenwahrheit: „Alles, was lebt und die allen gemeinsame Sonne schaut, ist Sklave des Lebensgenusses." Daß dieser Hedonismus von derb sinnlicher Genußfreudigkeit bis zum sublimen geistigen Genuß eine lange Skala durchlief, versteht sich bei der Buntfarbigkeit der Zeit von selbst. Die Zahl der Feste und Spiele stieg ins Ungeheure. In Städten wie Alexandreia war eigentlich immer ‚etwas los' und die braven Bürgerinnen Theokrits oder die des Herondas zeigen, daß man sich auch die Zeit dafür nahm. Die Götter, mögen sie nun seit den Komödien Epicharms tolle Gelage veranstalten oder bei den Epikureern nur geistigen Genüssen sich hingeben, wurden ebenso zu Sinnbildern der genießerischen Lebenshaltung wie das vielfache Absinken der Dionysosfeiern ins Karnevalistische nach den großen dionysischen Missionserfolgen im Frühhellenismus. Die Welt war lauter und lärmender geworden.

Hedonismus hieß eine der Parolen der Epoche. Es ist nicht zu leugnen, daß er ganze Lebensbereiche zerrüttet hat und am Untergang des Hellenismus innerlich und äußerlich mitschuldig wurde. Katastrophal war sein immer stärkeres Eindringen in die Heere; die Genuß- und Verdienstmöglichkeiten haben das soldatische Ideal so rasch zerstört, daß aus den Lagern Plätze wurden, die an Schwelgerei und Genußfreudigkeit nur von einigen Städten noch überboten werden konnten. Vor allem sind die seleukidischen Heere durch die ‚syrischen Schwelgereien' zermürbt worden. Die Häfen und Handelsstädte taten es den Lagern gleich:

> Alle Kaufleute macht Byzantion betrunken.
> Wir tranken die ganze Nacht, und wie mir scheint,
> Viel Ungemischten.
> Nun bin ich aufgestanden und habe vier Köpfe.

In solchen üppigen Städten ist ein besonderer Menschentyp entstanden, dem der animalische Genuß zum Beruf und schließlich sogar zum einzigen Lebensinhalt wurde, der *Parasit.* Epicharmos soll ihn im 5. Jahrhundert in die Komödie eingeführt haben, und in ihr ist uns sein Bild erhalten. Ob die weitere Differenzierung verschiedener Parasitentypen noch der mittleren oder schon der neuen Komödie angehört, ist umstritten, dem Leben abgelauscht sind sie alle. Die tiefste Stufe war dort erreicht, wo der Parasit ohne Würde jedem schmeichelte, der ihm irgendeinen Genuß vermittelte, wo er sich für ein gutes Essen prügeln ließ, durch sein unästhetisches Schlingen Abscheu erregte. Die pseudowissenschaftliche Lexikographie bemühte sich nicht nur um die Namen solcher ‚berühmter' Parasiten, sondern registrierte auch lange Listen großer Fresser und Säufer.

Diesem überschäumenden Lebensgenuß stand nun, ebenso ausgeprägt, eine Verachtung des Lebens gegenüber. Am Anfang der Epoche wurden die Gestalten des Praxiteles geschaffen: man hat schon längst und wiederholt auf das Müde in allen seinen Figuren hingewiesen. Es gab zwar keine ‚Weltangst' im modernen Sinne, die man dem Hellenismus gelegentlich zugesprochen hat, jedenfalls lassen sich dafür keine eindeutigen Belege finden, aber es herrschten Welt- und Lebensmüdigkeit in allen Schattierungen. Die Predigt des stoisch-kynischen Lebensideales nicht nur vom heiteren Verzicht, sondern auch vom asketischen Kampf gegen die Lebensbegierden wurde immer bereitwilliger gehört. Der Selbstmord blieb nicht nur erlaubter Ausweg aus Alter und Leiden, sondern konnte als Weg der Befreiung der Seele von den Unerträglichkeiten des körperlichen Daseins, aber auch als letzte Flucht aus der Übersättigung angesehen werden, und die Zahl der Selbstmorde in Städten wie Alexandreia war allem Anschein nach sehr groß. Den Begriff der Euthanasie hat diese Epoche geschaffen und verschieden ausgelegt. Der Tod verlor vielfach seinen Schrecken, wurde herbeigesehnt oder erschien gleichgültig: „Man kann ja dagegen nichts machen."

5. *Individuum und Gemeinschaft*. ‚Hellenistischer Individualismus' ist ein viel gebrauchtes Schlagwort, das dann nicht unzutreffend ist, wenn man zugleich den anderen Pol erkennt, die ebenso starke Bindung an soziale Gebilde. Die innere, individualisierende Befreiung des Menschen, die gewiß nicht erst hellenistisch war, löste ihn nirgends aus der Gemeinschaft, stellte aber die Frage nach echter Gemeinschaft ständig neu und komplizierte sie. Bereits in der Welt Menanders wurde die Forderung erhoben, daß das ‚Erkenne dich selbst' durch das ‚Erkenne die anderen' ergänzt werden müsse, und doch wurde gerade diese Atmosphäre individualistisch erlebt: „Gut zu ertragen ist alles, wenn man es allein erträgt und nicht sein Schicksal vielen erzählt." Seit Euripides waren die Wege für einen emotional tief erlebten Individualismus gewiesen, und der hellenistische Mensch hat nicht gezögert, sie zu betreten: die Größe des Menschen besteht in seiner gefährlichen und ungesicherten Einsamkeit, in der ihn weder Götter noch Rechtsordnungen schützen, in der er aber seine Kraft und Überlegenheit eben dadurch beweist, daß er zu leiden und zu sterben vermag. Ob ihn Vernunft, Einsicht und Maß oder ob ihn Leidenschaft, Raserei und Maßlosigkeit bestimmen, immer weiß er sich autark

oder strebt nach dieser Autarkie. Das Aufblühen der biographischen Literatur, der extreme Individualismus der Kyniker, die Gewissensethik der Stoa der mittleren Zeit waren Zweige an dem gleichen Baum.

Aber ein rein individualistisches Menschenbild konnte trotzdem nicht entstehen. Etwa in der gleichen Zeit, in der die extremsten kynischen individualistischen Gedanken geäußert wurden, lehrten dieselben Kyniker die Gleichheit aller Menschen von Natur aus. Alles in der kulturellen Entwicklung des hellenistischen Menschen widerstrebte der Isolierung des Individuums. Der Einzelmensch war biologisch in den Kosmos eingeschlossen, ethisch in die Gemeinschaft der Guten oder der Bösen, historisch in die Weltgeschichte, für deren Ganzheitlichkeit erst die hellenistischen Historiker den richtigen Blick bekamen. Soziologischen Fragen, die schon seit Platon die Griechen bewegt hatten – und damit in den Großstädten allen Sorgen der Massenproblematik, aber auch allen Möglichkeiten der Massenbeeinflussung, Massenerziehung und der Auseinandersetzung zwischen Masse und individuellem Sein und Wollen bis hin zu erlebter Massenverachtung –, konnte man nicht mehr ausweichen.

Das Entscheidende war, daß die Spannung zwischen Individuum und Gemeinschaft zu einer positiven Lösung fand: der Individualismus wurde korrigiert durch die bereits geschilderte Humanität. Man darf sich durch den dem Geschmack der Zeit gefallenden moralischen Stil nicht täuschen lassen; hinter den Formeln steht mehr. Wenn die Weltgeschichte zur „Wächterin über die Tugend der Edlen, Zeugin von der Bosheit der Schlechten, immer aber Wohltäterin der ganzen Menschheit" wurde, so stand dahinter der emotionale Glaube an die Einheit und Verwandtschaft des Menschengeschlechtes. Es ging noch tiefer: Man entdeckte, daß jeder Mensch liebebedürftig sei, und umgekehrt, daß alle Zerstörung dann eintrete, wenn der Mensch dem anderen Menschen feind sei, eine Wahrheit, die man bezeichnenderweise dem Skythen Anacharsis in den Mund legte. Seit Thukydides ist immer wieder behauptet worden, mit dem Peloponnesischen Krieg sei eine unaufhaltsame Verschlechterung des griechischen Charakters eingetreten. Aber für den Hellenismus trifft das nicht zu; wahrscheinlich ist der griechische Charakter selten so human gewesen wie im dritten Jahrhundert. Welche echte Entrüstung entstand, wenn einmal bei der Eroberung von Städten ein Zivilist erschlagen oder in die Sklaverei verkauft oder gar ein Tempel geplündert wurde. Eine Humanität wie die hellenistische gab es weder früher noch später. Sie war ebensowenig pathetisch wie spießbürgerlich; selbst wo sie alltäglich wurde, ging es ihr um das Menschliche ohne Ausnahme: „Keinerlei Betrug weder an Mann noch an Frau zu begehen, ein schadenstiftendes Mittel gegen Menschen oder üble Zauberlieder weder zu lernen noch zu benutzen, einen Liebestrank, ein Mittel zur Vernichtung der Leibesfrucht, ein empfängnisverhütendes Mittel weder selbst zu benutzen noch anderen zu empfehlen, einen Mord oder Raub weder zu begehen noch Mitwisser zu sein.“ Die Begründung dieser Humanität konnte ethisch sein:

> Kein einzger ist mir Fremdling, hat er nur Charakter,
> Denn von Natur sind alle gleich, nur Haltung trennt sie,

oder auch religiös:

> Für alle ist der Gott der gleiche, das bedenke,
> Für Freie wie für Sklaven.

Aber täuschen ließ sich der Blick für echte Humanität nicht:

> Auswendig gibt es solche, die besonders glänzen.
> Inwendig aber sind sie allen Menschen gleich.

Aus diesen Gefühlen und Erkenntnissen entstand eine soziale Allgemeingesinnung, für die wieder Euripides Vorläufer und gewiß oft Vorbild war. Die neue Komödie griff sie auf und mahnte ständig, daß die Menschen einander helfen und einander glücklich machen sollten:

> „Ein wahres Leben heißt, nicht sich allein zu leben.“
> „Wenn alle doch einander immer helfen würden.“

Man erkannte auch, daß sich das in den kleinsten soziologischen Gebilden am echtesten verwirklichen ließ: „Gemeinschaft Ähnlicher macht die bunte Mischung des Lebens zu einem Ganzen.“ Daraus resultierte ein höheres Verständnis für die Familie: „Denn du weißt, mein Bruder, daß ich Dich nicht allein als Bruder habe, sondern auch als Vater, Herrn und Gott“, heißt es in einem ganz schlichten Papyrusbrief. In Xenophons ‚Oikonomikos‘ war jeder ordentliche Familienvater mit einem König verglichen worden, der in echter innerer Vollmacht regierte. Auch solche Erlebnisse wurden wärmer und tiefer. Vor allem erhielt die Bindung echter *Freundschaft* eine neue Prägung. Alexander war darin das große Vorbild; seine Erfolge verdankte er zum großen Teil der Tatsache, daß er Freunde um sich hatte, Krateros, ‚den Treuesten‘, Ptolemaios, Kleitos, Polyperchon, Hephaistion. Eine kleine Anekdote, die leider bei den meisten Alexanderhistorikern nicht vorkommt, weil sie die Trauer um Hephaistion mit den Farben der Ilias malten, läßt einen tiefen Blick in das Wesen hellenistischer Freundschaft tun. Der König gab den Gesandten von Epidauros ein Geschenk für Asklepios mit, „obwohl der Gott nicht gut an mir gehandelt hat, denn er hat mir den Freund nicht gerettet, der mir so lieb war wie mein eigenes Haupt". Die Geschichte stammt aus der ältesten Überlieferung und kann annähernd historisch sein; so mag es auch stimmen, daß Alexander auf seine Freunde zeigte, wenn man ihn nach seinen Schätzen fragte.

Welche Bedeutung der Freundschaft in jedem Bereich des Lebens zukam, beweist das Material, das *Zucker* für Freundschaftsbewährung in der neuen Komödie gesammelt hat. Die alten Vorbilder griechischer Freundschaft, Pylades und Theseus, wurden völlig entheroisiert und erschienen jetzt ohne Pathos im Alltagsgeschehen. Wenn die Epikureer die wärmsten Töne für die Freundschaft fanden und es für selbstverständlich hielten, daß der Weise für den Freund in den Tod geht, war das ohne Pathos, ganz unheroisch-alltäglich gemeint. Menander hat auch hier den Geist der Zeit am besten erlauscht: Das „größte Gut" hat der gefunden, der auch nur „den Schatten eines Freundes besitzt"; in jedem Leid kann man zu einem Freunde gehen und ihm das Herz ausschütten:

„Dem, der da Leid trägt, ist das Wort des Freundes süß";
„Wer krank am Körper niederliegt, bedarf des Arztes,
Wer an der Seele krankt, bedarf des Freundes mehr:
Ein Freundeswort vermag den schlimmsten Schmerz zu heilen."

Die große Zahl der sozialen Bestrebungen, Erfolge und Mißerfolge allein dokumentiert schon, daß man ehrlich glaubte, die Natur des Menschen und ihr menschenwürdiges Verhalten zwinge zu sozialer Gesinnung und Haltung.

6. Die letzte der großen, in seelische Strukturtiefen hineinreichenden Spannungen könnte man grob mit der herkömmlichen Terminologie als die zwischen hellenistischem *Realismus* und *Idealismus* bis hin zum *Utopismus* umschreiben. Viel Fruchtbares ist aus ihr erwachsen, freilich auch viel Unklares. Wieder handelt es sich um eine alte griechische coincidentia oppositorum, die im Hellenismus nicht nur erhalten blieb, sondern vielfach stärker akzentuiert sichtbar wurde.

Die Dynamik des Realistischen prägte die verschiedenen Zweige der Wissenschaft, den Realismus in der Kunst, die praktischen Erfolge der Weltwirtschaft. Im Zeichen der nüchternen und praktischen Vernunft gelang alles.

Dem Menschen ward nichts Größres von Natur, o Vater,
Als die Vernunft. Wer mit Vernunft entscheidet, der
Hat alles.

Der Kampf gegen die Leidenschaften in der Philosophie wurde von der gleichen realistischen Vernunft her geführt wie die Schöpfung von Vernunttreligionen verschiedener Art. Sie ließ zum ersten Male in der Welt eine Popularwissenschaft in Form von unsäglich langweiligen oder praktisch erlernbaren Lehrgedichten oder von Lexika und Enzyklopädien entstehen. Sie führte sogar zu Ansätzen einer experimentellen Wissenschaft und einer Technik.

Aber freilich nur zu Ansätzen. Der Hellenismus wurde weder ein wissenschaftliches noch ein technisches Zeitalter. *Misch* hat einmal die glänzende Frage gestellt: „Warum hat der Hellenismus“ – darunter versteht er diesen wissenschaftlichen Ansatz – „nicht gesiegt, sondern die Theologie?“ Diese Frage enthüllt die ganze Problematik dieser letzten Gegensätzlichkeit. Der nichtrealistische und nichtrationalistische Pol war zu stark, um eine Aufhebung der Spannung zuzulassen. Die ‚Theologie‘ konnte praktisch realistisch und rationalistisch werden, aber sie blieb Theologie, ja, sie wurde es um so stärker, je stärker der Gegenpol im Erleben war. Auch das ist eine Eigentümlichkeit des Hellenismus; der anthropozentrische Rationalismus machte vor nichts mehr halt, auch die Götter waren schließlich nur noch dazu da, um den Menschen zu erlösen, aber umgekehrt: Man half sich eben nicht durch Technik und Wissenschaft, sondern ließ sich von den Göttern retten.

Denn Mensch und Welt waren eben nicht nur real, rational, empirisch und aktuell. Die kosmische Metaphysik unter dem Einfluß des Timaios und seiner Weltseelenmythologie hat nie ganz verdrängt werden können, und schließlich sind ihr auch die streng atomistischen, physikalischen, mechanischen und biologischen Welt- und Menschenbilder erlegen. Das Verlangen nach dem Geist war unausrottbar griechisch. Darin, das sollte man nicht übersehen und abwerten, lag auch die Wurzel für den hellenistischen *Utopismus.* Hinter all den aufschießenden politischen und sozialen Utopismen stand das Bedürfnis nach Überwindung des Realen und der Gewinnung des Idealen, wie immer es aussehen mochte. Selbst da, wo es, wie bei den Stoikern, recht materialistisch war, war es nicht realistisch.

Von hier aus muß nun die wunderbare und unzerstörbare Kraft des griechischen Mythos im Hellenismus gesehen werden, der die rationalistische Säkularisation ebenso überstanden hat wie die römische Phantasielosigkeit, die jüdische Entmythologisierung und den christlichen Puritanismus. Götter und Göttinnen, Heroen und Dämonen haben ihre Kleider und ihre Namen gewechselt, aber gestorben sind sie nicht. Der Weg von der platonischen Mythopoiie bis zur gnostischen war, trotz der Proteste einiger späterer Platoniker, ganz legitim.

Im Grunde war es auch auf allen Gebieten der Kunst nicht anders. Die neuen technischen Möglichkeiten, durch die man Kolosse und Hochhäuser wie den Pharos bauen lernte, die medizinischen und hygienischen Erwägungen bei den Stadtanlagen, die anatomische Genauigkeit bei der Darstellung von Menschen, der Realismus, der sich Betrunkenen und Sterbenden zuwandte, die Ehrlichkeit des Porträts waren immer nur die eine Seite. Die andere war eine bis fast ins Krankhafte gehende Subtilität der Form, ein oft durch feinste Mittel erreichtes idealistisches Minimum des Dargestellten, ein meist unaufdringliches, aber ebenso sicher vorhandenes Bedürfnis, eine Botschaft zu verkünden, einer Theorie zu folgen, ein mögliches oder unmögliches Ideal in Kunst und Leben anzupreisen oder zu verwirklichen. Im Späthellenismus konnte das bis zu einer völligen Verschiebung dieser Ideale ins Transzendente führen. Doch blieb man meist im Bereich der Welt.

Die Fülle der *Ideale* war fast unbegrenzt. Da war das erst im Hellenismus konstruierte ‚Spartanerideal' oder das auch Könige in seinen Bann ziehende ‚Achilleusideal'. Da stritt das Dionysosideal mit dem des Idealkynikers Herakles. Da war der etwas abstrakte ‚Edle' und der etwas asketische ‚Weise'. In der ständigen Konfrontierung dieser Ideale mit der klar geschauten empirischen Lebensfülle wuchs die hellenistische Kultur auf.

Aber noch eine größere Spannung lag im hellenistischen Menschen und seinem Menschenbild: die Zweipoligkeit, die durch die Spannung zwischen Mann und Frau fruchtbar geworden ist. Denn der Hellenismus ist weder eine männliche noch eine feminine Epoche der Geschichte. Sein besonderer Reiz liegt in dieser Zweipoligkeit.

2. *Die Frau und das Frauenbild des Hellenismus*

a) Die Emanzipation der Frau

Es ist falsch, zu behaupten, erst der Hellenismus habe die Frau entdeckt, im vorhellenistischen Griechenland hätten sogar die „Göttinnen immer etwas Männliches an sich gehabt". Wie so vieles andere kann auch die besondere Stellung der Frau im Hellenismus nicht von der gesamtgriechischen Entwicklung losgelöst werden. Die sterblichen wie die unsterblichen, die menschlichen wie die göttlichen Frauengestalten Homers leuchteten durch alle Schichten des Hellenismus hindurch und halfen, sein Frauenbild entscheidend zu formen. Es gäbe kaum hellenistische Dichterinnen, wenn ihnen nicht Sappho vorangegangen wäre, deren Roman der Hellenismus geschaffen und immer farbiger gestaltet hat. Selbst die hellenistischen Königinnen hatten ihre Vorläuferinnen, etwa in der von Herodot bewunderten Artemisia von Halikarnassos, auf deren Gefangennahme die Athener den unwahrscheinlichen Preis von 10000 Drachmen gesetzt hatten, freilich vergeblich.

Den Übergang zum Hellenismus bildete auch hier vor allem Euripides. Jedenfalls hat seine Mitwelt empfunden, daß seine Einblicke in die Tiefen des weiblichen Seelenlebens und die Hintergründe weiblichen Seins und Handelns neu und für viele erschreckend waren. Die Dämonie des Eros trat zum mindesten schärfer denn je zuvor aus der mythischen oder heroischen Verklärung heraus und wurde in der Seele gequälter Frauen wie der Phaidra oder Medea konkrete Lebenswirklichkeit. Viele haben Euripides nicht verstanden und zum Frauenfeind gemacht, aber der Hellenismus, der um die Leiden und Freuden der Menschenseele wußte, hat gern von ihm gelernt. Nicht alle begriffen, daß mit Euripides eine neue Wertung der Frau begann. Längst kannte man Frauen, die den Männern überlegen waren, Klytaimnestra, Elektra, Antigone, aber sie waren es durch ihr Handeln oder ihre Haltung. Erst bei Euripides sind sie es durch ihr Sein: Alkestis durch die schlichte Selbstverständlichkeit ihres Daseins in leidender Liebe, Medea durch die unheimliche Vitalität ihres Seins gegenüber dem Schwächling Jason.

Ohne Euripides ist die hellenistische äußere und innere Emanzipation der Frau kaum zu erklären, seine Wirkung war eben auf allen Gebieten des Lebens ungeheuer. Alle die herrschenden und beherrschten, rasenden und vernünftigen, liebenden und mordenden Frauen von überdurchschnittlichem oder auch nur von durchschnittlichem Format, an denen die drei hellenistischen Jahrhunderte so reich waren, verwirklichten bewußt oder unbewußt euripideische Frauenbilder. Aber sie steigerten sie.

Das ist nur natürlich. In einer groß und weit gewordenen Welt mußte auch die Frau größer und weiter leben, in einer Welt des Risikos konnte auch die Frau vom Risiko nie ausgeschlossen bleiben. Es war eine einschneidende, aber durch die neue Lebensform notwendige Neuerung, daß die hellenistischen *Heere* im Lager von Frauen begleitet wurden. Das war bisher eigentlich nur in orientalischen Heeren üblich gewesen. Noch Alexander hatte die Jungverheirateten zunächst lieber für kurze Zeit nach Hause geschickt, statt ihre Frauen dem Heere folgen zu lassen. Das änderte sich in dem Augenblick, als er Heiraten seiner Soldaten mit persischen Frauen förderte. Am Kampfe nahmen Frauen im allgemeinen nicht teil, obwohl das bereits früher in Griechenland gelegentlich vorkam. Auch jetzt blieb es auf einzelne Fälle bei der Verteidigung der Heimatstadt beschränkt; das bekannteste hellenistische Beispiel ist der Tod des Pyrrhos durch den Dachziegelwurf einer Frau. Immerhin ist nicht ganz unsymptomatisch, daß die hellenistische Periegetik, Geographie, Geschichtschreibung, Literatur und die gesamte bildende Kunst ein übergroßes Interesse an den Amazonen und den Amazonenschlachten entwickelte und der Eigenname Amazoneia öfter vorkommt. Aber zumeist waren die Frauen bei den Heeren nur mitziehende, mehr oder weniger legitime Ehefrauen oder auch nur Sklavinnen der Offiziere und Soldaten. Eine Papyrusurkunde aus dem Jahre 237 wirft ein gutes Licht auf die nicht immer ungünstigen Verhältnisse: „Die Melainis und ihren Sohn, den sie mir geboren hat, Ammonios, beschenke ich mit der Freilassung, wenn sie bei mir bleibt, solange ich lebe." Xenophon hatte die persische Sitte, Frauen mit ins Feld zu nehmen, noch als barbarisch empfunden, dabei aber vor allem an die orientalische Unsitte, Musikantinnen und Unterhalterinnen aller Art im Lager zu haben, gedacht. Die hellenistische Entwicklung ging aber in eine ganz andere Richtung. Freilich konnten dabei persönliche Tragödien nicht ausbleiben, wie etwa die Geschichte des Oaxiers Eraton, der nach Kypros in den Krieg zog, dort fiel, während seine Frau und seine beiden Söhne, die er mitgenommen hatte, in Gefangenschaft gerieten und auseinandergerissen wurden: Der eine Sohn, Epikles, wurde nach Amphissa verkauft, wo er schließlich, dank eines Isopolitievertrages oder des aitolischen Bundesbürgerrechtes, freikam und bleiben konnte, die Mutter und der andere Sohn sind, wenigstens für uns, verschollen.

Frauen als *Sportlerinnen* hatte es schon früher gegeben, doch hat erst der Hellenismus den Typ der Berufssportlerin entwickelt, allerdings wohl erst am Ende der Epoche. Am bekanntesten waren die drei Töchter des Hermesianax aus Tralles, Tryphosa, Hedea und Dionysia. Ihre Namen klangen verdächtig; darum betonte vermutlich ihre Siegerinschrift, daß sie Töchter eines freien Bürgers und Jungfrauen waren. Zwischen den Jahren 47 und 41 siegten sie in jedem Jahre, und zwar auf den Isthmien, den Pythien, den Nemeien und den großen Asklepieien von Epidauros, meist im Lauf, einmal auch im Wagenrennen und einmal kitharodisch; gerühmt wurden ihre Tüchtigkeit und Frömmigkeit, denn sie kämpften natürlich auf den Spielen zu Ehren der Götter.

Über die *berufliche Emanzipation* der freien Frau wissen wir zu wenig, um ein klares Urteil gewinnen zu können. Es kam vor, daß Frauen mit ihren Ehemännern gemeinsam ein Handwerk ausübten. Die arbeitenden Frauen auf Terrakotten und Reliefs dürften in der Hauptsache wohl Sklavinnen gewesen sein, doch war es in Athen nicht ungewöhnlich, daß in der Erntezeit auch die Ehefrauen freier, aber armer oder verarmter athenischer Bürger als landwirtschaftliche Lohnarbeiterinnen arbeiteten. Doch blieben bei den meisten landwirtschaftlichen und handwerklichen Berufen immer gewisse Hemmungen bestehen.

Um so mehr eroberten sich die Frauen berufliche Eigenständigkeit im Wirtschaftsleben. Die reiche Frau gehörte zum Gesamtbild des Hellenismus.

Solche Frauen wurden dann Wohltäter ihrer Städte und erhielten dafür hohe städtische Ehrungen, wobei ihre weiblichen Qualitäten nicht verschwiegen wurden. In Sparta, wo ein großer Teil der Verwaltung und des Besitzes der ausgedehnten Landgüter in den Händen der Frauen lag, hat das nicht nur kulturelle, sondern auch politische Folgen gehabt. Aus Ägypten kennen wir ein besonders anschauliches Beispiel: eine reiche Grundbesitzerin verwaltete ihren ganzen Besitz selbst, ordnete auch die Einzelheiten an, nahm von ihrem Verwalter die Anzeigen über Diebstähle auf dem Gut entgegen, befahl Zeit und Art der Weinabfüllung und schickte selbst ihre Transportflotte aus. Eine Ärztin kennen wir in Tlos in Lykien.

Was Aristophanes und Euripides – jeder in seiner Art – vorausgesehen hatten, trat allmählich ein. Die Frau wurde fast auf allen Gebieten dem Manne ‚gleichberechtigt'. Man mochte noch darüber spotten, daß die Frauen ein Symposion hielten und die Männer eine Pannychis, statt, wie bisher, umgekehrt, die Entwicklung ließ sich nicht aufhalten, und für die Entstehung der hellenistischen Kultur war es gut so. An den Höfen und in den Bereichen der Kunst wurde die Frau zum schöpferischen Bildner, zugleich aber neu gesehener und verstandener ‚Gegenstand' und Inhalt künstlerischen Schaffens.

b) Die Frauen der Höfe

Es ist ein seltsames Spiel der Geschichte, daß die Zahl der im Guten wie im Bösen überdurchschnittlichen, ja sogar überdimensionalen Frauen gerade da so groß war, wo sie die meisten Einflußmöglichkeiten besaßen, an den hellenistischen Höfen. Bereits am Eingang der Epoche stand maßgebend eine außergewöhnliche Frau, *Olympias,* Alexanders Mutter. Klatsch und Gehässigkeit haben ihr Bild verzerrt, aber ihre Größe nicht verdunkeln können. Sie war ganz Frau mit allen Leidenschaften, deren eine Frau nur fähig sein konnte. Es ist durchaus glaubhaft, daß sie als Mainade raste und daß sie in dem wilden, unheimlichen Kult von Samothrake seelisch daheim war; möglicherweise hat sie auch subjektiv ehrlich daran geglaubt, daß sie Alexander auf übernatürliche Weise empfangen und geboren habe, so daß wenigstens die Ansätze zu seiner wunderbaren Geburtsgeschichte weder auf bewußte Propaganda noch auf Romanbildung zurückgehen. Sicher war sie herrschsüchtig, aber sie wußte auch, daß sie zu herrschen fähig war. Daher mag sie an der Ermordung Philipps beteiligt gewesen sein, weil sie mit Alexander, auf den sie einen bestimmenden Einfluß gehabt hat, herrschen wollte. Darum nahm sie den lästigen Kampf mit Antipatros und seinem Sohn auf, und darum ließ sie ihre gefährliche Gegenspielerin Eurydike, die ihrem Manne Philipp Arrhidaios ebenfalls weit überlegen war, ermorden; daß sie diesen jedoch, den Sohn Philipps und einer Tänzerin aus Larisa, töten ließ, entsprang wohl mehr weiblicher Emotionalität als Herrschsucht. Auch ihre fast unglaubliche Grausamkeit gegen Philipps zweite Frau und deren Kinder ist von dieser wilden Ungebärdigkeit her psychologisch verständlich.

Aber das ist nur die eine Seite des Bildes. Der Gegensatz zwischen ihr und Antipatros war, wie Arrian völlig richtig überliefert hat, nicht nur der des Machtstrebens, sondern der des geistigen Niveaus. Olympias hat sich immer mit Griechen umgeben, Griechen zu Erziehern ihres Sohnes bestimmt und Griechen zu ihren treuesten und letzten Freunden gezählt. Die besten Griechen ihrer Zeit, Eumenes von Kardia und der Historiker Hieronymos, wohl auch Nearchos, und von Frauen die Schwester Alexanders, Kleopatra, haben ihr unbeirrt die Treue gehalten. Dieser Kreis war über alles Kleinmakedonische und Kleingriechische hinausgewachsen und hat allein für Alexander volles Verständnis gehabt. Die Tragik ihres Endes lag darin begründet, daß sie beide Seiten ihres Wesens nicht mehr in Einklang bringen konnte: als sie dem Rat des Eumenes nicht mehr folgte, siegte ihre dämonisch-wilde Anlage, die sie unaufhaltsam dem Untergang entgegenführte.

Die ausgeprägtesten Persönlichkeiten, die am tiefsten in alle Bereiche des hellenistischen Lebens eingriffen, waren die oft so unheimlichen Frauen des *ptolemaischen* Hofes. Vielleicht war es das größte Unglück für die ptolemaische Dynastie, daß sie zu viele bedeutende Frauen hatte, die unmöglich nebeneinander existieren konnten und dadurch, wenigstens in der späteren Zeit, ständig neue Wirren herbeiführen mußten. Im Grunde begann das bereits mit den beiden Frauen des ersten Ptolemaiers. Nach der Verstoßung seiner persischen Frau hatte er aus politischen Gründen *Eurydike,* die Tochter des Antipatros, geheiratet (321) und von ihr drei Kinder, Lysandra, Ptolemaios Keraunos und Ptolemais, gehabt. Vermutlich kam es zwischen ihr und Ptolemaios schon zu einem ersten Zerwürfnis, als er sich von einer klugen und selbständigen athenischen Hetäre entscheidend beeinflussen ließ. Ihren Sturz aber führte ihre Nichte *Berenike I.* herbei. Diese war mit einem makedonischen Landadligen verheiratet gewesen, dem sie drei Kinder, Magas, den späteren Herrscher von Kyrene, Theoxene, die Frau des Agathokles, und Antigone, die Frau des Pyrrhos, geschenkt hatte. Nach dem Tode ihres Mannes wurde sie von Eurydike nach Alexandreia an den Hof geholt, wo sie den König dahin brachte, die Königin und ihre drei Kinder aus Alexandreia zu verbannen und sie selbst zu heiraten (317?). Eurydike aber gab nichts verloren, sondern ging über Milet nach dem von ihrem Bruder gegründeten Kassandreia, das sie in Eurydikeia umnannte und bis zu ihrem Tode absolutistisch beherrschte. Berenike wurde durch Ptolemaios die Mutter des zweiten Ptolemaiers und der Arsinoe, der im Guten wie im Bösen größten hellenistischen Frau. Ihre fortgesetzten Intrigen – besonders in der Frage der Nachfolge für ihren Sohn und der Versorgung ihrer Kinder aus erster Ehe – sind wohl der Hauptgrund für die Resignation des ersten Ptolemaiers (285?) gewesen. Der alte Leibwächter Alexanders war dieser übermächtigen Frauen müde geworden und zog sich zurück, um Geschichte zu schreiben.

Arsinoe II. Philadelphos wurde um 315 geboren. Ihre Porträts zeigen ihre ganz eigenartige, faszinierende Schönheit, die zu betrachten man nicht müde wird, weil sie zugleich geistig und leidenschaftlich, vital und rücksichtslos, menschlich und zugleich unmenschlich hart, tapfer und doch scheu erscheint, eine geradezu vollendete coincidentia oppositorum. Dem entsprach ganz ihr Leben und Handeln. Als Mädchen von etwa fünfzehn Jahren wurde sie zur Festigung eines Militärbündnisses von Ptolemaios an den viel älteren Lysimachos verheiratet, dem sie drei Söhne, Ptolemaios, Lysimachos und Philippos, gebar. Allmählich nutzte sie ihre neue Stellung aus und ließ sich nicht nur einige der schönsten Städte des lysimachischen Reiches schenken, darunter Herakleia, Kassandreia, Amastris und – unter Wahrung einer gewissen Autonomie – das nach ihr umgenannte Ephesos, sondern war im Grunde auch für den Untergang des Lysimachos verantwortlich. Um ihretwillen hatte dieser seine zweite Frau Nikaia verstoßen, aber deren Sohn Agathokles zu seinem Nachfolger bestimmt und mit der Tochter der Eurydike, Lysandra, verheiratet. Dieser war ein tüchtiger Soldat, hatte gegen die Geten und gegen Demetrios Poliorketes gekämpft und erwies sich als eine wirkliche Stütze seines Vaters. Vermutlich war es Ptolemaios Keraunos, der ihn bei Arsinoe II. verdächtigte, und diese verleumdete ihn bei seinem Vater so, daß er verhaftet wurde. Ob er wirklich nach einem vergeblichen Vergiftungsversuch von Ptolemaios Keraunos selbst im Gefängnis getötet wurde oder ob sich seine Hinrichtung anders vollzog, wissen wir nicht, jedenfalls war Arsinoe II. daran nicht unbeteiligt.

Aber sie hat das alles bitter büßen müssen. Seleukos I. warf sich zum Rächer des Mordes auf. Lysimachos fiel im Kampf gegen ihn (281), und Arsinoe II. konnte nur in einer Verkleidung zu Ptolemaios Keraunos von Ephesos nach Makedonien fliehen. In ihrer Verzweiflung, mit ihren drei Kindern allein gelassen, erklärte sie sich schließlich bereit, ihn zu heiraten. Der älteste ihrer Söhne, Ptolemaios, erkannte noch im Knabenalter, daß Keraunos nur Herrschaftsansprüche gewinnen wollte, und floh rechtzeitig zu den Dardanern nach Illyrien; seine Ahnung hatte ihn nicht betrogen. Noch am Hochzeitstag erschlug Keraunos, der Mörder des Seleukos, die beiden anderen Söhne, die erst zwölf und fünfzehn Jahre alt waren. Wieder mußte Arsinoe II. in Verkleidung fliehen, denn nun war auch ihr eigenes Leben bedroht. Sie fand Zuflucht – und nicht nur äußere Sicherheit, sondern auch innere Kraft – im Tempelasyl Samothrake. Zeitlebens blieb sie den Mysterien von Samothrake in tiefer Dankbarkeit verbunden, von ihr stammt die großartige Neuanlage des Tempelbezirkes. Als sie nach dem Tode des Keraunos die Insel ohne Gefahr verlassen konnte, ging sie zu ihrem Bruder Ptolemaios Philadelphos nach Alexandreia (279/78). Dessen erste Frau, *Arsinoe I.*, die Tochter des Lysimachos, war anscheinend in eine Verschwörung gegen den König verwickelt und wurde nach Koptos verbannt (278/77), doch blieb ihr ältester Sohn Thronfolger und wurde mit seinen beiden Geschwistern Lysimachos und Berenike später von Arsinoe II. adoptiert. Vielleicht ist Arsinoe II. nicht in diese Ehescheidung verwickelt oder gar die Ursache für sie gewesen. Aber bald danach hat Ptolemaios II. dann Arsinoe II. geheiratet und zur legitimen Königin gemacht. Über diese Geschwisterehe ist zu allen Zeiten viel geschrieben worden, sicher ist nur, daß sie mit Erotik nicht das geringste zu tun hatte. *Kahrstedt* hat richtig darauf hingewiesen, daß Arsinoe für eine erotische Beziehung bereits viel zu alt war, dazu kommt, daß ihr Bruder etwa zehn Jahre jünger war als sie und daß Ptolemaios als eigentliche Frau Belistiche aus Argos, die in Olympia ein Fohlengespann erfolgreich hatte rennen lassen, zu sich nahm, wogegen Arsinoe II. nichts einzuwenden hatte. Die Ehe war auch ein politischer Schachzug, um die Ägypter zu gewinnen, die in dem König und seiner Schwester Osiris und Isis inkarniert sehen sollten. Für Arsinoe ergab sich dadurch die Möglichkeit, ihre glänzenden Gaben als Herrscherin voll zu entfalten.

In den etwa acht Jahren ihrer Mitregierung hat Arsinoe II. die Geschicke des ptolemaischen Ägypten und zeitweise sogar die der gesamten hellenistischen Welt in ihren festen Händen gehalten. Schon bald nach ihrer Hochzeit durchreiste sie das Land und kümmerte sich um alles. Vor allem trieb sie noch einmal große ptolemaische Weltpolitik, gewann durch ihre beiden Admirale Hermaios und Kallikrates, die ihr besonders ergeben waren, für kurze Zeit die Seeherrschaft über die gesamte Ägäis, erwarb sich Verbündete in Griechenland und der griechischen Inselwelt. Welchen Anteil die Königin an allen diesen Unternehmungen hatte, geht allein daraus hervor, daß sie nach ihrem Tode ins Stocken gerieten.

Von bleibender Bedeutung war ihr kulturelles Wirken. Zu dem Museion und der großen Bibliothek hatte sie engste Beziehungen. Von den Dichtern des Hofes stand ihr Kallimachos besonders nahe. Wieviele Huldigungen und

Anspielungen auf Arsinoe im Werke des Dichters enthalten sind, wird sich nie ganz sicher sagen lassen. In diesem Zusammenhang genügt es, daran zu erinnern, daß er ihr Hochzeitsgedicht und ihre Totenklage angestimmt hat, daß der Hymnus auf Delos unmittelbar auf Arsinoes Anregung zurückging und ein freilich äußerst dezenter Abriß auch ihres politischen Wollens war. Ihre geistige Weite ging auch daraus hervor, daß sie den empirisch-kritisch eingestellten Philosophen Straton von Lampsakos zum Erzieher der Kinder der ersten Arsinoe berief.

Ihr größtes innerägyptisches Werk war die Trockenlegung des Moerissees und die Gewinnung des fruchtbaren Neulandes des Fayum, mochte sie dabei auch an frühere Vorarbeiten anknüpfen. Ihrer Tatkraft allein ist es zu danken, daß es in verhältnismäßig kurzer Zeit vollendet wurde. Mit Recht hat ihr Bruder diesen in der Folgezeit gesegnetsten Strich des Ptolemaier-Reiches den Arsinoe-Gau genannt.

Selten ist eine Frau zu ihren Lebzeiten und nach ihrem Tode so geehrt worden wie Arsinoe II. Schon kurz nach ihrem Regierungsantritt wurden ihr in der griechischen Welt, soweit sie den Ptolemaiern geneigt war, gottgleiche Ehrungen als ‚bruderliebende Göttin' erwiesen, auf Kypros ist sie zuerst als Inkarnation der Aphrodite verehrt worden, andere ahmten das nach. Aus eigener Initiative hat der Admiral Kallikrates von Samos auf dem Kap Zephyrion ihr als ‚Aphrodite Arsinoe' einen Tempel gestiftet, und ihr Bruder hat nach ihrem Tode ihren Kult in ganz Ägypten in jeder Weise gefördert. Wie sehr er damit rechnen konnte, daß die Arsinoe erwiesene Verehrung und Liebe auch bei der ägyptischen Mehrheit der Bevölkerung groß waren, geht daraus hervor, daß er für diesen Kult seit 263/2 die Apomoira-Steuer erheben konnte. Man kann noch heute diese Verehrung nachfühlen: Tausende von Papyrusurkunden nennen Arsinoes Namen und sind ein glänzendes Zeugnis für die Blüte der Verwaltung unter ihrer Regierung. Inschriften zu ihren Ehren finden sich in ganz Kleinasien und vom Inselbund, selbst eine der seltenen phoinikischen Inschriften verkündet ihren Ruhm. Viele Städte wurden nach ihr genannt, unter ihnen Arsinoe in Aitolien, in der Argolis, im Fayum, in der Kyrenaika, am Golf von Suez und mehrere Hafenstädte auf Kypros. An den Prozessionen zu ihren Ehren in Alexandreia nahmen nach athenischen Vorbildern auch der Gymnasiarch und die Epheben teil.

Die schönste Ehrung aber wurde ihr zuteil nicht durch die berühmte Topas-Statue in ihrem alexandrinischen Tempel, sondern durch das Gedicht, das Kallimachos kurz nach ihrem Tode (9. Juli 270) verfaßte; es gehört zu den großartigsten Werken des Dichters. Er wollte es in die höchste Gattung der Dichtung gerechnet wissen, denn es begann damit, daß zu einem solchen

Gedicht nur der Gott selbst ekstatisch inspirieren kann und muß, denn der Dichter will die Auffahrt der verstorbenen Königin zu den Sternen beschreiben, ein hellenistisch-alexandrinisches Motiv. Schon ist Arsinoe beim Sternbild des Wagens angekommen und hat den Mond, der noch im Dunstkreis der Erde liegt, hinter sich gelassen. Während aber Ägypten und Ptolemaios die entschwundene Königin beklagen, sieht Philotera, ihre früher verstorbene Schwester, in heroisierter Gestalt von den Bergen von Lemnos aus den Rauch von Arsinoes Scheiterhaufen über das Meer dahinziehen. Voll Bangen fürchtet sie, eine Stadt brenne oder dem heimatlichen Libyen sei etwas zugestoßen. Da bittet sie ihre Gefährtin Charis, sie möge den Schneegipfel des Athos besteigen und alles genau erkunden. Charis macht sich in raschem Fluge auf und erkennt entsetzt, daß der Rauch aus der Gegend des Pharos kommt, und sie versteht das Schreckliche: „Weh', weh', etwas Ungeheures. Der Rauch wird von eurer Stadt hergetragen." Damit endet leider unser Papyrusfragment, aber die prachtvolle Konzeption und Komposition des Ganzen wird aus den wenigen Versen deutlich erkennbar. Während sonst der Pharos sein Licht weit über das Meer hinaus sendet – übrigens eine der ältesten Beweisstellen dafür, daß der Pharos von Anfang an ein Leuchtturm war –, wird dieses Licht jetzt durch den Rauch des Scheiterhaufens verdrängt, der den ganzen ptolemaischen Herrschaftsbereich von Libyen bis Thrakien verdunkelt.

Es gab auch noch andere Dichtungen im hohen Stil über Arsinoe, aber die erhaltenen Reste sind zu gering, um Näheres zu erkennen. Dabei hat Arsinoe selbst übertriebene Ehrungen gar nicht gewollt. Ihre zahlreichen Münzen und die beiden herrlichen Sardonyxgemmen von Wien und Petersburg zeigen ihr edles Porträt ohne jedes göttliche Attribut: sie ist nur Königin und Frau, wie Kranz und Schleier betonen. Das Doppelfüllhorn auf der Rückseite vieler ihrer Münzen ist nur ein Hinweis auf den Reichtum Ägyptens. Ihre Porträtbüste im Museum von Alexandreia zeigt sie ganz menschlich, alt, leidvoll, müde, und doch von schmerzgeprüfter Hoheit.

Die Jahre ihrer Mitregierung waren die glücklichsten des Ptolemaierreiches. Daher ist es nicht verwunderlich, daß es, außer bei geschworenen Ptolemaierfeinden, kaum eine wirklich feindliche oder gehässige Stimme gegen sie gab. Die Griechen haben zwar besonders in der Komödie über die Geschwisterehe gelacht und unzählige politische Witze gemacht, aber dabei wohl gewußt, daß das im Grunde die einzige Rechtsform war, die in der Nachfolge der Pharaonen der Frau eine Mitregentschaft erlaubte.

Mehr tragisch als bedeutend ist die Gestalt der Tochter Ptolemaios' II. aus der ersten Ehe, Berenike. Sie wurde aus politischen Gründen auf einer glänzenden Hochzeit mit dem Seleukiden Antiochos II. verheiratet (wohl 252), der aber nach wie vor unter dem Einfluß seiner ersten Frau stand, die schließlich die neue Königin und ihr Kind ermorden ließ. Als ihr Bruder Ptolemaios III. Euergetes I. auszog, um sie noch zu retten oder zu rächen, stiftete dessen Gemahlin, die einzige Frau, die er je hatte, Berenike II., eine Locke für seine Heimkehr. Die von Anfang an berechnende Heiratspolitik der Ptolemaier, die damit begann, daß Ptolemaios I. eine Tochter an Lysimachos, eine an Demetrios Poliorketes, eine an Agathokles, eine an Pyrrhos und eine an den Sohn Kassanders, Alexander, verheiratete, war in allen Fällen unglücklich. Jede der fünf Ptolemaierinnen, die im Laufe von etwa 200 Jahren in das Seleukidenhaus heiratete, war Ursache oder Opfer einer schweren Katastrophe, meist für beide Teile. Einen sehr großen Teil der Schuld trug die am stärksten emanzipierte Art der ptolemaischen Frauen.

Berenike II. war eine wahrhafte Nachfolgerin der zweiten Arsinoe, wenn sie auch mehr weibliche, liebreizende Züge trug, dafür aber Arsinoes Größe nicht erreichte. Eine schwere Jugend hatte sie früh gereift: nach dem Tode ihres Vaters Magas von Kyrene wollte ihre Mutter Apame sie mit ihrem eigenen Liebhaber Demetrios dem Schönen verheiraten, aber mit Hilfe der Truppen und Bürger setzte sich die Tochter zur Wehr, der Liebhaber wurde im Schlafzimmer der Mutter getötet, Apame selbst verbannt. Berenike regierte dann glücklich über Kyrene und heiratete nach einer langen Verlobung Ptolemaios III., wodurch nicht nur zwischen Ägypten und Kyrene die engste Verbindung hergestellt wurde, sondern auch eine der glücklichsten Ehen der antiken Höfe begann. König und Königin duldeten keine geschmacklosen Schwelgereien in Alexandreia mehr, sondern nur ein fein gepflegtes und kultiviertes griechisches Leben, in dessen Mittelpunkt Berenike stand. Eine Amsterdamer Oinochoe und gute Münzen haben ihr Bild erhalten: eine schlanke, graziöse, mit geschmackvoller Eleganz gekleidete Gestalt und ein Gesicht von verhaltener, aber stolzer Lieblichkeit. Ihrem Wesen entsprach, daß sie kosmetische Studien trieb.

Auch Berenike war bei Griechen wie Ägyptern überaus beliebt. Die Ägypter, deren Religion sie achtete und unterstützte, haben ein heiliges Brot nach ihr genannt, eine fünfte Priesterklasse für sie und ihren Gemahl gestiftet, ihre verstorbene Tochter zur Tempelgenossin des Osiris von Kanopos gemacht, Hymnen zu ihren Ehren verfaßt und sie von Mädchenchören besingen lassen. Auch ihr hat Kallimachos gehuldigt, vor allem in dem Gedicht von ihrer verschwundenen und an den Himmel versetzten Locke, das schon in der Antike als Meisterwerk glänzenden Brillierens und eines in allen Farben und Tönen schillernden Dichtens geschätzt wurde. Nirgends ist Kallimachos die Synthese von Gelehrsamkeit und Schelmerei so gelungen wie hier; das mochte auf persönliche Einwirkung der Königin zurückgehen. Die Himmelfahrt der geweihten Locke vom Arsinoetempel unter die Sternbilder ist das heitere Gegenstück zu dem Sterbegedicht der Arsinoe. Nicht ohne Grund ist behauptet worden, daß sich Berenike auch hinter der Muse verstecke, die den Kallimachos zur Dichtung der ‚Aitia' inspiriert habe. Am schönsten feiert sie aber eins seiner besten Epigramme, das sich nur schwer übersetzen läßt:

> Vier Charitinnen gibt's, seit eine den dreien vor kurzem
> Zugezählt, die der Duft köstlicher Salben umströmt.
> Lieblich vor allen, beneidenswert leuchtet nun Berenike:
> Sind doch die Chariten selbst Chariten nicht ohne sie.

In schlichterer Form besang Theokrit bereits Berenike I. als Aphrodite. Tragisch war ihr Ende. Nach dem Tode des Königs ließ sie der verbrecherische, aber nicht unbegabte Finanzminister Sosibios, der vor der tapferen Frau Angst hatte, vergiften und ihren älteren Sohn Magas im Bad ermorden, um über den unmündigen jüngeren die Herrschaft behalten zu können. Mit Berenikes Tod begann der unaufhaltsame politische und kulturelle Abstieg des ptolemaischen Ägypten.

Sosibios ließ auch die Frau und Schwester Ptolemaios' IV. Philopator (221–204), *Arsinoe III.*, ermorden. Ihre schöne Porträtbüste in Boston zeigt das Gesicht einer unglücklichen Frau, die viel inneres Leid erlitten hat. Im Gegensatz zu Berenike zog sie mit ins Feld – wohl auf Betreiben des Sosibios – und wohnte der Schlacht von Raphia (217) bei; im Gegensatz zu Arsinoe II. vollzog sie die Ehe mit ihrem Bruder wirklich und gebar ihm einen Sohn.

Die Hauptschuld am völligen Ruin des Ptolemaierreiches trugen abermals zwei Frauen, die wie Verzerrungen des hellenistischen Frauentyps erscheinen und doch nur besondere späthellenistische Abwandlungen dieses Typs waren. Ihre komplizierte Geschichte haben die grundlegenden Arbeiten von *Walter Otto* und *Hermann Bengtson* aufgehellt. „Im Ptolemaierhause hat es unbedingt mehr bedeutende Frauen als Männer gegeben" – diesen Satz beziehen die beiden Historiker auch auf Kleopatra II. und Kleopatra III., die beide gleichzeitig die Frauen Ptolemaios' VIII. Euergetes II. waren. Vermutlich war die Mutter Ptolemaios' VI. und Kleopatras II., *Kleopatra I.* (180–176 Regentin), schon vergiftet worden; Ptolemaios VI. wurde mit seiner Schwester Kleopatra II. Kokke verheiratet; aus dieser Ehe sind vier Kinder hervorgegangen. In den schlimmsten Wirren, die Ägypten durchzumachen hatte, gelang es Kleopatra II., die beiden streitenden Brüder Ptolemaios VI. Philometor und Ptolemaios VIII. Euergetes II. zu versöhnen und mit ihnen zusammen in Form einer ‚Samtherrschaft' zu regieren (um 170–164); 145/4 regierte sie kurze

Zeit für ihren Sohn Ptolemaios VII. Neos Philopator. Aber den Römern paßte diese energische Frau auf dem Thron nicht, und sie setzten mit Gewalt Ptolemaios VIII. ein, der Kleopatra II. zur Ehe zwang und an ihrem Hochzeitstag ihren Sohn Ptolemaios VII. vergiften ließ. Zugleich heiratete er ihre Tochter Kleopatra III. *Otto-Bengtson* bemerken zu der Doppelhochzeit von Mutter und Tochter, daß es so etwas in der griechischen Welt nie gegeben habe. Kleopatra ‚die Schwester' und Kleopatra ‚die Frau', wie sie seit 142 in der offiziellen Titulatur heißen, regierten eine Zeitlang mit Ptolemaios gemeinsam. Als jede der beiden Frauen vom gleichen Vater einen Sohn bekommen hatte, für den sie Thronansprüche stellte, kam es schließlich zum Bürgerkrieg: Zunächst siegte die Mutter, vertrieb den Gatten mit der Tochter nach Kypros und berief die alte makedonische Heeresversammlung ein, von der sie sich als Thea Philometor Soteira zur Königin ausrufen ließ. Aber Ptolemaios VIII. ließ ihren Sohn Memphites entführen und tötete ihn. Kleopatra II. stellte die Leiche öffentlich aus und gewann das Mitleid der Makedonen und Griechen, während Kleopatra III. auf jede Weise die Römer und die Ägypter zu gewinnen suchte. Da sie so die Mehrheit für sich hatte, gelang es ihr schließlich, nach fürchterlichen Bürgerkriegen die Mutter nach Syrien zu vertreiben. Dann kam es noch einmal zu einer Versöhnung und Herrschaft zu dritt, bis Kleopatra II. – vermutlich kurz nach dem Tode Ptolemaios' VIII. – nicht ohne Mitwirkung der Tochter ermordet wurde.

Otto-Bengtson haben in Kleopatra III. Euergetis eine der ersten Vertreterinnen jener ganz ungriechischen, orientalischen Bigotterie gesehen, die in der Spätantike immer häufiger wurde und schließlich dazu führte, jedes Verbrechen mit irgendeiner orientalischen Religion zu bemänteln. Wenn das Quellenmaterial auch nicht sicher zu unterscheiden erlaubt, wo Kleopatra III. die Religiosität der Ägypter und der anderen in Ägypten lebenden superstitiösen Orientalen politisch ausnutzte oder wo sie wirklich in diesen Religionen ein bequemes Mittel sah, Ausgleich und Vergebung für ihre Morde, Ehebrüche und sonstigen Exzesse zu finden, so ist die These an sich doch richtig, und es gibt Tatsachen genug, die sie stützen. Kleopatra stiftete einen Kult der „Isis, der großen Mutter der Götter" und stellte sie mit Kybele gleich. Sie ließ allein fünf neue eponyme Priesterklassen für den Herrscherkult einrichten und zwang die Ptolemaierpriester, gegen Kleopatra II. mit ins Feld zu ziehen. Sie hat für sich selbst eine volltönende Kulttitulatur geschaffen: Kleopatra, ‚die mutterliebende Göttin, Erlöserin, Gerechtigkeit, Siegbringende', und Straßen nach ihrem Namen und ihren Titeln genannt, während sie den Namen ihrer Mutter aus allen Inschriften tilgen ließ. Sie umgab sich mit jüdischen Offizieren, mit deren Hilfe sie gegen ihren Sohn zu Felde zog, und schloß einen Freundschaftsvertrag mit Alexander Iannai, dem jüdischen Hohenpriester. Schließlich hat ihr Lieblingssohn, dem sie allmählich lästig wurde und dem sie auch nachstellte, sie umbringen lassen (101).

Auch die letzten ptolemaischen Jahrzehnte wiesen noch eine überraschend große Reihe ungewöhnlicher Frauen auf. Unter ihnen hob sich Berenike III. (um 88) heraus, deren tatkräftige Regierung die Römer wieder auf den Plan rief; sie erzwangen ihre Ehe mit Ptolemaios XI., der sie sofort ermorden ließ. Aber die Alexandriner liebten sie so, daß sie den König im Gymnasion erschlugen. Von 58 bis 56 hat wieder eine Frau, Berenike IV., Ägypten beherrscht. Sie hat sogar im Angesicht der Römer gewagt, den Sohn eines Strategen des Mithradates Eupator, Archelaos, zu heiraten und mit ihm noch ein Jahr zu regieren, bis die Römer wieder eingriffen. Die Alexandriner standen auf ihrer Seite.

Den Abschluß dieser Reihe hellenistischer Frauen Ägyptens bildete die letzte Kleopatra, VII., die Tochter Ptolemaios' XII., des Flötenspielers. Sie hat die Größten ihrer Zeitgenossen in Atem gehalten und mehr Bewunderung, aber auch mehr Haß erregt als irgendeine hellenistische Frau. In vielem ähnelt sie, die letzte Königin, der ersten, Arsinoe II. Selbst der Dichter des gegnerischen Lagers, Horaz, hat den Augustusschmeichlern gegenüber den Mut, sie „non humilis mulier“ zu nennen und die Tapferkeit ihres Selbstmordes zu rühmen. Plutarch und nach ihm Shakespeare haben ihr Bild für alle Zeiten bewahrt. Wenn man von der Emanzipation der hellenistischen Frau spricht, muß sie an erster Stelle stehen, eine Königin, die angelte und schwamm, verkleidet Matrosenkneipen aufsuchte, um die Stimmung des Volkes kennenzulernen, Ägyptisch, Aramäisch, Arabisch, Äthiopisch, Nubisch, Persisch, Griechisch und Lateinisch sprach, alle Künste der Diplomatie beherrschte, Flotten führte, ein Buch über Kosmetik schrieb, mindestens vier Kinder gebar und den Tod nicht fürchtete; ob sie die Bücher, die sie Cicero geschenkt hat, wirklich gelesen hatte, mag man jedoch ebenso bezweifeln wie tiefere geistige oder künstlerische Interessen. Daß sie sich Aphrodite, Venus Genetrix, Nea Isis, Thea Neotera und ihre Kinder Helios und Selene nennen ließ, mag nichts als Ironie gewesen sein. Gewiß aber bedeutete es doch ein Programm, wenn sie einen ihrer Söhne Ptolemaios Philadelphos nannte.

In der *seleukidischen Hofsphäre* sind die Bilder nicht so grell, weder im Guten noch im Bösen, doch wies auch sie selbständige und überdurchschnittliche Frauen auf, die sich frei entfalten konnten. Sie waren, wenigstens am Anfang, weiblicher und liebenswerter als die der Ptolemaier.

Die große Verehrung, die Seleukos I. seiner Mutter *Laodike* und der Perserin *Apame,* seiner Gattin, die er auch nach Alexanders Tod nicht verstieß, sondern bis an ihr Ende als Frau hatte, bewies, ist schon von den Zeitgenossen sehr gerühmt worden; er kannte keine Hemmungen, den Sohn der Perserin zu seinem Nachfolger einzusetzen. Was an der rührenden hellenistischen Novelle, er habe nach dem Tode Apames aus politischen Gründen Stratonike, die Tochter des Demetrios Poliorketes, geheiratet, sie aber auf Rat seines Leibarztes freiwillig seinem Sohne abgetreten, historisch ist, läßt sich nicht sagen: jedenfalls beweist ihre Entstehung, wie gut die Familienverhältnisse unter den ersten Seleukiden waren.

Die eigentliche Zerstörerin des seleukidischen Hauses war *Laodike II.*, die geschiedene Frau Antiochos' II. Sie hatte ihre Verstoßung nicht stillschweigend geduldet und begann nach der Ermordung Berenikes, die Regierung wieder in die Hand zu nehmen.

Die Frauen, die das Zerstörungswerk der seleukidischen Dynastie schließlich vollendet haben, waren angeheiratete emanzipierte Ptolemaierinnen. Die erste und übelste von ihnen war Kleopatra Thea, die Tochter Ptolemaios' VI. Philometor und der zweiten Kleopatra. Als junges Mädchen wurde sie, wohl auf römische Anordnung hin, mit dem obskuren Schwindler und Emporkömmling Alexander Balas (150–146) verheiratet. Seine Staatssiegel zeigen ihn nur mit Kleopatra zusammen, was auf ihren dominierenden Einfluß hinweist. Nach dem Sturz Alexanders verheiratete ihr Vater sie an Demetrios II., dem sie zunächst auch in seinen Mißgeschicken treu zur Seite stand. Als er aber in parthischer Gefangenschaft die persische Prinzessin Rhodogune heiratete, trennte sie sich wieder von ihm und nahm seinen Bruder Antiochos VII., Sidetes zum dritten Gemahl. Er fiel im Kampfe gegen die Parther (129), Demetrios dagegen kehrte aus der Gefangenschaft zurück. Aber Kleopatra rief die Ägypter gegen ihn ins Land, ließ ihn ermorden und beanspruchte nach ptolemaischem Recht die Königsherrschaft für sich selbst. Als ihr älterer Sohn Seleukos V. nach seleukidischem Recht die Regierung übernehmen wollte, ließ sie ihn vergiften (125) und zwang den jüngeren, Antiochos VIII. Grypos, eine Tochter Ptolemaios' Euergetes II., die die Alexandriner bezeichnenderweise mit dem Hetärennamen Tryphaina nannten, zu heiraten. Als ihr auch dieser Sohn zu selbständig wurde, suchte sie ihn ebenfalls zu vergiften. Der Anschlag wurde jedoch entdeckt, und sie selbst mußte daraufhin das Gift austrinken (121). Sehr merkwürdig ist das Münzporträt dieser Frau: das sehr weibliche Gesicht mit der koketten Haartracht läßt ebensowenig von ihrer mörderischen Dämonie wie von ihrer Bigotterie erkennen.

Tryphaina erwuchs eine Gegnerin in einer anderen Ptolemaierin, Kleopatra IV., der ehemaligen Frau des Ptolemaios mit dem Schotenkopf (Lathyros), die den Hauptfeind ihres Gemahls, Antiochos IX. Kyzikenos, heiratete. Was dann folgte, dient nur zur Illustration dafür, daß die seleukidischen wie die ptolemaischen Frauen zwar noch immer von den alten Leidenschaften und ihrer Dynamik besessen blieben, aber schließlich völlig degenerierten. Im Verlauf des Bürgerkrieges mußte Kleopatra IV. in das Asyl von Daphne fliehen, wo Tryphaina ihr die sich an den Altar klammernden Hände abhauen ließ. Im folgenden Jahre aber geriet diese in die Gefangenschaft des Kyzikenos, der sie hinrichtete. Die beiden feindlichen Seleukiden Antiochos VIII. Grypos und Antiochos IX. Kyzikenos sind schließlich wohl beide noch von einer Frau vergiftet worden, der Ptolemaierin Kleopatra V. Selene, die nacheinander beide geheiratet hatte. Aber die Quellen über diese Verhältnisse sind ziemlich dunkel. Selene geriet schließlich in die Hand des Armeniers Tigranes, der sie töten ließ (69).

Völlig anders war das Bild am *pergamenischen* Hof. Auch hier ragte eine Frau weit über den Durchschnitt hinaus, doch zeigte sie keinerlei Züge von Emanzipation. Viele Inschriften und, soweit wir sehen können, alle Historiker rühmen sie in den höchsten Tönen. Es war die Königin *Apollonis* (um 238–160), die Frau Attalos' I. und Mutter von vier wohlgeratenen Söhnen, zwischen denen es nie einen Konflikt gab, obwohl die Römer alles versuchten, um sie gegeneinander zu hetzen. Sie stammte aus einer bürgerlichen Familie in Kyzikos und hat ihre hohe Stellung nie mißbraucht. Die Geschichtschreiber nannten sie klug, gütig und fromm, die Städte ehrten sie als vorbildliche Mutter, Ehefrau und Königin, und ihre Söhne dankten ihr in jeder Weise für ihre Mutterliebe. Das schönste Denkmal, das die Söhne ihrer Mutter setzten, waren die Reliefs des Tempels in ihrer Geburtsstadt Kyzikos, vermutlich Säulenreliefs, die ähnlich zu denken sind wie die ephesinischen im Britischen Museum. Ein Perieget hat sie kurz beschrieben, und diese Beschreibungen sind dadurch erhalten geblieben, daß in römischer oder byzantinischer Zeit ein schlechter Dichter Epigramme verfaßte, die mit den Prosabeschreibungen zusammen als drittes Buch in die Anthologie gekommen sind. Da diese Reliefs ein eigenartiges Dokument nicht nur für hellenistische mythographische Gelehrsamkeit, Mythenabweichungen, mythische Reliefkunst und hellenistische Tempelausschmückung, sondern vor allem für die Ehrung einer großen hellenistischen Frau und Mutter sind, mögen sie an dieser Stelle kurz genannt werden. Jede der achtzehn Säulen trug ein Relief mit einem bestimmten Motiv zum Thema: Liebe zur Mutter. Die Reihenfolge entsprach einer Umwanderung des Tempels. Es folgten aufeinander: 1. Dionysos führt seine Mutter in den Himmel ein. 2. Telephos wird von seiner Mutter Auge wiedererkannt und bringt sie nach Arkadien. 3. Alkimede hindert den Gatten, ihren Sohn, der für die Mutter eingetreten war, zu blenden. 4. Polymedes und Klytios rächen ihre betrogene Mutter. 5. Mutter und Sohn, Merope und Polyphontes, rächen gemeinsam den ermordeten Vater am Mörder. 6. Apollon und Artemis töten die Schlange, die ihrer Mutter den Weg versperrte. 7. Die Söhne der Antiope bestrafen Dirke wegen des grausamen Verhaltens gegen ihre Mutter. 8. Odysseus befragt seine tote Mutter in der Unterwelt. 9. Pelias und Neleus befreien ihre gebundene Mutter. 10. Die Söhne der Hypsipyle geben sich ihrer Mutter zu erkennen und retten sie vom Tod. 11. Perseus versteinert Polydektes, der seine Mutter zur Ehe zwingen und den Sohn beseitigen wollte. 12. Ixion, der Sohn der Megara, rächt seine ermordete Mutter an den beiden Mördern – übrigens eine nur hier zu findende originelle Fassung des Mythos. 13. Herakles vermählt seine Mutter im Elysion mit dem Totenrichter Rhadamanthys. 14. Apollon und Artemis erschießen Tityos, weil er ihrer Mutter nachstellt. 15. Der abgestürzte Bellerophontes wird von seinem Sohn Glaukos gerettet – das einzige Relief, auf dem die Liebe zum Vater Thema ist. 16. Die Zwillingssöhne Poseidons, Aiolos und Boiotos, befreien ihre gefesselte Mutter (wohl nach einer Version des Euripides). 17. Anapis und Amphinomos aus Katana bringen ihre Eltern bei einem Ausbruch des Ätna in Sicherheit. 18. Kleobis und Biton ziehen den Wagen ihrer Mutter ins argivische Heraion.

Am *Antigonidenhof* traten die Frauen zurück, hier herrschte bis zum Ende makedonische Männlichkeit, in der Politik wie in der Kultur. Die bedeutendste Frau dieser Dynastie war gar nicht emanzipiert, sondern ausgesprochen weiblich. Es war *Phila I.*, die Frau des Demetrios Poliorketes und Mutter des Antigonos Gonatas. Hieronymos von Kardia hat ihr das schönste Denkmal gesetzt. Sie war eine Tochter des Antipatros und aus politischen Gründen mit Krateros verheiratet worden. Als dieser 321 gefallen war, brachte Antigonos I., der auf dem Standpunkt stand, man müsse auch gegen die Natur heiraten, wenn dabei ein Gewinn herauskäme, ihre Vermählung mit dem fünfzehn Jahre jüngeren Demetrios zustande. In unwandelbarer Treue hielt sie neben dem recht schwierigen Gatten in allen Lebenslagen tapfer aus und tötete sich vermutlich selbst, weil sie seinen endgültigen Zusammenbruch nicht überleben wollte. Sie vermittelte und glich aus, versöhnte und heilte, wo sie nur konnte. Ihre Söhne zog sie vorbildlich auf: den Sohn aus ihrer ersten Ehe mit Krateros, den jüngeren Krateros, erzog sie so, daß es zwischen den Stiefbrüdern zu keinem Konflikt kam, sondern Antigonos Gonatas ihm ohne Bedenken die schwierige Verwaltung der Peloponnes anvertrauen konnte. Ein hellenistisches Gemälde, Phila und Antigonos in ernstem Gespräch mit dem Philosophen Menedemos, ist in einer römischen Kopie erhalten. Auch Gonatas' Frau, Phila II., die Tochter Seleukos' I., und ihre eigene Tochter Stratonike ähnelten ihr in Lebensform und Wesen. Politisch trat am makedonischen Hof nur Laodike, die Frau des Perseus, hervor, aber sie war eine Seleukidin.

Einige andere regierende Frauen vervollständigen das Bild. Da war die energische *Ada* von Karien, die, als sie durch ihren Bruder verdrängt wurde, ein eigenes Reich in Alinda gründete, dann in kluger Voraussicht schon 334 Alexander huldigte und von ihm wieder als Herrscherin in Karien eingesetzt wurde. Da war *Lanassa,* die Tochter des Agathokles von Syrakus, die ihren ersten Mann Pyrrhos verließ und sich Demetrios Poliorketes zur Frau anbot, der sie auch heiratete, weil sie ihm als ‚neue Demeter' die Insel Kerkyra mitbrachte. An den beiden Nebenfrauen des Pyrrhos hatte sie Anstoß genommen, an den viel zahlreicheren des Demetrios nicht. Zu den schönsten und wahrhaft edelsten Frauen des Hellenismus gehört schließlich die Königin *Philistis,* die Frau Hierons II. von Syrakus. Sie war die Tochter eines gebildeten hohen Offiziers des Agathokles, teilte alle Freuden und Leiden der langen Regierung Hierons, erzog ihren Sohn Gelon in vorbildlicher Weise. Die Silbermünzen mit ihrem Porträt gehören zu den schönsten Münzprägungen der Weltgeschichte. Je nach dem Ausdruck ihres Gesichtes fallen die Falten des Schleiers bewegt oder ruhig, das Gesicht lächelt leise, aber voll Würde und Hoheit, oder läßt einen leichten innerlichen Schmerz und eine gewisse Müdigkeit, immer aber eine große weibliche Güte erkennen.

c) Frauen in Kunst und Wissenschaft

Welche Frauen auf den verschiedenen Teilgebieten des Lebens schöpferisch waren, ist im einzelnen nicht mehr zu ermitteln. Doch gibt es sie überall. Priesterinnen, Ärztinnen, Verfasserinnen von Werken über Spezialthemen wie Kosmetik oder Kochkunst sind durch Inschriften oder gelegentliche Notizen bekannt. Eine alexandrinische Philologin schrieb über das Problem, ob das homerische Ilion dasselbe sei wie das zu ihren Lebzeiten. Die Papyri beweisen, wie gern und viel Frauen schrieben.

Einiges Genauere läßt sich bei den *Philosophinnen* erkennen. Philosophierende Frauen hatte es in der griechischen Welt um Pythagoras, Sokrates und die Akademie längst gegeben, doch erleichterte die breitere Basis der Philosophie im Hellenismus die aktive Mitwirkung der Frau nicht nur im Verband der Schule, sondern auch bei der Mission auf den Märkten und Straßen. Das bekannteste Beispiel, für das es keine Vorbilder gab, war die Kynikerin *Hipparchia.* Sie stammte aus einer der besten Familien in Maroneia, war schön und reich, gab aber Heimat und Vermögen auf, um den wandernden Kyniker Krates zu heiraten, mit dem sie ihr ganzes weiteres Leben hindurch lehrend und predigend durch die Welt zog. Auch die gehässigen oder witzelnden Gegner mußten zugeben, daß die Ehe der beiden unter den primitivsten Lebensbedingungen glücklich war (um 300). Dem Peripatos stand die Theophrast-Schülerin *Pamphile* nahe, deren ‚Hypomnemata' viel gelesen wurden. In glücklicher Ehe war die Schülerin Epikurs, *Leontion,* mit seinem Lieblingsschüler Metrodoros verheiratet, neben ihr sind noch andere Epikureerinnen bekannt, wie Boidion, Hedeia und Nikidion, die Hetären gewesen sein könnten – sicher ist es trotz der Namen nicht. Hat Iamblichos recht, so hätten in der pythagoreischen Schule siebzehn Frauen, die er mit Namen nennt, eine führende Rolle gespielt; wie viele wirklich historisch sind und in die hellenistische Epoche gehören, ist allerdings nicht mehr festzustellen.

Die eigentliche Domäne der schöpferischen Frau aber war die *Kunst.* Groß war die Zahl der ausübenden *Musikerinnen.* Es gab hochbezahlte weibliche Stars, die bei den großen Festen an den Höfen und vor der Öffentlichkeit komplizierte Arien sangen, Berufssängerinnen, die bei vornehmen Begräbnissen an die Stelle der billigeren Klagefrauen traten, gelegentlich als Sirenen maskiert, Instrumentalsolistinnen jeder Gattung. Sie sind oft hoch geehrt worden, so erhielten 130/29 eine Harfenspielerin (χοροψάλτρια) aus Kyme und 86/85 eine andere aus Theben die delphische Proxenie und die Berufsmusikantin Lampro von Chios ein schönes Grabrelief, das sie musizierend darstellt.

Dagegen haben sich *Schauspielerinnen* nur schwer und vereinzelt durchsetzen können und blieben zunächst auf tänzerische und pantomimische Rollen beschränkt. Das erste sicher bekannte Beispiel ist das Mädchen, das in Xenophons ‚Gastmahl' im Rahmen eines pantomimischen Balletts tänzerisch die Ariadne verkörperte. Tänzerinnen gab es dagegen häufig, wie die zahlreichen Darstellungen beweisen, doch bedeutete das nichts Neues. Verhältnisse der römischen Zeit kann man nicht ohne weiteres auf hellenistische Zeiten zurückdatieren.

Alle künstlerisch schöpferischen Frauen wurden aber von den *Dichterinnen* überragt, und dieses Phänomen ist so eigenartig, daß man es am besten nicht pedantisch in den Verlauf der Literaturgeschichte einordnet, sondern einmal die weibliche Besonderheit stärker zur Geltung kommen läßt. Fast schien es, als ob die Zeiten der Sappho zurückgekehrt wären, und es trifft auch zu, daß der Hellenismus Sappho wiederentdeckt hat. Nicht nur, daß einige seiner Dichterinnen sie in Form, Sprache und Inhalt nachahmten, daß Sappho sehr häufig von Dichtern und Philosophen zitiert, von Künstlern dargestellt, selbst zur Trägerin religiöser Symbolik bis weit in römische Zeit hinein gemacht wurde, sondern es entstand vor allem ein Sappho-Roman mit den Motiven ihrer unglücklichen Liebe zu Phaon und dem Sprung vom leukadischen Felsen, in dem alle Töne hellenistischen Gefühlslebens aufklangen. Neben den beiden anderen großen hellenistischen Romanschöpfungen, der von Hero und Leandros und der von Eros und Psyche, gehört der Sappho-Roman zu den alles überdauernden Schöpfungen der menschlichen Geistesgeschichte.

An die Spitze seiner langen Liste von Dichtern stellt Meleagros die hellenistische Lyrikerin *Anyte* von Tegea (um 300) und vergleicht sie mit der Lilie. Das einzige bekannte Ereignis aus ihrem Leben ist mit einer Asklepios-Wunderheilungsgeschichte umkleidet erhalten. Anscheinend hat sie gegen Bezahlung eine metrische Inschrift für den Asklepiostempel in Naupaktos verfaßt – nach der Legende soll der Gott selbst sie zu dem Stifter des Tempels Phalysios gesandt haben; dieser wurde von seiner Augenkrankheit geheilt, als er die von ihr überbrachte Wachstafel las, auf der stand, daß er ihr zweitausend Goldstücke zahlen solle. Was wir von ihren Dichtungen besitzen, sind nur Epigramme, aber sie sind von einer zarten und doch leuchtenden Farbigkeit, von einer herben Frische peloponnesischer Art ohne Übertreibungen in der Sprache, wenn auch die Behandlung des Adjektivs eine gewisse Tendenz zur Manier zeigt. Zuweilen hat sie Sappho oder Simonides imitiert, doch nie in aufdringlicher Weise; im allgemeinen bleibt sie selbständig.

Ihr schönstes und weiblichstes Gedicht ist ein Vierzeiler auf den Bock des Bromios, der stolz und verwegen aus den Augen blickt und dahinschreitet, weil die rosige Hand der Nais seinen Kopf gestreichelt hat. Die Vermenschlichung des Tieres ist durch die bloße Beschreibung seines Verhaltens so meisterhaft geglückt, daß die Kontrastwirkung zwischen dem geckenhaft dahinschreitenden ‚alten Herrn' und dem den Bart zupfenden Händchen die zartesten seelischen Nuancen erhellt. Das Gegenstück dazu ist wohl durch eine Votivplastik, ein Votivgemälde oder ein Votivrelief eines Dionysostempels inspiriert: Knaben legen dem Bock purpurfarbene Zügel an, weil sie um den Tempel herum hippische Agone kämpfen wollen wie die Erwachsenen. Möge der Bock für dies kindliche Spiel Verständnis haben und die Buben unbeschädigt tragen.

Ihre kleinen Naturschilderungen sind von einer niemals überbotenen Feinheit und strömen erquickende Ruhe aus. In einem Lorbeerhain findet der Wandermüde den frischen Trank der Quelle, hier kühlt ihn der leise wehende Wind, wegmüden Männern schenkt die geschwätzige Quelle am Fuß der Herme des Dreiwegs köstliche Erfrischung; nach langem Weg in ermattender Hitze ruht der Wanderer an der Quelle unter grünem Laubdach. An einer solchen Quelle stellt dann der vom Durst befreite Hirt dem Pan und den Nymphen ein kleines Votiv auf. Wie meisterhaft die Dichterin dabei die Kurzformen beherrschte und wieviel sie durch wenige Ausdrucksmittel sagen konnte, erkennt man aus ihrer Fähigkeit, ein ganzes bukolisches Hirtengespräch in zwei Distichen zusammenzudrängen:

„Warum weilst du so einsam im schattendunklen Gehölze,
Pan, du Herr des Gefild's, flötest auf süßer Schalmei?"
„Hier diese Berge sind frisch vom Tau, da sollen mir weiden
Jungstier und munteres Kalb pflückend das flaumige Grün."

Sie liebt auch das Meer und zeichnete liebevoll den kleinen Platz, von dem aus Aphrodite gern über die Fluten zu schauen pflegt, gütig gesinnt den Schiffern, die mitten im Schrecken des Sturmes ihr leuchtendes Bild aufstrahlen sehen.

Wenn auch das Motiv der Totenklage um Tiere nicht von ihr stammt, so hat sie es doch inniger als die späteren Nachfolger empfunden. Von echter Gemütswärme zeugt die Klage des an einen öden Strand geworfenen Delphins, der in jubelnder Freude um die Schiffe herum gespielt hatte, die sein Bild am Kiel trugen. Echt sind die Tränen des jungen Mädchens, das seine Spieltiere, Zikade und Heuschrecke, in ein kleines Grab legt, die Klage um den von der Katze gemordeten Hahn, der nun nicht mehr früh erwacht und die Schläfer weckt, und sogar der ihrem Wesen ferner liegende, wohl auf Bestellung geschriebene Nachruf auf ein im Kriege tödlich verwundetes Pferd, dessen schwarzes Blut den Boden färbt. Auch der Tod der Menschen ist von Anyte in schmerzlicher Stille und warmem Mitleid nachempfunden worden, und selbst bestellte Grabepigramme haben einen persönlichen Ton. Da ist ein Mädchen, das vor seiner Hochzeit über die bleichen Gewässer des Acheron schreiten muß und ihre Mutter untröstlich zurückläßt, dort ein anderes, das so viele Bewerber angezogen hatte, deren Hoffnungen das Schicksal jäh zerstörte; einem dritten hat die Mutter ein marmornes Grabbild errichtet, das die Züge ihrer jungfräulichen Schönheit ergreifend wiedergibt. Am tiefsten ist ein direktes Gesprächs-Epigramm: Die Tochter verabschiedet sich weinend mit einer letzten Umarmung von ihrem Vater, während das Dunkel des Todes langsam auf ihr lichtes Auge herabsinkt. Konventioneller ist die Totenklage für einen gefallenen Epheben; es ist bezeichnend, daß Anyte kein Liebesgedicht schrieb, für Mädchen besaß sie ein feineres Verständnis als für Männer. Das würde noch besonders unterstrichen, wenn das Klagegedicht auf die drei Mädchen, die vor dem Galliereinfall des Jahres 277 aus Milet flüchteten, fern von der lieben Vaterstadt starben und Hades als Bräutigam und Beschützer fanden, von ihr stammen sollte. Das ist nach Form und Inhalt nicht unmöglich, aber ungewiß. Die chronologischen Schwierigkeiten sind weniger schwerwiegend als der für Anyte doch etwas zu grelle Ton.

Endlich besitzen wir von ihr noch zwei Weih-Epigramme für Votive im Athenetempel ihrer Vaterstadt Tegea, die wohl beide von dem Stifter bestellt waren. Das eine ist ein Meisterwerk, in dem sich feiner weiblicher Abscheu gegen den Krieg mit Bewunderung für männliche Kraft paart: Nie wieder soll die Mordlanze ihre Kralle gegen den unglücklichen Feind erheben, sondern ungefährlich im Marmortempel von der Heldenkraft ihres Stifters zeugen. Das andere begleitet mit humorvoller Übertreibung die Stiftung eines von dem Erzgießer Aristoteles aus Kleitor hergestellten Kessels, der so groß sei, daß er einen Ochsen fassen könne.

Älter als Anyte, aber ihrem ganzen Wesen nach hellenistisch und vor allem von den Alexandrinern besonders hoch geschätzt war *Erinna* aus dem rhodischen Telos; sie gehörte noch in die letzte Hälfte des vierten Jahrhunderts. Als Neunzehnjährige schrieb sie ein Klagegedicht ‚Elakate', von dem Reste auf einem Papyrus wiedergefunden sind. Es beklagt den Tod ihrer liebsten Freundin Baukis, mit der sie frohe Mädchenspiele gespielt hatte, die kurz nach der Hochzeit verstorben war und zu deren Begräbnis sie nicht kommen konnte, da sie selbst schwer krank war; auch zwei Grabepigramme von vornehmer Strenge dichtete sie für das Mädchen. Das eine schildert die den Vorübergehenden grüßenden, von Vater und Mutter der Toten und von der Freundin und Dichterin des Grabepigramms sprechenden Grabsäulen und Grabsirenen über den winzigen Aschenresten in der Graburne; das andere, fast spröde und außerordentlich herb, bedroht den Hades, der die Braut dahingerafft und veranlaßt hat, den Hymenaios in einen Threnos zu verwandeln und mit Hochzeitsfackeln den Scheiterhaufen zu entzünden. Aus dem großen Klagegedicht stammen die gefühlstiefen Verse über das Schweigen der Toten, ihr klangloses Tönen und ihre hörlose Finsternis. Vielen gilt Erinna als Schöpferin der epideiktischen Schilderungen von Kunstwerken im Epigramm, erhalten ist aber nur das Preisgedicht auf ein Mädchenporträt, das die feinfühlige Hand des Malers, der gleichsam ein neuer Prometheus war, geschaffen hat.

Eigentümlich ist ihre Sprache. Auf der Basis ihres heimatlichen Dorisch verwendet sie Aeolismen, die man wohl mit Recht als bewußte Nachahmungen der Sprache der Sappho erklärt hat. Ob die Dichterin, die Meleagros mit dem „süßen, jungfräulich bleichen Krokos" vergleicht, auch, wie ihre Freundin, jung und unvermählt gestorben ist, oder ob diese Version erst aus der hellenistischen Legende stammt, ist ungewiß.

Von völlig anderer Art war die etwa zur Zeit Anytes lebende *Nossis* von Lokroi; Meleagros nennt sie „die duftausströmende schönblühende Iris", der Eros selbst das Schreibtäfelchen mit Wachs zubereitete. Sie war die erste Dichterin der hellenistischen Erotik. „Süßer ist nichts als Liebe", erklärt sie als

Selbstbekenntnis; wen Kypris nicht geküßt hat, der weiß nicht, wie schön eine Rose blühen kann. Bis auf eine einzige Ausnahme, ein auf Bestellung gearbeitetes, sprachlich und inhaltlich schwülstiges Votivgedicht für einen Sieg der Lokrer über die Bruttier, kamen alle ihre Gedichte aus echtem weiblichem Erleben und berührten nur weibliche Bereiche. Da webt die Dichterin mit ihrer Mutter zusammen ein Byssoskleid, das sie der heimatlichen Hera auf dem Kap Lakinion darbringen, dort vergleicht sie eine Mutter mit ihrer kleinen Tochter Melinno (Melinna). Für einen Aphrodite-Tempel dichtete sie Verse zur Weihung eines schönen und wohlduftenden Haarnetzes, das das Bild der den Adonis liebenden Göttin heraufbeschwört. Zwei ihrer Epigramme beschreiben die Schönheit gemalter Frauenporträts. Das Bild einer toten Freundin läßt nicht nur die edle Gestalt, sondern auch das edle Gemüt, die feine Klugheit und die unendliche Güte erkennen, und das einer anderen ist so naturgetreu, daß der Haushund in ihm sofort seine Herrin erkennen würde.

Etwa zur gleichen Zeit wie Anyte dichtete *Moiro* (Myro) von Byzanz; Meleagros nennt sie unmittelbar hinter Anyte und vergleicht sie mit einer ähnlichen Lilienart. Sie war mit dem Philologen Andromachos verheiratet und hatte einen Sohn, Homeros, der Tragödien schrieb. Angeblich soll sie schon als Kind versucht haben, ein Heldenepos zu schreiben. Die beiden von ihr erhaltenen Epigramme der Anthologie sind trotz einer etwas manierierten ‚peloponnesischen' sprachlichen Form inhaltlich reizvoll. In dem einen kommt der Gegensatz von leichter Trauer und leiser Freude besonders schön zum Ausdruck: eine abgeschnittene Traube im Tempel der Aphrodite klagt um ihre Trennung von der liebenden Mutter, dem Rebstock, und vermißt das taufrische Blatt über ihrem Kopf. Das andere ist ein Votivgebet an die Hamadryaden. Ein Epos über die Kindheit des Zeus und ein Poseidon-Hymnus sind verlorengegangen.

d) Die Frau im Alltag. Ehefrau und Mutter

Die neue Stellung der Frau hat sich auch positiv auf die *Ehe* ausgewirkt. Zwar hatte sich juristisch im griechischen Bereich wenig geändert: zur Ehe gehörte ein ordnungsgemäßer Ehevertrag (ἐγγύησις), was zahllose erhaltene Papyrusurkunden beweisen. Neu war nur, daß bei der ἔκδοσις, der Übergabe des Mädchens an den Bräutigam, der Vater nicht mehr in allen Fällen eingeschaltet wurde, sondern daß die Braut die Zeremonie allein vollziehen konnte. Neu war auch eine genauere Differenzierung der einzelnen Formen der Ehekontrakte, besonders im Ptolemaierreich unter ägyptischen Einflüssen. Neu war wohl auch eine standesamtliche Beurkundung der Eheschließung, die wenigstens für den ptolemaischen Bereich und für Mykonos bezeugt ist. Die Ehekontrakte wurden vor Notaren oder als Notare fungierenden Priestern ausgestellt, nachdem sich die Brautleute vorher mit oder ohne Eltern besprochen hatten. In konsequenter Fortführung älteren griechischen Eherechtes enthielten sie genaue Bestimmungen über die Mitgift, die Mitgiftquittung lag häufig bei. Stärker als zuvor schützten die hellenistischen Kontrakte die Ehefrau, einige wurden ganz einseitig zu ihren Gunsten abgefaßt. Beachtlich ist, daß in ihnen der Mann nicht nur die Unterhaltspflicht in jeder Weise auf sich nahm, sondern sich auch in vielen Fällen zu absoluter ehelicher Treue verpflichtete. Abgesehen von den vorläufigen Ehekontrakten im ptolemaischen Ägypten, die erst nach einer gewissen Zeit durch endgültige abgelöst wurden, galten die meisten auf Lebenszeit. Kam es doch zu einer Auflösung der Ehe, mußte, wie im früheren griechischen Recht, die Mitgift voll zurückgezahlt werden. Das im Gebrauch der Frau befindliche Heiratsgut (παράφερνα) war sofort, das vom Mann verwaltete (φερνή) nach einigen Wochen zurückzuerstatten. Nur während der Ehe hatte der Ehemann Verfügungs- und Nutzungsrecht über die Mitgift, indes die Frau völlig selbständig über ihr eingebrachtes Sachgut, über Schmuck, Kleider und Hochzeitsgeschenke verfügte.

Viel wichtiger als diese rechtlichen Regelungen, die immerhin eine zunehmende Bevorzugung der Ehefrau beweisen, ist die Tatsache, daß die menschliche und seelische Bedeutung der Ehe in ganz anderer Weise als bisher geachtet wurde. Völlig neu war das freilich auch nicht. Aus seinem Homer und aus der Tragödie kannte der hellenistische Mensch die idealen Ehefrauen Andromache, Penelopeia, Alkestis, besonders in der psychologisch tiefen Schau des Euripides, und berühmte Gemälde wie das von Hektors Abschied führten sie ihm auch bildhaft vor Augen. Das Leben bestätigte längst das, was die Kunst darstellte. Selbst Ehefrauen, die ihren Mann freiwillig ins Feld begleiteten oder nach seinem Tode Selbstmord begingen, hatte es schon früher in der griechischen Welt gegeben.

Im Hellenismus erscheint das alles wieder gesteigert und erweitert. Wir hören sehr viel von guten, ja, von idealen Ehen aus allen Schichten. Eine deutliche und überzeugende Sprache reden die Grabepigramme und Grabinschriften in ihrer oft wunderbaren Schlichtheit und Zurückhaltung. „Ich bezeuge, daß tiefe Verlassenheit (χῆρον) deinen Gatten umfängt." Auch auf ganz ungekünstelten Grabinschriften fehlt ein schmückendes Beiwort für die verstorbene Gattin nicht, meist heißt es: „Du Süßeste" (γλυκυτάτη), „du Edle" (χρηστή), und dergleichen. Selbst die lange und geschwätzige Grabinschrift eines Ptolemaios für seine Frau Aphrodisia verrät neben bloßer Rhetorik viel echtes Gefühl. Es zeugt sogar von einer psychologisch sehr feinen Beobachtungsgabe, wenn in dieser Inschrift die Tote voll echten weiblichen Stolzes zunächst die Tugenden und Verdienste ihres lebenden Mannes aufzählt und dann ohne jede Übertreibung von ihrer glücklichen Ehe und den gemeinsamen Kindern spricht. Dazu gibt es vielerlei Parallelen. Auch die – nicht zu zahlreich erhaltenen – Familienbriefe sprechen eine ähnliche Sprache; zu den besonders lebensnahen gehören die des Kaufmanns Paniskos an seine Frau Ploutogeneia, allerdings erst aus römischer Zeit, aber hellenistisch-ägyptischem Milieu. Er schreibt seiner Frau bei jeder sich bietenden Gelegenheit, beklagt das Ausbleiben ihrer Briefe aufs schmerzlichste, möchte gern, daß sie ihn in Koptos besucht, sieht aber wohl ein, daß die Reise dorthin von dem fernen Fayum, wo Ploutogeneia mit Mutter und Tochter wohnt, zu schwierig ist. Aber er schickt der Frau reichlich Geld und bittet sie immer wieder, alles zu kaufen, was sie für sich und die Tochter braucht, selbst ein kleines Schmuckstück, das dem Kind Freude macht. Das kleine Briefcorpus gehört zu den schönsten Dokumenten aus dem antiken Alltagsleben.

Von den vorbildlichen Ehen in den höchsten Kreisen wurde schon gesprochen. Apollonis, die Frau Attalos' I., die Frau Phokions, deren einziger Schmuck ihr Mann war, Philistis, die Frau Hierons II. und Phila, die Frau des Demetrios Poliorketes, überstrahlten alle. Andere kamen hinzu: In Sparta wurde der innere und äußere Zusammenbruch des Kleomenes darauf zurückgeführt, daß er den Tod seiner über alles geliebten Frau nicht verwinden konnte, und Agathokles von Syrakus wurde auch von der ihm nicht sonderlich gewogenen Geschichtschreibung wegen der treuen Fürsorge für seine Frau hoch gerühmt.

Aber die wahrhaftigsten, farbigsten und materialreichsten Schilderungen hellenistischen Ehelebens verdanken wir der neuen Komödie, besonders Menander. Gleichsam als Leitwort gilt ihm:

> So glücklich ist gewiß nichts anderes, o Laches,
> Wie Mann und Ehefrau, wenn einer richtig wählt.

Mit feinster Beobachtung und mit subtilster Kenntnis der Wirklichkeit sucht er seinen Hörern immer wieder klarzumachen, wie es zu einer glücklichen Ehe im Alltag kommen könne: Zunächst solle man vor der Verlobung sorgsam prüfen und wählen, und zwar nicht nur nach der gesellschaftlichen Stellung der Braut, sondern in erster Linie nach ihrem Charakter. Bewegt klagt er über die, die wohl die Mitgift bis ins letzte nachrechneten, sich aber nicht um das Innenleben der Braut kümmerten. Wählen solle man selbst, darum sei es nicht gut, wenn der Vater für den Sohn die Frau aussuche. Dringend warnt er vor einer Ungebildeten, Streitsüchtigen, mit Komplexen Behafteten (χαλεπή), Schwatzhaften, aber eine vernünftige Frau sei ein Schatzkästlein (ταμιεῖον). Auf Schönheit solle man nicht zu viel, aber auch nicht zu wenig achten, die Häßlichkeit einer Frau könne unter Umständen eine Ehe sehr erschweren. Eine wirtschaftliche Basis müsse unter allen Umständen vorhanden sein, denn er kenne das Elend armer kinderreicher Ehen, begrüße aber in jeder Weise Ehen zwischen Armen und Reichen, wenn die Liebe wirklich die Basis sei. Man solle nicht zu jung, aber auch nicht zu alt heiraten, ein Rat, den auch andere gaben. Aber Menander war Rationalist genug, um zu sehen, daß auch in der besten Ehe Schwierigkeiten entstehen können, und – das ist für die hellenistische Mentalität der Frau nicht ganz unwichtig –, daß neben der Eifersucht vor allem die Herrschsucht der Frau gefährlich werden könne. Doch auch da, wo die Ehe zur Last wird, gibt es in ihr ethische Verantwortung und Pflichten zu erfüllen, und da, wo sie wirklich einmal ein Übel werden sollte, ist sie ein notwendiges Übel.

Eine völlig neue Situation wurde durch die Zunahme der ethnischen und ständischen *Mischehen* geschaffen. Noch am Vorabend des Hellenismus waren sie so gut wie ausgeschlossen, und wenn sie vorkamen, haftete ihnen ein Makel an. Demosthenes hatten seine Gegner dadurch zu schaden gesucht, daß sie behaupteten, er stamme aus einer griechisch-skythischen Mischehe und seine Mutter sei nur eine „sich griechisch gebärdende skythische Barbarin" gewesen. Auch als Alexander die Mischehen zwischen Makedonen, Griechen und Persern förderte und selbst ein Beispiel gab, konnte er sich nicht durchsetzen; angeblich hat nach seinem Tode nur Seleukos I. seine persische Frau Apame, die Tochter des Artabazos oder Spitamenes, nicht verstoßen. Doch wird er nicht der einzige gewesen sein, und vor allem in den unteren Offiziersrängen war sicher manche dieser Ehen von Dauer. Das älteste Beispiel einer bewußten Förderung ständischer Mischehen stammte noch aus der Zeit kurz vor Alexander: es war der ‚Tyrann' Klearchos I. von Herakleia am Pontos (364/63–353/52), der Mischehen zwischen freigelassenen Sklaven und freien Frauen vermutlich aus bevölkerungspolitischen Gründen begünstigte, aber sein Beispiel hat nur wenig Schule gemacht. Doch ist die Anzahl der ethnischen und ständischen Mischehen, allein aus den Namen zu schließen, in der hellenistischen Welt groß gewesen, besonders bei Soldaten, Kolonisten und in Berufen, die zum Wandern zwangen, später aber auch bei Verwaltungsbeamten. Leider aber gestattet auch das reiche von *Peremans* vorbildlich untersuchte Material der Papyri wohl eine Übersicht über die Verteilung ethnisch ‚reiner' und ‚gemischter' Familien auf gewisse Beamtengruppen, aber erlaubt nicht den geringsten Einblick in die innere und geistige Struktur solcher Ehen.

Trotz aller Frauenemanzipation behielt die echte *Hausfrau* ihre Stellung und wurde geschätzt und geehrt. Die schönste Zeichnung jener zarten, schlichten, fleißigen, durch und durch weiblichen, am kleinsten Hausgerät sich erfreuenden, mit Geschmack begabten hellenistischen Hausfrau, die mit der Spindel in der weichen Hand ebenso vollendet derbe männliche Kleidung wie duftige Frauengewänder herzustellen wußte, hat Theokrit in seinem Spindelgedicht hinterlassen. Er zeichnet aber mit demselben Scharfblick die bürgerlichen, im Dialekt schwatzenden, auf dem Markt einkaufenden Ehefrauen, die immer ein bißchen Angst vor ihren Männern daheim, gleichzeitig aber einen gewissen hausbackenen Instinkt für die richtige Erziehung ihrer Kinder hatten. Der stärkere Einfluß der Mutter auf die Erziehung der Knaben reichte schließlich so weit, daß im zweiten Jahrhundert eine Mutter ihrem Sohne Polystratos eine Ehreninschrift setzte, weil er bei den Panathenaien im Lauf gesiegt hatte – das läßt doch wohl darauf schließen, daß sie sogar an seiner sportlichen Entwicklung Anteil genommen hat.

Natürlich fehlten – wie zu allen Zeiten – auch die Schattenseiten nicht. Das Hetären- und Sklavinnenwesen verlockte die Männer allzuoft zur Untreue – „der Mann ist selten einer Frau treu". Wie schon bei Euripides, dessen Andromache erklärt hatte, daß eine Frau, die ihren Mann wirklich liebe, Nebenbuhlerinnen dulde, haben die Ehefrauen wohl öfter resigniert, als die Quellen zeigen. Meisterhaft hat Kallimachos im Hymnus auf Delos die innere Selbstüberwindung einer solchen Frau erfaßt, die sich dazu durchringt, das Kind ihres Mannes von einer anderen Frau schließlich doch anzuerkennen.

Auf der oberen Ebene der hellenistischen Gesellschaft waren die sich häufenden *rein politischen Ehen* ein wirklicher Mißstand. Mit Recht oder Unrecht haben schon antike Historiker Perdikkas für die Einführung der Heiratspolitik verantwortlich gemacht, die bald, an den meisten Höfen nachgeahmt, einer der Hauptgründe für den Zusammenbruch der hellenistischen Staaten wurde. Ihre große Zahl begründet *Seibert* richtig damit, „daß die einzelnen Herrscher glaubten, sie seien vorteilhafter als bilaterale Freundschafts- oder Bündnisverträge".

Schließlich war auch die Frage der Mitgift oft genug ein Hindernis für die glückliche Entfaltung der Ehen. Da die mitgegebenen Summen oft erstaunlich hoch waren, zum Teil auch in Grundbesitz oder Hypotheken bestanden, verlockten sie zu nicht immer günstigen *Geldheiraten*, wenn sich auch die Verhältnisse mit denen der römischen Zeit in keiner Weise vergleichen lassen.

Eine besondere Achtung bezeugte der Hellenismus der Frau als *Mutter*. Von Apollonis war schon die Rede, und auf das wunderbare Verhältnis des Kallimachos zu seiner Mutter ist längst hingewiesen worden. Das Lustspiel bestätigt das für die niederen Schichten; es ist selbstverständlich, daß auch der ärmste Sohn für seine Mutter sorgt. Umgekehrt ist die Liebe der Mutter zum Kind betonter als früher. „Ich empfing, ich gebar, ich ziehe auf, ich liebe“, sagt eine Frau bei Menander kurz und bündig. Selbst die Hetären lieben ihre Kinder, ziehen sie unter Mühen groß, streben nach deren Anerkennung im bürgerlichen Leben.

e) Die Entdeckung der Frauenseele

Den Blick für den Reichtum und die Besonderheit des weiblichen *Innenlebens* hat der Hellenismus wiederum von Euripides übernommen, aber erst nach und nach hat er das weibliche Seelenleben zu einem der Hauptthemen seines künstlerischen Schaffens gemacht. Zwischen Euripides und dem eigentlichen Hellenismus stand die metrische Novellendichtung, ohne die die Entwicklung der weiblichen Psychologie kaum zu denken ist. Den Anfang machte im vierten Jahrhundert *Antimachos von Kolophon*, der Liebesgeschichten mit traurigem Ausgang sammelte und sie in seiner elegischen Dichtung ‚Lyde‘ vereinigte, um sich über den Tod der von ihm heißgeliebten Frau oder Hetäre Lyde zu trösten. Etwa ein Jahrhundert später wurde er von seinem Landsmann *Hermesianax* nachgeahmt, der seiner Geliebten Leontion ein ähnliches Denkmal setzte. Euripides folgend schärfte sich hier die Beobachtung psychischer oder gar pathologischer Grenzfälle der weiblichen Seele – etwa in der Behandlung der seelischen Spannungen im Verhältnis zwischen Kybele und Attis, ein Problem, das im Späthellenismus oft behandelt wurde. Unter dem Einfluß alexandrinischer Gelehrsamkeit hat man schließlich ganze Listen psychopathischer Frauen zusammengestellt.

Vollendeter sind die *Psychographien* ‚normaler‘ Frauen in ihren tausend psychischen Spielarten. Aus Kos und Alexandreia stammen die schönsten Beispiele. Den Anfang macht die lebensfrische und doch zarte Bittis des Philetas von Kos, die lieber den armen Dichter als den reichen Bauern nimmt. Dann folgen die virtuos gezeichneten Frauengestalten des Kallimachos, die jede für sich eine besondere Art des Frauentums wiedergeben. Die liebenswürdige Krethis von Samos, die viele Geschichten zu erzählen weiß, schön zu scherzen und zu spielen versteht und immer schwatzt, ist ebenso lebensecht wie das kleine Mädchen, das dem Vater auf den Knien sitzt, ihn am Bart zupft, um Geschenke bettelt, sich mit dem Bruder streitet, mit den kleinen Freundinnen spielt und den Onkel an der dicht behaarten Brust zaust, oder wie die arme Alte, die die ganze Güte ihres einsamen Herzens wandernden Fremdlingen schenkt, ihr eigenes Bett dem Müden abtritt und im Winkel schläft, mühsam das Holzfeuer anbläst, die schmutzigen Füße des Gastes wäscht, ihm ein einfaches Mahl vorsetzt und sich so sehr um ihn sorgt, als er auf seinem gefährlichen Weg weiter wandert, daß ihr das alte Herz bricht. In einer wunderlichen Mischung von weiblicher Neugier, abergläubischer Furcht und echt religiöser Haltung erwartet eine Gruppe Frauen trotz Hitze und Durst, müden Füßen und staubigem Mund die Prozession – das alles sind Zeichnungen, die auch feinste Nuancen der weiblichen Seele oft nur durch Andeutung ihres Verhaltens enthüllen.

Psychologisch exakt ist das Bild einer seelischen Entwicklung bei der Medea des Apollonios. Seine unheimliche Klarheit war, soweit wir sehen, selbst im Hellenismus einmalig. Nahezu alle modernen psychologischen Methoden standen dem beobachtenden Dichter zur Verfügung, von rein behavioristischer Symptomwiedergabe bis zu Traumanalysen, tiefenpsychologischen Deutungen und ganzheitspsychologischem Aufdecken von Gegensätzlichkeiten der Gefühle. Vor dem großen, noch unbekannten und unheimlichen Erleben macht sich das wild schlagende Herz des jungfräulichen Mädchens mit einem ebenso enthüllenden wie schützenden Schrei Luft, mit dem die vasomotorischen Veränderungen in ihrem Gesicht übereinstimmen. In zunehmender Steigerung der Gemütsbewegung wagt das Mädchen unter dem Schleier den Blick auf Jason zu richten, und allmählich gliedert sich die Fülle ungeordnetchaotischer Gefühle und Gedanken in die klarer umrissenen Formen des Mitleides, der Angst und der Ungewißheit. Die Lösung wird in einem typischen Mädchengebet an eine Göttin gesucht, erfolgt aber erst wirklich, als sich alle Verdrängungen in einem Traum abreagieren: Medea träumt, der Stier zu sein, der von Jason ins Joch gezwungen wird. Hier erscheint im Dienste der weiblichen Psychologie eine der ersten, wenn nicht überhaupt die erste empirische Traumanalyse der Weltliteratur. Von nun an verlaufen die seelischen Vorgänge nicht mehr verwirrt, sondern minuziös wird das Gegeneinander von Leidenschaft für den Geliebten und Gehorsam und Liebe zu den Eltern mit all seinen inneren und äußeren Merkmalen gezeichnet. Erotischer Heißhunger und jungfräuliche, angstvolle Scheu vor dem Erotischen quälen in ihrem Zwang, eine Entscheidung zu fällen, so sehr, daß das Mädchen den innerlich bereits gefaßten Entschluß nicht auf sich zu nehmen wagt, sondern nach einer Legitimation sucht, weil es im Grunde weiß, daß es sich für das Schlimme entschieden hat. Zu den großartigsten Schilderungen weiblichen Seelenlebens gehört der nächtliche Fluchtversuch vor sich selber zur Schwester, das Zögern an der Schwelle, die Dynamik von Scham und Verlangen. Kein Dichter und auch kein moderner Psychologe hat die psycho-physischen Zusammenhänge zwischen Erleben und körperlicher Symptomatik besser dargestellt als Apollonios an dieser Stelle; die körperlichen Symptome verraten, wie sie in unbeholfenem Betrugsversuch der Schwester alles mögliche vorspiegelt, um sich zu entschuldigen, wie aber gerade durch diese Versuche allmählich eine Hemmung nach der anderen überwunden wird. Die nächsten Schritte stehen im Zeichen der Gegensätzlichkeit des hoffnungslosen Kampfes drängender Leidenschaft gegen zögernde Unentschlossenheit – niemals ist das packender dargestellt worden. Zum Teil spielt sich dieser Kampf in schlaflosen Nächten ab; auch deren Symptomatik ist neu gesehen, wenn auch die schlaflose Nacht der Frau bereits von Sappho in ihrer psychologischen Bedeutsamkeit – freilich ganz anders – erfaßt worden war. Erst nachdem diese seelischen Voraussetzungen gezeichnet sind, kann die Begegnung mit dem Geliebten selbst dargestellt werden, wobei dieser völlig farblos bleibt, da es Apollonios nur um die Erfassung der weiblichen Seele geht. Mit weiblicher Hilflosigkeit benützt sie auch solche Mittel, die ihr im Grunde gar nicht wesensgemäß sind; um Eindruck zu machen, kleidet sie sich auffällig. Wieder ist die psychosomatische Symptomatik die Hauptsache; dem Mädchen flimmert es vor den Augen, die Knie versagen, das Blut strömt in die Wangen. Aber der psychologisierende Dichter verschweigt auch die rein inneren Vorgänge bis in die letzte Kompliziertheit hinein nicht: Medea wehrt sich störrisch gegen die intuitiv sofort richtige Erkenntnis, daß es Jason gar nicht um Liebe geht, und täuscht sich bei jedem seiner Worte etwas vor, das sie selbst nicht glaubt, aber doch glauben will. So gibt sie trotz eines noch immer schlechten Gewissens restlos alle Geheimnisse preis. Noch sagt ihr das klare Bewußtsein, daß sie den zweckgebundenen Schwüren Jasons nur zu ihrem Unglück vertraut, und doch rüstet sie sich innerlich schon zu Flucht und Betrug. Mit geradezu lähmender Monotonie wiederholen sich dabei die wahrnehmenden Gefühle und Gedanken, aber nur, um an der Stärke der triebhaften Instinkthaftigkeit zu zerbrechen. Vom vierten Buche ab wird die Unausweichlichkeit einmal begonnener seelischer Abläufe bei der Frau zum Hauptthema gestaltet; die Flucht selbst, der Abschied von der Heimat, die einzelnen Verbrechen geschehen in einem Zustand innerer Zerrüttung, Erstarrung und manischer Besessenheit, die mit quälender Genauigkeit bis in alle Einzelheiten der Symptomatik – etwa des Aufraffens des Gewandes – beschrieben ist. Auch das Ende ist psychologisch großartig, obwohl es künstlerische Mängel genug aufweist. Selten sind die Gefühle weiblicher Trostlosigkeit, grenzenloser Einsamkeit, unversöhnlichen Schuldbewußtseins besser wiedergegeben worden. In den letzten beiden Medeastücken der Dichtung ist die Frau schließlich innerlich so erstarrt, daß sie nur noch als ein funktionierender Apparat erscheint.

Auch Theokrit war einer der großen Entdecker der Frauenseele. Er scheute sich nicht, auch ihre banale Seite zu enthüllen, so die etwas obszön-moralistische Geschwätzigkeit der alexandrinischen Klatschbasen: „Alles wissen die Weiber, selbst was Zeus mit der Hera trieb“, urteilen sie – und damit ist ihr ganzes Wesen ausgedrückt. Die feinste psychische Schilderung findet sich in den ‚Pharmakeutria‘. Ihr Motiv, das treulos verlassene Mädchen, ist nicht neu, war aber vorhellenistisch im wesentlichen nur im Mythos behandelt worden. Bei Theokrit aber dient es nur der in allen Stimmungen und seelischen Nuancen aufs feinste abgewogenen Erfassung des weiblichen Innenlebens. Es ist nicht einmal ein ‚Fehlgriff‘, daß das arme Mädchen mythisch gebildet ist, denn diese alexandrinischen Töchter der Großstadt haben sich sicherlich geistig von aufgelesenen literarischen Brocken ernährt. Aber wie hinter dem Großstadtfirnis mit elementarer Wucht das ungekünstelte menschlich-weibliche Erleben in all seinen Schattierungen hervorbricht, das hat Theokrit wie kein anderer gestaltet: die zwingende Mächtigkeit weiblichen Liebens, die kurze jubelnde Freude, die tiefe Sehnsucht, die Not, endlich die Verzweiflung, die – man ahnt es mehr, als daß es gesagt wird – in bittere, stille Resignation ausmünden wird, die Unheimlichkeit, in der das nächtliche Bellen der Hunde, das Schweigen von Meer und Winden, die flackernde Kerze und die magische Dämonie der Zauberin erlebt wird.

Allerdings ist Theokrits Einfühlungsvermögen in die Frauenseele bei der Behandlung dieses Motivs einmalig, das beweist nicht nur ein Blick auf die flache Nachahmung Vergils mit ihrem nicht überzeugenden guten Ausgang, der gerade die unendlich feine Darstellung der weiblichen Sehnsucht völlig fehlt, sondern auch ein Vergleich mit dem anonymen hellenistischen Gedicht auf einem Papyrus des zweiten Jahrhunderts, der Klage des ‚Verlassenen Mädchens‘. Leider wurde für diese menschliche Sphäre die ‚hohe Sprache der Tragödie‘ gewählt, die manches verdeckt, was an echtem Verständnis für die seelischen Vorgänge in der jungen Frau auch hier vorhanden ist. Die fast banale körperlich-seelische Selbstverständlichkeit (ἐζευγίσμεθα) entspricht an sich ganz der Beobachtung, daß die Klage in diesem Falle mehr ein weiblicher Katzenjammer als ein tiefes Gefühl ist: „Schmerz faßt mich, wenn ich daran denke, daß er mich küßte und dabei schon daran dachte, mich wieder loszuwerden.“ Wenig echte Einfühlungsgabe zeigt in der zweiten Strophe das geschwätzige und farblose Gebet an die „lieben Sterne“ und die „Herrin Nacht“. Dagegen ist eine gewisse Lebensnähe dort zu spüren, wo das Mädchen in der Art der sentimentalen Romane ihrer Zeit spricht; solche Lektüre wird sie in der Großstadt zur Genüge verschlungen haben. Doch verderben die tragischen Dochmien der dritten Strophe, die durch kurze Metren Raserei malen wollen, die psychologische Feinheit: „Mich faßt Raserei – mich packt Eifersucht – und ich verbrenne ganz – die ich verlassen bin" – das ist ebenso unecht und unweiblich wie der pathetische Aufschrei: „Herr, verlaß mich nicht, die Verstoßene – Nimm mich, ich will doch nur gänzlich deine Sklavin sein." Wenn am Schluß auch noch ein schwacher Versuch gemacht wird, die Gegensätzlichkeit der Gefühle anzudeuten, so gelingt selbst das nicht. Dagegen ist der Ansatz zu einer ‚vernünftigen' Lösung am Ende wieder weiblichem Leben abgelauscht. Der Übergang vom Echten zum Unechten ist nur schlecht überdeckt: „Wisse, daß Wut mich packt – daß ich rase – wenn ich daran denke, – daß ich allein liege, – du aber fortläufst zu anderen Frauen. – Jetzt sind wir beide verrückt, aber – wir müssen doch bald wieder vernünftig werden. – Haben wir nicht dieselben Freunde, – die als Schiedsrichter zwischen uns entscheiden könnten?" Aber wie geringwertig das Gedicht im Vergleich zu Theokrit auch immer sein mag, die hellenistische Entdeckung der Seele der einfachen Frau spiegelt sich doch auch in ihm wider.

In der neuen Komödie steht es ähnlich. Menanders Kenntnis der weiblichen Psyche übertrifft, soweit wir sehen, die aller seiner Konkurrenten. Er ist der antike Meister der differentiellen Psychologie des Weiblichen, der die Typologie der Frau seiner Zeit entworfen hat. Da ist die hausbackene, vernünftige Frau, die es ablehnt, sich kosmetischer Mittel zu bedienen, und ihr Gegenpol, die Frau, die ihre Affekte in keiner Weise beherrschen kann, rasch jähzornig wird und immer recht haben will. Da ist die Frau, deren edle Gesinnung das einzig Bemerkenswerte an ihr ist, ein äußerlich farbloser, aber innerlich reicher Typ, ferner die mit allen Wassern gewaschene Praktikerin des Lebens, das scheue junge Mädchen, das nicht wagt, in den Nymphenhain zu gehen, wenn Fremde dort sind; da ist endlich der ganz weibliche Typ, die Frau, die im Mitleben und Mitleiden mit dem geliebten Mann die wirkliche Erfüllung ihres Lebens sucht und findet, und endlich ist da die Mütterliche, die ganz unsentimental nichts als ihre Kinder kennt und für sie jedes Opfer bringt. Auch die weiblichen Alterstypen hat der Dichter beobachtet und alle Stufen von der heiratsfähigen Tochter, die durch Schweigen mehr als durch Reden verrät, bis zur gefährlichen und heimtückischen Greisin analysiert.

Auch die bildende Kunst achtete nunmehr auf die Seele jener Frauen, die sie darstellte. Ein Beispiel ist die Aphrodite von Pergamon (2. Jh.), deren Gesichtszüge die innerliche Sehnsucht einer liebenden Frau betonen, oder die verhaltene Innerlichkeit in Haltung und Ausdruck bei der Muse von Venedig. Die schelmische Heiterkeit auf dem Gesicht der besten Kopie der kauernden Aphrodite des Doidalses, die abgearbeitete Mühseligkeit der Alten mit dem Korb im Metropolitan-Museum und die um Erbarmen bittende Verzweiflung der trunkenen Alten in München setzen ebenso ein seelisches Tiefenverständnis voraus wie die strenge, keusche Kühle des Brunnschen Kopfes in München. Ganz neu ist freilich diese Erscheinung auch nicht, denn wie Euripides als erster die weibliche Psyche in der Literatur darstellt, so Praxiteles in der bildenden Kunst; mit ihm beginnt die Plastik der beseelten Frau, die der Hellenismus fortgeführt hat bis hin zu Niobe.

f) Hellenistische Erotik

Euripides hatte auch darin dem Hellenismus neue Wege gewiesen, daß er die Liebe zwischen Mann und Frau reicher und tiefer nachgefühlt, gedeutet und dargestellt hatte als die Zeiten vor ihm. In der scharfen Absage gegen die Knabenliebe ist ihm der Hellenismus im allgemeinen ebenso willig gefolgt wie in der Erkenntnis der menschlichen Bedeutsamkeit der Frauenliebe. Der Satz, daß der, welcher einer Frau den Mann nimmt, ihr das Leben nimmt, oder der andere, daß es barbarisch sei, einem Mann, den man nicht liebt, ein Kind zu gebären, oder der, daß *eine* Liebe dem Mann genug sein soll, war im Hellenismus Allgemeingut. Aber nicht nur das, sondern das Thema Frauenliebe überhaupt wurde zu einem der wenigen ganz großen Zentralthemen der Kunst und des gesamten Lebens. Die Fülle und der Nuancenreichtum, mit dem das geschehen ist, gewähren Einblick in einen der schönsten Wesenszüge hellenistischer Menschlichkeit.

Freilich stehen als Quellen in der Hauptsache nur die Denkmäler der Literatur und bildenden Kunst zur Verfügung, da die Ausbeute an Liebesbriefen des täglichen Lebens in den Papyri leider noch immer minimal ist. Aber es muß sehr viele gegeben haben, weil sich sonst nicht erklären ließe, warum der Liebesbrief und die Liebesbriefnovelle in Prosa oder Dichtung eine neue Literaturgattung geworden sind. Das waren nicht die einzigen neuen erotischen Literaturgattungen; daneben standen die Liebeskomödie, der Liebesroman, das Liebesepigramm in verschiedenen Ausprägungen, etwa die hellenistische Ausgestaltung des Paraklausithyron, die Klage des Geliebten vor der verschlossenen Tür, in dem die bittersüße Sehnsucht junger Liebe in ihrer höchsten Vollendung aufklang.

Das war nur möglich, weil die Erotik einen ausgesprochen *ästhetischen* Charakter bekommen hatte, der von herber und zarter Schönheit bis zu virtuoser, formvollendeter Eleganz spielte, ohne im Sinne der nachhellenistischen Liebesliteratur dekadent oder gar obszön zu werden. Das Musterbeispiel dieser ästhetischen Erotik ist das Epigramm an die Rosenhändlerin, über dessen Verfasser allerdings nur Mutmaßungen bestehen:

Rosen trägst du, und Rosen gleicht deine Anmut. Verkaufst du
Rosen oder dich selbst – oder gemeinsam die zwei?

Die Verbindung von Rosen und Eros war natürlich altgriechisch, die ästhetische Gleichsetzung der Rose mit der Geliebten aber erst hellenistisch. Liebe und Schönheit gehörten jetzt untrennbar zusammen, und daher rückten Motive wie das Paris-Urteil stärker ins Zentrum künstlerischen Schaffens, damit aber auch aus dem Mythos hinaus. Die Frage nach der Schönsten ließ neue Schönheitswettbewerbe entstehen und alte wieder aufleben. Immer enger verband sich das neue ästhetische Naturgefühl mit der erotischen Ästhetik. Die Liebenden wandeln im Garten unter schattigen Platanen, blühenden Bäumen, duftenden Zypressen, reifen Trauben in Rebenlauben, lauschen dem Murmeln der Quelle, dem Gesang der Vögel und dem Zirpen der Grillen. Wenn diese Erlebnisse auch oft im Sentimentalen steckenblieben oder sich allzu rasch abgriffen und zu stereotypen Formeln wurden, so ließen sie sich zum mindesten an Hand ihrer künstlerischen Lehrmeister immer wieder vertiefen und erneuern.

Die Liebenswürdigkeit dieser ästhetisch bestimmten Erotik hat ihren Ausdruck in einer Umwandlung der griechischen Erosgestalt und des Erosgedankens gefunden. *Eros* war nicht mehr der ungeheure und oft so schreckliche Dämon, der von außen als Fremder über den Menschen kommt, er war auch nicht mehr, wie bei Platon, Vermittler zwischen Mensch und Gott, sondern der stärkste aller Götter, bei dem die Götter ihre Eide schwören, und er wurde seit dem vierten Jahrhundert zum jugendlich schönen Gefährten der Psyche, dessen Macht über die Seele zuletzt auf seiner Schönheit beruht. Auch da, wo er in Verbindung mit seiner Mutter Aphrodite gebracht wurde, war es die Schönheit, die beide verband. In Großgriechenland wurde dieser jugendliche Eros zum Kind, und in Alexandreia griff man das auf und variierte es nach vielen Seiten hin. Die Erlebnisschicht, die dieser Umwandlung zugrunde lag, definiert die gesamte hellenistische Erotik am besten; zur Schönheit kommt die kindliche Launenhaftigkeit, das Spielerische, Unberechnende und Unberechenbare. Der hellenistische Eros weint und lacht so echt, wie eben nur ein Kind weinen und lachen kann. Die erotische Dichtung hat, im reizvollen Wechselspiel mit der bildenden Kunst, besonders der Malerei und der Kunst der Kleinbronzen, den jugendlichen Eros in jedem Kindesalter gebildet, mit Pfeil und Bogen, den tolpatschigen Pan im Ringkampf besiegend, beim Astragalen- und Ballspiel, in launigen und neckischen Gruppen mit der Mutter oder anderen Kindern zusammen. Asklepiades, der Freund und Lehrer Theokrits, hat ihn so in die Dichtung eingeführt; und Meleagros hat in seinen fünf Eros-Epigrammen diese Art ohne viel eigene Erfindungsgabe zur Virtuosität gesteigert. Gewiß sind sie mehr elegant und formgewandt als tief, aber doch von einer sprühenden Schelmerei ohne Frivolität, die sich immer etwas lustig macht über das Pathos der Leidenschaft und allzu großen Ernst. Sie sind kleine humorvolle Nachahmungen großer Götterhymnen, aber die drollige Parodie pathetischer Worte wird nie plump, weil dieser Eros von feinster Eleganz ist. Der lose Knabe lacht mit dem Dichter über den, der die Liebe gewaltig und schrecklich nennt – aber sein Feuer ist verdächtig, da seine Mutter ja aus der kühlen Feuchte des Meeres stammt. Als Perle galt von jeher der Steckbrief auf den entlaufenen Sklavenjungen Eros, der vielleicht nach einem Gemälde gedichtet wurde, wenn nicht das Gemälde eine Illustration zu den sehr beliebten Epigrammen darstellt. Im ‚Steckbrief' offenbaren die Adjektive, wie Meleagros den hellenistischen Eros sah: „knabenhaft wild" (ἄγριος), „süß weinend" (γλυκύδακρυς), „immerschwatzend" (ἀείλαλος), „rasch" (ὠκύς), „frech" (ἀθαμβής); im ‚Verkauf' ist er gar nur noch das widerspenstige, mit den Nägeln kratzende, launenhafte, neugierige Kind, das sich durch eine Drohung zum Weinen bringen läßt. Wenig gelungen sind die anderen, weil sie die mythische und lexikalische Parodie zu weit treiben und damit schwerfälliger werden, doch sind ihre Motive auch hübsch: lachend wird dem Kind Bogen und Köcher verbrannt, so daß er nicht mehr schaden kann.

Gewiß wurde diese Gestalt des Eros allmählich dadurch verflacht, daß sie zunächst zum Symbol jeder Liebesbeziehung, und schließlich sogar auf allen möglichen Gebrauchsgegenständen, ganz abgesehen von den Werken der Kunst, angebracht und so nur noch zum standardisierten Dekorationselement wurde. Doch blieb zum mindesten ein mythisch-religiöses Minimum erhalten, vor allem da, wo sich Eros in die Reihe der Kindergötter einreihte und als Sohn seiner göttlichen Mutter dargestellt und gelegentlich auch religiös und kultisch verehrt wurde. Unter den Altären des recht strengen Privatkultes von Philadelphia fand sich auch einer des Eros, und in Delos gab es um 100 eine Kultgemeinschaft der Verehrer der Eroten und der Aphrodite. Auch in der Verbindung mit Hymenaios, Pothos oder Peitho war eine religiöse Note des Eros noch erkennbar, wieweit sie freilich noch als solche empfunden wurde, bleibt dahingestellt. Auch ist es doch nicht nur Theaterdonner, wenn Asklepiades in einem freilich für den Stoff zu eleganten Epigramm dichtet, daß dieser Eros Zeus bezwang, den Herrn des Gewitters und der starken Naturmächte, oder wenn Eros in Pergamon auf der Seite seiner Mutter, freilich nun nicht mehr Kind, kämpft. Wenn aber der kindliche, geflügelte Eros Zeichen der vom Leibe getrennten Seele im Totenreich wurde, so war das weniger religiös als vielmehr eine künstlerische Schöpfung hellenisierter platonischer Gedanken.

Dieses Erossymbol gibt vor allem eine besondere Seite des hellenistischen Liebeserlebnisses wieder, das kleine, menschliche, schmerzhaft-süße Erlebnis, dessen sich die Kunst nun zum ersten Male wirklich annahm. Neben dem Paraklausithyron hat sie jene nächtliche Szene vergeblicher Erwartung geformt, die gewiß von Sappho gelernt hat, doch erst bei Asklepiades jenen großartigen Realismus in wenigen Worten darstellt:

> Aber sie kommt nicht. Vorbei zieht die nächtliche Wache.
> Warum nur
> Schwur die Falsche den Eid? Löschet, ihr Sklaven, das Licht.

Das gleiche Motiv spricht auch aus den Worten eines Mädchens, das einst den Freund betrübte, dann aber einsam und verlassen blieb, denn nicht immer ist der ‚honigsüße Eros' wirklich süß: Asklepiades malt als erster der hellenistischen Epigrammatiker mit Meisterschaft aus, wie solche Stimmungen nichts anderes sind als Selbsttäuschungen, an die der Erlebende doch nicht glaubt, und wie schließlich beim Wein noch einiger Trost zu finden ist.

Schon diese ästhetischen Momente in der hellenistischen Erotik hätten davor bewahren sollen, von einer ‚Verbürgerlichung der Liebe' im Hellenismus zu sprechen. Im Gegenteil. Hinter diesen Erlebnissen stand so viel Elementares, so viel echte Leidenschaft, daß die ästhetische Form sie nur verhüllte, aber freilich auch nicht im Widerspruch dazu stand. Ein Merkmal dafür ist die sehr häufige Schilderung der Liebe auf den ersten Blick, besonders von seiten des Mädchens. Apollonios und Theokrit haben sie nacherlebt, im Roman wurde sie flacher. Die unnachahmliche und unübersetzbare Zeichnung bei Theokrit gehört zu den bedeutendsten Schilderungen des weiblichen Liebeserlebnisses in der Weltliteratur.

Statt von einer Verbürgerlichung könnte man allerdings in vielen Fällen von einer *Versittlichung* der Erotik sprechen – was nicht dasselbe bedeutet. Die Absolutheit und die Treue des Liebens war gewiß ein neuer Zug, der in der Komödie am deutlichsten wird. „Ich will entweder sterben oder mein Leben lang mit dem Mädchen zusammen sein", meint der Liebende, der bisher schon jedes Opfer für die Geliebte gebracht hat; sein Glück kennt keine Grenzen, dieses Mädchen als Frau zu bekommen. Diese Versittlichung geht bis zum Daos des Kairoer Menanderfragmentes, der ein Mädchen so liebt, daß er es heiraten will, obwohl es von einem anderen ein Kind erwartet. Ovid hat nicht unrecht, wenn er seine eigene Liebesdichtung damit zu verteidigen sucht, daß junge Menschen die Liebesdichtungen in den Komödien des Menander ohne jede Gefahr lesen können. Menander ist nicht der einzige, der diese dezente Seite der Liebe darstellt; sie findet sich ziemlich überall in der neuen Komödie.

Für die ‚Verbürgerlichung' ist auch angeführt worden, daß häufiger als bisher die rationalistische Kritik an der Erotik laut wurde, die Liebe sei Krankheit, Wahnsinn oder Dummheit. Solche Stimmen gab es viele. „Die Liebe kennt keine Vernunft", sie macht einen Mann zu einem unmännlichen Narren, raubt den Schlaf, verhindert das klare Denken, „verdunkelt, wie es scheint, alle, die Klugen wie die Dummen". „Aber wenn einer meinen sollte, ein Liebender habe Vernunft, bei wem könnte der Unvernünftiges sehen?" Solche Aussagen konnten aus Enttäuschungen oder Ressentiments kommen, sie entsprangen oft auch rationalen Erwägungen, besonders dann, wenn sie pädagogisch verwendet wurden und vor zu frühem oder zu vielem Lieben warnten und moralische Nutzanwendungen zogen.

Natürlich reichen sie nicht aus, um von einer Verbürgerlichung zu reden. Das wird daran deutlich, daß die ästhetische und psychologische Veränderung des Erotischen durch den Hellenismus der alten griechischen Gestalt der *Hetäre* ein neues Aussehen und Ansehen verlieh. Zunächst hat sich der Unterschied von ἑταιρεῖν und πορνεύειν wesentlich vertieft. Die Hetäre, nicht die πόρνη, wurde in ihrer Menschlichkeit entdeckt und durch ihre Schönheit gerechtfertigt. Man hat mit einem gewissen Recht gesagt, die gesamte alexandrinische Liebesdichtung sei Hetärenpoesie, und auch für die neue attische Komödie trifft das zum Teil zu. Die rauschhafte Sinnlichkeit hellenistischer Aphroditen, die in Syrakus ihre Vorläuferinnen hatten und deren verschiedene Stufen die mediceische Aphrodite, die Aphrodite Kallipygos und die von einem Satyr entschleierte Ariadne von Bologna bezeichnen, gehört eindeutig in diesen Bereich. Aber auch die sinnlichsten Werke in Dichtung und bildender Kunst sind weder dekadent noch obszön, weil sie alle etwas Leuchtend-Strahlendes an sich tragen. Wo sich im Lustspiel oder im Mimiambus einmal Obszönitäten finden, gehören sie in die Sphäre des Burlesken. Raffinierte Obszönitäten, wie sie Rom, Byzanz und das christliche Konstantinopel in Menge kannten, waren im eigentlichen Hellenismus selten.

Leider sind die Bücher des Apollodoros von Athen über athenische Hetären und ähnliche Werke des Ammonios, des jüngeren Antiphanes, des Gorgias von Athen, des Aristophanes von Byzanz und Kallistratos verlorengegangen. Sie dienten der Kommentierung von Lustspielen, müssen aber reiches historisches und biographisches Material enthalten haben. Doch wissen wir einiges. Als eine Art Leitbild einer hellenistischen Hetäre galt Menanders Glykera, deren Historizität allerdings nicht gesichert ist. Sie soll ihm wirkliche Lebensgefährtin, Modell seiner besten Frauengestalten, Schöpferin und Herstellerin seiner Masken gewesen sein. Es gibt eine prachtvoll weibliche Anekdote über sie. Als der Dichter wegen einer Niederlage im Theater tief bekümmert nach Hause kam, reichte sie ihm wortlos eine Schale warme Milch. In seiner Verärgerung wollte er nicht trinken, da eine Milchhaut darauf schwamm. „Blase sie weg“, tröstete ihn Glykera, „und genieße, was darunter ist.“

Im politischen Leben gehörte Thais, die Hetäre des ersten Ptolemaiers, noch zum älteren Typ, auch wenn die Behauptung des Kleitarchos, sie habe Alexander zur Brandstiftung des Xerxespalastes aufgehetzt, Legende ist. Verhängnisvoller war die Herrschaft der Agathokleia, einer Tänzerin aus Samos, über Ptolemaios IV. Philapator, die mit ihrer Mutter Oinanthe und ihrem Bruder Agathokles, einem völlig dekadenten Burschen, an den alexandrinischen Hof gekommen war. Die drei waren am Mord der Königin beteiligt, schließlich hat das wütende Volk von Alexandreia sie in Stücke gerissen.

Das eigentlich Neue im hellenistischen Hetärenwesen ist wiederum die Dominanz des Ästhetischen. Sie begann im vierten Jahrhundert und im Frühhellenismus mit den reichen, eleganten und gebildeten Hetären von Korinth, Naukratis und Athen. Die korinthische Lais war bis in die Spätantike sprichwörtlich für Schönheit und Reichtum, Phryne als Modell der Künstler mag in noch zahlreicheren Bildwerken abgebildet worden sein, als wir es wissen, die Lamia des Demetrios Poliorketes hat Dichter und Novellisten begeistert. Doch waren das keine Ausnahmen. Die saubere, stets frisch gebadete, mit durchscheinenden koischen und tarentinischen Gewändern bekleidete Hetäre, die sich ohne Mühe auch mit den Philosophen ernsthaft unterhalten konnte und dabei doch schön und weiblich blieb, gehörte nicht unwesentlich zum Bild hellenistischen Lebens. Neu und eigentümlich war aber auch der Blick für die menschlichen und seelischen Werte dieser Frauen, und das führte weit über die nur ästhetische Sphäre hinaus. Die neue Komödie hat dem Leben abgelauscht, daß sie oft die edelsten Charaktere waren, den pharisäischen und kaltherzigen Spießbürgern weit überlegen an Opferbereitschaft, Selbstentsagung und Gemütswärme. Sie schildert die Treue der Hetäre auch zum Treulosen und ihre Sehnsucht, aus dem Hetärendasein herauszukommen. Wer eine Hetäre heiratete, bekam oft die beste Ehefrau und Mutter; mußte aber eine Unfreie wider ihren Willen Hetäre bleiben, trug sie das geduldig als ein über sie verhängtes Schicksal. Man sah, daß auch die Hetäre weinen konnte, und man übersah nicht, daß es meist die Männer sind, die eine Frau schlecht machen. Immer fanden diese Frauen Zuflucht bei den Religionen; es hieß, daß in der Not der Perserkriege die Hetären von Korinth mit Erfolg um die Rettung Griechenlands zu den Göttern gebetet hätten. Doch hat erst das

Christentum den Satz ausgesprochen, daß nicht nur die Hetäre, sondern sogar die gemeine Dirne (πόρνη) *vor* den Gerechten und Pharisäern in das göttliche Reich eingeht. Das war nur der folgerichtige Endpunkt der bei Menander beginnenden Linie.

Dabei muß man, wie gesagt, für den Hellenismus den Unterschied zwischen gebildeten Hetären und Dirnen durchaus festhalten. Es gab natürlich nicht nur die schönen und gebildeten Hetären. Die gewöhnliche Prostitution, besonders in den Hafenstädten, war damals ebenso häufig wie zu allen Zeiten. Immerhin gab es Grenzen: orientalische Unsitten wie das Verleihen der Ehefrau auf Grund rechtsgültiger Verträge hat die griechisch bestimmte Welt nie mitgemacht. Auch die Verbindung von Prostitution und Kulten gab es zwar vor und nach der hellenistischen Epoche, während dieser aber außer in den griechischen Kolonien Unteritaliens anscheinend selten. Sie blieb im allgemeinen auf Tänzerinnen, Musikantinnen und Sklavinnen zweifelhafter Unternehmer beschränkt und unterschied sich kaum vom modernen Call-girl-Wesen. Hier herrschten Trieb und Geld allein, und diesen Mädchen kam es auch auf einen gelegentlichen Meineid nicht an; andererseits wurden sie auch von dem Soldaten, der nichts zahlte, dem Arzt, der kein Geld hatte, und dem Philosophen, der behauptete, Geld sei eine schlechte Sache, betrogen. Aber diesen Bereich hat man auch nicht in die ästhetische Welt einbezogen. Die einzigen wirklich unästhetischen Bildwerke, die der Hellenismus schuf, sind die Terrakotten abscheulich häßlicher, nackter Dirnen.

In diametralem Gegensatz zu solchen Formen der Erotik stand eine im Späthellenismus zunehmende Wertschätzung des *Virginitätsideals*. Wir treffen es vor allem im Roman an. Es war aber nicht nur literarisches Motiv, sondern weit verbreiteter Glaube, daß die Götter die bedrohte Keuschheit unter allen Umständen schützen. Ganz abgesehen von den asketischen Tendenzen späterer religiöser Entwicklung und dem stärkeren Hervortreten jungfräulicher Götter und Göttinnen, die es im Griechentum immer gab, wurden – nicht zuletzt auch aus ästhetischer Sicht – Reinheit, Keuschheit und Jungfräulichkeit zu ausgleichenden Korrektiven einer erosfreundlichen Kultur.

g) Das Urteil über die Frau

Zusammenfassend muß noch ein Wort darüber gesagt werden, wie die Zeit selbst bei den veränderten Verhältnissen über die Frau geurteilt hat. Wieder ergibt sich ein deutlicher Gegensatz.

Eine Haltung der Ritterlichkeit und Achtung vor der Frau bestimmte die ganze Epoche. Die gesamte Alexander-Geschichtschreibung rühmte Alexanders Verhalten gegenüber den Frauen des persischen Hofes und gegenüber Roxane, auch dann, wenn die Geschichtschreiber alexanderfeindlich eingestellt waren. Neu war das freilich nicht, denn seit Antisthenes war in der griechischen Welt die Gleichwertigkeit von Mann und Frau gelehrt worden, und Xenophon hatte festgestellt, daß die weibliche Natur nicht schlechter sei als die männliche. Im Hellenismus neigte sich die Waage sogar hier und da zugunsten einer Überlegenheit der Frau, wobei allerdings manche die männliche Art der Frau meinten, wie sie der Typ der Amazone verkörperte.

Andererseits hat freilich auch die Emanzipation der Frau eine bisher in der griechischen Welt nicht in solchem Maße vorhandene Ablehnung der Frau hervorgerufen. Der Misogyn ist eine hellenistische Schöpfung. Die Zeitgenossen haben dafür in erster Linie Euripides verantwortlich gemacht und als ersten Frauenhasser bezeichnet, aber das war eine hellenistische, einseitige Interpretation. Die ersten wirklich misogynen Sätze finden sich bei Menander, allerdings nicht als seine eigene Meinung: „Von Natur ist die Frau bitter und grämlich (δυσάνιον)"; „Wo Frauen sind, da ist alles schlecht"; „Auch nicht ein einziges wahres Wort pflegt eine Frau zu sagen", ja sogar:

> Vielerlei seltsame Tiere beleben das Land und die Meere,
> Aber das scheußlichste Tier ist doch in Wahrheit das Weib.

Witze über die Frauen gehören zum eisernen Bestand aller Komödien, aber hier liegt mehr als ein bloßer Komödien-Topos vor. Das geht aus dem Unterschied zwischen alter und neuer Komödie hervor. Die alte Komödie machte sich ohne Bitterkeit über die Frauen lustig, während durch die neue mehr oder weniger merklich ein bitterer Ton klingt, der sich nur aus den schlechten Erfahrungen erklären läßt, die man mit emanzipierten Frauen gemacht hatte. Was einst Eupolis (gefallen 411) gegen die Frauen um Perikles aufgebracht hatte, war inzwischen Allgemeingut geworden: Wehe, wenn der Mann die Herrschaft über die Frau verliert, und sei es auch in der schlichtesten Ehe.

Die hellenistischen Stoiker waren wohl die ersten, die es auffällig fanden, daß sowohl die Tugenden wie die Laster von den Künstlern als Frauen personifiziert wurden. Daraus zogen sie einen Schluß, der für das Urteil des Hellenismus über die Frau überhaupt charakteristisch wurde: Es gibt mehr tugendhafte, aber auch mehr lasterhafte Frauen als Männer. Dieses Urteil war für die Epoche nicht ganz unzutreffend.

3. Die Sprache

Die hellenistische Welt war aufs engste mit dem Wesen, der Geschichte und der Entwicklung der griechischen Sprache verbunden, und zwar nicht nur formal. Kein Volk der Antike hat das Wunder seiner Sprache so ehrfürchtig bestaunt, erlebt und geliebt wie die Griechen. Eleusis ließ fast jeden Verbrecher zur Weihe zu, wenn er Griechisch konnte, und für Epikur war Griechisch eine so vollkommene Sprache, daß sogar die Götter sie sprechen. Auch Fremde erkannten neben der Schönheit zugleich die Menschlichkeit der griechischen Sprache; selbst der Cäsarmörder Cassius sprach griechisch, wenn er menschlich und gütig sein wollte. Mit der griechischen Sprache ganz allgemein war einer neu gewordenen Welt eine solche Fülle menschlicher Wärme, Zivilisiertheit, innerer und äußerer Formung und Formungsmöglichkeit gegeben, daß mit ihrer Hilfe ein neues und tragendes Fundament für diese Welt gelegt werden konnte. Das begann schon im Äußerlichen, etwa mit dem Reichtum griechischer Höflichkeitsformeln, die in gemütvoller Wärme und doch in äußerster Prägnanz den Verkehr von Mensch zu Mensch ganz von selbst veredeln mußten, selbst schlichte Papyrusbriefe bezeugen das. Um die alte, bis heute nie veränderte χαῖρε-Formel, die den Neugeborenen grüßte und auf den Gräbern der Toten stand, die den Alltag wie den Festtag begleitete, rankten sich in unerschöpflicher Fülle Gruß-, Wunsch-, Bitt- und Dankformeln, aus denen man beliebig wählen konnte, weil sie einer unendlich nuancierbaren Skala – von höflichster Bitte zu dringendster, nie brutaler Forderung und von nichtssagender Dankbarkeit bis zu wärmster Innerlichkeit – reichten.

Vieles hat erst die hellenistische Poesie und Prosa an dieser Sprache entdeckt, bewußt gemacht und genutzt: ihre unbeschränkten rhythmischen und metrischen Möglichkeiten, ihre Euphonie, die abgewogene Schönheit des Klanges von Vokalen und Konsonanten. In der Prosa begann eine äußerst verfeinerte Klauseltechnik, die nicht nur in der rhetorischen, sondern auch in der wissenschaftlichen Literatur auf den Rhythmus der Satzschlüsse genau achtete. Von der alexandrinischen Poesie gingen eine so unglaubliche Schulung des Ohres und eine so komplizierte Auswertung der rhythmischen Möglichkeiten aus, daß sie zum Selbstzweck werden konnten; es genügte schon zum Ruhme eines Dichters, ein neues Versmaß zu erfinden, das dann seinen Namen erhielt. Zuweilen hat die Komödie es verspottet und sich darüber lustig gemacht, wenn man statt ‚Eimer' ‚Schöpfgerät' sagte, zuweilen blieb man auch in der Theorie stecken und fand nicht die Kraft zu ihrer Verwirklichung, so wenn man die feinsten Nuancen im Unterschied der Gesprächsformen analysierte, aber keinen wirklichen schriftstellerischen Dialog zustande brachte, der sich mit den früheren vergleichen ließ.

Das ist alles selbstverständlich. Über das Wunder der griechischen Sprache im allgemeinen ist viel gesagt und geschrieben worden, aber über das Wunder der *Koine* im besonderen wäre noch viel zu sagen und zu schreiben. Wenn man ihr auch heute mehr und mehr Gerechtigkeit widerfahren läßt, so steht sie doch immer wieder einmal im Schatten des ‚klassischen' Griechisch. Man übersieht dann leicht das Geheimnis der Koine mit aller ihr eigenen Beweglichkeit ihrer sprühenden lebendigen Anpassungsfähigkeit. Sie verstand es, sich den lokalen Bedürfnissen so anzupassen, daß Demetrios Ixion kaum ein Jahrhundert nach der Gründung Alexandreias schon ein ganzes Buch über ihre dortigen städtischen Besonderheiten schreiben konnte. Sie war eine vorzügliche Kanzleisprache, da sie auch im härtesten königlichen Prostagma nie verletzend wirkte, und hatte selbst ohne Optativ viele Möglichkeiten, auch im trockenen juristischen Papyrus höflich zu bleiben und beim langweiligsten Stoff den Menschen unmittelbar anzusprechen. Sie machte die trockene Materie eines Schlachtenhistorikers ebenso leicht lesbar wie die Schriften der Mathematiker und Naturwissenschaftler. Sie ermöglichte aber auch dem Philosophen jede Prägnanz des Ausdruckes, ohne ihren Glanz, ihren Wohlklang, ihr hiatfreies melodisches Wogen zu verlieren. Sie konnte die kleinen und echten Gefühle des Alltags ebenso zum Klingen bringen wie die subtilen und pathetischen Gedanken komplizierter Lyriker. Seitdem die Quantitätsunterschiede auch noch mit den Betonungsunterschieden zu rivalisieren begannen, waren dem Griechischen Dynamik, Lebendigkeit und schöpferische Unruhe gesichert, die es zur Welsprache eines bewegten Kosmos geeigneter machten als alle anderen Sprachen.

Das Bedeutsame und in gewissem Sinne Einmalige lag darin, daß die Koine nicht eine Literatursprache (καθαρεύουσα) wurde, die die griechischen Dialekte aufhob oder aufheben wollte – ein solcher Prozeß ist in der Sprachgeschichte häufig –, sondern eine sich verschiedenen Schichten und Menschen anpassende Volkssprache. Das war ungewöhnlich und nur durch eine ungeheure innere Sprachkraft zu verwirklichen. Sie entstand aber auch nicht einfach durch den Sieg *eines* Dialektes. Es wäre ja möglich gewesen, daß einer der vier alten Dialekte, die schon Literatursprachen waren, die anderen verdrängt hätte. Statt dessen hat sich seit dem vierten Jahrhundert aus rund dreißig griechischen Dialekten die lebendig gesprochene und geschriebene Koine gebildet, die nie erstarrte und daher auch nie ganz zu fassen ist. Dazu gibt es in der Sprach- und Geistesgeschichte keine Parallele, wenn auch die Entstehung des modernen Weltenglisch und seine Reichweite vom ‚Pidgin-'

und ‚Colonial English' bis zum Englisch der modernen englischen Lyriker und Novellisten eine der Koine nahekommende Analogie liefert. Was aber die Koine wesentlich vom Englischen unterscheidet, ist die Sprachreinheit; im Gegensatz zum modernen Englisch und zu jeder modernen Sprache hat die Koine soviel Empfinden für ihre Eigenart gehabt, daß sie kaum einem Fremdwort Zutritt gewährte. Dazu kommt, daß durch sie eine Verderbnis der Sprache als Ganzes nicht eingetreten ist; die Inschriften des fernen Dura etwa sind in einem so guten Griechisch verfaßt, daß man klar erkennt, wie die Koine das Griechische wohl weiterentwickelt, nicht aber verdorben hat.

Es ist erstaunlich und wird weithin unterschätzt, wie eng die *Kontinuität* zur älteren Sprache blieb. Die zahllosen *Homerzitate* und *Homerfloskeln* bei allen hellenistischen Schriftstellern, auch den Naturwissenschaftlern und Ärzten, in Schulaufsätzen, Volksreden, Privatbriefen aller Art beweisen, daß man die Sprache Homers auch dann noch sehr wohl verstand und gelegentlich anzuwenden wußte, als sie schon längst nicht mehr gesprochen wurde. Homer hat bis in die unteren Schichten der Sprache wenigstens Spuren, und sei es auch nur in der Wortwahl, hinterlassen. Neben den künstlichen, bewußten Homernachahmungen gab es lebendige und gleichsam natürlich gewordene Homerismen in der Literatur- wie in der Volkssprache. Wenn freilich Pindarion meinte, die Koine statt durch den Attizismus durch eine noch stärkere Verwendung der Sprache Homers ‚läutern' zu können, so war das von vornherein sinnlos, denn einmal stand das Attische der Koine näher als Homers Sprache, und dann war die Koine doch so stark, daß auch die Nachahmungsdichter und -redner nie ganz ohne einen, sei es auch noch so minimalen, Koine-Einschlag blieben.

Von höchster Bedeutung war, daß sich das *Attische* schon zu Beginn des Hellenismus eine Vorrangstellung verschafft hatte, die ihm in der Koine erhalten blieb. Denn mit der attischen Sprachform war die attische Kultur gegeben. Ohne das Vorrücken des Attischen in der griechischen Sprachwelt wäre der Einfluß Platons auf den Hellenismus ebensowenig mühelos erfolgt wie der des Euripides und Isokrates. Wie so oft, entschied auch hierin das vierte Jahrhundert. Dabei war das Attische selbst bei den Rhetoren und erst recht bei den Dichtern sehr verschieden.

Unter den Ursachen für diesen guten Einfluß des Attischen auf die Koinebildung hat man einen Faktor oft zu wenig gewürdigt: die *Sprache des Hofes von Pella.* Seit den Zeiten des Euripides war hier das Attische Hofsprache gewesen, seit Philipp II. war es Verwaltungssprache der königlichen Kanzlei geworden, was durch die Berufung des Eumenes von Kardia bestätigt wurde. Nur einige eng makedonische, konservative Kreise gaben sich damit nicht zufrieden, aber ihr Protest blieb erfolglos, wie der Philotas-Prozeß zeigte. Einige altmakedonische Offiziere verleumdeten Philotas als Vaterlandsverräter, weil er nicht *Makedonisch*, sondern *Griechisch* – also wohl Attisch, vielleicht auch schon attisch-ionische Koine – spräche. Da verteidigte sich Philotas: „Schon lange ist jene Sprache (die makedonische) durch den Verkehr mit anderen Völkern erloschen." Weder Alexander noch irgendeiner seiner Nachfolger haben das Makedonische neu belebt oder auch nur auf irgendeinem Sektor wiederzubeleben versucht; der makedonische Einfluß auf die Koine war der geringste und beschränkte sich auf ein paar Militärausdrücke; *Debrunner*, einer der besten Kenner der Koine, nennt insgesamt nur sechs Wörter.

Das *Attische* hat sich als maßgebender Faktor willig in die Bildung einer Weltsprache eingefügt. Die kleinen Ausspracheänderungen, die das erhöhte Sprechtempo der schneller gewordenen Welt mit sich brachte – σσ statt ττ, ρσ statt ρρ –, haben gewiß, soweit sich das noch beurteilen läßt, nichts verschlechtert. Der Itazismus und mit ihm die Vokal- und Diphthong-Verarmung setzte erst sehr langsam ein. Die Vereinfachung der Syntax ließ noch immer unendlich viele Möglichkeiten des Ausdrucks übrig. Die Variabilität der Tempora sorgte von selbst dafür, daß ein feines Sprachgefühl erhalten blieb und sich sogar im Bereich der tempusarmen Sprachen des Ostens verbreitete, was man an der Septuaginta gut beobachten kann. Der Wortreichtum und die differenzierte Synonymik ersetzten voll und ganz die Reduktion oder den Ausfall von Formen. Gewonnen wurde das für eine Weltsprache notwendige Tempo und die leichtere Handhabung. Das geschah dem Attischen gegenüber in erster Linie durch Analogieabschliff, sprechphysiologisch bequemere Endungen, Verkürzung der Worte und Ersatz langer Wortbildungen durch präpositionale Verbindungen.

Für die anderen Dialekte galt dasselbe, doch haben sie auf die Koinebildung nicht den gleichen Einfluß ausgeübt wie das Attische. Am nächsten kam ihm der des *Kleinasiatisch-Ionischen,* das bereits eine Art verbindender Weltsprache war und den Bedürfnissen einer Handelswelt entsprach. In ihm war die Ausspracheerleichterung des σσ längst vorhanden, und von ihm hat sie die Koine übernommen; auch die Tempoverkürzung durch Endungsänderungen hat sie von den Ioniern gelernt. Der an der Schwelle der Epoche stehende Fluch der Artemisia beweist, daß bei den Ägyptohellenen vor der Festigung der Koine das Ionische Sprachgrundlage war. Überhaupt wirkte nach, daß im fünften Jahrhundert das Ionische der am weitesten verbreitete Dialekt gewesen war und auf Inschriften auch in anderen Sprachgebieten bei offiziellen Anlässen angewandt wurde, so in dem dorischen Halikarnassos. Auch die reiche philosophische, historische und vor allem medizinische Literatur der Ionier wurde weiterhin gelesen und beeinflußte die Koinebildung.

Schon in vorhellenistischer Zeit hatte sich das Ionische über das *Aiolische* in Lesbos und der asiatischen Aiolis gelagert, und die Gebiete, in denen im wesentlichen noch aiolisch gesprochen wurde, Thessalien, die Gegend um Kalydon und Pleuron besaßen weder große weltwirtschaftliche noch kulturgeschichtliche Bedeutung. Doch blieben einige Relikte unter dem Einfluß der Aiolismen des noch häufig gelesenen Pindar und in Nachahmungen der lesbischen Dichterschule erhalten, und in thessalischen und aiolischen Inschriften finden sich gelegentlich noch ein zu o oder e gewordenes a, ein reduzierter Diphthong, ein zu m verwandeltes b oder andere kleine aiolische Eigentümlichkeiten. Wesentlich war das alles nicht.

Etwas anders stand es mit dem *Dorischen.* Es war nie ganz untergegangen und blieb auch außerhalb der doristischen Bewegung im Stil der öffentlichen Urkunden ehemals dorischer Sprachgebiete im dritten Jahrhundert lebendig; *Rudolf Herzog* sah das für sie Charakteristische in der „affektierten lakonischen Kürze" und Repristination ältester, längst nicht mehr gebrauchter Dialektformen. Da viele Söldner aus dorischen Gebieten kamen, hörte man es in den Heeren. In der Peloponnes, auf den dorischen Inseln, in Perge, Aspendos, der Kyrenaika, Akarnanien, Kreta, in Teilen Siziliens und Unteritaliens, selbst im Bereich der beiden großen Städtebünde fand es sich noch zum Teil neben und in der Koine. Vor allem benutzte das auf sein Doriertum stolze Rhodos das Dorische in den offiziellen Inschriften bewußt weiter, und für Syrakus beweisen die starken dorisch-sizilischen Elemente bei Archimedes den Gebrauch bis zum Untergang der Stadt. Selbst in Alexandreia sprachen Frauen auf der Straße dorisch, machten sich aber lächerlich damit.

Abgesehen von den künstlichen Dorismen besonders bei den ‚peloponnesischen' Epigrammatikern hat die Koine selbst einiges Dorische rezipiert. Dazu rechnet *Debrunner* den wichtigen Sachverhalt, daß das dorische α für das ionische η auch außerhalb der ‚dorischen Kultursphäre' häufig blieb, besonders bei Ausdrücken des Krieges und der Jagd. Auch da, wo dorische Kontraktionen und Temporabildungen leichter und bequemer auszusprechen waren, fanden sie sich in der Koine nicht selten. Kürzere dorische Wörter wurden öfter vor mehrsilbigen attischen bevorzugt, und die Substantiva der als kompliziert empfundenen attischen Deklination wurden durch die einfacheren dorischen verdrängt. Hier und da fand sich auch einmal eine dorische aktive Endung für das passivische Futurum und eine dorische Infinitivbildung. Im großen und ganzen waren aber die eigentlichen koinebildenden Elemente des Dorischen nicht sehr zahlreich.

Die dominierende Rolle des Attischen stand also fest. Seinen raschen Siegeszug illustriert eine Statistik, die *J. Handel* aufgestellt hat. Von den Inschriften des ionischen Milet sind im fünften Jahrhundert 55% rein ionisch, 45% Koine auf ionischer Basis, keine Koine auf attischer Basis. Im vierten Jahrhundert sind rein ionisch nur noch 34%, attisch-ionisch gemischt 38%, Koine auf attischer Basis 28%. Im dritten Jahrhundert sind nur noch 4% rein ionisch, 16% attisch-ionisch gemischt und 80% Koine auf attischer Basis. Faktisch war schon unter Alexander Attisch oder Koine auf attischer Basis Verkehrs-, Wirtschafts- und Verwaltungssprache in allen griechischen Zentren. Am reinsten war es in den Städten, die mit Athen in enger Verbindung standen, wie Priene, oder als offizielle Amtssprache der delischen Amphiktionie, deren Beamte bis zum Jahre 308 fünf Athener und ein athenischer Sekretär waren. Nicht zu übersehen ist auch, daß sich zum Einfluß der überall in der griechischen Welt gespielten attischen Tragödie und Komödie der Einfluß gesellte, den die von Athen ausgehende Popularphilosophie ausübte. Seit Chrysippos schrieb und sprach die predigende Stoa Koine auf attischer Basis, und die attischen Koinebildungen im Aristotelestext mögen doch vielleicht schon von Aristoteles selbst stammen.

Allerdings bedurfte auch das Attische einiger wesentlicher Veränderungen, ehe es zum Träger einer Weltsprache werden konnte. Weder das ‚Vulgärattisch' der Komödie und der Privatinschriften noch das ‚Reichsattisch' waren das ältere Attisch geblieben. Schon am Ende des fünften Jahrhunderts konnte ein gehässiger Gegner der athenischen Demokratie behaupten, in Athen spreche man eine griechisch-barbarische Mischsprache.

Denn schließlich bestand doch das Entscheidende in der Koinebildung nicht in der Dominanz oder Mischung von Dialekten, sondern in den sprachpsychologischen Gesetzmäßigkeiten, die aus den Notwendigkeiten einer erweiterten Welt, eines diplomatischen Weltverkehrs großer Reiche, eines einheitlichen Welthandels, einer allen verständlichen Kommandosprache der Heere und Verordnungssprache der Verwaltungen, einer weltweiten Mission der Philosophien und Religionen erwuchsen. Aus diesen praktischen Notwendigkeiten folgten die Vereinfachung und Kürzung von Wörtern, der Ersatz unregelmäßiger Formen in Deklination und Konjugation, die Analogiebildungen aller Art. Unnötige Partikel mußten verschwinden, Nebensätze durch ‚und'-Verbindungen ersetzt werden. Aus der Großstadt-Mentalität kam die Vorliebe für Übersteigerungen einerseits, für Diminutiva andererseits hinzu, von denen besonders die ersten zuweilen groteske Formen annahmen (μεγιστότερος, ὑπερπερισσεύειν). Rechnet man all diese Dinge ein, so gilt schließlich für die Koinebildung als Ganze das *Debrunnersche Gesetz:* Attisches wird „ausgemerzt, wenn der Widerstand der anderen Dialekte einstimmig ist". In allen anderen Fällen siegte das Attische, soweit es zweckmäßig war.

Aufschlußreich ist die schon erwähnte Tatsache, daß im Gegensatz zu allen anderen Koinebildungen in der Sprachgeschichte die hellenistische Koine in keiner auch nur nennenswerten Weise von einer außergriechischen Sprache beeinflußt, geformt oder verdorben worden ist. Denn darin offenbarte sich die Macht griechischen Kulturbewußtseins und Sprachstolzes am deutlichsten und zugleich am unaufdringlichsten. Mögen in den unteren Volksschichten im ägyptischen und asiatischen Raum in die Aussprache fremde Laute eingedrungen sein, wie vulgäre Papyri anzunehmen nahelegen, entscheidend blieb, daß es selbst da kaum Lehn- oder Fremdwörter gab. Trotz des jahrhundertelangen Zusammenlebens von Griechen und Ägyptern sind nur ein paar ägyptische Bezeichnungen ägyptischer Dinge wie Papyros und Ibis in die Sprache eingedrungen. Wirkliche Latinismen, ja selbst spezifische Ausdrücke der Militär- und Verwaltungssprache waren außerordentlich selten und fanden sich nur bei schlechten Schriftstellern, denn gute übersetzten, statt das Fremdwort zu brauchen (ἑκατοντάρχης statt κεντυρίων) oder benutzten sachverwandte griechische Ausdrücke. Selbst übersetzte lateinische Urkunden erhielten griechische Prägung, wobei allerdings nicht immer ganz deutlich wird, was noch Koine und was schon Latinismus ist. Eindeutige Semitismen gab es nur im Judengriechisch, aber auch da nicht allzu viel. Selbst in der Septuaginta sind sie nur in den schwerfällig übersetzten Teilen zahlreich zu finden, elegantere jüdische Schriftsteller und Übersetzer suchten ängstlich jeden Semitismus zu vermeiden. Iranische Lehnwörter gab es kaum zwanzig, sie entstammten rein persischen Einrichtungen wie dem Wildgehege (παράδεισος) oder persischen Maßen und Verwaltungstermini. Das alles ist um so auffallender, je mehr umgekehrt das Lateinische, Aramäisch-Syrische und Demotisch-Koptische eine Unzahl von griechischen Wörtern, Konstruktionen, Wendungen, Bildern, Satzformen aufgenommen haben. Selbst der griechenfeindliche Talmud kennt Tausende von griechischen Lehn- und Fremdwörtern und wimmelt von griechischen Wendungen. Bis in die indischen, keltischen und iranischen Sprachen sind Wörter aus der Koine eingedrungen und leben dort bis heute. Im Lateinischen wehrten sich einige Puristen wie Cicero und Tiberius leidenschaftlich gegen griechische Fremdwörter und mühten sich ernstlich, griechische Begriffe sinngemäß ins Lateinische zu übertragen, aber sie standen mit diesen Bemühungen allein.

Andererseits blieben freilich im Sprachbereich der Koine alle die Bewegungen akademisch und literarisch, die attizistisch oder auch doristisch die Koine wieder durch ein ‚besseres' Griechisch ersetzen wollten. Zunächst waren das nur philologische Bewegungen, von rein philologischen Gesichtspunken geleitet; gelegentlich mag auch ein Protest des reinen Ionischen dabei mitgesprochen haben. Dann griffen die philologischen Bewegungen auf Dichter und Rhetoren über, aber im wesentlichen erst in nachhellenistischer Zeit. Echter *Attizismus* im Sinne attischer Kunstprosa gehört noch nicht zur hellenistischen Sprachgeschichte, denn nicht jeder Redner und Autor, der einmal eine Optativform gebrauchte, das Perfectum historicum durch einen ‚richtigen' Aorist ersetzte, das Reflexivpronomen anwandte, die Verba auf μι richtig oder annähernd richtig konjugierte und einen vulgären Ausdruck durch einen klassischen oder gar archaischen verdrängte, war schon Attizist. Hellenistischer Attizismus gehört streng genommen nur in die Geschichte der hellenistischen Philologie und beginnt mit der Suche nach einem Kanon ‚guter' Schriftsteller, die mit Aristophanes von Byzanz (257–180) und der alexandrinischen Philologenschule begann und hinter der eine Sehnsucht nach der ‚idealen' Sprache stand, die man weder mit ‚Epigonentum' noch mit ‚Schulmeisterei' abtun sollte.

Als lebendige Sprache besaß die Koine eine Fülle von Niveauunterschieden und Sprachschichten. Schon der Philologe Moiris unterschied *Literaturkoine* und *Volkskoine,* aber in Wirklichkeit waren die Unterschiede viel differenzierter. Sieht man von lokalen und provinziellen Besonderheiten ab, treten zum mindesten die folgenden Schichten hervor: Die *gehobene Literaturkoine* kam dem Attischen am nächsten. Sie vermied den Hiatus, gebrauchte kompliziertere Konstruktionen und gewähltere Ausdrücke, achtete auf Rhythmus und Melos. Ihr verwandt war eine *gepflegte Koine,* für die etwa Polybios Beispiel ist. Sie war von natürlicher Frische, ließ der Individualität des Schriftstellers genügend Raum, paßte sich dem Stoff an, besaß einen lebendigen Redefluß, war nirgends vulgär, aber auch nirgends gekünstelt. Dann gab es eine *Mischkoine* mit Dialekteinschlägen, gewissen Unsicherheiten und Variabilitäten in Formen und Wörtern. Hierher gehören etwa die Sprachen der Inschriften von Epidauros, Thera, Delphoi und Boiotien, von denen jede wieder ihre Besonderheiten hat. Darunter lag die *‚bürgerliche'* Schicht der besseren Papyri, die von einem trockenen und stereotypen Amtsgriechisch bis zu einem unkomplizierten, behaglichen Plauder-Griechisch reichte. Am Ende der Liste stand dann noch das wirklich *vulgäre* Volksgriechisch. Seine höchste Form erreichte es in manchen populären Anekdoten, Bildreden und Witzen der kynischen Diatribe, seine niederste in den Papyri der untersten Schichten mit ihren zahlreichen grammatischen Fehlern und ihren vulgären Wörtern. Nur kann man auch den schlechtesten Papyri sprachliche Wärme und Lebendigkeit nicht völlig absprechen.

Eine genaue Karte der Verbreitung und Verbreitungsdichte der Koine läßt sich für die hellenistische Zeit nicht zeichnen, weil dazu unser Material nicht ausreicht. Vor allem haben wir in den Grenz- und Mischgebieten kaum eine Ahnung, wie die *analphabetische Schicht* gesprochen hat. Rein griechische Sprachgebiete waren während der ganzen oder während des größten Teils der Epoche alle Länder um die Ägäis und die Inseln, dazu die griechischen Gebiete um den Pontus, Kyrene und der griechische Teil Siziliens und Unteritaliens. Rein griechisch waren auch die meisten alten und neuen Städte. In Ägypten machte das Griechische unaufhaltsam Fortschritte und drang, wenn auch nur durch einige Inschriften belegbar, über die Südgrenze hinaus. Doch hielt sich das Ägyptische in den unteren und von den oberen ägyptischen Schichten besonders im Bereich der Priester. In Syrien und Palästina wurde die Koine eine ernsthafte Konkurrentin des Aramäischen; auch die Landbezirke waren nachweislich zweisprachig. In Vorderasien sprachen Reste im Volk auch weiterhin Lykisch, Phrygisch, Lykaonisch, Lydisch und Keltisch, auch vom Karischen, Pisidischen, Luwischen und Elamischen waren Spuren vorhanden. Erschienen solche Sprachen noch in Inschriften, wurden sie meist griechisch transkribiert, doch gibt es auch einige Keilschriftentafeln aus der hellenistischen Epoche. Dagegen hat das Griechische, abgesehen von den Städten, im iranischen und aramäischen Sprachgebiet des inneren Vorderasiens kaum große Eroberungen gemacht, obwohl diese zwei Sprachen selbst miteinander rivalisierten; doch waren die gebildeten Kreise des Arsakidenreiches zwei- oder gar dreisprachig. Natürlich sprachen die skythischen Völker ihre alten Sprachen unverändert weiter. Wie weit die Verbreitung der Koine in den graeko-baktrischen und graeko-indischen Reichen ging, läßt sich nicht sagen.

Im Westen, im lateinischen und punischen Sprachbereich, ist die Koine nicht siegreich gewesen, wenn auch ihre Verbreitung durch vielerlei Strömungen zunächst rasch zunahm. Am erfolgreichsten war sie durch den Einfluß Massalias im Rhônetal.

4. *Die Städte*

Der hellenistische Mensch war ein Stadtmensch. Nicht nur in den neuen Gebieten war der Drang zur Verstädterung groß; jedes kleine Fayumstädtchen legte den größten Wert darauf, nicht Dorf, sondern Stadt zu sein – auch im alten griechischen Gebiet wurde die gleiche Tendenz deutlich. So seltsam es klingt, erst im Hellenismus ist Sparta eine ummauerte Stadt geworden.

Neu war für die griechische Welt eine Erscheinung, die es bisher in der griechischen Geschichte noch nicht gegeben hatte, die Großstadt. Sie entsprach dem Wesen des Menschen ebenso wie dem Zwang der Verhältnisse, hat aber selbst rückwirkend das Wesen des Menschen umgeformt.

Eine Reihe alter Städte hat die gesamte Epoche aufsteigend oder langsam absinkend überdauert. Unter ihnen waren ziemlich alle alten kleinasiatischen Griechenstädte, die pontischen Städte, große Inselstädte, kulturelle und religiöse Zentren des Mutterlandes, an erster Stelle natürlich Athen, die Städte der Kyrenaika und im Westen Massalia. Eine zweite Gruppe behielt ihre Bedeutung bis zur Zerstörung durch die Römer, so Korinth, Syrakus, Tarent und der Kranz der alten makedonischen Städte. Eine dritte Gruppe gewann erst dann an Bedeutung, als sich ihre Städte zu den großen Städtebünden zusammenschlossen, und verlor sie wieder, sobald diese Koina zusammenbrachen. Denn in solchen Gebilden erfolgte ein Aufstieg kleiner Städtchen aus dörflicher Isoliertheit und gegenseitiger Selbstzerfleischung, aus Zuständen also, die sofort wieder einsetzen mußten, wenn sich durch äußere oder innere Katastrophen die Bünde auflösten und die Städte wieder zu Dörfern herabsanken.

Für die hellenistische Welt wurde aber der große Kranz neuer Städte ausschlaggebend, die entweder völlige Neugründungen waren oder durch Synoikismos alter dörflicher und kleinstädtischer Siedlungen zu größeren Städten zusammenwuchsen oder schließlich durch Wiederaufbau und mehr oder weniger gründliche Erneuerung alter, verlassener oder zerstörter Städte entstanden.

Eine wirklich vollständige Liste aller griechischen Städtegründungen wird sich wohl nie aufstellen lassen. Wichtiger ist, daß man etwas von der ungeheuren Größe dieses Werkes und von der Eigenart des Geistes dieser Gründungen spürt. Da fällt vor allem die *Mannigfaltigkeit* im Gegensatz zu anderen Städtegründungen im Laufe der Weltgeschichte auf. Hier war nichts, aber auch gar nichts stereotyp, es sei denn die hippodamische Anlage mit rechteckigen Wohnblocks und parallelen Straßen. Aber auch sie findet sich nicht überall. Es blieb ein großer Unterschied, ob eine Gründung aus militärischen, wirtschaftlichen, politischen, kulturpolitischen oder rein repräsentativen Gesichtspunkten erfolgte. Es kam weiterhin sehr darauf an, ob die Neubürger freiwillig oder durch große Versprechungen angelockt kamen, ob sie mit Zwang ausgesiedelt und umgesiedelt waren oder eine Zuflucht suchten, ob sie enttäuscht wurden oder sich glücklich fühlten in der neuen Umgebung, ob sie in der Hauptsache jugendlich aufstrebende Elemente oder müde Veteranen, ob sie Krieger oder Handwerker und Kaufleute waren. Bestimmend war auch, ob in der Stadt die griechische, die makedonische oder die indigene Bevölkerung die Mehrheit besaß, ob griechische Stammesunterschiede sich rasch und mühelos oder nur schwer einander anglichen, ob man die alte Heimat nicht vergaß und nach ihr Heimweh hatte oder ob man sich rasch und gern akklimatisierte. Es konnte auch nicht gleichgültig sein, ob eine Stadt reich oder arm war, welche besonderen Privilegien oder Zuschüsse sie von den rivalisierenden Herrschern bekam, welcher Landbesitz ihr zugeteilt wurde, ob sie genügend Raum zur Ausbreitung hatte, ob sie an einer der großen Durchgangsstraßen oder im verhältnismäßig ruhigen Inland lag. Auch war es nicht gleichgültig, ob man bei Bürgerrechtsverleihungen großzügig vorging, nicht einmal ausdrücklich griechisches Volkstum verlangte, sondern sich mit freier Geburt, mit der eidlichen Versicherung über die Ehelichkeit der Kinder und mit gewissen Zahlungen begnügte, oder ob man sehr streng über der griechischen Herkunft wachte.

Vieles können wir nur ahnen, aber eins ist sicher: alle Städte, die alten wie die neuen, wurden getragen von einem unbändigen Stolz und Selbstbewußtsein und einer oft ergreifenden Dankbarkeit und Opferbereitschaft für die Stadt. Der ganze Stolz des hellenistischen Menschen bestand oft darin, ‚Bürger einer nicht unberühmten Stadt' (οὐκ ἀσήμου πόλεως πολίτης) zu sein. Dieses Selbstbewußtsein wurde ins Maßlose gesteigert, wenn Städte von einander feindlichen Großmächten umworben wurden, wie es besonders in Kleinasien oft geschah. Aber auch kleine Städte kannten in dieser Beziehung keine Grenzen mehr. Es gibt eine hübsche Diogenes-Anekdote, die den Geist solcher Städte am besten charakterisiert: Der Philosoph habe den Bewohnern von Myndos, die überdimensionale Stadttore gebaut hatten, gesagt, sie möchten die Tore doch schließen, damit die Stadt nicht davonlaufe. Das galt für viele hellenistische Städte, nicht nur in den neuen Gebieten, sondern auch für die alten Städte der Peloponnes oder Mittel- und Westgriechenlands, deren repräsentativ-riesige Anlagen in keinem Verhältnis zur Größe und Bedeutung der oft winzigen Städtchen standen.

Je bedrohter man sich in der unruhigen Welt fühlte, um so mehr klammerte man sich an die Stadt. Sie blieb oder wurde wenigstens geistig der Hort aller Geborgenheit. Man beging alljährlich den Gründungstag mit Illuminationen, Festen und Spielen, verehrte die königlichen Stadtgründer ebenso wie die älteren Städte ihre mythischen Gründer-Heroen, erfand in neu gegründeten Städten mythische und legendäre Stadtgeschichten. Auch in völlig abhängigen Städten wachte man eifersüchtig darüber, daß keine königliche Verordnung in der Stadt Rechtskraft erhielt, die nicht zuvor durch ein städtisches Psephisma gebilligt worden war, wenn das oft auch nur eine symbolische Bedeutung hatte. Die Könige trugen dem Rechnung, indem sie der Stadt gegenüber einen zuweilen fast familiären Ton anschlugen und die Bürger als ‚Verwandte' bezeichneten, wie Eumenes II. die Milesier: συγγενὴς καὶ φίλος καὶ εὔνους καὶ εὐεργέτης ὑπάρχων τῆς πόλεως διὰ προγόνων. *Heuss* hat schon vor längerer Zeit nachgewiesen, daß das Verhältnis des Herrschers zur Stadt im allgemeinen das einer Symmachie blieb. Leidenschaftlich hielten die Städte an Sonderrechten wie dem Münzrecht oder der Asylie fest oder suchten sie zu erwerben.

Mit dem Städtestolz verband sich jeweils ein gewisses Freiheitsideal, das freilich auch Gefahren in sich barg, da es in vielen Fällen nur eine Fiktion bleiben mußte. Die Städte ließen sich oft nur zu leicht von jedermann durch Freiheitsversprechen ködern und wurden schließlich bitter enttäuscht. Denn eine absolute Freiheit konnten sie sich weder selbst verschaffen noch wollte sie ihnen irgendeine der Großmächte gewähren: „Eine Stadt war solange frei, als des Herrschers Wille mit dem ihrigen geeint war." Es bleibt aber immer verwunderlich zu sehen, wie die herrschenden Mächte, von den Diadochen bis zu den Römern, das Mittel der Freiheitserklärung stets in gleicher Weise anwandten, um die Städte de facto zu betrügen. Die Städte aber merkten gar nicht oder wollten es in griechischer Illusionsgläubigkeit nicht wahrnehmen, daß alle diese Freiheitserklärungen sie nur an die Herrscher banden, denen sie diese angebliche Freiheit zu verdanken hatten.

Doch war der Stolz in den meisten Fällen nicht unbegründet, denn viele dieser Städte besaßen eine geradezu unvorstellbare Kraft *kultureller Ausstrahlung*. Wie sehr befruchteten die wenigen Städte in Kappadokien das sonst so barbarische Land, und welche Bedeutung kam den pontischen oder graeko-baktrischen Städten mit ihrem Glanz und ihrer Weltweite, ihrer Tätigkeit in allen Lebensbereichen und ihrer Lebendigkeit zu. Es waren gar nicht immer die großen, einmaligen und weltbewegenden Kulturleistungen, die den Wert dieser Städte ausmachten, sondern sehr oft nur ihr bloßes Dasein und ihr zivilisiertes Alltagsleben. Eine Epoche, die selbst in kleinen Städten – man denke an Priene – ein unerhörtes Stil- und Formempfinden entfaltete, konnte nie mehr ganz der Geschmacklosigkeit oder Barbarei verfallen. Die Urbanisierung des Lebens formte eine humane Atmosphäre, die sich bis hinab zum Tier erstreckte – Plutarch rühmt, daß man in Athen Tierquälerei gesetzlich bestrafte. Die menschliche Überwindung sozialer Gegensätze auf dem Boden städtischer emotionaler Affinität war ein Lieblingsthema der hellenistischen Komödie und wurde schließlich zu einem der Kennzeichen wahrhaft gebildeter Menschen. Dabei braucht man noch gar nicht an die Rolle zu denken, die die Stadt als Vermittlerin griechischer Kulturgüter gegenüber ihrer näheren oder ferneren nicht griechischen Umgebung spielte; ihren wohl größten Umfang erreichte sie in den Städten Südgalliens und des Pontos.

Ihre Krönung erfuhr diese Entwicklung darin, daß der hellenistische Mensch auch fähig und willig war, für seine Stadt je nach den Umständen die schwersten Opfer zu bringen, wenn diese oft auch anders aussahen als in den Zeiten, in denen die Städte politische Faktoren waren. Die Verpflichtung für die Polis galt wie von jeher als von den Vätern übernommenes Erbe. Auch für die drückendsten Liturgien fanden sich immer Bürger, die sich zur Verfügung stellten, und Hunderte von Inschriften künden von Gaben, Stiftungen, Leistungen aus privater, bürgerlicher Initiative und uneigennütziger Opferbereitschaft. In diesen Inschriften wird vielen bestätigt, daß sie „immer das Beste getan haben für die Stadt", sei es bei schwierigen Gesandtschaften, Getreideversorgungen, Bauvorhaben, sei es im Krieg oder im Frieden. Einige Beispiele mögen genügen: Da war der Athener Philippides, der für die Bestattung der Gefallenen auf eigene Kosten sorgte, Kriegsgefangene loskaufte und mit Zehrgeld versorgte, sich der Athener in fremden Landen annahm, bei den Herrschern für die Stadt eintrat, um ihr die Freiheit zu erhalten, und für die Getreideversorgung und die würdige Fortführung der Kulte alles tat, was in seinen Kräften stand. Oder da war der Agonothet Nikogenes, der in der schweren Zeit um 160 die Theseusfeste so gestaltete wie von jeher, der für Opfer, Fackellauf und Reiterspiele Sorge trug, sich um die Jugend kümmerte, Kampfpreise für die siegenden Phylen stiftete. Auch kleinste Städte haben große Wohltäter, ein Beispiel ist das winzige Nasos. In einer Zeit größter Armut hatte sich ihr Bürger Thersippos erst bei Alexander, dann bei Antipatros für die Heimatstadt eingesetzt und Steuerfreiheit erwirkt, dann aus eigenem Vermögen Lebensmittel gekauft und kein Opfer für die Stadt gescheut. Dabei waren es gar nicht nur die Vollbürger, die solche Opfer brachten. Nach wie vor blieb die Stadt die hohe Schule der Selbstlosigkeit und persönlichen Hingabe. Sehr auffällig ist, wie rasch, soweit wir sehen, gerade in den neuen Städten, und paradoxerweise in den großen Residenzen, ein ausgesprochenes Stadtbewußtsein erwachte. Die Städter fühlten sich von Anfang an als freie ‚Alexandriner' oder ‚Antiochener', nicht als Untertanen des Ptolemaier- oder Seleukidenreiches. Eine Ausnahme scheint nur Pergamon zu machen.

Natürlich hatte das alles auch eine Kehrseite. Das alte griechische Übel der *Parteibildung* und der Selbstzerfleischung machte auch vor der hellenistischen Stadt nicht halt. Wer eine Stadt beherrschen wollte, brauchte sich oft nur der Parteien zu bedienen, sie gegeneinander auszuspielen oder die ihm genehme zu unterstützen. Er konnte sogar erleben, daß ihn unter Umständen die eine Partei gegen die andere zu Hilfe rief und ihm selbst verräterisch die

Tore öffnete. Oft waren auch die wirtschaftlichen Sorgen zu groß, und die Bürger konnten die Lasten der dauernd verschuldeten Städte selbst beim besten Willen nicht tragen. Die Schwierigkeiten, die im Wirtschaftsleben bei der Rückberufung von Verbannten, bei Vermögensrestituierungen, Kriegskontributionen, Einquartierungen fremder durchziehender Heere sogar von ‚Bundesgenossen' entstanden, haben den Ruin von mehr Städten herbeigeführt, als uns bekannt ist.

Auch wenn es nicht so weit kam, blieben die Schwierigkeiten des Stadtlebens nicht aus. Menander klagt bewegt, daß das Leben in der Stadt teuer sei und daß es eigentlich nur der Reiche genießen könne. Er warnt den Armen, in die Stadt zu ziehen, denn auf dem Lande sei er wenigstens sein eigener Herr und könne für sich leben.

5. *Jugend und Erziehung*

Man kann sagen und hat es oft gesagt, daß der Hellenismus nur als Bildungsmacht weltgeschichtliche Bedeutung im vollen Sinne habe. Das war zum großen Teil die Folge einer neuen Wertung und Praxis der Erziehung.

Nilsson, dem wir die grundlegende Untersuchung über die hellenistische Schule verdanken, hat nachgewiesen, daß auch hier das vierte Jahrhundert vorangegangen ist. Als Beleg dafür führt er an, daß es seit etwa 400 in Athen ein städtisches Schulgesetz gab, daß Isokrates methodisch die Neuerung einführte, seine eigenen Reden mit seinen Schülern durchzusprechen, und daß seit dieser Zeit bestimmte gesetzliche Vorschriften für Schuldisziplin, Anzahl der Schüler, Unterrichtszeit, Alter der Schüler, Aufsichtsinstanzen, religiöse oder kultische Schulordnungen gegeben wurden, und zwar auf einigen Inseln früher als in der Stadt Athen. Der Hellenismus hat dieses Vorhandene nicht nur intensiviert und weiter ‚technisiert', sondern auch – von einer neuen Stellung zum Kind und zum jungen Menschen her – nicht unwesentlich verändert.

Der Hellenismus war eine *kinderliebende* Zeit, eine Tatsache, die zu dem von Polybios so bitter beklagten Rückgang der Kinderzahl in Griechenland nicht unbedingt in Widerspruch zu stehen braucht. Die Freude der Eltern am Kind und der Blick für kindliches Verhalten und kindliches Spiel waren allgemein vorhanden. Gewiß spielten dabei auch nüchterne Erwägungen eine Rolle: Schmerzhaft ist es, wenn ein im Leben Glücklicher das Haus ohne Nachfolger lassen muß. Allein die Kinderdarstellungen der hellenistischen Kunst beweisen auch die ‚uninteressierte' Freude am Kind. Natürlich hat man auch weiterhin, alter griechischer Unsitte folgend, Kinder, besonders Mädchen, in schweren Krisenzeiten ausgesetzt, aber man hat auch dafür gesorgt, daß die Ausgesetzten gefunden wurden. Doch darf man aus den Aussetzungsgeschichten der neuen Komödie und des Romanes nicht zuviel schließen; das Motiv war literarisch zu lohnend, um nicht verallgemeinert zu werden. Die Wirklichkeit wird oft anders ausgesehen haben, denn im Gegensatz zu solchen Geschichten stand die bewegte Klage über das Elend elternloser Kinder und die ernsthafte städtische Waisenfürsorge, die für Waisenkinder einen gesetzlichen Vormund bestellte, der auch auf das Vermögen der Kinder zu achten hatte, oder die, wie in Athen und Delphoi, in den Händen eines eigens dazu eingesetzten ὀρφανοφύλαξ lag. Menander will nicht einmal zwischen ehelichen und unehelichen Söhnen einen Unterschied machen; jeder gute Sohn sei ein echter Sohn.

Zu den schönsten Zügen hellenistischer Menschlichkeit gehörte die Vertiefung und die Hochschätzung des Verhältnisses zwischen *Vater und Sohn.* Wenn der Vater das rechte Verständnis für das Problem der Generationen besaß, war er der beste Erzieher für seinen Sohn; der Stolz auf den wohlgeratenen Sohn war ebenso groß wie der Schmerz über den ungeratenen. Vertrauensvoll besprachen beide alles miteinander, und auch der Vater ließ sich vom Sohne überzeugen, wenn er unrecht hatte. Kein Vater scheute für seinen Sohn Unkosten, Kummer, Sorge und Nachdenken; ehe der Sohn einen törichten Schritt im Leben tat, hätte er erst zu seinem Vater gehen müssen, aber der Vater durfte ihn auch nicht moralisierend zurückstoßen. Daß sich aber auch der mißratene Sohn vor seinem Vater schämt, sagt nicht nur Menander, sondern auch ein Papyrusbrief aus ärmsten Kreisen. Schwere Gewissensbisse quälten den Vater, der am Sohn etwas versäumt hatte. Immer und immer wieder hat sich die Komödie mit diesen Erziehungsproblemen befaßt, und hier handelte es sich nicht nur um literarische Probleme. Von Xenophons ‚Kynegetikos‘ bis zu Synesios von Kyrenes ‚Dion Chrysostomos‘ schrieben Väter Bücher als Richtlinien für ihre Söhne, sogar für noch nicht geborene Söhne. Häufig arbeiteten Vater und Sohn gemeinsam in Kunst, Handwerk und Handel. Auch an den Höfen gab es wieder ein leuchtendes Vorbild, das Verhältnis zwischen Antigonos Monophthalmos und seinem Sohn Demetrios Poliorketes, das die antiken Historiker nicht genug rühmen konnten. Vom guten Verhältnis zwischen Mutter und Sohn war bereits die Rede; man kann das Gesagte noch durch einige Privatbriefe ergänzen: Soldaten denken mit Sehnsucht an die Mutter, schreiben ihr häufig, besuchen sie im Urlaub, und die Mutter schickt ihnen, was sie hat, und sei es auch nur ein Korb Oliven.

Mit dem geschärften Blick für die frühesten Kinderjahre verband sich eine sorgfältigere Auswahl des Hausgesindes, das mit dem Kleinkind zu tun hatte.

Das galt vor allem für die *Ammen,* die es in breitesten Schichten der griechisch-hellenistischen Welt gab. Zwar empfahlen Ärzte und Philosophen den Müttern, die Kinder selbst zu stillen, aber für die Kinderpflege und die erste Erziehung war die Amme längst unentbehrlich; Aischylos' berühmte Schilderung der kinderpflegenden Amme galt auch für die hellenistische Zeit. Nur wurde nunmehr die Forderung nach einer gewissen Bildung der Ammen häufiger und lauter erhoben. Zwar waren die Ammen selten reine Griechinnen, sondern vielfach hellenisierte Frauen aus Thrakien oder Phrygien, man erwartete aber, daß sie gut Griechisch sprachen und in den griechischen Sitten bewandert waren. In der neuen Komödie und im Roman spielte die Amme beim heranwachsenden Mädchen etwa die gleiche Rolle, die der ältere Freund beim jungen Mann spielte, im guten und im bösen Sinne; beides ist der Wirklichkeit entnommen. Natürlich war auch hier nicht alles vollkommen; ein hübsches Grabepigramm für eine Amme, die in ihrem Leben eine Freundin des Ungemischten war und nun in der Nähe der Kelter begraben wurde, gilt sicher nicht nur für einen Einzelfall. Typischer ist aber doch das schöne, dankerfüllte Grabgedicht, das Kallimachos für die phrygische Amme des Mikkos verfaßte, der die alte Dienerin bis an ihr Lebensende versorgt hatte und ein Grabbildnis von ihr aufstellen ließ. Im übrigen wurden gute Ammen wenigstens im hellenistischen Ägypten sehr gut bezahlt. Auch die Institution des *Paidagogen,* der das allmählich größer werdende Kind auf seinen Ausgängen begleitete und es zur Schule brachte, dort bis zur Beendigung des Unterrichts in einem besonderen Zimmer, dem ‚Pädagogium' (παιδαγωγεῖον) auf das Kind wartete und es wieder nach Hause führte, behielt man bei, wie es zum mindesten seit dem fünften Jahrhundert griechische Gewohnheit war. Für diesen Posten aber den schlechtesten Sklaven zu nehmen, dürfte wohl in größerem Umfang erst römische Gewohnheit gewesen sein. Die Beliebtheit dieses Pädagogen bezeugen die zahlreichen hellenistischen Terrakotten, die ihn entweder mit faulen Jungen darstellen, die er am Ohre reißt, oder in der Gestalt eines gutmütigen, großväterlichen Satyrn. Doch sind auch Klagen darüber lautgeworden, daß das Beispiel der Pädagogen einen Jungen verdorben hat. Nicht zu umgehen war der zuweilen gar nicht erwünschte erzieherische Einfluß von Verwandten auf das Kleinkind; besonders erziehenden Tanten hat die Komödie nicht gut mitgespielt.

Die größte Bedeutung kam dem *Schulwesen* zu, und der Sieg der hellenistischen Kultur ist zum großen Teil der Sieg des hellenistischen Gymnasions. Hier kann man fast von einer Gesetzmäßigkeit sprechen; je mehr die Städte und die liturgieleistenden Bürger von politischen Pflichten frei wurden, um so mehr hatten sie Mittel und Neigung, für ihre Erziehungsinstitute zu sorgen.

Die Forderung staatlicher Schulerziehung war in Griechenland längst erhoben worden, zuletzt sehr energisch von Aristoteles, und im Hellenismus ist diese Verpflichtung immer mehr erfüllt worden. Das beste Beispiel für ein städtisches Schulwesen, dessen Zeugnis uns erhalten blieb, ist das Erziehungsgesetz von Teos, aber in Athen und Milet lagen die Dinge ähnlich. Die oberste Aufsicht über das gesamte Erziehungswesen besaß der Demos, vor ihm hatten sich die Erziehungsbehörden und Schulleiter, aber auch die Schüler ‚würdig zu erweisen'. Allerdings waren die Städte oft nicht in der Lage, das Schulwesen gründlich zu finanzieren, hier aber sprangen großzügige Stifter ein. So stiftete in Teos ein Polythrus das Kapital von 34000 Drachmen, Eudemos in Milet zugleich im Namen seiner beiden Brüder 10 Talente, wofür er ein Ehrengrab im Gymnasion erhielt, und in Delphoi König Attalos II. 21000 Drachmen, von deren Zinsen in erster Linie die Lehrer bezahlt werden sollten, 18000 Drachmen waren für Lehrerbesoldung und Lehrbetrieb, 3000 für religiöse Feiern und Opfer bestimmt, an denen die Schüler teilnahmen. Das Kapital war ‚hochheilig' und durfte nicht angegriffen werden, sondern mußte hypothekarisch und gut verzinslich sicher angelegt werden; bei strenger Androhung von schweren Strafen durften die Zinsen ausschließlich für die bestimmten Zwecke ausgegeben werden. Drei vom Demos zunächst für fünf Jahre, dann jährlich neu gewählte Epimeleten hatten die Aufsicht über die gesamten Finanzen; jede nicht zweckmäßige Verwendung galt als Diebstahl. Blieben Überschüsse, so durfte die Stadt sie nach Belieben verwenden, aber nur mit Zustimmung der Volksversammlung. Weder ein Archon noch ein Volksbeschluß sollte an diesen Bestimmungen etwas ändern. Bei der hypothekarischen Anlage sollte darauf geachtet werden, daß der Wert der Grundstücke mindestens doppelt so hoch wäre wie der der Hypothek; die darüber ausgestellten Urkunden mußten sowohl im Tempel wie in einer Kopie im städtischen Archiv aufbewahrt werden. Endlich wurden die Termine der Zinszahlung und die Maßnahmen gegen säumige Zinszahler festgelegt. Bei der Stiftung des Eudemos von Milet wurde die Stiftung von den Kassenbeamten der laufenden Einnahmen (ταμίαι τῶν ἐγκυκλίων) unter dem Titel „die von Eudemos gestifteten Gelder zur Erziehung der freien Knaben" verwaltet, die darüber den städtischen Finanzbehörden Rechenschaft abzulegen hatten. Solche Wohltäter erhielten zum mindesten eine Statue im Gymnasion oder in der Palästra als Dank: Wo es keine solchen Wohltäter gab, waren die Städte vielfach auf das Schulgeld der Eltern angewiesen. Daß aber wenigstens für den Unterhalt der Schulgebäude auch rein städtische Mittel aufgewandt wurden, sollte man kaum bestreiten, auch wenn wir keine eindeutigen Zeugnisse besitzen.

Ein einheitliches Schulwesen gab es natürlich bei dem großen Unterschied der Städte und dem hellenistischen Individualismus nicht. Aber allgemein dürfte die Erziehung der männlichen Jugend in drei Stufen erfolgt sein: die der Knaben bis zum 14. oder 15. Jahr, die der Epheben vom 15. bis zum 18. Jahr und die der Jungmannschaft (νέοι) vom 18. bis zum 21. Jahr, doch waren die Alterseinteilungen nicht überall gleich.

Der Beginn des Unterrichtes war für Knaben im allgemeinen nicht gesetzlich festgelegt und blieb dem Willen der Eltern überlassen. Besondere Knabengymnasien für den ‚Grundschulunterricht' haben sich nur reiche oder durch Stifter begünstigte Städte leisten können, vielfach hat man sich mit Wanderlehrern begnügen müssen, die eine Zeitlang in einem Ort blieben – wie etwa der Akarnane Menandros in Delphoi –, die dort Unterricht erteilten, solange dafür Bedarf war, und dafür von der dankbaren Stadt geehrt wurden. Es kam auch vor, daß beim Fehlen städtischer Grundschulen mehrere Familien sich gemeinsam einen Lehrer hielten. Daß man den Knabenunterricht ernst genug nahm, geht nicht nur aus der wiederholten Bemerkung hervor, daß die Knabenlehrer sorgsam ausgesucht werden müssen, sondern auch aus Ehreninschriften wie der für einen Strategen in Eleusis, der sich um den Demos dadurch verdient machte, daß er für die Erziehung der städtischen Knaben sorgte; die Väter der Knaben und der Demarch dankten ihm dafür mit einer Ehreninschrift im Propylaion der Demeter und Kore.

Im Mittelpunkt des gesamten Gymnasialwesens und damit der städtischen Erziehung stand die *Ephebenerziehung*. Längst nicht in allen Städten hat sie drei Jahre gedauert, aber sorgfältig war sie auch in kleinen und armen Städten. Nicht jeder wurde automatisch aus der Knabenschule in den Ephebenverband übernommen. Bei diesem Wechsel erfolgte die erste Auslese des freien Mannes; die ‚Aufnahmeprüfungen' waren, wie alle hellenistischen Examina, agonistischer Art. Wieweit die bekannte Reform der alten athenischen Ephebie durch Epikrates in der Alexanderzeit (334/33) auch außerhalb Athens Schule gemacht hat, ist nicht zu sagen. Nur für Pergamon ist es ziemlich gewiß, weil sich auch dort der betont militärisch-sportliche Charakter wiederfand; Pergamon hat auch darin Athen möglichst weitgehend nachgeahmt. Der vielbehandelte und -zitierte Aristotelesabschnitt über die athenische Ephebie beschreibt die militärische Erziehung, aber nur die der Älteren von achtzehn bis neunzehn Jahren, die mit der Einschreibung in die Demenliste begann; er umfaßte also die Jahrgänge, die an anderen Stellen schon Neoi heißen. Die Väter der Epheben wählten phylenweise drei Mitglieder jeder Phyle im Alter von mindestens vierzig Jahren, aus denen die Volksversammlung wieder aus jeder Phyle einen aufsichtführenden Erzieher (Sophronisten), dazu noch einen über allen stehenden ‚Kosmeten' bestimmte; sie wählte auch die Lehrer, die zunächst ausschließlich Sportlehrer waren. Die Oberaufsicht hatte der Strateg, so daß der militärische Charakter eindeutig vorherrschend war. Die Ausbildung dauerte zwei Jahre, ein Jahr wurde in der Grundausbildung und im Wachdienst verbracht, dann folgte eine Musterung, die Übergabe von Schild und Lanze und der berühmte Eid im Tempel des Aglauros: „Ich werde die heiligen Waffen nicht schänden und meinen Nebenmann nicht im Stiche lassen, solange ich in einer Reihe mit ihm stehe. Ich stehe ein für das Heilige und Reine, allein und mit vielen zusammen. Das Vaterland werde ich nicht geringer, sondern größer und besser hinterlassen, als ich es empfing, und ich werde gern auf die hören, die jeweilig vernünftig entscheiden, und ich werde den bestehenden Gesetzen gehorchen und den neuen, die das Volk in seiner Ganzheit beschließen wird. Und wenn jemand die Gesetze aufheben will oder nicht gehorcht, dann werde ich es nicht zulassen, sondern es allein und mit allen zusammen abwehren. Und die väterlichen Heiligtümer werde ich ehren. Die Götter sind meine Zeugen für dies alles." Im zweiten Jahre wurden die Epheben auf die einzelnen attischen Festungen zur weiteren Ausbildung verteilt; in diesen zwei Jahren waren sie frei von allen Staatslasten. Als Schulkleidung oder besser gesagt als Uniform trugen sie Chlamys und Petasos, das Haar bekamen sie geschoren.

Diese athenische Form der Ephebie konnte sich auf die Dauer nicht erhalten, immerhin ist sie wahrscheinlich gelegentlich, so während der mithradatischen Kriege, auf kurze Zeit wieder erneuert worden. Um 300 wurde sie auf ein Jahr verkürzt, denn die Zahl der Epheben sank ständig, seit dem ersten Jahrhundert wurde sie jedoch wieder durch Aufnahme von Nichtathenern vermehrt. Aber der militärische Charakter der Institution ging verloren und die Ephebie wurde jetzt erst zum ‚Gymnasion' im ‚modernen' Sinne. Das Militärische wandelte sich zum Sport, und hinzu kamen die ‚geistigen' Fächer; an die Stelle der Ausbildungsoffiziere traten Lehrer. Einige Inschriften, unter denen die bekannteste und oft als Maßstab genommene Ephebeninschrift die von 100/99 ist, lassen im Vergleich mit früheren den Wandel deutlich erkennen. Allerdings ist darin mehr von der Teilnahme der Epheben an den religiösen Festen und Feiern, ihren Opfern, Weihgaben und Opferzeremonien – bei den großen athenischen Opferfesten hoben sie die Opfertiere auf den Altar – als vom Unterrichtsbetrieb die Rede.

Der Geist, der die Epheben verband, war historisierend-nationalistisch-athenisch, erhalten blieb der sportliche Charakter; wir hören von Prozessionen in Waffen und von Waffenparaden, Läufen aller Art, Fackelläufen, Segel- und Ruderregatten, Wachdiensten in den verbliebenen Kastellen, Kriegsspielen im Gebirge; die Schüler ritten, warfen den Speer, schossen mit dem Bogen und mit Schleudern. Aber sie hatten auch Unterricht bei Philosophen, Grammatiklehrern und Rednern. Dazu kam schließlich noch eine praktische Einführung in die Staatsbürgerkunde durch Besuch der Volksversammlungen. Bei allem öffentlichen Auftreten wurde großes Gewicht auf Ordnung und Disziplin gelegt.

Eine Reihe selbst kleinerer Städte und Inseln besaß für die *Jungmannschaft*, die Neoi, noch ein besonderes Gymnasion. Dort scheint die Disziplin nicht mehr so straff gewesen zu sein wie in den Ephebengymnasien. Jedenfalls mußten Keos und andere Orte Strafbestimmungen einführen: wer von den Neoi nicht zu gewissen Schulveranstaltungen kam, obwohl er konnte, sollte mit einer allerdings sehr geringen Geldstrafe belegt werden. In einzelnen Gymnasien wie Iasos scheint die Jungmannschaft noch einmal in eine jüngere und ältere Gruppe geteilt gewesen zu sein. Militärische Gesichtspunkte überwogen wohl auch da noch lange, das geht etwa daraus hervor, daß in Koressos im dritten Jahrhundert die Neoi dreimal im Monat einen Wettkampf im Bogenschießen durchzuführen hatten. Auch in Beroia, wo wir hören, daß die Neoi etwa einundzwanzig Jahre alt waren, sind militärische Übungen bezeugt. Was ihnen sonst noch geboten wurde, wissen wir nicht, obwohl sie recht oft erwähnt werden.

Dagegen wissen wir viel über die *Schulgebäude* der Gymnasien, sowohl durch Vitruvs ausgezeichnete Beschreibung eines Mustergymnasions wie durch die Ausgrabungen einer ganzen Reihe von Gymnasialbaulichkeiten, wobei sich ergeben hat, daß weitaus die meisten Bauten von Gymnasien der hellenistischen Epoche entstammen. Abgesehen von lokalen Besonderheiten lassen sich allgemeine Grundzüge bei allen erkennen. Neben den selbstverständlichen Sportanlagen, der Palaistra, die von Säulenhallen umgeben war und um die herum sich Übungsräume für die verschiedenen Sportarten, Räume mit dem erforderlichen Sand, Räume zum Einölen, auch Vorlesungsräume und Versammlungsräume gruppierten, einer gedeckten Bahn für den Lauf und einer ungedeckten für das Werfen, waren die Badeanlagen bemerkenswert, und zwar nicht erst in römischer Zeit. In Kythera stiftete der Gymnasiarch Onasipolis schon im dritten Jahrhundert für ein Gymnasiongebäude ein Warmbad (πυριατήριον) und einen Sandraum für die Ringer (κόνισμα) zu Ehren des Hermes, in Thera um 200 der Gymnasiarch und der Untergymnasiarch einen Salbraum zu Ehren des Hermes und Herakles, um die gleiche Zeit in Peparethos der Gymnasiarch ‚das Bad'. Je mehr im Hellenismus das Gymnasion zum Kultur- und Bildungszentrum einer Stadt oder gar eines Landes wurde, um so mehr legte man auf die Ausstattung der Gebäude Gewicht, und wo es im nichtgriechischen Gebiet als ἀκμὴ τοῦ Ἑλληνισμοῦ auftrat – so spricht das 2. Makkabäerbuch –, mußte das repräsentativ durch die

Ausstattung dokumentiert werden. Daher enthielten die Hallen, Säulengänge und Räume Statuen der Könige, Stifter, Wohltäter und Gymnasiarchen, Ehrenstelen für verdiente Gymnasiasten, Verkündungen von Siegen einzelner Schüler oder der Schülermannschaften, Verzeichnisse von Gymnasiarchen und Ephebenlisten, die ständig auf dem laufenden gehalten wurden, Listen der in die höhere Stufe Versetzten, Weihgeschenke von entlassenen oder ehemaligen Schülern mit Versen und natürlich Weihestätten für den Kult des Gymnasialgottes, meistens Hermes, – ganz abgesehen von den vor allem aus Priene bekannten Wandkritzeleien der Schüler.

Wichtiger als die Gebäude waren die Menschen, die mit der Leitung und Aufsicht betraut waren, und natürlich die Lehrer. Die Leitung lag in der Hand des *Gymnasiarchen,* dessen gesellschaftliche Stellung sich etwa mit der eines Geheimrates und Rektors eines der alten sächsischen Gymnasien in den Mittelstädten vor dem Ersten Weltkrieg vergleichen läßt. Doch wurde er immer nur für ein Jahr gewählt und mußte soviel Privatvermögen besitzen, daß er einen Teil der Kosten des Gymnasions ‚stiften' konnte. An Goethe wird man erinnert, wenn auf Kypros ein Gymnasiarch zugleich Bergwerksminister war. Gelegentlich gelangte auch einmal eine Frau in diese hohe Stellung. Selbstverständlich mußte der Gymnasiarch in erster Linie gebildet sein, denn wie hätte er sonst gemeinsam mit dem Paidonomen dem Demos dafür verantwortlich sein können, daß die Schüler auch wirklich erzogen wurden. Der Stolz der Städte auf ihre Gymnasiarchen spricht aus den inschriftlichen Gymnasiarchenkatalogen, die uns zum Beispiel die Namen der Gymnasiarchen von Tauromenion im ersten Jahrhundert und von Delos lückenlos zwischen 166 und 112 aufbewahrt haben. Welche Stellung ein vorbildlicher Gymnasiarch einnehmen und welchen Einfluß er bis hin zum religiösen Leben auf seine Gymnasiasten haben konnte, zeigt am schönsten eine pergamenische Ehreninschrift: Er hat neben vielen anderen nicht nur das kostbare Öl für die Epheben gestiftet – eine Stiftung, die auch bei anderen öfter hervorgehoben wurde –, sondern auch für die würdige Einweihung der Epheben in die Mysterien der Kabiren Sorge getragen. Verlangt wurde, daß er nicht jünger als dreißig Jahre sei. Einige hellenistische Gymnasiarchen heben sich aus der Fülle der Inschriften deutlich hervor, wenige Beispiele mögen genügen. In Patmos war der Gymnasiarch Hegesandros schon zum siebenten Male gewählt worden, als ihm der Verein der Lampadisten eine Ehreninschrift widmete; gerühmt wurde seine gute Finanzverwaltung, die Stiftung einer Herme, die Bezahlung von Opfern zum Hermesfest (um 200) – auch war er selbst einmal Sieger im großen Fackellauf. In Eretria hat der Gymnasiarch Elpinikos (um 100) das ganze Jahr hindurch Knaben und Epheben vorzüglich betreut, aus seinem

Vermögen zwei Lehrer besoldet, Öl gestiftet, Opfer bezahlt, Kampfpreise ausgesetzt und Marmorbänke nebst einer Herme im Gymnasion aufgestellt. In Salamis hat Theodotos (131/30) neben anderen Dingen acht Rüstungen gestiftet und die Mauer an der Nordseite wieder aufgebaut. So könnte man noch lange fortfahren, vor allem ist nicht zu übersehen, daß fast jede dieser Inschriften hervorhebt, der Gymnasiarch habe in allen Fällen für Anstand, Disziplin und Ordnung in jeder Weise gesorgt. Damit ist seine erzieherische Bedeutung bewiesen, die noch allzuoft übersehen wird.

Häufig arbeiteten der *Paidonom* oder die Paidonomen mit dem Gymnasiarchen zusammen, ohne daß die Kompetenzen immer streng getrennt gewesen sein mochten. Da zwar von Paidonomengesetzen, dagegen nie von Gymnasiarchengesetzen die Rede ist, handelte es sich wohl in erster Linie um eine städtische Aufsichtsbehörde, eine Art Schulrat oder Schulamt. So bestimmten die Paidonomen in Teos die zulässige Schülerzahl der einzelnen Klassen, und in Milet waren sie bei der Berufung der Lehrer maßgeblich beteiligt. Da in Teos verlangt wurde, daß sie über vierzig Jahre alt sein mußten, waren sie wohl zuweilen dem jüngeren Gymnasiarchen übergeordnet; doch galt das nicht überall. In Pergamon hatten die Paidonomen vielleicht sogar nur mit dem Knabengymnasion zu tun, während im Ephebengymnasion und erst recht im Gymnasion der Neoi der Gymnasiarch und sein ‚Konrektor', der Untergymnasiarch, allein die Herrschaft führten. Doch ist die Inschrift an diesem Punkt nicht eindeutig.

Im Athener Ephebengymnasion der hellenistischen Epoche lag die Leitung in der Hand des Kosmeten, doch ist sein Verhältnis zum Gymnasiarchen nicht völlig geklärt. Auch er wurde jedes Jahr von der Volksversammlung neu gewählt, auch von ihm erwartete das Gymnasion große Stiftungen, aber auch er wurde sowohl vom Demos wie von den Epheben und Ephebenclubs aufs höchste geehrt. Je stärker sich die Ephebie aus einer militärischen Institution in ein Bildungszentrum verwandelte, um so nötiger war es, Kosmeten nicht nur aus den reichsten, sondern auch aus den gebildeten Kreisen zu wählen. Doch verloren sie den militärischen Charakter wohl nie ganz. Noch 283 dankte die Stadt dem Kosmeten und seinen Epheben dafür, daß sie während der Zeit der Bedrohung voll ihre Pflicht erfüllten, die Wachen übernahmen und alles taten, was der Strateg von ihnen erwartete. Laut der großen Ephebeninschrift vom Jahre 100/99 trat der Kosmet vor allem repräsentativ bei den Opfern und Agonen auf, überwachte aber auch den gesamten Unterricht, die Ordnung und Disziplin. Rat, Demos und Epheben ehrten tüchtige Kosmeten mit Inschriften, Porträthermen und goldenen Kränzen. Ob alle Kosmeten dem hier hochgepriesenen Timon glichen, wissen wir nicht. Es fällt jedenfalls auf, daß nicht nur seine großen Stiftungen aufgezählt werden, sondern daß er neben der reichen finanziellen Hilfe für das Gymnasion und die Epheben erzieherisch wirkte. Er sah darauf, daß eine wirkliche Gemeinschaft entstand, daß die Epheben ihm selbst, den Strategen und Lehrern gehorchten, daß sie bei Geldsammlungen für die gemeinsame Kasse Opfersinn lernten; schließlich sorgte er auch für ihre Gesundheit ebenso wie für ihren guten Ruf.

Der Titel ist außerhalb Athens dort gebraucht worden, wo man athenische Verhältnisse nachahmte, so noch in römischer Zeit in Alexandreia. In Athen aber verschwanden die von den einzelnen Phylen gestellten *Sophronisten* mit der Entmilitarisierung der Ephebie gegen 300 von selbst.

Art, Anzahl, Auswahl und Bezahlung der *Lehrer* war sehr verschieden; über ihre Ausbildung wissen wir so gut wie gar nichts. Doch hat man bisher die hellenistischen Lehrer vielfach unterschätzt: das allgemeine Bildungsniveau hätte sicher nicht eine solche Höhe erreicht, wenn die Lehrer wirklich so minderwertig gewesen wären, wie *Nilsson* es annimmt. Nur wissen wir eben sehr wenig: nicht einmal über das Verhältnis von Wanderlehrern zu Dauerlehrern läßt sich etwas einigermaßen Befriedigendes aussagen. Soweit wir sehen, waren die Honorare nicht hoch, dafür aber genossen die Lehrer sicher nicht nur in den uns bekannten Fällen Steuerfreiheit und andere Privilegien. Wie wichtig man den Lehrer nahm, geht allein schon daraus hervor, daß sich in den meisten Fällen die Volksversammlung mit der Lehrerwahl beschäftigen mußte. Das milesische Gesetz über die Lehrerwahl forderte von den Wählern, daß sie ehrlich ihre Meinung sagen sollten, welchen Kandidaten sie wirklich für die richtige Erziehung der Schüler am geeignetsten hielten, und zwar galt diese Forderung für die Wahl des wissenschaftlichen Lehrers ebenso wie für die des Sportlehrers. Man darf dabei nicht übersehen, daß der Grammatikos besser bezahlt wurde als der erste Sportlehrer. Vor der Wahl wurden die Kandidaten einzeln vorgestellt und vereidigt: der Sportlehrer-Kandidat schwur bei Hermes, der Grammatikos bei Apollon und den Musen, daß sie keinen Milesier gebeten hatten, ihn zu wählen, und daß keinerlei Wahlbeeinflussung oder gar -bestechung von ihnen ausgeübt worden sei. Das Kollegium dieser Schule bestand aus vier Grammatiklehrern und vier Sportlehrern, die alle in der gleichen Weise gewählt wurden. Alle mußten sich nach dem städtischen Erziehungsgesetz richten. Im übrigen hatten die Bürger die Möglichkeit, sich vor der Wahl über die Kandidaten zu informieren, da ihre Namen in der großen Säulenhalle, die Antiochos gestiftet hatte, öffentlich ausgehängt waren. Die Achtung, die die Lehrer genossen, geht neben diesen feierlichen Wahlverfahren auch aus den zahlreichen Grabinschriften hervor, die ehemalige Schüler oder Zöglinge ihnen in Dankbarkeit widmeten.

In Delphoi erhielt 134 sogar ein Wanderlehrer die höchsten Ehren, die die Stadt zu vergeben hatte; von ‚göttlichen Lehrern' sprechen viele Inschriften.

Unter den *Sportlehrern* stand der Paidotrib an erster Stelle; in Athen gab es deren zwei, ebenso in Teos, in Milet sogar vier. Ihr Honorar betrug in Milet monatlich dreißig Drachmen, wobei sich jedoch nicht sagen läßt, welchen Kaufwert die Drachme dort besaß. Eine Sonderaufgabe dieser Lehrer bestand darin, die richtigen Kämpfer für die öffentlichen Agone herauszustellen, so daß sie die Funktionen des Sportlehrers mit denen des Trainers verbanden. Neben ihnen standen in den Zeiten der späteren Pythais-Inschriften mehrere spezialisierte Sportlehrer, die auch dann noch unterrichteten, als der militärische Charakter der Ephebie nur noch eine sehr unbedeutende Rolle spielte. Der Hoplomach sollte in Teos mindestens zwei Monate lang im Waffengebrauch unterrichten und dafür 300 Drachmen erhalten; Delos ehrte (148/47) einen Hoplomachen für gute Erziehung der Epheben im Waffendienst. Lehrer im Bogenschießen, Speerwerfen und Schleudern wurden in Athen gemeinsam mit den anderen gelobt; in Teos erhielten sie einheitlich 250 Drachmen im Jahre. In Athen gewährte man dem Hoplomachen einen Assistenten.

Für die *nichtsportlichen Fächer* sorgten erst die ‚Grammatisten', dann die ‚Grammatikoi'. In Milet erhielten sie 40 Drachmen, also 10 Drachmen mehr als die Paidotriben. Das weist doch wohl auf eine höhere Wertschätzung hin. In Teos bekamen der Grammatikos der Oberklasse 600, die der beiden Mittel- und Unterklassen je 500 Drachmen im Jahre. Daß sie sich in kleinen Städten gelegentlich so ärgern mußten, daß sie Gallenfieber bekamen, glaubt man gern. Die Unterschiede zwischen ihnen waren bedeutend, neben einfachen Elementarlehrern (Grammatodidaskaloi) traten Rhetoren, Philologen, Dichter, geschulte Mathematiker auf, allerdings für dauernd nur in den großen Gymnasien; in kleineren gaben solche Leute vorübergehende Gastrollen.

Die *Kunsterziehung* lag in den Händen des Musiklehrers. Teos, dem es vor allem auf das Instrumentale ankam, suchte einen, der das Kitharaspiel mit oder ohne Plektron lehren konnte, das gleiche ist an anderen Plätzen nachgewiesen. Natürlich mußten sie auch Chöre zu leiten und anzuführen verstehen. Athen hatte außerdem zwei Chorlehrer. Sonst gab es noch verschiedene Spezialisten, die aber nur in einigen Gymnasien zu finden waren. Wenn solche Schulen zu teuren, von Schülern aus aller Welt besuchten Anstalten wurden, konnten sie auch den Lehrkörper verbessern und vergrößern. Musterschulen wie die in Teos oder Athen taten dies; hier gab es sogar eine dem Tutorsystem entsprechende Ordnung, denn mit den Lehrern wurde auch ein Ephebenleiter gewählt.

Endlich die *Fächer:* Im Elementarunterricht stand *Lesen und Schreiben* an erster Stelle. Aus den erhaltenen Schul- und Übungsbüchern geht hervor, daß das Kind zuerst die einzelnen Buchstaben, dann Silben, dann Worte, dann gnomische Sätze lesen und schreiben lernte. Wortgruppen mit den gleichen Anfangsbuchstaben wurden zusammengefaßt, der Elementarwortschatz enthielt viele Eigennamen und literarisch-mythische Namen, so daß schon der früheste Unterricht auf den ‚höheren' vorbereitete. In Teos fällt auf, daß der Unterrichtsplan der Jüngsten die meisten Fächer aufwies, nämlich Lesen, Schreiben, Musikunterricht auf Saiteninstrumenten mit und ohne Plektron, Gesang zur Kithara, Metrik, Komödie, Tragödie und Notenschreiben. Dazwischen steht in der Inschrift noch ein Wort, das Fackellauf heißen kann; da man aber darin kaum besonderen Unterricht erteilte, wird es vielleicht Unterricht im rhythmischen Tanz oder in Gymnastik bedeuten. Bis in die oberste Klasse wurde das Lesen weiter unterrichtet, alle anderen Fächer dagegen fielen weg, an ihre Stelle traten Übungen im Vortrag und Dialog, Zeichnen und ‚allgemeine Bildung' (πολυμαθία). In Magnesia am Maiandros sind ähnliche Fächer bezeugt, so daß man nicht anzunehmen braucht, das Gymnasion von Teos sei eine Schauspielerschule gewesen. Doch mag es etwa dem Typ eines modernen musischen Gymnasions entsprochen haben.

Alle Altersstufen umfaßte der *Sportunterricht* auf agonaler Basis: der ‚Athener Typ' des Gymnasions, der sich in Pergamon wiederfand, betonte anscheinend die Sporterziehung besonders; dagegen ließ man im ptolemaischen Ägypten Knaben nur dann sportlich ausbilden, wenn von ihnen sportliche Erfolge zu erwarten waren; in anderen Fällen waren die nichtsportlichen Fächer wichtiger. In Pergamon dagegen blieb auch vormilitärische Erziehung mit dem Sport verbunden. Zur Sportausbildung in getrennten Klassen für Knaben, Epheben und Jungmannschaft gehörten in diesem Schul-Typ Kurzstreckenlauf, Doppellauf, Dauerlauf, Fackellauf, Ringen, Faustkampf, Pankration, Speerwerfen, Speerzielwurf vom Pferd aus, Bogenschießen, Haltungsübungen (εὐεξία), Schleudern oder Steinwerfen und in den vornehmsten Gymnasien auch Reiten und Abspringen vom rennenden Pferd. Merkwürdigerweise scheint der Diskuswurf in der Schule kaum noch geübt worden zu sein.

Im *Sprachunterricht* wurde auf Deklinations- und Konjugationsübungen und auf das Einüben nicht mehr gebräuchlicher Formen wie Optativ und Dual, sowie auf Auswendiglernen und Interpretation nicht mehr gebräuchlicher Worte besonderes Gewicht gelegt. Das war nicht verwunderlich, denn durch die beständige Homerlektüre wurde es von jedem Gebildeten gefordert. Allerdings gab es auch Proteste dagegen, daß allzu junge Schüler lange

Abschnitte und unverstandene Monologe oder Chorlieder aus Tragödien lernen mußten. Geübt wurde auch lautes Lesen und rhapsodischer Vortrag. Die innere Rechtfertigung dieses Unterrichtes gewann man aus der Zuversicht, daß man auch das, was man in der Jugend – ohne es zu verstehen – von den Dichtern lernte, einmal gebrauchen konnte, wenn man älter geworden war. Neu gefundene Schulhefte sind keineswegs langweilig, sondern gleichen recht guten Lesebüchern; eines enthält nebeneinander Komödientrimeter, ein Distichon zum Preise Hesiods, einen Abschnitt aus der Ilias und ein Stück eines unbekannten Epos. Darunter befindet sich der Vers, daß der Geist auch dann frei sei, wenn der Leib versklavt ist. Ein anderes lehrt am Beispiel diebischer Köche aus der Komödie, wie sich der Schüler im Leben nicht verhalten soll. Menander diente oft als Schullektüre. Auch Präparationshefte zur Ilias und Homerlexika für Schüler sind gefunden worden. Einfache Schreibübungen auf Ostraka benutzten moralische Sprüche aus Florilegien als Stoff.

Vielleicht gab es in einigen Gymnasien *Geschichtsunterricht.* Zum mindesten in Priene mußten die Knaben Listen von spartanischen Königen und Ephoren auswendig lernen. *Arithmetik* ist als Unterrichtsfach in Magnesia a. M. belegt, *Geometrie* für Knaben und Epheben in Kallipolis.

In vielen Schulen lernte man *Zeichnen* oder Malen (ζωογραφία) und im *Musikunterricht* das Spielen eines Saiteninstrumentes, Notenschreiben oder Musikdiktat (μελογραφία), Chorgesang und vielleicht auch Chorleiten.

Ethische und *religiöse* Erziehung war nicht nur durch die religiösen Feiern, Opfer und Prozessionen für die allgemeinen Götter der Stadt oder die besonderen der Schule gegeben, sondern auch durch das Auswendiglernen ethischer Regeln und Sprüche wie etwa der ‚delphischen Gebote' mit ihren schlichten Imperativen: „Hilf den Freunden! Beherrsche deine Leidenschaft! Fliehe Unrechtes! . . . Vertraue dem Schicksal! . . . Sei zu allen freundlich! . . . Ehre die Vorsehung! . . . Bedauere deine Fehler!" Das war alles leicht einprägsam und nützlich. Staatsbürgerlicher Unterricht ist da vorauszusetzen, wo die Jungmannschaft mit ihrem Gymnasiarchen oder einem Lehrer die Volksversammlung besuchte, dazu kam der allerdings meist private rhetorische Unterricht.

Der Unterrichtsbetrieb und die Methodik entsprachen denen der *Übungs- und Lernschule.* Beim Lesen lernten die Kinder zunächst Buchstaben, dann Silben; sie lasen laut von den Tafeln ab, auf die sie schrieben. Dabei mochte es nicht immer leicht sein, das auf der Tafel Geschriebene in Inschriften oder auf anderem Material wiederzuerkennen. Vermutlich hat man nur Steinschrift gelehrt, die Kursive ergab sich in der Praxis von selbst. Doch weisen einige Schülerpapyri auch schon kursive Endungen auf. Auf eine bestimmte Rechtschreibung wurde kaum geachtet, da sich in den gleichen Fällen Itazismen neben alten Schreibweisen finden. Das bekannteste Beispiel für den Sprachunterricht ist die Holztafel, auf der der typische Übungssatz: „Der Philosoph Pythagoras ging an Land, lehrte die Wissenschaften und riet seinen Schülern, sich des Fleisches zu enthalten" völlig sinnlos durch sämtliche Kasus des Singular, Dual und Plural hindurchdekliniert wird, allerdings mit zum Teil erstaunlichen Fehlern. Dazu trat das Auswendiglernen vieler Verse. Verlangt wurden ebenso wie im Sport nicht Durchschnitts-, sondern Bestleistungen.

Diese mußten sich bei den vielen *Examina* und Agonen ausweisen. In Athen legten die Schüler bei den Theseus-Spielen ein öffentliches Examen ab, indem sie gemeinsam mit den Männern und sogar den Phylarchen sportliche Leistungen vorführten. In den Mannschaftskämpfen wie etwa in den Fackelläufen der Epheben und Jungmannschaften wurde das siegende Gymnasion geehrt – im Jahr 161/60 war es das Lykeion –, sonst der Einzelsieger. In Magnesia am Maiandros umfaßte das agonistische Examen auch den Musikunterricht, das Zeichnen und die Mathematik. In Koressos auf Teos fanden dreimal monatlich agonistische Examina statt, und zwar unter Leitung des Gymnasiarchen in Gegenwart der Ratsherren. Wer von den Neoi im Bogenschießen siegte, erhielt Bogen, Köcher und Pfeile als Preis, im Speerwerfen drei Speere und einen Helm, im Schleudern einen Helm und einen Speer, im Fackellauf einen Schild; die Knabensieger im Bogenschießen und Speerwerfen erhielten besondere Fleischanteile am Opferbraten. Die Namen der Sieger wurden durch den Stadtschreiber publiziert. Ähnliche Jugendwettkämpfe hielten alle Gymnasien ab; in Sestos wurden Ehrenpreise nicht verteilt, sondern im Gymnasionsgebäude aufbewahrt. In Chios fanden die Agone für Knaben, Epheben der Unter-, Mittel- und Oberstufe und Neoi getrennt statt und umfaßten außer den sportlichen Fächern auch Lesen, rhapsodische Rezitation und Instrumentalspiel; Teos legte besonderen Wert auf musikalische Vorführungen der Schüler. Einige Städte ließen im Schönschreiben prüfen; in Samos stiftete ein Knabe, der als bester Schreiber der Klasse ein Astragalenspiel als Prämie bekommen hatte, zum Dank dafür eine Komikermaske als Schmuck des Schulsaals, für die Asklepiades das Weihepigramm dichtete, ähnlich wie es Kallimachos bei einer anderen solchen Stiftung in Alexandreia tat. Das Schönheitsexamen (ἀγὼν κάλλους) in Elis, bei dem Waffen als Siegespreise verteilt wurden, bezog sich gewiß auch auf Haltung und Körperpflege. Waren Mädchenschulen vorhanden, wie in Pergamon, wurden die Schülerinnen im Deklamieren von Dichtungen, Lesen, Schreiben, Schönschreiben, in Anstandslehre (σωφροσύνη) und Hauswirtschaft (οἰκονομία) geprüft. Gelegentlich brachten zwar die vielen Examina den unangenehmen Typ des

Musterschülers hervor, hoben aber auf der anderen Seite den Stolz der Kinder und der Eltern. Welche Freude spricht aus der schlichten Einladungskarte eines Vaters, der aus Anlaß eines solchen Erfolges seines Sohnes Gäste zum Essen ins Gymnasion einlud, das also auch für solche private Feierlichkeiten gerüstet war.

Der Unterricht war hart. Er begann sehr früh, es wurde viel geprügelt, und es ging nicht ohne Strafarbeiten ab. Doch gab es auch viele Ferien und Feiertage, so war während der großen städtischen Feste regelmäßig schulfrei. Es kam aber auch mancher Spaß in der Schule vor; Scherze in Schülerheften oder gröbere Späße wie das Wegziehen von Sitzen trugen ebenso zur Unterhaltung bei wie das Naschen von Süßigkeiten.

Alle Einrichtungen entsprachen dem inneren Ernst, mit dem man sich für die Jugenderziehung verantwortlich wußte. Wenn ein Lehrer um Apollons und Delphois willen seinen Unterricht kostenlos erteilte, so war er davon überzeugt, daß dies ein gottgefälliges Werk sei. Man betonte, daß Begabung ohne Erziehung wertlos sei, daß aber auch geringe Begabungen durch Erziehung und Übung noch weiter entwickelt werden könnten, wobei man sich über die Schwierigkeiten der Kindererziehung keinerlei Illusionen hingab. Wichtigste Grundvoraussetzung waren dabei immer das Vorbild der Erzieher und Eltern und die Beachtung der drei *Grundforderungen* griechischer Erziehung, nämlich der griechischen Gesetze, der Harmonie von Körper und Geist und der Mysterien der Götter.

Über die eigentliche Fach- und Berufsausbildung von Lehrlingen ist an anderer Stelle zu reden.

6. *Das Verhältnis zur Natur*

Zu den Grundlagen des hellenistischen Lebens gehörte ein neues Verhältnis des Menschen zur Natur. Darüber ist schon viel Gutes geschrieben worden, doch hat man zuweilen die Eigenart des hellenistischen Naturgefühls zu stark isoliert. Im Grunde wurde auch hier nur eine alte griechische Tradition fortgeführt und den neuen Verhältnissen angepaßt. Weder das Naturgefühl noch der Drang zur rationalen und wissenschaftlichen Erforschung der Natur, weder ihre künstlerische Gestaltung noch ihre philosophische Deutung waren neu. Nicht aus sich selbst, sondern von Homer hat der hellenistische Mensch die Schönheit des Meeres und der blühenden Gärten, die Treue des Hundes und die Grausamkeit der die Sperlinge verschlingenden Schlange sehen gelernt, und Sappho und Alkman hatten ihn gelehrt, auf die Stille der Nacht zu hören.

Wie immer darf auch hier Euripides nicht übersehen werden, der so oft gezeigt hatte, wie die unruhige und verzweifelte Seele in der Einsamkeit und Schönheit der Natur zur Ruhe kommen kann. Wie aber keine hellenistische Naturwissenschaft ohne ihre ionischen Vorläufer zu denken ist, so wäre alle hellenistische Naturphilosophie zum mindesten ohne den ‚Timaios' unmöglich gewesen.

Das hellenistische *Naturgefühl* bekam seine neue Tönung vielfach dadurch, daß es Ausdruck der Sehnsucht des Großstadtmenschen wurde. Viele Menschen bewahrten sich auch in der Stadt- und Weltkultur eine echte Beziehung zur Natur, besonders dann, wenn sie aus ihrer Kindheit Erinnerungen an die Natur besaßen wie Theokrit, der die sizilische, oder Menander, der die attische Landschaft zeit seines Lebens im Herzen trug. Darüber hinaus entsprach dieses Gefühl einer Sehnsucht nach Stille und Reinheit, natürlicher Echtheit und Unverstelltheit. Auch erwuchs es aus dem Überdruß an Geschäft, Genuß, Sensation und Betriebsamkeit oder aus der Sehnsucht nach dem Weiten, Fernen, Unerreichbaren. Noch immer mythisch verklärt oder auch rein romantisch wurde der Ruf ‚Zurück zur Natur' zum Ausdruck eines der verbreitetsten hellenistischen Ideale, richtete sich allerdings vorwiegend auf die idyllische, nicht auf die grandiose Natur.

Neu war die Entdeckung oder wenigstens das Bewußtwerden der Schönheit der *Gesamtlandschaft. Pagenstecher* läßt dieses Eindringen in das Landschaftsgefüge mit der Zeit des Lysikrates-Denkmals beginnen, das er charakteristisch hellenistisch beschreibt: „Eine Flut von Luft und Licht ‚bricht' in die Darstellung ein . . ., daß die Vorstellung unendlicher Weite und unbegrenzter Räume hervorgerufen wird . . . Trotz ihrer Primitivität erscheint durch das Auseinanderziehen der menschlichen Figuren die Landschaft das Wichtigere." Daß dabei große, freilich von uns nicht mehr scharf zu erfassende Verschiedenheiten des Landschaftsgefühles, also nicht nur der Landschaftsdarstellungen entstehen mußten, liegt auf der Hand; in Großgriechenland mußte sich ein anderes Empfinden für die Landschaft entwickeln als in Kleinasien, und in Alexandreia ein anderes als in Sikyon.

Zwei völlig neue Ereignisse waren charakteristisch: die ersten Bergbesteigungen und das Anlegen künstlicher Landschaften. Philipp V. bestieg vermutlich die Witoscha bei Sofia; das mag in erster Linie militärische Gründe gehabt haben, aber es setzte voraus, daß er nicht der einzige war, der eine solche Bergbesteigung unternahm. Einem solchen Verlangen entsprachen die künstlichen Berge mit Gebirgsflora und sogar einem Aussichtsturm, die in den Volksparks einiger Großstädte angelegt wurden. Der landschaftlich gestaltete *Park* ist eine rein hellenistische Schöpfung und weder von den persischen

Jagdgehegen noch von den Luxusgärten orientalischer Herrscher herzuleiten. Allein die Tatsache, daß er dem Großstädter zur Erholung und Ergötzung diente, unterschied ihn völlig von allen anderen Formen. Zwar haben Alexander und die Seleukiden in noch bestehenden persischen Wildparks gejagt, aber wir kennen kein einziges Beispiel dafür, daß irgendeine orientalische Gartenform neu angelegt wurde. Schon die Athener der klassischen Zeit wollten in wohlbewässerten und schattigen Gärten spazierengehen, jetzt hatte der Mensch der modernen Stadt auch den Wunsch, bei diesem Spaziergang in der Nähe seiner Stadt Landschaft zu erleben. Nur so erklärt sich die Daphne oder gar das riesige Parkviertel des in einer trostlosen Landschaft liegenden Alexandreia. Auch da, wo uns die Quellen im Stich lassen, ist anzunehmen, daß die am hippodamischen Stadtplan und an den Forderungen der Ärzte geschulten Planer der neuen Städte Grünflächen bei der Anlage einkalkulierten, die der Größe der Planung entsprachen und die von der Gartenarchitektur je nach dem Reichtum der Stadt oder der Großzügigkeit einiger Stifter mit Hainen, Grotten und Brunnen ausgestaltet werden konnten.

Leider wissen wir fast gar nichts über die hellenistischen Palast- und größeren Privatgärten, selbst nicht über die Gärten Epikurs, der Akademie, des Lykeions und des Kynosarges. Es ist gefährlich, Rückschlüsse aus römischen Gärten ziehen zu wollen, aber vielleicht geben die Parklandschaften der hellenistischen Landschaftsmalerei mit ihren Baumgruppen, Hainen, Blumenanlagen, zahmen Tieren, Lauben und Statuen einen gewissen Eindruck davon. So ähnlich mögen die berühmten Gärten der Ptolemaier, die in ganz Ägypten den Gartenbau privilegierten, ausgesehen haben, und so hat sich etwa der Alexanderroman den Garten vorgestellt, in dem Philippos nachdenklich zwischen zahmen Vögeln sitzt. Vom Garten der Akademie rühmte man noch lange die besonders schönen Bäume, die erst Sulla fällen ließ.

Ebenso typischer Ausdruck der Zeit waren die *Kleingärten* als eine Form, die Natur in die Stadt einzubeziehen. Im ptolemaischen Ägypten setzte sich die reiche Tradition ägyptischer Hausgärten fort, zu denen auch Blumentöpfe und Pflanzenkübel gehörten, die selbst im heißesten Sommer noch bewässert werden konnten. In kleineren Häusern blieb noch die Möglichkeit des Dachgartens oder wenigstens des Blumentopfes auf dem Dache, im Hof oder vor dem Fenster. Die Häufigkeit dieser Nachahmungen der Natur im Kleinen auf den Darstellungen ist ein Spiegelbild für das neue Naturgefühl.

Dieses Gefühl war universal: Wenn es auch in den Riesenstädten Alexandreia und Antiocheia am ausgeprägtesten gewesen sein wird, gibt die neue Komödie einen ähnlichen Eindruck von Athen. Viele ihrer intimsten Szenen spielten im umhegten Bereich des Kleingartens. Aristoteles besaß ein kleines

Haus mit Garten in Chalkis, der Maler Protogenes, der zwischen den Blumen zu sitzen und zu malen pflegte, eines in Rhodos. In Pergamon sind mehrere Gartenbesitzer bekannt, und in Grenzziehungs- und Verkaufsakten und bei Grundstücksprozessen ist häufig von Gärten die Rede. Im Garten trafen sich die Liebenden, dort begrub man, wenn möglich, die Toten oder stellte hier ihre Aschenurne auf. Immer waren es idyllische Gärten, die der Liebe zur idyllischen Landschaft entsprachen, voll Farbe und Duft, nicht ohne Rasenbänke oder Bänke aus Stein und Holz, Statuen aus Stein, Holz oder Terrakotta, und wenn möglich mit kleinen Wasserspielen. Für größere Gärten waren schattenspendende Bäume wesentlich, kleinere besaßen wenigstens ein paar Obstbäume; Nutzbeete legten wohl nur die Ärmeren an. Für größere Gärten hielt man sich einen Gärtner, aber viele hatten auch Freude daran, ihren Garten selbst in Ordnung zu halten. Ein hübsches Weihepigramm eines unbekannten Verfassers zählt das Gerät auf, das zum Kleingartenbau unerläßlich war: eine zweizinkige Hacke, eine Sichel, ein alter grober Regenmantel, derbe, ungegerbte Schuhe, ein Pflock zum Pflanzenstecken, eine Gießkanne.

Vor allem begeisterte sich dieses Naturgefühl stets aufs neue an den *Blumen*, und zwar an den Gartenblumen mehr als an den wildwachsenden. Auch das war ein neuer Zug: Man pflückte die Blüten zu den Kränzen nicht mehr auf der Wiese, sondern holte sie aus den Gärten. Zu den alten griechischen Lieblingsblumen kamen neue, die man im Orient kennengelernt hatte; umgekehrt wurden griechische Pflanzen in die Gärten der neuen Städte im Osten gebracht; Theophrast hat ein ganzes Buch darüber geschrieben, welche griechischen Gewächse man in asiatischen Gärten pflanzen könne und welche dort nicht gediehen. Die alten Zentren der Blumenzucht, Kyrene und das griechische Unteritalien, nahmen einen neuen Aufschwung, und neue entstanden in Makedonien, am Schwarzen Meer und in Syrien. Durch die oft bezeugte Anordnung der Pflanzen in Beeten und Rabatten verband sich hellenistische Blumenliebe mit hellenistischem Blick für den Effekt, der sich auch durch Blumenkörbe, Kränze und Girlanden erreichen ließ. Einige davon müssen – aus der Dichtung und bildenden Kunst zu schließen – wahre Monstrositäten gewesen sein.

Leider lassen sich nicht alle griechischen Blumennamen der hellenistischen Zeit völlig sicher identifizieren, selbst nicht mit Hilfe der gelehrten Botaniker und ihrer Abschreiber von Theophrast bis Plinius. Doch dürfte das ausführliche Kranzgedicht des Meleagros etwa den Katalog der Blumen darstellen, die der hellenistische Mensch geliebt oder wenigstens gern gesehen hat, wenn auch in ihm nicht alle Termini botanisch einwandfrei interpretiert werden können. Den ersten Rang nahmen, wie bisher in der griechischen Welt, die seit der mykenischen Zeit unverändert geliebten, aber in neuen Formen gezüchteten Lilien, die Rosen und die Veilchen ein. Ohne Rosen scheint kein kleineres oder größeres Ereignis mehr möglich gewesen zu sein. Sie fehlten bei keinem Gastmahl, sie schmückten die Braut, man steckte sie sich an die Brust oder ins Haar; man liebte sie als Knospe ebenso wie voll aufgeblüht, und Könige wie Antiochos III. mochten sie nicht einmal im Kriegslager missen. Man züchtete sie in großen Rosengärten, zum Beispiel im Fayum, und man brachte sie sogar im Winter zur Blüte.

Veilchen benutzte man unter anderem zum Einfassen größerer Blumenbeete, schenkte sie aber auch als Schnittblumen oder flocht sie zu Kränzen. Eine Modeblume war in den Gärten des östlichen hellenistischen Raumes die Levkoje, die man in Syrien kultivierte. Sonst gab es eine ganze Fülle alter griechischer und neu angepflanzter orientalischer Blumen; häufig begegnete man Wolfsmilch- und Malvengewächsen, Krokus, Hyazinthen, Narzissen, Iris, aber auch Anemonen und Distelarten, und schließlich asiatischen Duftpflanzen und afrikanischem Lotos dort, wo sie gediehen. Unter den Heckenpflanzen und Bäumen bevorzugte das neue Naturgefühl die Koniferen des Ostmittelmeer-Raumes, die Eichen, von denen eine zuversichtliche Beruhigung ausging, Ölbaum, Lorbeer und Myrte, die Obstbäume, in einigen Gebieten die Zypresse, die schattige Platane. Doch war es auch der zunächst fremden Palme allmählich gelungen, sich eine Art Heimatrecht zu verschaffen. Die heilige Palme von Delos gab ihr mythischen Glanz. Doch sind Darstellungen aus vorrömischer Zeit selten.

Noch charakteristischer war das neue Verhältnis des hellenistischen Menschen zum *Tier*. Zwar wußte man seit der Odyssee, daß das Tier menschliche Gefühle und menschliches Ethos kenne, seit dem vierten Jahrhundert aber wurde es zum Freund des Menschen, dessen Freuden und Leiden es teilte. Man beklagte seinen Tod, auch wenn es nur ein Sperling oder eine Mücke war, man bildete es liebevoll ab oder besang es, man war bemüht, von ihm zu lernen. Wenn Platons Nachfolger, das Haupt der Akademie, Xenokrates, einen armen Sperling vor dem Angriff eines Raubvogels schützte, so kündete das die neue Wendung im Naturgefühl deutlich an. Menander hat solche Gefühle schon wieder gesteigert:

Alle Tiere sind glücklicher als der Mensch.
Und alle haben viel mehr Verstand als der Mensch.
Sieh zuerst einmal diesen Esel an,
Den man allgemein für unglücklich hält.
Ihm geschieht kein selbst verschuldetes Übel.
Nur das besitzt er, was die Natur ihm gegeben hat.

Bei ihm findet sich auch das oft abgewandelte Motiv, daß im Falle einer Reinkarnation die Seele die Gestalt eines Tieres und nicht wieder die eines Menschen wählen würde. In den Schulen wurde darüber diskutiert, ob die von der Kirke verwandelten Griechen wirklich wieder in Menschen zurückverwandelt werden wollten, oder ob wenigstens ‚Gryllos' es radikal abgelehnt habe, wieder Mensch zu werden. Die Zahl der Tierschriftsteller verschiedenen Niveaus ist kaum zu überschauen, manches ist erhalten, vieles ist in Aelianus und Plinius eingegangen: Aristoteles, Theophrast, Chrysippos, Alexandros von Myndos, Sostratos von Byzanz. Die Tierfabel wurde zu einer beliebten Literaturform, und erste Sammlungen entstanden; dabei war bemerkenswert, daß man keiner einzigen der kleinen Geschichten eine plumpe Moral anheftete, sondern die Tiere in ihrer frischen Natürlichkeit erscheinen, leben und handeln ließ. Die Tierdichtung erreichte in den Totenklagen ihre einmalige und nie wieder erreichte Höhe.

Empfanden die Totenklagen die Schönheit des Tieres, und zwar jedes Tieres, und die Tragik seines Sterbens, so war die alltägliche Flut der *Tierliteratur* nüchterner bis zum Moralisieren hin. Für sie haben die Tiere von Natur aus mehr ἀρετή als der Mensch, denn Tiere kämpfen ohne Grausamkeit, Tricks und Hinterlist, sie sind ἄδολοι καὶ ἄτεχνοι. Kein Löwe wird aus Feigheit Sklave, sondern kämpft bis zum Letzten, während der feige Mensch sich widernatürlich ans Leben klammert. Tiere sind oft intelligenter als der Mensch: der Frosch nimmt ein langes Schilfrohr in das Maul, damit ihn die Wasserschlange nicht fressen kann. Tiere sind dankbarer als der Mensch, und zwar nicht nur Hunde und Elefanten, sondern sogar Schlangen. Tiere lieben ihre Jungen und opfern sich für sie auf; die Brandente liebt ihre Jungen am meisten (φιλοτεκνότατον). Auch fromm sind die Tiere; der Weih rührt selbst bei größtem Hunger kein Opferfleisch an, der Habicht bedeckt jeden unbestatteten Toten pietätvoll mit Erde, der Elefant betet mit erhobenem Rüssel zu Helios oder Selene, und die Mäuse fürchten den Zorn der Götter. Tiere besitzen aber auch Willensfreiheit und können sich für oder gegen Recht und Unrecht entscheiden. Es gibt neidische, egoistische, undankbare und ungerechte Tiere, zu denen etwa die Taube, das Nilpferd oder einige Fischarten gerechnet werden. Meist aber brauchen die Tiere nicht einmal Gesetze, um gut zu handeln; Tyrannen vollends gibt es bei den Tieren überhaupt nicht.

Wieder drängte sich die Weltstadtkultur in den Vordergrund. Die Tiere der Zoologischen Gärten wurden interessanter als die der freien Natur. Zwar hat die Bukolik in Wort und Bild Ziege, Schaf, Rind und ihre Jungen mit einem gewissen Nimbus umgeben, aber wichtiger scheinen für das hellenistische Tiererlebnis die unbekannten, seltenen, bei den großen Festzügen der

Herrscher zum ersten Male gezeigten Tiere gewesen zu sein. Allerdings stammt unser Material fast nur aus der Stadt, und auch da gab es Ausnahmen. Die bäuerliche Tierliebe ging zuweilen so weit, daß der Herr einen alten Arbeitsochsen nicht dem Schlächter auslieferte, sondern ihn bis zum Tode fütterte.

Der größten Beliebtheit erfreute sich der Hund. Treue Hunde erhielten von dem dankbaren Herrn eine ehrende Grabschrift oder einen Nachruf. Nur waren es eben oft Schoßhunde und andere Luxustiere oder aber Jagdhunde. Bei ihnen verewigte man nicht nur den Namen in der Grabinschrift, sondern ließ auch ihr Bild meißeln oder in Bronze gießen.

Die Liebe zum *Pferd* beschränkte sich auf militärische und sportliche Kreise, doch erlangten einige Pferde wie der Bukephalos fast mythischen Glanz. Aber die Schönheit der klassischen Pferdedarstellungen ist im Hellenismus nicht wieder erreicht worden. Man pries die ethischen Qualitäten des Pferdes, man ereiferte sich bei den zahlreich gewordenen Pferderennen, man verglich bis ins einzelne die Pferde der neu erschlossenen Zuchtgebiete wie Kappadokiens mit denen der früheren, etwa Thessaliens.

Man suchte sich kleinere, für die Stadt passende *Haustiere*. Zu ihnen gehörten kleine Hasen, Grillen und Singzikaden. Schon früher hatten die Griechen einen Blick für die Vielfalt kleinerer Tiere gehabt; bereits der korinthische Amphiaraoskrater in Berlin zeigt einen Salamander, eine Eidechse, einen Igel, einen Hasen, eine Eule, einen Skorpion, eine Schlange und eine Taube, alles Tiere, die im Hellenismus beliebt waren; es gab sogar kitschige Sparbüchsen in Igelform, die ein schlauer hellenistischer Athener erfunden hat. Zu diesen Tierarten kamen Insekten aller Art, Schmetterlinge, Frösche und Kröten. Der gute Frosch, der dem Wanderer, ehe er verdurstet, den Weg zur Quelle zeigt, ist an Beliebtheit nur noch mit der Eidechse zu vergleichen.

Aber, wie gesagt, in diesen Fällen bestanden Beziehungen zum vorhellenistischen Griechenland; auch Aristophanes hatte Frösche aufmarschieren lassen können, weil sie dem Zuschauer sympathisch waren. Völlig neu war aber nun die Liebe zum ungewöhnlichen Tier, das heißt, zum Tier im Zoologischen Garten.

Wenn wir es auch nur für gewisse Städte sicher wissen, so ist doch anzunehmen, daß alle größeren hellenistischen Städte einen *Zoologischen Garten* mit fremden oder seltenen Tieren bekamen; wo das nicht der Fall war, begnügte man sich mit Wandermenagerien. Seleukos rechnete es sich zur Ehre an, Athen für seinen Zoo einen Tiger schenken zu können, die Ptolemaier versorgten Alexandreia, Antiochos die Daphne. Seit dem Frühhellenismus wurde der Elefant weiteren Kreisen bekannt, Aristoteles hat ihn zuerst, allerdings seltsam fehlerhaft, beschrieben, und am Museion in Alexandreia hat man Elefantenleichen seziert. Das Volk liebte Geschichten von guten, kinderfreundlichen und frommen Elefanten. Auch das Kamel lernte man kennen und rühmte seine Schamhaftigkeit. Löwen, Bären, Antilopen und Schlangen, die man nur von der Sage her kannte, sah man jetzt leibhaftig und erfand Fabeln und Geschichten, wie die von der Intelligenz der jungen Löwen, die vor ihrer Geburt die Mutter im Leib kratzen, wenn sie herauskommen wollen. Schön zeichnete sich das ambivalente Gefühl gegenüber der Schlange, von der man Riesenschlangenarten kennenlernte, ab: Einerseits ist sie der Ausbund aller Bosheit, indem sie den anderen Tieren das Wasser der Trinkstellen vergiftet, andererseits tut sie keinem Kinde etwas zuleide. Im übrigen liefen viele indische und ägyptische Schlangengeschichten in hellenistischer Fassung um. Affen hatte man früher schon gekannt, nunmehr aber interessierte man sich für ihr eigentümliches Leben, ihre Anatomie, ihr Verhältnis zum Mond, und nicht zuletzt zum primitiven Menschen. Von den fremden Vögeln hat an erster Stelle der Ibis Eindruck gemacht, dann der erst im Frühhellenismus bekannt gewordene Fasan und der Pfau. Die Menge wollte diese Tiere gar nicht so sehen, wie sie von Natur aus waren, sondern begeisterte sich an ihrer Dressur. Persischen Rindern brachte man das Zählen bei, Bären und Affen das Tanzen, und Aelians Quelle Apion berichtet mit Stolz, daß ein dressierter Elefant Buchstaben auf eine Tafel malte. Diese und andere Beispiele beweisen zwar die Höhe der Dressurleistungen, aber auch das Ende des echten Naturgefühls.

Aus dem komplexen Naturgefühl des Großstädters ist jenes eigentümliche hellenistische Gebilde entstanden, das man meist mit dem Sammelnamen ‚Bukolik' bezeichnet. Die hellenistische Bukolik war äußerst komplex. Sie umfaßte eine Mischung von echter Liebe zur unverbildeten Natur, Idealisierung der fragwürdigen Natur, von Sehnsucht, der Stadt und dem städtischen Arbeitsrhythmus zu entfliehen, und von Verlangen nach Wärme und Ruhe, und drückte sich in einer Naturdarstellung aus, die diesen seelischen Anforderungen entsprach. Gewiß war in ihr nichts echt Volkstümliches mehr, aber es geht doch viel zu weit, von Raffinement zu sprechen. Auch Theokrit darf nicht von Versailles her interpretiert werden, denn er hatte ein viel zu feines Gespür für echte Töne. Gewiß war vieles Maskerade und einiges ähnelte sogar unserem heutigen Trachtenfestrummel, aber es war doch auch viel wirkliche Landschaft dabei und nicht nur Park, und die Bauern, Fischer und Hirten, die verliebten Mädchen und die kleinen Dinge, an die sie ihr Herz hängten, selbst die Sentimentalität stammten aus einer anderen Tiefe als die prachtvoll gedrechselten Verse oder die mythischen Reminiszenzen, die oft nur einen Schutz vor vernichtendem Naturalismus bedeuten. Wie hätte man denn in dem ewig lärmenden Alexandreia ohne solche Stimmungen leben können? Die melkende Hirtin und die Schweine schlachtenden Bauern, die einsamen Störche im Nilsumpf, der Wanderer an der schattigen Quelle unter den duftigen Pinien, der alte Fischer, der mit jugendlicher Kraft seine maschigen Netze am Felsenstrand auswarf, der Knabe, der den Weinberg vor den naschhaften Füchsen beschützte, der Ziegenhirt, der den Städter lächerlich fand, stammten aus echt hellenistischer Sehnsucht nach einer verklärten Natur. Man muß sich nur vor einem zu starken Analysieren der Bukolik hüten, weil man dabei allzuleicht gerade die feine Nuance des Echten zerstört. Auch mit Motiv- und Formanalyse ist hier das Entscheidende nicht einzufangen.

Zum hellenistischen Naturleben gehörten auch die großen Erscheinungen Meer, Himmel und Gestirne. Wieder zeigte sich das Strukturgesetz alles hellenistischen Lebens, der Drang zum Kleinen wie zum Großen. „Am glücklichsten ist der, der die erhabensten Dinge geschaut hat, nämlich Sonne, Sterne, Wasser, Wolken, Feuer, sich vom Getümmel der Welt fernhält und freudig stirbt, wenn seine Stunde kommt", heißt es bei Menander. Selbst Werke der astronomischen Gelehrsamkeit und trockenen stoischen Naturphilosophie schlugen dann wärmere Töne an, wenn eine echt empfundene Bewunderung der Herrlichkeit des Himmels und seiner Sterne den Verfasser erfüllte. Die Schönheit des Meeres in Sturm und Stille war seit der Odyssee nicht wieder so erfaßt worden wie in der großen Seefahrerdichtung des Hellenismus.

Gewiß fehlte der alte numinose Respekt vor der Natur, ihr mythischer Gehalt wurde zum Idyll und Roman abgeschwächt. Die Ästhetik auf der einen Seite, die Naturwissenschaft auf der anderen haben das Naturgefühl überlagert, verfärbt, oft vielleicht sogar getötet. Aber auch in den neuen Erlebnisformen schwand das echt Religiöse des griechischen Naturgefühls nicht. Nur gelingt es uns nicht, genau zu scheiden, was bei einem Adonisfest in Alexandreia nur noch Idylle und was echte Religion war. Man hat sogar den Eindruck, daß die Nähe des Göttlichen in der Natur von diesen Stadtmenschen stärker denn je erlebt worden ist; selbst bei Kallimachos klingt das durch, geschweige denn bei Apollonios, bei dem das Naturgefühl überhaupt wohl das letzte echt religiöse Erlebnis ist.

Immerhin sind nicht die religiösen oder religiös-philosophischen Auswirkungen dieses neuen Naturerlebnisses entscheidend geworden, sondern die naturwissenschaftlichen. Darin liegt kein Widerspruch. Das gleiche Alexandreia, das den Höhepunkt der hellenistischen Bukolik hervorbrachte, wurde zur selben Zeit führend in der exakten Naturwissenschaft – und anderswo war es ähnlich. Das ‚Hin zur Natur' blieb eben, echt griechisch, nicht auf Gefühle beschränkt. Wen, noch vorwiegend emotional, die fremden und unbekannten Tiere interessierten, der wollte auch verstandesmäßig über sie mehr wissen, und daher begann er zu forschen, zu klassifizieren, zu sezieren. Die hellenistische Naturwissenschaft und ihre überraschende Bedeutung kam gewiß einerseits von der Philosophie der beiden großen Athener Schulen, die nach ihr drängten, andererseits von den praktischen Forderungen der großen medizinischen Schulen – aber das ist nicht alles. Einen weiteren Auftrieb bekam sie dadurch, daß sich dem Großstadtmenschen die Natur als Ziel seiner Sehnsucht und Neugier anbot.

II. Der Alltag

1. Wohnung

Durch den Bau neuer und die Verschönerung alter Städte ergaben sich im Hellenismus von selbst für den Bereich menschlichen Wohnens neue Notwendigkeiten und reiche, ungeahnte Möglichkeiten. Neu erschlossene klimatische Räume und den Griechen bis dahin unbekannte Geländeformen verlangten nach neuen Bauweisen, für die sich neue Baumaterialien anboten. Auch die veränderte seelische Haltung der Menschen bedingte manche Neuerung. Wer fern vom Mutterland in bisher ungekannten Großstädten oder in mittleren und kleineren griechischen Siedlungen mit einer fremden und zeitweise erschreckenden Umwelt leben mußte, sehnte sich nach einem Stück Heimat in der Fremde; das aber konnte er nur finden, wenn sein neues Haus wohnlich war und seine Räume ihm vertraut wurden, wenn Straßen und Märkte an die alte Heimat erinnerten, wenn die öffentlichen Gebäude und die Tempel zwar den neuen Verhältnissen angepaßt wurden, aber den Zusammenhang mit der griechischen Tradition nicht verleugneten. Um sich geborgen zu fühlen, brauchte der hellenistische Mensch in den neuen Wohnungen Gegenstände, die nicht nur nützlichen Zwecken dienten, sondern an denen er sich auch freuen konnte, die ihm das oft mühselige Leben leichter machten und Wärme und Helligkeit in sein Dasein brachten. Aus all diesen Gründen entstand mit der Stadtkultur des Hellenismus zugleich auch eine neue Wohnkultur.

Meist unterscheidet man in der hellenistischen Epoche drei Typen des griechischen Wohnhauses: das lange fortlebende ‚Olynth-Haus', das ‚Priene-Haus' und das ‚Delos-Haus', doch gab es nicht nur viele Abwandlungen aller drei Typen, sondern auch Hausformen, die sich diesen genannten Typen nicht zuordnen lassen.

Im griechischen Mutterland und in Makedonien herrschten während der ersten beiden Jahrhunderte des Hellenismus Wohnhäuser vor, die denen von Olynth glichen oder ihnen sehr ähnlich waren. Nicht nur die kleinen Häuser mit den engen Höfen und der kleinen Vorhalle, sondern auch die reicheren Häuser blieben in dieser Tradition. Das schönste Haus von Olynth, das ‚Haus der vielen Farben' (F II,9), aber auch die anderen Häuser des ‚Villensektors', besonders das ‚Haus des getäfelten Prothyron', das ‚Haus der zwei Eroten' und die ‚Villa der Bronzen', können als Beispiele dafür gelten. Das Prothyron war bemalt oder getäfelt; in der ‚Villa der Bronzen' gab es zwei Türen, eine für Fußgänger und eine für Wagen, die in den Hof fahren konnten. An einer Seite des meist engen Korridors lag ein Vorratsraum, der zuweilen auch noch unterkellert war (πιθεών, ταμιεῖον), der Eingangsraum konnte mit Terrakottatafeln getäfelt sein. Wenn auch die meisten Häuser in Olynth den freien Hof mit nur einer Vorhalle (Pastas) oder Vorlaube vor dem Männerbezirk des Hauses besaßen, war doch auch der voll entwickelte Peristylhof vor dem ‚Deloshaus' vorhanden (Haus des getäfelten Prothyron, Haus der zwei Eroten). Neben dem großen Speisesaal hinter der Pastas befanden sich mehrere kleine Räume; die Frauen- und Schlafräume lagen bei größeren Häusern im zweiten Stock, ein eigener Raum für die Badewanne fehlte in Olynth und den vom Olynth-Typ abhängigen Häusern nicht, in anderen Städten dagegen häufig. Größe der Räume und Zahl der Zimmer – im normalen Fall drei bis zwölf – waren sehr verschieden; baupolizeiliche Vorschriften gab es dafür nicht, wenn die Stadt genügend Platz zur Verfügung hatte. Die Preise für ein mittleres Haus des Olynth-Typs betrugen etwa fünftausend Drachmen, doch waren die Häuser in der Nähe des Stadtzentrums teurer. Mehrere Häuser bildeten einen geschlossenen Block, zuweilen mit einem gemeinsamen Dach; ein solcher Block wurde wohl meist vom gleichen Baumeister gebaut.

In den hellenistischen Städten Kleinasiens dürfte das *Priene-Haus* wohl der am häufigsten vorkommende Typ gewesen sein. Bei ihm lag der Korridor an der einen Hofseite, so daß der Hof nur an den drei anderen Seiten mit Räumen umbaut war. Auf der Korridorseite besaß der Hof eine von vier Säulen getragene Überdachung, vor dem Hauptsaal einen von zwei Säulen getragenen Vorbau. Die Blocks waren regelmäßiger, bestanden aus vier Häusern und waren kleiner als die in Olynth. Die baupolizeilichen Anordnungen scheinen bei diesem Typ strenger gewesen zu sein.

Wie auf das Priene-Haus, so braucht auch auf das *Delos-Haus* nur kurz eingegangen zu werden. Das bei diesem Typ entwickelte Peristylhaus mit meist vier Säulen auf jeder Seite des Hofes erlaubte es, daß man sich in einem gedeckten Gang, der um den ganzen Innenhof herumlief, aufhielt. Über den Säulen lag eine Galerie, im Oberstock trugen dann Pfeiler das Dach. Die Treppe führte nicht mehr vom Hof, sondern vom Inneren des Hauses aus nach oben. Wenn zwei oder vier Wohnungen in einem Haus vereinigt waren, gab es die entsprechende Anzahl von Höfen, doch waren sie von verschiedener Größe; jede Wohnung besaß dann einen eigenen Eingang von der Straße her.

Aus oder neben diesen Typen entwickelten sich mancherlei Sonder- und

Mischformen, die auffallendsten sind die Verbindungen des alten Megarontyps mit einem hinzugefügten Peristylhof wie in Vuni auf Kypros, die Häufung mehrerer, voneinander getrennter Höfe wie in einigen Häusern von Kos und Priene, und die einer Londoner Vorortstraße nicht unähnliche Aneinanderreihung von Einzelhäusern einheitlicher Prägung wie in den langen Zeilen der Einfamilienhäuser von Ostia.

Eigene hellenistische Schöpfungen waren die großen Paläste, die man am besten in Palatitsa-Vergina, vermutlich einem Bau von Antigonos Gonatas, und in Ptolemais in Kyrene studieren kann. In Vergina bildete ein großartiger zentraler Peristylhof mit sechzehn Säulen auf jeder Seite den Mittelpunkt der Anlage, die eine Fläche von 104,5 mal 88,5 Meter bedeckt. Neben riesigen Sälen und einem runden Bad gehörten viele kleine Zimmer zu ihr, alles war harmonisch, doch nicht schematisch angeordnet; auch eine Aussichtsterrasse fehlte nicht. Der Palast war zweistöckig und aus feinstem Mauerwerk gebaut, die Fußböden waren mit Mosaik belegt, die Wände bunt bemalt. Der Palast von Ptolemais mag eine verkleinerte Nachbildung eines der Ptolemaierpaläste in Alexandreia sein, allerdings mit römischen Zutaten. Ein großer rechteckiger Säulensaal und ein rechteckiges Peristyl von acht mal vier Säulen bildeten den Mittelpunkt, auch hier waren die Zimmer von sehr verschiedener Größe; eine Besonderheit waren zwei halbrunde Apsiden.

Im Normalfall waren die hellenistischen Häuser zweistöckig, doch gab es mehrstöckige Häuser da, wo sich die Gebäude an Berghänge anlehnen konnten oder wo es die Wohnungsnot der Großstädte erforderte. Turmhäuser mit mehr als zwei Stockwerken (πύϱγοι) lassen sich für die hellenistische Zeit in Alexandreia, Tyros, Sidon, Karthago, Rom und Athen nachweisen; in Pergamon und ähnlichen terrassierten Städten richtete sich die Höhe der Häuser nach dem Gelände. In dem dicht bevölkerten Ägypten gab es selbst in kleinen Städten wie Arsinoe im Fayum Häuser mit fünf Stockwerken und geräumigen Höfen. Auch vermietete man in Ägypten die flachen Dächer zur weiteren Bebauung etwa mit Holzlauben oder sogar mit einem neuen Stockwerk. Kellergeschosse fanden sich häufig, sie gingen jedoch nie sehr tief und reichten über die Straßenhöhe.

Als Wohnhäuser bevorzugte man nicht zu große Häuser mit kleinen, intimen und kühlen Räumen, sofern das Gebäude nicht zugleich gewerblichen Zwecken dienen mußte. Die Bauweise war sehr unterschiedlich und reichte von festen und solide gebauten Häusern mit ausgezeichnetem Mauerwerk bis zu schnell und unsolide errichteten aus schlechtem Material. Die jeweiligen baupolizeilichen Vorschriften spielten dabei wohl eine große Rolle, denn auch die Städte unterschieden sich in der Bauart ihrer Privathäuser voneinander.

Die Baupolizei regelte die Mauerdicke, die Größe und Anzahl der Balkons, die Einhaltung der Fluchtlinien, vermutlich auch die Tragfähigkeit der Balken, die den Bodenbelag des Obergeschosses tragen sollten. Wenn wir auch zu wenig Material besitzen, um allgemeine Urteile fällen zu können, so mag es doch zutreffen, daß eine Stadt um so weniger fest und solide baute, je lebens- und genußfreudiger sie war: in Rhodos baute man solider als im Peiraieus. Nirgends freilich baute man für die Ewigkeit, im Unterschied zu den Römern; ein Vergleich zwischen den kleinen hellenistischen und den großen und massiven römischen Häusern in der achten und neunten Schicht von Troja macht das deutlich. In Erdbebengebieten baute man besonders leicht, doch begnügte man sich bei Wohnbauten im allgemeinen mit einer möglichst geringen Dicke der Mauern; das ‚Loch in der Wand' ist keineswegs nur eine Erfindung der Dichter; ptolemaische Gerichtsurkunden befassen sich häufig mit Dieben, die die Wand durchbrechen (τοιχωρύχοι). Da, wo man in modernen Städten die ärztlichen und baupolizeilichen Forderungen nach windgeschützten, sonnigen, aber nicht zu heißen Wohnungen ernst nahm, wurde die Bauweise solider.

So gab es viele Variationen im Hausbau, aber doch auch einige Konstanten. Zu ihnen gehörte die Trennung in Männerbezirk (Andron, Andronitis) und in Frauenbezirk (Gynaikonitis), den *Vitruv* als das Charakteristikum des griechischen Hauses bezeichnet. Zum Männerbereich gehörten in erster Linie der große Speiseraum, die Schlafräume für die Männer, und, soweit sie vorhanden waren, die gewerblichen Räume. Die sehr verschieden angeordneten Frauen-Wohnräume, die unmittelbar vom Hof aus zugänglich waren, umfaßten außer der Küche mit dem Rauchabzug häufig auch den Raum für die Badewanne, einen Arbeitsraum mit dem Spinngerät und Schlafräume.

Die Häuser waren fast immer privater Besitz, die Wohnungen wurden vermietet, und zwar entweder horizontal den Stockwerken entsprechend oder auch vertikal durch mehrere Stockwerke hindurch. In Ägypten und in den übervölkerten Großstädten war das Vermieten von Teilwohnungen üblich; in besonderen Fällen ordnete der Staat oder die Stadt Zwangsvermietungen an, so bei der Unterbringung von Soldaten oder Neubürgern. Tausende von privaten Mietverträgen sind erhalten, aus denen man ersehen kann, daß sich jede Verschlechterung der Wirtschaftslage in erster Linie auf den Mieter auswirkte, denn bei der überall herrschenden chronischen Wohnungsnot konnten die Vermieter sogar für kleinste Teilwohnungen jeden Preis verlangen, den sie wollten. Viele Prozesse um Mieten, Wohnungen und Häuser waren die Folge, und sie wurden besonders hartnäckig geführt, wenn damit Erb- oder Mitgiftfragen verbunden waren. Da es dem bürgerlichen Ansehen und dem

Kredit schadete, wenn man eine zu billige Wohnung bezog, hatten es die Vermieter größerer Wohnungen besonders leicht, hohe Gewinne zu erzielen. In Rom galt es zur Zeit Sullas als Zeichen der Armut, zur Miete wohnen zu müssen. Sulla wohnte einmal mit einem Freigelassenen im gleichen Haus und bezahlte für das Untergeschoß dreitausend, der Freigelassene für das Obergeschoß zweitausend Sesterzen. In einigen Städten kamen nicht nur Teilvermietungen, sondern auch Teilverkäufe vor, so gelang es etwa einem Hausbesitzer, das Obergeschoß allein zu verkaufen.

Die baupolizeilichen Vorschriften verlangten in erster Linie, daß Häuser nicht den abgesteckten Straßenrand überschreiten, Balkone nicht über die Straße hinaushängen und Abfallwässer nicht auf die Straße fließen oder tropfen durften. Das Baumaterial richtete sich nach den vorhandenen Gegebenheiten; nur dadurch war es möglich, in so kurzer Zeit so viele neue Städte anzulegen. In vielen Gegenden war das luftgetrocknete Lehmhaus das Haus der Ärmeren; solche Häuser gab es in Athen noch in nachhellenistischer Zeit. Ziegelhäuser aus luft- und sonnengetrockneten Ziegeln auf Steinfundamenten waren in den neuen Städten des Ostens am häufigsten, daneben die von Vitruv als spezifisch griechisch bezeichneten Bauten aus gebrannten Ziegeln, mit vier Handbreit starken Mauern auf jeder Seite. In gebirgigen Gegenden, wo es viele Steine gab, herrschten Steinhäuser mit isotomer oder pseudoisotomer Vermauerung vor. Die Vermessung der Bauplätze wurde im Hinblick auf die Gesamtplanung in den neuen Städten und im ptolemaischen Ägypten auch in den Dörfern sehr gründlich vorgenommen; dabei wurden auch die berechtigten Interessen der Nachbarhäuser berücksichtigt. Genaue Lagebezeichnungen finden sich in den großen Steuerkatastern; Hausnummern gab es nur in einigen Großstädten, sonst begnügte man sich mit ungefähren Angaben wie: ‚In der Oberstadt', ‚auf dem Hügel', ‚im Handwerkerviertel', ‚beim Isistempel', ‚an der heiligen Straße', ‚am thrakischen Tor', ‚beim Stadion', ‚beim kalten Brunnen', ‚an der Mauer'.

Meist, jedoch keineswegs immer, betrat man das Haus von einer Seitenstraße her. Die Haustür war durch einen kleinen bemalten Pilaster- oder Säulenvorbau hervorgehoben, in dem man bequem warten konnte, bis geöffnet wurde. Waren Kaufläden vorhanden, so besaßen sie jeweils einen eigenen Eingang von der Hauptstraße her. Die Tür war aus Holz gezimmert, doch hatten öffentliche Gebäude, Paläste und Tempel Türen aus Metall und gelegentlich sogar aus Elfenbein. Zwischen Innen- und Außentüren bestand kein Unterschied; je nach der Breite der Korridore hatten die Haustüren einen oder zwei Flügel und je nach der Höhe ein oder zwei Türfelder, die Türrahmen waren bemalt oder kunstvoll verziert. Entweder waren Schwingtüren vorhanden, die um Türbolzen schwangen, oder Drehtüren, die meist nach dem Hofe zu drehten. In den meisten Fällen bestanden die Innentüren aus Gitterwerk, um nicht allem Licht den Zugang zu versperren. Die größeren Häuser besaßen häufig zwei Außentüren, von denen die eine ins Erdgeschoß, die andere zur Treppe nach dem Obergeschoß führte. Figurenschmuck an Türpfosten war in reichen Häusern zu finden, doch hatten auch Ärmere ein gemaltes oder skulptiertes Blumenornament als Schmuck über dem Türbalken. Die Tür wurde zum Ort, an dem der Liebende klagt, wartet, singt, Blumen niederlegt, Kränze aufhängt. Vor der Tür befand sich eine Schwelle, die bei Eingängen zu Geschäftsräumen höher war als bei Wohnungen. Mit ihr war Aberglaube aller Art verknüpft, sie küßte der Liebende, wenn ihm die Tür verschlossen blieb.

In der Nacht wurden die Häuser abgeschlossen; alle Haustüren waren mit Schlössern versehen, die von verschiedenster Konstruktion sein konnten. Es gab jedoch eine ganze Reihe von Tricks, die es Dieben ermöglichten, die Schlösser zu öffnen, etwa durch Einstreuen von Sand in den oft schwerfälligen Mechanismus, so daß das Schloß nicht fest schloß, oder durch heimliches Einfügen von dünnen Fäden, an denen man es von außen öffnen konnte. Am Tage bewachte in allen besseren Häusern ein Türhüter oder eine Türhüterin (θυρωρός) den Eingang. Sie hatten ihren Platz im Korridor hinter der Tür oder in einer kleinen seitlichen Kabine, so daß sie durch das Türgitter oder eine besondere Öffnung die Straße übersehen konnten, in größeren Häusern gab es Kettenhunde als Wächter.

Fenster sowohl nach der Hof- wie nach der Straßenseite waren in den Obergeschossen allgemein üblich; wir besitzen zahlreiche Darstellungen von Frauen, die aus dem Fenster schauen. Im Untergeschoß waren Fenster nach der Straße zu selten und wo sie vorhanden waren, lagen sie so hoch über der Straße – bis 2,35 Meter lichte Höhe –, daß man nicht von außen in sie hineinsehen konnte, denn der hellenistische Mensch wollte in seinem privaten Bereich wirklich ‚zu Hause' sein. Die Fensterrahmen bestanden aus Stein oder aus Marmor, zuweilen waren sie mit einem Rankenornament dekoriert. Größere Fenster waren mit Metallgittern versehen oder durch Zwischenstäbe aus Metall oder Stein unterteilt. Hellenistischem Geschmack entsprach das ‚kyzikenische' Aussichtsfenster nach der Hof- oder Gartenseite, das so breit war, daß man auch im Liegen hinausschauen konnte. Es paßte jedoch nur zur Bauweise größerer Villen oder Paläste und war in vorrömischer Zeit selten.

Der Hof – als einfacher Hof des älteren Typs, als unvollständiger Peristylhof mit nur dreiseitigem Säulenumgang und schließlich als voll ausgebauter Peristylhof – blieb das Herzstück jedes hellenistischen Wohnhauses; vor allem von dort aus kamen Licht und Luft in das Haus. Größere Häuser hatten mehrere Höfe oder Peristyle, die verschiedenen Zwecken dienten. Auch einfache Höfe waren meist gepflastert oder mit Kieselmosaiken ausgelegt, die Peristylhöfe mit bunten figurenreichen Mosaiken aller Stile geschmückt. Neben dem gewöhnlichen Peristyl von meist vier oder auch nur drei gleichhohen Säulen auf jeder Hofseite gab es das rhodische, bei dem die Säulen der westlichen Seite höher waren, um die kühlenden Westwinde voll einzulassen. Je nach der Breite des Abstandes der Säulen von den Mauern entstanden in diesen offenen Säulengängen auf allen vier Seiten kleine, schmale, aber sehr nützliche Mehrzweckräume: sie boten Schatten und waren doch luftig, dienten als Plätze für leichte Hausarbeiten in freier Luft und dort, wo es das Klima erlaubte, sogar als Schlafgelegenheiten für Gäste oder Arbeiter. Auf der freien Fläche innerhalb des Säulenumgangs gab es in hellenistischer Zeit niemals gärtnerische Anlagen, sondern sie war mit einem besonders schönen Mosaik belegt, manchmal auch mit Platten oder einem dauerhaften Kiesel- oder Steinpflaster bedeckt. Die Peristylsäulen scheinen meist einfache dorische Kapitelle gehabt zu haben, doch fanden sich in vornehmen Häusern wie dem des Diadumenes in Delos auch ionische Säulen, sogar solche mit reliefgeschmückten Basen. Waren bei den rhodischen Peristylen die Säulen verschieden hoch, so trugen die höheren von ihnen Konsolen in der Höhe der niedrigeren, auf denen das Gebälk der Galerie auflag. In reicheren Häusern waren die Eckkapitelle mit Tierfiguren geschmückt. Marmorsäulen waren selten, meist bestanden die Peristylsäulen aus billigem Material, waren aber mit Stuck überzogen und bemalt. Für die Säulenbasen und Stylobate wählte man gern harten Granit. Oft hatten die Säulen keine Basis, zuweilen aber eine überraschend hohe, so im genannten Haus, wo die Basen 60 Zentimeter, die Säulen aber nur 3,16 Meter hoch waren. Die Galerie über dem Peristyl war mit einem meist hölzernen Geländer versehen.

Zahl und Größe der Innenräume, Breite der Korridore und Anlage der Wirtschafts- und Vorratsräume variierten sehr, doch dürfte es sich bei Häusern mit mehr als zwölf Räumen und mehr als zwei Peristylen in der hellenistischen Epoche nicht um Wohngebäude, sondern um Clubhäuser, Häuser für gewerbliche Zwecke oder Gasthäuser, allenfalls um Herrscherpaläste gehandelt haben; zum mindesten gilt das wohl für die wenigen überdurchschnittlich großen Häuser in Delos. Hauptraum war in der Regel der zum Speisezimmer gewordene alte Männersaal, der oft dem Eingang gegenüber lag. Er war am besten ausgestattet und hatte auch in ärmlichen Häusern einen oder mehrere kleine Nebenräume. Zuweilen besaß er an den Wänden eingebaute erhöhte steinerne Wandbänke. Die Schlafzimmer waren meist dunkel, die der Frauen lagen, sofern die Wohnung zwei Stockwerke besaß, vielfach im Obergeschoß. In den Küchen befand sich der Rauchabzug, ein Abfluß für Spülwasser, ein Backtrog aus Terrakotta, eine Ölquetsche, eine Handmühle oder Getreidereibe, ein tragbares Backöfchen für Kleingebäck, Kupferschalen für Holzkohle und der Herd mit Bratspießen, Bratrost und einem Fächer zum Anfachen der Flamme.

Größere Villen besaßen gelegentlich einen Kultraum für Privatkulte und die meisten Häuser entweder einen eingebauten größeren, bemalten Altar oder mehrere kleinere tragbare Terrakotta-Altäre. Kleine Arbeitszimmer oder Hausbibliotheksräume, nur durch Vorhänge geschlossene Exedren, gab es in größeren Häusern, die übrigens vielfach umgebaut und verändert wurden.

Es überrascht, daß nicht alle Häuser Toilettenräume besaßen. Theben galt als besonders fortschrittlich, weil dort jedes Haus seine eigene Toilette hatte, und in Delos haben die Ausgrabungen das gleiche festgestellt. Dagegen waren Toiletten in Priene und Thera selten, so daß die Hausbewohner wohl die öffentlichen Anstalten benutzen mußten, was auch sonst vielfach die Regel gewesen zu sein scheint. Wo jedoch Toiletten vorhanden waren, hatten sie einen gut gedeckten, stark geneigten Abflußkanal, der breit genug war, um nicht verstopft zu werden, und auf möglichst kurzem Weg in die großen Abwässerkanäle der Städte führte. In Delos hatten mehrere Häuser sowohl im Unter- wie im Obergeschoß eigene, oft sehr große derartige Räume. Endlich gehörten Vorratsräume mit Pithoi, die zuweilen auch in der Vorhalle standen, zu allen Wohnungen.

Die Fußböden bestanden in ärmeren Häusern aus gestampftem Lehm, der Hof hatte meist Steinpflaster, doch setzte sich zunächst das Kieselmosaik, dann in reicheren Häusern auch das Marmormosaik durch und wurde im Späthellenismus im Hauptraum die Regel. Da es schon in Olynth vorhanden gewesen ist, mag die Hypothese richtig sein, daß es überhaupt aus Makedonien stammte und von Makedonen nach Alexandreia und in die seleukidischen Städte gekommen ist, wo es rasch weiterentwickelt wurde; opus segmentatum wie opus tesselatum, aber auch schon opus vermiculatum wurde verwendet. Wie rasch sich die Kunst des Fußbodenmosaiks verbreitete, geht allein daraus hervor, daß sich schon um 100 in Kommagene nicht unbedeutende Mosaikböden fanden. Vom einfachen schwarz-weißen Kieselmosaik bis zu den drei-, vier- und fünffarbigen, ornamentalen Schmuck oder figürliche Darstellungen zeigenden Böden gab es viele Möglichkeiten. Die gleichen geometrischen und ornamentalen Grundlinien und -figuren wurden immer wieder neu und immer reizvoll angeordnet, miteinander verbunden, teppichartig über die Grundfläche gebreitet, als Umrahmung von Bildmotiven gestaltet. Diese Motive selbst lassen durch Hinweise auf das Zechen erkennen, daß in Makedonien das Mosaik zuerst für den Männersaal verwendet worden ist; noch in Eski Kale ist im Zentrum des Bildmosaikes eine Amphore zu sehen, umspielt von längst im Dionysoskreis heimischen Delphinen. Während der gesamten Epoche zeigen weitaus die zahlreichsten Bildmosaiken Darstellungen dionysischer Szenen oder Symbole. Auf den Hof in Pella geht ein vielen Mosaiken gemeinsames Motiv zurück, das in so großartigen Schöpfungen wie den dionysischen Mosaiken im späten Olynth oder in dem wahrhaft herrlichen Dionysosmosaik im Saal der Kentauren in Delos seine schönsten Ausprägungen gefunden hat. Alexandreia trug zur weiteren Entwicklung bukolische Elemente bei, Pergamon Stilleben und für die Frauengemächer passende wie das allgemeinste Motiv aller bekannten Bildmosaike, das Taubenmosaik; Demetrios von Phaleron soll als erster in seinem Haus ein Philosophenmosaik gehabt haben.

Der hellenistische Mensch wollte Farbe in seiner Wohnung haben, und daher waren die Wände verputzt und meist feucht bemalt, doch trat im Späthellenismus auch fresco secco und farbiger Stuck auf. Sämtliche pompeianischen Stile gehen auf hellenistischen Ursprung zurück. Leider ist noch nicht geklärt, wie weit sich die Besitzer der Häuser und ihre Familien selbst auf einem Wandgemälde darstellen ließen; zumindest die häufigen Porträts in den Häusern von Dura-Europos legen eine solche Deutung nahe. Auch ärmste Häuser trugen Inkrustationsmalerei: Marmor- und Holznachahmung, gemalte Wandsockel, Profile und Gesimse. Häufig waren Stuckverkleidungen aus ‚griechischem Stuck' – die Masse wurde in Pfannen mit Holzstäben fein zerrieben. Wo es das Baumaterial erforderte oder gestattete, wurden Häuser auch von außen verputzt. An Farbtönen herrschte Zinnoberrot und Ockergelb vor. Gewerbliche Räume und Läden waren weiß gehalten. Am beliebtesten und billigsten waren gemalte Architekturteile, Mauernquader, Marmor-Imitation, Triglyphen, Säulen oder Säulenteile. Den Abschluß der Wände nach oben zur Decke hin bildete ein gemalter Dekorationsfries, oft nur ein einfacher Bandfries, in späteren und reicheren Häusern aber auch ein figürlicher Fries. Die Decke selbst war je nach der Belastung, die sie zu tragen hatte, eine einfache Schilf-, eine stärkere oder dünnere Lehmdecke, in reicheren und höheren Häusern natürlich eine Holzbalkendecke, die bemalt oder kassettiert wurde; in Korinth machte man sich darüber lustig, daß auf diesen Deckengemälden die Bäume quer lagen. Doch waren Deckenbilder anscheinend selten.

Bei den zum Obergeschoß führenden Treppen handelte es sich meist um Stein-, in holzreichen Gegenden auch um Holztreppen. Sie führten direkt von der Straße aus nach oben, so daß die Bewohner der oberen Wohnung mit denen der unteren gar nicht in Berührung zu kommen brauchten, manchmal aber vom Hof oder auch von einem großen Zimmer im Inneren des Hauses aus. Die Treppen waren in den meisten Fällen gerade und ohne Biegung, der Neigungswinkel war sehr verschieden, doch hatten höhere und steilere Steintreppen mehrere Zwischenabsätze. Vom obersten Geschoß zum Dach führte nur noch eine Holzleiter.

In einigen Orten gab es neben flachen Lehmdächern auch geneigte Ziegeldächer, Holzdächer galten in holzarmen Gegenden als Luxus, da man das Holz dazu einführen mußte, Marmor- oder Metallbedachung war nur bei Tempeln und Palästen üblich. Das Dach wurde vom Rauchfang durchbrochen, in einfachen Häusern konnte man vom Dach aus durch diesen Rauchfang in die Küche schauen, wenn nicht gerade geheizt wurde. In wasserarmen Gegenden war das Dach gerade so stark geneigt, daß es jeden Tropfen Regenwasser sammeln und durch Dachrinnen in die Zisterne ableiten konnte.

Beleuchtet wurden die hellenistischen Wohnungen fast ausnahmslos durch die auf Metallpilastern oder Tonsäulen stehenden oder an der Wand hängenden Bronze- und Terrakottalampen, von denen hunderttausende gefunden wurden. Die Holz- oder Wachsfackeln wurden selbst im kultischen Gebrauch allmählich durch Lampen verdrängt, wenn auch nicht vollständig; auch als Notbeleuchtungen sind Fackeln noch gelegentlich benutzt worden; eigentümlich waren Tonlampen in Form horizontal angebrachter Fackeln. Die meisten hellenistischen Lampen hatten nur *einen* Docht, doch spricht das bekannte Weihepigramm des Kallimachos von einer Lampe mit zwanzig Dochten; das war jedoch eine Ausnahme. Viele Lampen hatten einen Henkel, alle einen meist runden gedeckten Ölbehälter mit einer Öffnung. In Form und Dekor, Farbe und Größe waren sie unendlich verschieden. Die meisten wurden fabrikmäßig in großen Lampenfabriken wie der des Atheners Elpidiphoros (um 200) hergestellt und in die ganze Welt exportiert; sehr viele stammten aber auch aus kleinen lokalen Handwerksbetrieben. Ihr kulturgeschichtlicher Wert besteht in den Oberflächenreliefs der Bildlampen, die oft berühmte Gemälde, Gruppen und Reliefs der Großplastik kopierten. Bilder aller alten und neuen Götter, Szenen der Homermalerei, erotische und bukolische Darstellungen, naturalistische Zeichnungen des täglichen Lebens bis hin zum Schweineschlachten und Kühemelken zeigen diese Lampenbilder; sie reichen vom Kitsch bis zur erlesenen Kleinkunst. Sehr unterschiedlich war in den Häusern die Anzahl der Lampen; die einfachste Einraumhütte besaß wenigstens eine Lampe, während die großen Häuser Sklaven hielten, die keine andere Aufgabe hatten, als die Hunderte von Lampen des Hauses zu reinigen, mit Öl zu versorgen, anzuzünden und auszulöschen. Im allgemeinen wurde nur billiges Öl als Brennmaterial verwendet. Daß man sehr wohl ein Gefühl für den Stimmungsgehalt dieser Beleuchtungsart hatte, geht aus der unerschöpflichen Fülle von Dichtungen, besonders Liebesdichtungen, hervor, in denen die Lampe eine Rolle spielt; wie stark dieses Gefühl beim hellenistischen Menschen ausgeprägt war, zeigt die Häufigkeit von Weihungen dieses kleinsten und schlichtesten Hausgerätes an die Götter. Außerhalb des Hauses trug man die brennenden Lampen in Traglaternen aus Bronze, Ton und Stein oder ließ sie sich von einem Diener vorantragen; auch dieses Motiv haben sich Plastiker und Dichter nicht entgehen lassen; Sklaven, Kinder, aber auch der dicke Bes erscheinen als Laternenträger.

In neuen, für Griechen und Makedonen bisher ungewohnten klimatischen Verhältnissen wurde teils die Heizung, teils die Kühlung der Wohnungen zum lebenswichtigen Problem. Sehr viele bronzene Kohlebecken und mannigfache Heizgeräte aus Terrakotta wurden gefunden; in ihrer Formgebung folgten sie konservativ alten griechischen oder orientalischen Vorbildern. Geheizt wurde mit Holzkohle, doch konnten sich nur reiche Häuser die teure Kohle aus Olivenholz leisten; auch die Heizung mit Kohle aus billigeren Holzarten war in holzarmen Gegenden, die auf Einfuhr angewiesen waren, sehr kostspielig, zumal hohe Einfuhrzölle für Kohlen und Brennholz zu zahlen waren, wie unter anderem aus einem Zollgesetz von Delos aus dem dritten Jahrhundert hervorgeht. Daher begnügten sich ärmere Leute mit getrocknetem Schilf aus den Fluß- und Seeniederungen. In kleinen Häusern genügte ein Reisigfeuer unter dem Rauchfang. Der Herd, über dem oft ein Metalldeckel die Öffnung des Rauchfanges regulierte, bestand zuweilen nur aus einem einfachen Eisenrost, auf den die Kochgeräte gesetzt wurden, doch gab es auch regelrechte Öfen, wie sie noch heute in Kleinasien zu finden sind, meist aus Stein, seltener aus Ton, immer jedoch mit offener Feuerstelle. In mehrstöckigen Häusern baute man statt des Rauchfangs hohe Schornsteine. Komplizierte Heizsysteme wie Fußboden- oder Wandheizung gab es nur in Bädern, großen Palästen und vielleicht in einigen öffentlichen Gebäuden, doch ist unser Material für die hellenistische Zeit gering.

Durch die Ausnützung der jeweils vorherrschenden Windrichtung gelang es, die nötige Kühle für Wohn- und Wirtschaftsräume zu gewinnen; am einfachsten war es, bei den Haupträumen die Nordseite möglichst offen zu lassen. Auch nahmen die Stadtplaner darauf Rücksicht, daß vorherrschende kühle Winde ungehindert durch die Straßen wehen konnten.

Am meisten Mühe gab man sich mit der Wasserversorgung, und die städtischen Wassergesetze zeigen, wie peinlich genau man es mit der Reinhaltung des Wassers nahm. Durch Brunnen, durch Zisternen und durch Wasserleitungen wurde sie für die hellenistische Stadt und das Einzelhaus sichergestellt.

In ländlichen und grundwasserreichen Gegenden hatte beinahe jedes Haus seinen eigenen Brunnen, was nicht ganz ungefährlich war; der Dyskolos schildert, wie leicht Gegenstände und sogar Menschen in einen Brunnen fallen konnten, der zudem der Verunreinigung ausgesetzt war. Natürlich galt das gleiche auch für Zisternen. Die hellenistischen Brunnen wurden nach unten zu schmaler, sie waren vielfach mit Holz verschalt, besaßen einen Holzrost oder waren bis zum Grunde vermauert. Wer keinen eigenen Brunnen besaß, mußte beim Nachbarn oder an öffentlichen Brunnen Wasser holen. Zisternen sammelten das durch Bleiröhren von den Dächern hergeleitete Regenwasser oder wurden von außen gefüllt; sie lagen meist in der Mitte des Hofes. Waren sie so groß, daß sie nicht einfach mit Platten gedeckt werden konnten, wurden sie entweder durch Mauern geteilt oder ihre Decke wurde von Säulen getragen wie bei den großen öffentlichen Wasserspeichern; in vornehmen Häusern bekamen sie eine Marmorumrandung. Findet sich im Inneren des Hauses noch eine kleine Zisterne, so läßt das wohl auf eine Küche schließen. Zum Schöpfen benutzte man einfache Seilwinden oder auf Gabeln liegende Ziehvorrichtungen. Technisch vollendete Wasserleitungen gab es, wie Olynth beweist, schon in vorhellenistischer Zeit; im Hellenismus waren sie allgemein verbreitet, und die von Alexandreia, Pergamon, Milet, Priene, aber auch viele andere, sind Meisterwerke gewesen, einige werden noch heute benutzt. In Priene waren die Anlagen des städtischen Wassersystems von einer reichen Dame gestiftet worden. Das Wasser wurde oft unter Verwendung des Gesetzes der kommunizierenden Röhren durch Tonrohre, die wegen des Druckes durch eine Art Zement miteinander verbunden waren, von weither in ein großes öffentliches Nymphaion geleitet; es diente zugleich als Verteilungsstelle und leitete das Wasser durch Ton- oder Bleirohre an kleinere Verteilungsstellen, Brunnenhäuser, Markt- und Straßenbrunnen und schließlich an Einzelhäuser weiter. Nymphaien und Brunnen waren künstlerisch ausgestaltet und manchmal nach in der jeweiligen Stadt verehrten Heroen benannt, doch produzierte der Hellenismus auch an diesen Stätten oft entsetzlichen Kitsch; wir hören von einem Polyphem, dem das Wasser aus dem einen Auge und dem Mund floß, von Flußgöttern, denen es aus den Hörnern und Brüsten strömte, von einem Löwen, dem es aus den Augen, dem Mund und dem rechten Fuß rann. Besondere Sorgfalt wurde auf die Beseitigung der Abwässer und die Durchspülung der Toiletten gelegt.

Trotz strengster Polizeiverordnungen und aller Bemühungen der städtischen Behörden blieb der Grad der Reinlichkeit von Straßen und Wohnungen sehr unterschiedlich. Über herumliegende Tonscherben wurde viel geklagt, und selbst in Alexandreia überließ man die Straßenreinigung in den ärmeren Vororten hauptsächlich den Ibissen. Doch gab es in den größeren Städten berufsmäßige Straßenkehrer (κοπρολόγοι, τελέαρχοι). In den Wohnungen und auf den Grundstücken wurde Ungeziefer mit Fallen und Gift bekämpft. Ein Besen gehörte auch in kleinsten Wohnungen zum unerläßlichen Hausgerät, und der Verbrauch von Seifen und Waschmitteln – von Asche, Natronlauge, saponinhaltigen Wurzeln, Sand und Teerprodukten – war groß.

In diesen Zusammenhang gehört das hellenistische Badewesen. In den privaten Badezimmern der Wohnungen wurden Badebecken und Badeschüsseln der alten griechischen Art benutzt, daneben gab es auch Duschvorrichtungen und Tonbadewannen mit Sitzeinrichtungen, da man im allgemeinen nicht liegend badete, sondern nur in der Wanne oder im Becken saß und, wo es möglich war, untertauchte. Für warme Bäder wurde das Wasser in einem Bronzekessel erwärmt und mit Essenzen verbessert; auch ließ man sich mit solchem Wasser aus Kannen übergießen. Da die privaten Badegelegenheiten besonders dort, wo Wohnungsnot herrschte, nicht ausreichten, das Bedürfnis nach Bädern jedoch gewachsen war, bekamen die Städte schon im Frühhellenismus öffentliche Bäder. Hatten bisher nur die Gymnasien Badeanlagen besessen, so wurden nun, dank privater oder städtischer Initiative, auch Bäder für die Bevölkerung gebaut. Private Unternehmer suchten einander in Ausstattung und Bedienung zu übertreffen und machten für ihre Bäder Reklame. Wie weit verbreitet hellenistische Badeanlagen waren – in Rom ist dagegen vor dem Ende des ersten Jahrhunderts kein öffentliches Bad sicher nachweisbar –, enthüllen die Funde; wir kennen Badeanlagen aus Gortys in Arkadien, Eretria, Eleusis, Peiraieus, Olympia, Oiniadai, Thera, Delos, Priene, Hierapolis und kleinen Orten im Fayum. Natürlich gab es noch andere, die aber entweder verschwunden oder von römischen Bädern überbaut sind. Der einfachste Bau war eine kreisrunde, gewölbte Tholos mit einem Kaltwasserbekken in der Mitte und Warmwasserwannen an den Wänden; in Ägypten hatten die Kuppelrundbauten statt eines Rauchabzugs in der Mitte mehrere Dachöffnungen. Für Fußbäder waren oft Rinnen angelegt, die Kaltwasserbecken waren rund oder eckig, mit Mosaik oder Kieselmosaik ausgelegt und erhielten ständigen Zufluß von Wasser, das durch Abflußlöcher wieder ausströmte; um das Becken liefen Holzböden, so daß man sich zwar die Füße nicht erkältete, zuweilen aber einen Splitter einziehen konnte. Die Größe der Wasserflächen wechselte je nach Größe der Stadt oder des Badeunternehmens. In großen kupfernen Wasserkesseln, die mit Holz oder getrocknetem Schilf geheizt wurden, bereitete man das Wasser für die Warmbäder, doch findet sich seit etwa

300 auch schon Hypokaustenheizung. Da man nackt badete und nur Badesandalen trug, waren die Bäder für Männer und Frauen getrennt und hatten verschiedene Öffnungszeiten. Gemeinsames Baden ist nur in den Wohnbezirken der Hetären gelegentlich vorgekommen. Ein Badediener oder auch eine Badedienerin (βαλάνισσα) standen bereit; für ein kleines Trinkgeld besorgten sie das Füllen und Reinigen von Becken und Wannen, halfen beim An- und Auskleiden, übergossen den Badenden, der sich mit dem eigenen Schwamm wusch, trockneten ihn ab und salbten ihn. Nicht in allen Bädern herrschte Ordnung; im hellenistischen Ägypten wird viel über Kleiderdiebstähle, Lärm, Streit und Tätlichkeiten zwischen Badenden geklagt. Aber überall galt das tägliche Bad zumindest als Idealforderung, und die Ärzte gaben genaue Regeln dafür: Der Weg zum Bad sollte nicht zu weit sein, damit man nicht ermüdet ins Wasser stiege, im Bad sollte man schweigen und sich nicht bewegen, um gänzlich zu entspannen, man sollte sich nie selbst übergießen und sollte sich salben, solange der Körper noch etwas feucht war; auch der Kranke sollte das tägliche Bad nicht unterlassen, falls er es als Gesunder gewohnt war. Von den Königen besuchte Antiochos IV. Epiphanes gern öffentliche Bäder und trieb dort kostspielige Scherze, indem er die Badenden plötzlich mit Unmengen teuerster Salben übergoß.

War ein Fluß oder ein See in der Nähe, so badete man im Freien. Man badete, schwamm, tauchte und sprang gern, nur hütete man sich, heilige Wasser, wie etwa eine Nymphenquelle, auch nur durch ein Fußbad zu verunreinigen. Auch Frauen badeten im Freien; das hellenistische Novellenmotiv von den Mädchen aus Troas, die im Skamandros badeten und von dem Flußgott überrascht wurden, den sie ein paar Tage später auf der Straße wiedertrafen, ist nicht aus der Luft gegriffen.

In den Wohnungen trifft man im Hellenismus auf eine größere Vielfalt von Möbeln und Einrichtungsgegenständen als in allen vorausgehenden Zeiten. Freilich muß man sich vor der Meinung hüten, es habe in hellenistischen Wohnungen keine Geschmacklosigkeiten gegeben. Je mehr sich die Kleinfunde vermehrt haben, um so mehr häßliche und geschmacklose Möbel und Geräte sind zutage gekommen, freilich auch um so mehr kunstvolle und kunstgewerblich hervorragende. Auf keinen Fall läßt sich eine Einheitlichkeit des Geschmacksniveaus feststellen. Bronzegerät, dessen Häufigkeit man in vorhellenistischer Zeit in Ägypten bewunderte, begann in Zeiten des Wohlstandes das Terrakottagerät zu verdrängen, Bronzebeschläge wurden auch an Holzmöbeln angebracht; Gerät aus Silber und Gold, auch aus Marmor, gab es wenigstens in den Städten.

Neue Formen fanden sich bei den Tischen, die entweder wie früher leicht beweglich und tragbar, teils aber auch schwer und unhandlich waren, besonders die Marmortische. Am schönsten waren die Tische mit eingelegter Arbeit, von denen Delos ein hervorragendes Beispiel geliefert hat; ähnlich kostbare Werke stahl Verres in Lilybaion. Größere Tische hatten Beine in Form von Löwentatzen oder anderen Tierbeinen. Zu den runden und dreifüßigen kleinen Speisetischen kamen große vierfüßige und viereckige Arbeitstische. In Alexandreia liebte man Tische mit elfenbeinernen Füßen, und in reichen Häusern hatte man sogar silberne Speisetische. In Kentoripa waren die Tische mit blendend weißen, mit bunter Stickerei geschmückten Tischdecken gedeckt, die bis zum Boden reichten.

Stühle, Sessel und Hocker gab es in vielen Spielarten. Geflochtene Rohrstühle, mit Kissen, Decken oder Fellen belegte Sessel, Klappstühle, Stühle mit und ohne Lehnen besaß man in größerer Anzahl; beliebt wurden gedrechselte, gekrümmte oder x-förmig gekreuzte Stuhlbeine und solche, die in Tierpfoten ausliefen. Da die Arbeit vielfach im Sitzen ausgeführt wurde, waren in Werkstätten die Stühle der Art und Höhe des Arbeitstisches angepaßt. Luxusstühle aus Elfenbein oder Metall scheinen selten gewesen zu sein.

Das Liege- und Speisesofa behielt seine alte Form, wurde aber reicher verziert, etwa mit Ornamenten oder Tierköpfen. Die Sofas waren aus Holz oder Bronze, gelegentlich ganz oder teilweise aus Elfenbein, mit weichen Kissen belegt und gut gepolstert. Vielfach verwendete man transportable Polsterrollen als Speiselager, die den Vorteil hatten, daß man sie ins Freie mitnehmen konnte. Die hellenistische Welt liebte Picknicks im Grünen und ländliche Opferfeste, zu denen man diese bequemen Liegestätten, zusammen mit Eßgeräten und Speisen, durch Sklaven bringen ließ. Auf Totenmahldarstellungen tritt die Polsterrolle häufig an die Stelle der Kline; auch im Jenseits wünschte man sich solch ein heiteres Picknick.

Hellenistische Betten sind uns in einigen sehr guten Exemplaren erhalten und wurden oft abgebildet, beschrieben und bedichtet. „O mein liebstes Bett!" (ὦ φιλτάτη κλίνη), ruft ein Dichter aus. Das Bettgestell hatte vier oder sechs Füße und war meist aus Holz, bei teuren Ausführungen mit Metallbeschlägen oder Elfenbein verziert, am Kopfende war es erhöht. Auch Metallbetten gab es; Alexander soll auf einem goldenen Bett geschlafen haben. Hellenistische Betten waren übermäßig hoch; zu den beliebten Motiven der Liebesepigramme gehört es, daß man unter dem Bett durchkriechen oder sich darunter verstecken kann. Mit Wolle oder Federn gefüllte Matrazen, viele Kissen, goldgestickte und purpurgefärbte Decken, Überdecken, beidseitig wollene Bettdecken (ἀμφιτάπητες) und Pelzhüllen waren in reichen Häusern vorhanden; Verres soll in Sizilien dreihundert Prachtbetten mit prächtigen

Teppichen gestohlen haben. Arme waren freilich schon froh, wenn sie einen Stroh- oder Schilfsack als Lager und ein Schaffell zum Zudecken hatten. Andernfalls mußten sie sich mit ihrem Himation als Decke begnügen. Eine Spezialart waren die tragbaren leichten Betten der Kliniken; es galt als Zeichen der Heilung, wenn ein Kranker ein solches Bett wieder selbst tragen konnte.

Zur Aufbewahrung des reichen Hausrates und der Kleider dienten Kästen und Truhen verschiedener Größe und Machart. Das Geld bewahrte man im Kibotos (κιβωτός), dem verschließbaren oder versiegelten Geldkasten, die Geräte im Kylikeion (κυλικεῖον), einer großen Geschirrtruhe auf; die Makedonen übernahmen von den Persern die persische Kleiderkiste (κανδύταλις), doch gab es auch Kleiderhaken aus Horn oder Holz (σκευοφόριον, ἁρπάγη) und in die Wand eingelassene Holzpflöcke als Aufhänger. Oft standen Behälter in Wandnischen, an den Wänden selbst hingen Aufstellbretter und Wandkonsolen, aber auch Kannen, Krüge, Handspiegel und Saiteninstrumente.

Das universelle Hausgerät, das zu allen möglichen Zwecken verwendet werden konnte, blieb nach wie vor der Dreifuß in jeder Größe und Ausführung aus Ton, Bronze oder Edelmetall. Bis in die späthellenistische Zeit waren die alten Kesseldreifüße im Gebrauch und wurden von Künstlern als Votivgaben geformt. Niedrige Beckendreifüße dienten als Waschbecken oder als Kohlenbecken. Bei Gastmählern durften die etwa einen halben Meter hohen Dreifüße als Träger für Mischkrüge nicht fehlen, und kleine silberne, goldene oder elfenbeinerne Zierdreifüße für kostbares Kleingerät waren in Alexandreia und Sizilien Mode. Eine technische Neuheit waren in der Höhe verstellbare Dreifüße, die durch Verschiebung der mit Scharnieren versehenen Füße höher oder niedriger gestellt werden konnten. Steinerne Dreifüße kamen als Becken- und Brunnenträger auf öffentlichen Plätzen vor, jedoch nicht im Haus.

Tönerne oder metallene Parfümverbrenner sind aus Tarent, Sizilien, Alexandreia und Athen bekannt, in Sizilien waren sie angeblich in jedem Haus zu finden. Auch benutzte man in den östlichen Gebieten hier und da orientalische Thymiaterien. Eine unteritalisch-hellenistische Erfindung waren Terrakotta-Parfümbrenner in Gestalt menschlicher Figuren, die eine Blume tragen.

Die Lampenkandelaber wurden je nach der Mode naturalistisch oder klassizistisch gestaltet. Die verbreitetsten Muster zeigten einen oder mehrere Löwenfüße, einen schlanken glatten oder kannelierten Schaft und einen blütenförmigen Kopf.

Was die Küchenausstattung betrifft, so finden sich bei den Komikern mehrere Listen, die sich größtenteils auch archäologisch verifizieren lassen. Die eine nennt einen Schaumlöffel (ζωμήρυσις), kleine Bratspieße oder Spieße zum Aufstecken gebratenen Fleisches (ὀβελίσκοι), eine Bratengabel (κρεάγρα, κρεαγρίς), Mörser, Käsereibe (τυρόκνηστις) und Nudelholz (στελεόν), Schlacht- und Abhäutemesser (δορίς), ein Beil, mehrere Hackmesser (κοπίς), Bratpfannen, Milchzuber, Wasserkessel, Pfannen und Töpfe verschiedener Größe und Form. Eine zweite Liste zählt vor allem Tonware auf: Tontassen, Tontöpfe, Tellerchen, einen kleinen Essigkrug, Meßgeräte, ein Gefäß für den Abfall, Pfannen, Räucherpfannen, Rüttler zum Rösten von Hülsenfrüchten. Eine dritte nennt Backtröge, Mischkrüge, Wasserkrüge, Schüsseln, eine Feuerzange, einen großen Behälter, Schilfmatten und -körbe, Besen und anderes. In ausgegrabenen Küchen fanden sich Backschüsseln, Tröge, Metallsiebe jeder Dichte, Bratroste, Teig- und Kuchenformen aus Ton und Metall. Für den Wein gab es außer den Mischkrügen auch Kühler (ψυκτήρ), Kannen, Schöpfgefäße, Bronzekellen mit beweglichen Griffen und Schöpflöffel.

Viele und schöne Eimer, teils aus Metall, teils aus Ton, teils Metallnachahmungen in Ton waren der Stolz des hellenistischen Hauses. Sie hatten dicke, nach außen oder innen gewölbte Wände, entweder Bügel oder zwei Henkel und waren oft mit mythologischen oder ornamentalen Reliefs und figürlichen oder ornamentalen Henkelattaschen geschmückt. Einfachere Exemplare besaßen statt der Henkel nur Tragketten, manche hatten besondere Ausgußvorrichtungen. Kleine Ton- oder Bronzeglocken zum Herbeirufen des Personals gab es in privaten Haushalten, in Büros und vor allem in Kneipen.

Geradezu ungeheuerlich ist die Vielzahl und Mannigfaltigkeit von Gefäßformen, denn zu den alten griechischen Arten waren viele neue hellenistische hinzugekommen. Um einen Begriff von diesem Reichtum zu gewinnen, lohnt es sich, eine Liste zu lesen, die die lexikographische Quelle des Athenaios enthalten hatte und die letztlich auf Palastinventare, Zollgesetze oder dergleichen zurückgehen mag. Viele von diesen Gefäßformen sind archäologisch bekannt, andere werden hier und da in Inventaren oder bei den Komikern erwähnt.

Es sind weit über hundert Namen erwähnt; manche Form ist dabei sicher doppelt aufgeführt, anderes nur noch literarischer Terminus und in Wirklichkeit gar nicht mehr gebraucht worden. Einige Gefäße sind aber deutlich hellenistische Schöpfungen oder im Hellenismus aufgekommen und übernommen worden. Dazu gehören Gefäße, die von Antigonos, Seleukos und Prusias erfunden und nach ihnen genannt worden waren, importierte persische Trinkschalen, alexandrinische Trinkgefäße in der Gestalt des Toilettengottes Bes, besonders hoch bezahlte, nach dem korinthischen Töpfer Therikles genannte Kelche mit konkaven Seiten und kurzen Henkeln in Ton- und Metallausfertigung, alexandrinische Trinkgefäße in Form eines ägyptischen Rohrkolbens,

Trinkgefäße in Form eines Schneckenhauses, Nachahmungen homerischer Becher, die zuerst in Rhodos hergestellt wurden, die Lagynos, eine Langhalsvase, die in Alexandreia bis zu grotesken Formen entwickelt wurde, dazu viele verschiedene Arten des Rhyton mit Tierprotomen oder besonderen Mundstücken. Wichtigste Transport- und Vorratsgefäße blieben die Amphoren, und zwar in den verschiedensten Größen; neben massenhaft produzierter Fabrikware gab es auch Luxusexemplare, sogar aus Gold. Wasserkrüge in alten und modernisierten Formen, Kannen aller Art, darunter die aus Ägypten stammende Ibis-Schnabelkanne, sowie bronzene Wasserwärmer waren oft zu finden. Wert legte man auf gutes Tischgerät, darunter Ton- oder Silberschüsseln mit konzentrisch angeordneten Vertiefungen für Eier oder kleine Schälchen für verschiedene Speisen, sowie kleine und große Löffel, vielfach aus Silber.

Mit dem Aufschwung der Zivilisation nahm auch das Bedürfnis nach Luxus in den Wohnungen zu. Zwar hielt sich die schlichte attische und rhodische Gebrauchsware selbst in den reichen Städten, andererseits wurde das Silber- und Goldgerät, wie die Funde zeigen, nun auch in ärmeren Gebieten benutzt. Das Urteil, daß viele, die früher lediglich tönerne Ware besessen hatten, nur noch von Silber- und Goldgerät essen wollten, ist nicht völlig falsch. Allerdings weisen auch die zahlreichen Metallimitationen in Ton darauf hin, daß nicht jeder an diesem Aufschwung Anteil hatte, wenn er es auch gern gewollt hätte.

In den reichen Häusern wuchs der Bestand an Textilien. In Pergamon soll einer der Attaliden persönlich goldgewebte und goldgestickte Teppiche entworfen haben, und da, wo orientalischer Einfluß hinzukam, verbreitete sich rasch die Sitte, kostbare Vorhänge vor Türen und Fenster zu hängen. Zu den Gebrauchstextilien gehörten Handtücher und alle Arten von Matten.

In einigen Häusern gab es Uhren, die, wenn sie gut konstruiert waren, einen hohen Grad von Exaktheit erreichten; jedenfalls hat das Haus A VIII, 6 in Olynth eine private Sonnenuhr im Hof besessen, und es ist denkbar, daß die bekannten kleinen Hohlkegel-Sonnenuhren mit Gnomon und Gradeinteilungen auch im Hause aufgestellt wurden. Im allgemeinen wird man sich aber mit den öffentlichen Sonnenuhren begnügt haben.

Als Wohnungsschmuck dienten zahlreiche Klein- und Kleinstbronzen in Vollguß, Hohlguß oder aus getriebenem Bronzeblech und figürliche Terrakotten von unterschiedlichem künstlerischem Niveau. Viele zierten die Toilettentische der Damen.

Über die Wohnverhältnisse auf dem Land sind wir am besten durch die Grundstückspapyri und für Attika durch die Schilderungen der neuen Komödie unterrichtet. Am Bauernhaus lag in der Regel ein Wein- oder Obstgarten; eine Tür, die sich fest verriegeln ließ, schützte es vor Zudringlichen. Größere Gehöfte, von denen einige ausgegraben worden sind, besaßen zwei Tore; hinter dem ersten lagen auf der einen Seite des Korridors die Ställe, auf der anderen die Vorratsräume, die Wohnung des Pförtners oder weitere Ställe. Der Hof war durch ein zweites Tor abgeschlossen. In einfachen Bauernhäusern war das Hausgerät ärmlich; Tisch, Bett, Stuhl, Holz- oder Steinbank und Lampe genügten, Mörser und Eimer wurden als Wertstücke gut gehütet. Mehrere Kleinhöfe konnten von einem Wall oder von einer Mauer umgeben sein, so daß befestigte Dörfer entstanden. Doch gab es auch große Höfe und reiche Landhäuser; Menander kennt in Attika solche, in deren Gärten nur Blumen, Efeu, Myrte und Lorbeer wuchsen. An Luxus weit überboten wurden diese Häuser noch durch die Wohngebäude der Großgrundbesitzer, wie die des Apollonios in Ägypten oder der Herren in Baktrien; hier gab es feste Herrenhäuser mit vielen Räumen und zahlreiche Nebengebäude. Einfluß vorhellenistischer indigener Bauweise besonders bei Wirtschaftsbauten versteht sich von selbst; ein Beispiel sind die bienenkorbähnlichen Getreidespeicher in Ägypten, in die das Getreide oben hineingeschüttet und unten herausgeschaufelt wurde.

Am primitivsten blieben die Rohr- und Strohhütten der einfachsten Schichten der ländlichen Bevölkerung, der Hirten und Fischer; daran hat der Hellenismus ebensowenig etwas geändert wie an den Behausungen der Ärmsten in Höhlen oder verlassenen Grabanlagen oder an den Zelten der nomadisierenden Stämme, die es zu allen Zeiten gegeben hat.

2. *Kleidung, Kosmetik, Schmuck*

Obwohl mit der zunehmenden Verstädterung die Freude an Kleidung, Schmuck und Mode sich in der hellenistischen Welt steigerte, hielt man an den Grundformen der griechischen Kleidung fest; daran hat auch die enge Berührung mit orientalischen Kleidungssitten nicht viel ändern können. Immerhin kam manches Neue auf. Zu den alten, aus Wolle und Leinen gefertigten Stoffen kamen andere, die Verarbeitungsweisen wurden weiterentwikkelt. Die Unterschiede zwischen einfacher Alltagskleidung und raffinierter Luxusgewandung wurden größer und die Zwischenformen zahlreicher. Die zunehmende Differenzierung der Berufe erforderte auch eine größere Differenzierung in der Berufskleidung. Die Begegnung mit dem Osten gab für die Kosmetik viele neue Impulse, der zunehmende Reichtum verleitete dazu, Schmuck anzuhäufen. Mode und Luxusbedürfnis ließen neue, schmückende

Formen der Kopfbedeckung und Fußbekleidung entstehen, Frisuren und Barttracht spielten eine größere Rolle als zuvor.

Die Ästhetik der Kleidung war ein altes griechisches Erbe. Kleidung diente nicht nur der Verhüllung oder Erwärmung des Körpers, war aber auch nicht nur Ausdruck des Besitzes, des Reichtums, der persönlichen oder amtlichen Autorität. Im Hellenismus hat sich das Verständnis für die enge ästhetische Beziehung zwischen Mensch und Kleidung eher noch vertieft; man wußte, daß sowohl der verhüllenden wie der enthüllenden Kleidung, jeweils am richtigen Platz, ihre Bedeutung zukam, und daß die entsprechende Kleidung vorhandene Schönheit noch verschönern und nicht vorhandene barmherzig zudekken kann. Die große Freude an Kleidung und Schmuck spricht aus den kleinen und großen Kunstdenkmälern ebenso wie aus der Literatur. Auch die ärmsten Kreise verlangten nach einem gewissen Kleiderluxus; ein schönes Beispiel dafür sind die armen Zwillinge der Sarapeionspapyri, die ständig am Hungertuch nagten und doch in ihren Kleiderkäufen keineswegs anspruchslos waren. Rasch verbreitete sich die griechische Art der Kleidung über die ganze Welt. Seitdem sich Scipio und später Sulla statt in der unbequemen römischen Toga im eleganten griechischen Himation hatten darstellen lassen, war griechische Kleidung in Rom trotz mancher Widerstände auch in den obersten Kreisen zugelassen. In Indien erkennt man die Griechen an ihrer Kleidung.

Zwei modische Grundrichtungen waren für die Frauentracht maßgebend, sie erlaubten aber manche individuelle Abwandlungen. Die eine wollte den Körper hinter der Kleidung zurücktreten lassen, die andere ihn soweit wie möglich enthüllen; im Grunde bezweckten freilich beide das gleiche: nämlich eine rein ästhetische Wirkung. Am schönsten lassen sie sich an den Terrakotten beobachten, die Gestalten des täglichen Lebens abbilden. Neben Frauen mit stoff- und faltenreichen, kunstvoll drapierten und alles verhüllenden Gewändern stehen solche mit eng anliegender Kleidung aus durchsichtigen Stoffen, die das Bein frei lassen oder die Brust betonen. Für die Männerkleidung kamen modische Gesichtspunkte weniger in Betracht, doch fehlten sie nicht ganz; Menander beobachtete, daß Frauen sehr auf die Kleidung der Männer achteten, und aus diesem Grunde war ein gewisser modischer Zwang auch für Männerkleidung gegeben.

Die übliche Frauenkleidung bestand aus einem langen Chiton, über dem das Himation um den Leib geschlungen und zum Teil über den Kopf gefaltet wurde, der Chiton war aus Leinen, das Himation aus Wolle. Auch für die Männer blieb der Chiton wie zu allen Zeiten der griechischen Geschichte das wichtigste Kleidungsstück. Seine Formen haben sich nur langsam gewandelt, sowohl die des Frauen- wie die des Männerchitons. Zugrunde lag immer die Form des einfachen Hemdes; verschieden waren nur Stoff, Länge, Ärmel, die manchmal auch fehlten, Halsausschnitt, Nackenlinie und Art der Gürtung. Da der Chiton im Hellenismus fast immer genäht war, konnte man Schmucknadeln und Fibeln entbehren. Allgemein setzte sich die Sitte durch, den Chiton nur gegürtet zu tragen; Ausnahmen waren selten. Ärmelchitone mit langen und eng anliegenden Ärmeln waren zeitweise Mode, doch kamen auch ärmellose, bei den Frauen nur von Schulterbändern gehaltene Chitone vor. Der untere Rand hatte – jeweils der wechselnden Mode entsprechend – einen breiten oder schmalen Saum, den Halsausschnitt schloß bei den Frauen meist ein buntes Band ab. Eine Neuheit waren Verzierungen auf der Schulter, vor allem bei jungen Mädchen. Die Länge des Chitons und die Höhe der Gürtung wechselten mit der Mode; die hellenistischen Terrakotten zeigen sowohl eine sehr hohe Gürtung, die die Brust betonte, als auch zuweilen eine ausgesprochen tiefe. Zur Erzielung besonderer Raffungseffekte wurden bei modischer Kleidung manchmal zwei Gürtel getragen; auch richtete man sich nach der Form und Größe des Bausches, den die Mode gerade erforderte. Die Männerchitone paßten sich weniger der Mode als dem Beruf und dem Alter des Mannes an; je mehr er sich bewegen mußte, um so kürzer war der Chiton. Als Stoffe wurden vorwiegend gebleichte oder gefärbte Linnenstoffe verarbeitet, nur in besonderen Fällen auch Purpurstoffe. Groß war die Liebe zur Farbigkeit; die schönsten Tanagra-Terrakotten und die Bilder von Kentoripa geben einen anschaulichen Eindruck davon. Hellblaue Chitone, über denen ein rosafarbener Schal lag, Chitone in zartem Rosa, Gelb oder Weiß, aufgenähte oder aufgestickte ornamentale Verzierungen, blaue Überwürfe, purpurfarbene Säume, Besätze oder Fransen erlaubten vielerlei modische Abwechslungen.

Das Himation verlockte zu kühneren Faltenwürfen und Drapierungen; auch einfache Terrakotten lassen etwas erkennen von dem eleganten und weiten Schwung, mit dem dieses nur außerhalb des Hauses gebräuchliche Gewand getragen wurde. Wenn auch die alte, seit dem sechsten Jahrhundert aufgekommene Grundform des Umlegens die allgemein übliche blieb – sie ließ die Brust und den rechten Arm frei, indem das Himation unter der rechten Achselhöhle hindurchgezogen, aber über die linke Schulter gelegt wurde – so gab es daneben doch viele andere, oft recht komplizierte Möglichkeiten des Überwerfens. Die Stoffhülle wurde reicher, so daß modebewußte Damen es mit einer langen Schleppe drapierten, die von einer Schleppenträgerin getragen wurde. Es mußte mindestens so groß sein, daß es die Damen um den Kopf legen konnten, was zugleich neue und reizvolle Möglichkeiten zu individuellen Drapierungen bot. Da es weder mit Nadeln gesteckt noch sonst befestigt wurde, konnte man es auf die verschiedensten Arten frei um den Körper legen und so unter Umständen die entzückendsten Effekte hervorbringen. Die ‚delikate' Faltung des Tanagratyps im Gegensatz zu der geringen Faltung des Myrinastils bilden für die Moden um 200 zwei extreme Beispiele. Die weiblichen Himatia waren meist bunt, mit farbigen Streifen durchsetzt oder auch mit Purpurstreifen verziert; im ptolemaischen Ägypten entstand die Mode, Fransen anzunähen. Nur die Himatia älterer Männer waren ziemlich einheitlich in einem mittleren Braun gehalten. Als Straßenkostüm spiegelte das Himation den Reichtum und Geschmack der Besitzerin – für den Mann galt das nicht im gleichen Maße – wider, für die Armen aber bot es vielfach die einzige Möglichkeit, sich zu erwärmen. Da ein einfaches Himation weder genäht noch überhaupt irgendwie geschneidert war, konnte es leicht als Decke dienen. Es war das letzte, das Ärmste noch veräußern konnten; eine hellenistische Novelle erzählt von dem verlorenen Sohn, der das Erbe seines Vaters vertan hatte und in seiner Not zuletzt sein Himation verkaufte, weil er fälschlich meinte, es sei schon Frühling geworden, und dann erfror. Auch bei einfacheren Symposien deckte man sich zuweilen mit dem Himation zu.

Unter den jungen Männern wurde es üblich, die Chlamys zu tragen, den kurzen, kaum bis zum Knie reichenden Reitermantel oder Umwurf: im ptolemaischen Ägypten scheint sie während der ersten hellenistischen Jahrhunderte besonders beliebt gewesen zu sein. Man trug sie in makedonischer, thessalischer oder athenischer Form, aber die Unterschiede waren nur gering. In Athen galt sie als Kleidung des eleganten jungen Mannes aus den reichen Klassen; wenn der arme Bauer eine Chlamys auch nur sah, geriet er schon in Zorn. Die makedonischen Adligen trugen die Chlamys auf der Jagd, zuweilen als einziges Kleidungsstück. In Alexandreia gehörte sie zur Paradeuniform der Reiter an Staatsfeiertagen. Auf den Soldatengrabstelen kennzeichnete sie Offiziere und Soldaten vornehmer Reitertruppen. Die jeunesse dorée trug sie statt des Himation über dem Chiton, auch bei Diskussionen oder Ansprachen. Der jugendliche Eros wurde mit ihr bekleidet dargestellt oder geschildert. Vielsagend ist es, wenn in einem Text berichtet wird, ein ausgesetztes Kind sei in die mottenzerfressene Chlamys seines Vaters gekleidet gewesen, denn diese ist doch wohl gemeint, da Frauen nur an wenigen Orten dies Kleidungsstück trugen. Bei boiotischen Damen galt es als Zeichen besonderer Koketterie. Ihrem Schnitt nach war die Chlamys ein Umhang, der so über die Schulter geworfen wurde, daß er einen oder beide Arme frei ließ und am Halse mit einer kreisrunden Fibel zusammengeheftet wurde. An der oberen Kante mußte er daher rund sein, zwei Zipfel waren verlängert. Es gab aber, vor allem bei Reitertruppen, auch auf der Schulter zusammengeheftete Chlamyden. Der

Stoff war meistens aus einfarbiger oder weißer, in besonderen Fällen aus purpurgefärbter Wolle gefertigt.

In konservativen Gebieten trugen Frauen und Mädchen zuweilen noch den alten, wollenen, am Hals dicht geschlossenen Peplos, der der Nadeln oder Fibeln bedurfte. Ein Zugeständnis an die Mode war es, wenn man einen kleinen farbigen Überwurf darüber legte. Vom ptolemaischen Ägypten her wurden schöne Schals und Überwürfe modern; sie wurden nicht zusammengeheftet, sondern blieben entweder offen oder wurden auf der Brust in einen Knoten geschlungen.

Von Ägypten aus verbreitete sich auch unter Nichtägypterinnen die Kalasiris, der eng anliegende, kurzärmelige ägyptische Frauenchiton mit engem, rundem Halsausschnitt, und zwar sowohl in der Form eines schlichten Linnenrockes mit Fransen als auch in einer Luxusanfertigung aus golddurchwirkten, plissierten oder durchscheinenden Stoffen. Die alexandrinischen Damen haben sich auch für andere Formen ägyptischer Linnen- und Byssosgewänder, vor allem für die vielerlei ägyptischen Schleierarten interessiert.

Was die nichtgriechische Kleidung betrifft, so hat sich die bei den Reitervölkern übliche Hose nirgends durchsetzen können. Es gibt einige Terrakotten von Sklaven mit kurzer Hose und ärmellosem Chiton, sonst aber finden sich Hosen nur bei der Darstellung von Persern oder anderen Barbaren. Auch andere Stücke der persischen Kleidung, Kandys und Baschlyk, nahmen die Soldaten gern als kostbare Beute heim, trugen sie aber nicht. Nur im Theater wurden fremde Trachten als Barbarenkostüme gezeigt. Anders war es da, wo man aus politischen Gründen die fremde Tracht anlegte.

Als Arbeitskleidung trugen Handwerker und Sklaven gern die Exomis, die eine Schulter völlig frei ließ. Zur bäuerlichen Arbeitstracht gehörten ein Leder- oder Fellschurz, ein Rock aus Ziegenfell und für Arbeit bei schlechtem Wetter ein Tuchmantel mit Kapuze. Seeleute hatten einen schweren Wollmantel, Hirten in ärmeren Gegenden begnügten sich oft nur mit einem Fell.

Die hellenistische Hoftracht unterschied sich kaum von der griechischen Kleidung. Alexander legte bei gewissen repräsentativen Veranstaltungen zwar persische Hoftracht an, aber das erregte Widerspruch. Inwieweit spätere Ptolemaier im Verkehr mit den Ägyptern die traditionelle Tracht der Pharaonen trugen, ist nicht sicher zu sagen; die Darstellungen an den Tempelwänden sind konventionell. Doch ist anzunehmen, daß bei besonderen Veranstaltungen die Könige, ihre Damen und sicher auch die obersten Hofbeamten in ägyptischen Heiligtümern in ägyptischer Tracht erschienen. Dagegen ist das Isisgewand, das die letzte Kleopatra trug, vermutlich das der hellenisierten Isis gewesen, mit langen Fransen und dem Knoten auf der Brust.

Besondere Trachten trugen die Priester. Entweder stammten sie aus alter kultischer Überlieferung oder die Priesterkleidung glich sich der Kleidung des Gottes an, vor allem da, wo die Gewandmystik in den hellenistischen Religionen eine gewichtige Stellung einzunehmen begann. Die Kleidung der niederen Ränge war meist weiß, Oberpriester der größten Heiligtümer trugen Purpur, höhere Dionysospriester einen hellroten Chiton und ein dunkelpurpurnes Himation. Unter den Philosophentrachten war der Doppelchiton der Kyniker eine Neuerung, der das Himation überflüssig machte. Sektierer und Scharlatane legten Phantasiegewänder an wie das weiße ‚Pythagoraskleid' oder den purpurnen ‚Empedoklesmantel'. Menekrates Zeus trug ein purpurfarbenes Gewand, Kranz, Szepter und Riemenschuhe und kleidete sein Gefolge in Götterkostüme. Einen langen, bis auf die Füße reichenden Chiton trugen tragische Schauspieler. Keine besondere Berufstracht duldeten die Ärzte; im Gegenteil, es wurde verlangt, daß sich der Arzt nie auffällig kleiden sollte.

Die Kinderkleidung bestand meist aus einem kurzen Chiton, dazu für den Schulweg in rauheren Gegenden aus einem kleinen Himation, Schuhen und für die Erwärmung nach dem Sport einem mantelartigen Umhang. Die kleinsten Kinder wurden nur in Tücher gehüllt.

Die Materialien, aus denen die hellenistische Kleidung hergestellt wurde, waren vor allem Wolle oder Leinen. In vielen neu erschlossenen Gebieten Kleinasiens, Karmaniens und auch Ägyptens nahm die Schafzucht einen Aufschwung, der es ermöglichte, große Mengen von Wolle in rohem oder verarbeitetem Zustand zu exportieren. Man verwendete die Wolle roh, gebeizt, gebleicht oder gefärbt. Von einem guten Wollstoff wurde verlangt, daß er glänzend, weich, glatt und vor allem warm war. Wer sehr frostempfindlich war, trug nicht nur wollene Chitone und Himatia, sondern auch Schenkel- und Wadenbinden aus Wolle.

Baumwolle war zwar schon früher bekannt, wurde aber erst in hellenistischer Zeit in größerem Maße verarbeitet. Die Kameraden Nearchs hatten ihre Annehmlichkeit kennengelernt und benutzten sie im Rohzustand als Unterlagen, auf denen sie schliefen. Theophrast beschrieb sie als erster ausführlich. Sie wurde nicht nur aus Indien eingeführt, sondern auch in Syrien und Mesopotamien angepflanzt. Leider ist aus den erhaltenen Textilrechnungen nicht ersichtlich, wann Baumwolle und wann Leinenstoffe gemeint sind.

Leinenstoffe waren teurer, vor allem die feineren Sorten aus Kos oder Tralleis, aber auch die aus den großen Textilländern Ägypten und Syrien. Der benötigte Flachs mußte gründlich aussortiert, geklopft, gewaschen und gebleicht sein; ungebleichtes Linnen empfand man als häßlich. Die feinsten Leinenstoffe, aber auch gelegentlich Baumwollstoffe, waren unter dem Namen

Byssos bekannt, diese hauchdünnen und durchschimmernden Gewebe wurden nicht nur für Luxusgewänder, sondern auch für die Kultgewänder von Priesterinnen verwendet. Aus Leinen oder Baumwolle wurden Brokatstoffe mit eingewebten Metallfäden hergestellt, von denen sich Reste erhalten haben.

Die Seidenraupe und die Seidengewinnung waren zwar bekannt, doch spielte Seide für die Kleidung keine große Rolle, wenn wohl auch gelegentlich Rohseide in die Gebiete des Seleukidenreiches oder nach Alexandreia gekommen ist.

Für die Gebrauchskleidung wurden vor allem Tuche verarbeitet. Die Tuchwalker, deren Stampfen und Schlagen die Stadtbewohner schon am frühen Morgen belästigte, waren so zahlreich, daß auf einen großen Tuchverbrauch geschlossen werden muß. Auch rohe und gegerbte Felle und Pelze wurden für die Herstellung von Berufskleidung benötigt, jedoch nie zu modischen Gewändern verarbeitet. Gerberwerkstätten gab es in großer Menge, und der Pelzhandel spielt keine geringe Rolle, doch wurden die Felle und Pelze vorwiegend als Decken gebraucht. Lederkleidung gab es im militärischen und im bergmännischen Bereich.

Die Herstellung der Kleidung erfolgte auch in den Städten vielfach im Hause, auf dem Lande war das wohl ohnehin das Übliche. Die Mütter haben ihre Töchter im Weben und Spinnen unterwiesen, und Frauen und Mägde wußten mit Spindel und Webstuhl umzugehen. Der Hellenismus kannte keine Spinnräder, die Wolle wurde vielmehr gezupft, gekrempelt, ein Faden ausgezogen, glatt gerieben, die Wolle auf den Rocken gesteckt, das Fadenende an der Spindel befestigt und die Spindel gedreht, bis sie voll war. Auch der Webstuhl im Hause hat sich gegenüber früheren Zeiten nicht verändert. Rokken, Spindel, Garnkorb und Weberschiffchen bildeten den Stolz der Hausfrau; sie wurden der jungen Braut zum Geschenk gemacht, bei feierlichen Anlässen des Lebens im Tempel einer Göttin als Votivgaben geweiht und von den Dichtern besungen; die bildende Kunst hat Spinnerinnen und Weberinnen dargestellt. Beim Spinnen und Weben war man gesellig und sang schon am frühen Morgen; oft saßen zwei Mädchen zusammen am Webstuhl. Von der Feinheit dieser Arbeiten sprechen neben einigen Funden die Dichter: „Den Schatten eines Purpurs webte sie zuerst hinein", heißt ein berühmtes Menanderfragment. Natürlich reichte die Heimarbeit schon längst nicht mehr aus; kleinere und größere Spinnereien und Webereien lieferten die Ware für den Textilhandel und den Textilexport. In diesen Betrieben saßen auch Männer am Webstuhl und handhabten das Weberschiffchen; für die Herstellung besonderer Stoffe benutzten sie eigene Apparaturen, die allerdings nie über das Handwerkliche hinausgingen.

Größere Betriebe waren die Färbereien, denen die wachsende Vorliebe für farbige Kleidung zugute kam. Zwar gab es Frauen, die weiße Kleidung für gesünder hielten als bunte, aber sie blieben vereinzelt. Farbstoffe lieferte in erster Linie Phoinikien, das auch gefärbte Stoffe exportierte. Allmählich arbeiteten in jeder Stadt Färber, die sich nach bestimmten Handbüchern oder Rezepten richteten; vieles hatte man in Ägypten gelernt. Echte und unechte Purpurfarben, Krokus, Safran, Färberwaid, verschiedene Pflanzensäfte, Säfte von Läusen und Schnecken, Zusätze von metallischen Stoffen und Salzen ergaben die gewünschten Farbtöne. Man variierte die Farben dadurch, daß man sie kürzer oder länger der Sonne aussetzte und die Konzentrationen änderte; Kaltfärben war selten, meist tauchte man den Stoff in die kochende Farbe. Die Ausgrabungen in Isthmia haben einen Industriebetrieb freigelegt, in dem eine Färberei mit einer Weberei verbunden war.

Zugeschnitten wurden die Frauenkleider im allgemeinen in den Privathäusern; wir wissen, daß man dazu Rahmen benutzte, auf die man größere Stoffstücke spannte, damit sie sich aushängen konnten. Die hellenistische Fabel erzählt von einer Mutter, die ihrer Tochter kein Kleid zu ihrer Zufriedenheit anfertigen konnte und daher ständig Änderungen vornehmen mußte. Dagegen sind die verschiedenen Verzierungen von Luxuskleidern und -stoffen in Handwerker- und Künstlerwerkstätten hergestellt worden. Es wurde Sitte, Ornamente und Bilder auf den Kleidern anzubringen. Am billigsten war es, wenn diese in irgendeiner Form aufgedruckt wurden wie bei dem ‚Dionysosvorhang‘ im Louvre. Die teueren Kleiderstoffe aber wurden durchgewebt und bestickt; Noppenweberei mit Wollmustern auf Leinenstoffen, Goldfadenstickereien und in Purpurstoffe eingewebte Bilder kamen vor. Die Motive waren einfache Tier- und Blumenmuster, stilisierte oder naturalistische Pflanzen, Eroten, aber auch abstrakte geometrische und lineare Ornamente. Lokale Unterschiede haben anscheinend eine größere Rolle gespielt, doch ist zu wenig erhalten, um Sicheres aussagen zu können.

Neben der Kleidung oder vielmehr in Verbindung mit ihr war von jeher die Frisur Ausdruck menschlicher Kultur. Was die Gestaltung der Haartrachten angeht, so war der Hellenismus eine der erfindungsreichsten Zeiten der Antike. Nicht allein, daß die Haarmoden rasch wechselten oder daß gewisse Vorbilder von Königinnen oder Hetären gedankenlos nachgeahmt wurden, es gab auch viele individuelle und originelle Formen, die von der betonten Schlichtheit eines einfachen Haarknotens im Nacken bis zu den raffiniertesten und überladensten Gebilden reichten.

Der Hellenismus hatte aber auch einen besonderen Blick für die ästhetische Schönheit unfrisierten und nur gekämmten aufgelösten Haares. Bildende

Künstler wurden nicht müde, Frauen mit aufgelöstem Haar darzustellen, und Dichter besangen sie. Da langes Haar ein Stolz der Frau war, fehlte es nicht an Modellen. Trauernde, Badende und sich Kämmende gehören zu den schönsten Motiven hellenistischer Kunst, nicht nur in der Großplastik, sondern auch in Bronzen, Terrakotten und Theatermasken. Das Frisieren selbst war natürlich nicht nur von der gerade geltenden Haarmode, den lokalen Eigentümlichkeiten und Stilen, dem Willen zur Neuerung oder dem konservativen Festhalten am Alten abhängig, sondern auch von der Geschicklichkeit der Friseuse; viele von den kunstvollen Gebilden auf den Köpfen der Damen konnten nur mit Hilfe von ein oder zwei frisierkundigen Sklavinnen hergestellt werden. Waren sie nicht vorhanden und mußte man sich selbst frisieren, war man genötigt, einfachere Frisuren zu wählen.

Die wichtigsten hellenistischen Frisuren, die in der Kunst dargestellt wurden, waren:

1. Ein einfacher Haarknoten im Nacken. Diese schlichte Frisur war so beliebt, daß sie überall und zu allen Zeiten in der hellenistischen Welt zu finden war.

2. Die ‚Melonenfrisur'. Das Haar wurde in welligen Streifen von der Stirn nach dem Hinterkopf gekämmt und dort zu einem Knoten oder Zopf geflochten. Diese Frisur trugen viele Ptolemaierinnen.

3. Das Haar wurde in Ringellocken um den Kopf angeordnet. Die Locken wurden gedreht, mit Fett eingerieben, erwärmt und die Lockenfrisur möglichst hoch aufgetürmt. Die kunstvollsten Beispiele solcher Frisuren, die stundenlange Arbeit erforderten, finden sich auf Silbertellern von Boscoreale.

4. Um den ganzen Kopf wurden Zöpfe gelegt.

5. Der alte griechische Mittelscheitel kam wieder zu Ehren. Er konnte mit verschiedenen anderen Haartrachten kombiniert werden.

6. Eine Haarrolle längs der Stirn oder eine Schneckenmuschel über der Stirn.

7. Am Ende des Hellenismus war der Scheitelzopf am verbreitetsten.

Locken konnten auf sehr verschiedene Art angeordnet werden. Im Späthellenismus wurde es zeitweilig Mode, den Mittelscheitel auf der Stirn durch zwei zangenförmig angeordnete Haarsträhnen abschließen zu lassen. Auch konnte man aus dem Knoten noch Locken herauslösen und im Nacken herabhängen lassen.

Zum Festhalten der Haarfluten benutzte man Haarbinden, Haarnetze aus Metall oder Wolle, Haarnadeln aus Edelmetallen oder Elfenbein, kleine Spiralen und Kettchen aus verschiedenen Materialien. Eine hellenistische Neuheit waren Haarbinden, die man nicht mehr zu knoten brauchte, weil sie aus einem Stück gearbeitet waren, und die man so über den Kopf ziehen konnte, daß sie an der Stirn schmaler waren als am Hinterkopf. Myrina- und Pergamonterrakotten, bei denen die Frisur oft das ganze Gesicht umrahmt, zeigen sehr breite Haarbänder. Besonders feine Haarnetze lieferte Elis.

Männer pflegten das Haar seit dem vierten Jahrhundert halblang zu tragen, wer es ganz kurz schneiden ließ, galt als geizig, wer langes Haar trug, als weichlich. Der ‚mittlere Haarschnitt' galt als normal. Makedonischer Einfluß mochte bewirkt haben, daß man das Haar im Nacken ausschnitt, doch behauptete man, daß das die homerischen Helden auch schon getan hätten. Die Variation der Frisuren und Haarmoden war natürlich viel geringer als bei den Frauen, doch gab es keine Uniformität. Im Frühhellenismus war der glatt anliegende militärische Haarschnitt beliebt, aber seit dem dritten Jahrhundert wurden andere Frisuren häufiger, zum Beispiel an den Schläfen herabhängende Locken oder Lockenbüschel, gewollt ungeordnetes Haar wie bei vielen Philosophenköpfen, Lockenköpfe jeder Art, Seitenscheitel, in die Stirn gekämmtes kurzes Haar. Wallendes langes Haar, das mit einem Haarband aufgebunden war, trugen einige konservative Priesterklassen, einige Philosophen und einige Schauspieler. Kahlköpfigkeit duldete man bei den Isispriestern, sonst gab sie nur Anlaß zum Spott. Um einen möglichst exakten männlichen Haarschnitt zu erreichen, benutzten die Haarschneider einen runden Napf, um den herum sich die Haare gleichmäßig schneiden ließen.

Haarfärbemittel benutzte schon der athenische Weichling Ktesippos, der Sohn des Chabrias, den Phokion vergeblich zu bessern versuchte. Viele lehnten sie ab: sie seien von Medea, also einer Barbarin, erfunden worden; eine vernünftige Frau habe es wahrhaftig nicht nötig, ihre Haare rotblond zu färben. Auf orientalischen Einfluß zurückzuführen waren die raffiniert gewordenen Methoden, den Kopf zu salben und zu parfümieren.

Seit der Alexanderzeit kam die Bartlosigkeit immer mehr in Mode. Man rasierte sich mit dem sehr dünnen, zuweilen zweischneidigen Rasiermesser so sauber wie nur irgend möglich. Aber es gab Ausnahmen. Während die meisten hellenistischen Könige bartlos waren, trugen Philipp V. und Perseus Backenbärte, ebenso Achaios, Demetrios II., Prusias I. und noch einige andere. Vollbärte trugen die Philosophen, allerdings von so verschiedenem Schnitt, daß man zu Zeiten an der Barttracht die Schule erkennen konnte, der der Träger angehörte. Enthaarungsmittel hatte man in Ägypten kennen gelernt.

Hellenistische Bildwerke und Münzen lassen die Vielzahl verschiedener alter und neuer Kopfbedeckungen erkennen. Die flachen Hüte, Spitzkappen und Kapuzen der Männer aus Filz, Stroh, Fell oder Leder entsprachen den praktischen Bedürfnissen, ebenso wie die Kopftücher und Kopfbinden der Ärmeren. Dazu kamen neue, nicht griechische Kopfbedeckungen, sowohl in den obersten Kreisen wie in den unteren Schichten. Viele hellenistische Fürsten, Offiziere und höhere Beamte trugen die makedonische Kausia, den aus einem Stück gearbeiteten weichen und breitkrempigen Filzhut, dessen Krempe leicht gebogen werden konnte, so daß er Schatten spendete und vor Staub schützte. Man trug ihn auch auf der Jagd und im Kampf. Der Hut des Königs war purpurfarben, alle anderen weiß. Er besaß ein Kinn- und Nackenband, einen Reif zwischen Krempe und runder Kopfplatte, die sich der Kopfform anpaßte. Darstellungen finden sich, außer in Makedonien, auf ägyptischen Soldatengrabsteinen, in Pergamon und auf baktrischindischen Münzen. Alexander schlang als erster das Diadem, die breite Purpurbinde, die die Perserkönige um die Tiara trugen, um die Kausia; die hellenistischen Herrscher trugen diese Königsbinde auch ohne Kausia, und zwar neben purpurnen Bändern auch weiße oder goldumrandete. Sie wurde im Nacken zusammengebunden, so daß die Enden lose nach hinten herabhingen. Die Königinnen trugen sie, oft reich verziert, unter dem Schleier. Iranische oder vom Iranischen beeinflußte Kopfbedeckungen besaßen neben den Arsakiden die Könige von Armenien und Kommagene, während die Ptolemaier der späteren Zeit bei besonderen Anlässen die ägyptische Doppelkrone aufsetzten. Die phrygische Mütze wurde häufiger getragen, aber zunächst nur als Tracht der Freigelassenen. Phantasiekopfbedeckungen wie die Spitzhüte der Grotesktänzer oder die Hüte der Scharlatane und Astrologen mit den Tierkreiszeichen gingen entweder auf fremde Anregungen zurück oder entsprangen der individuellen Phantasie.

Die Griechen, besonders die nicht allzu makedonenfreundlich gesinnten, trugen den Petasos, einen Hut, bei dem Krempe und Kopfteil nicht aus einem Stück gearbeitet waren. Seine breite Krempe schützte vor der Sonne, daher eignete er sich gut für alle, die im Freien arbeiteten. Man trug ihn auf der Reise, dagegen nicht in der Stadt; er war ein Teil der Uniform der attischen Epheben und der thessalischen Reiterei. Modische Abweichungen ergaben sich durch die verschiedene Breite der Krempe, die Art, wie man sie nach oben oder unten bog, oder durch die Farbe; es gab Hüte, bei denen die Krempe anders gefärbt war als der Kopf; schwarze, weiße und rote Färbung herrschten vor. Auch die Kopfform wechselte; sie konnte eine Halbkugel sein, aber auch nach oben spitz zulaufen und eine Bekrönung tragen oder auch hinten höher als vorn sein. Der Petasos ließ sich mit Kinn- oder Nackenband befestigen und in den Nacken schieben, die Materialien, aus denen er hergestellt wurde, waren Filz, Stroh oder Leder. Als Reisehut dienten einige Formen des Pilos, einer spitz nach oben zulaufenden weichen Filzkappe mit oder ohne Krempe.

Sie war der Hut der Seefahrer; in der bildenden Kunst werden die Dioskuren und Odysseus mit solchen verschieden geformten Kappen dargestellt.

Die Damen trugen Schleier, Hüte oder Kopftücher. Sofern man nicht das über den Kopf und einen Teil des Gesichtes gezogene Himation statt eines Schleiers benutzte, wurde dieser nach älteren ägyptischen Vorbildern gewebt, vor allem im ptolemaischen Kulturgebiet. Zu den reizvollsten Schöpfungen hellenistischer Modekunst gehören die Damenhüte der Tanagrafiguren. Breitkrempige Strohhüte in Form eines Spitzkegels oder eines aufgesetzten Kegelstumpfes, die über dem Schleier oder einem sehr feinen Kopftuch getragen wurden, dienten ausschließlich dazu, die Anmut der Gesichter zu erhöhen. Kopftücher gab es in jeder Qualität, von einfachsten viereckigen Tüchern bis zu kunstvoll verzierten oder mit Fransen versehenen Stücken, die man entweder in Dachform faltete oder lose an den Schläfen herabhängen ließ. Eine weibliche Myrinaterrakotte zeigt einen Regenmantel mit einer daran festgenähten Kapuze.

Der verbreitetste Kopfschmuck bei Männern und bei Frauen blieb der Kranz, anscheinend hat der Hellenismus in seiner Vorliebe für Kränze alle früheren Zeiten überboten. Kränze fehlten bei keinem Fest, bei keinem feierlichen oder lustigen Aufzug, bei keinem Opfer, keiner Sportveranstaltung und keinem Trinkgelage. Kränze waren nicht nur Auszeichnungen und Siegespreise, sondern für die hellenistische Emotionalität ein Symbol des so unendlich schönen und doch so unendlich rasch verwelkenden Lebens, damit aber zugleich Ausdruck eines der typischsten Elemente hellenistischen Lebensgefühls. Blumenkränze wurden von Flechtern oder Flechterinnen mit Bast gebunden und auf dem Handelsmarkt verkauft. Der sikyonische Maler Pausias hatte auf einem der berühmtesten Gemälde seiner Schule die Kranzbinderin Glykera bei ihrer Flechtarbeit gemalt. Meleagros nennt achtundvierzig verschiedene Kranzblumen und zum Kranzbinden geeignete Zweige; zu den Blumen- und Blätterkränzen kamen in besonderen Fällen Früchtekränze. Man wählte das jeweils für eine bestimmte Gelegenheit passend Erscheinende aus, doch bildeten sich allmählich auch feste Regeln dafür, welcher Kranz bei bestimmten Anlässen getragen werden mußte. Auch lokale Unterschiede spielten eine Rolle. So liebte man in späthellenistischer Zeit im athenischen Gebiet blätterreiche Kränze, in Alexandreia sehr dicke Blumenkränze, während man sie in Griechenland dünner flocht. Lange Bänder aus verschiedenen Stoffen und in verschiedenen Farben ließ man entweder aus dem Kranz herabhängen oder band sie in den Kranz ein. Bei Gastmählern trug man Kränze aus Weinlaub, Efeu, der als Mittel gegen den Katzenjammer galt, und Rosen; Hochzeitskränze wurden aus Myrte und Veilchen geflochten. Ährenkränze trug man bei ländlichen Festen, während Oliven-, Lorbeer- und Palmenkränze auf die großen Feste, bei denen sie Siegespreise waren, beschränkt blieben. Mit Taxus, Steineiche, Akanthos und Eppich bekränzte man Tote. Um von der Jahreszeit unabhängig zu sein, begann man, Kränze aus wächsernen oder beinernen Kunstblumen herzustellen, die in erster Linie zur Bekränzung der Toten dienten. Die als Ehrung verliehenen Goldkränze und die Metallkränze als Schmuckstücke gehören nicht in diesen Zusammenhang.

Viel Luxus wurde bei der Herstellung von Fußbekleidungen entfaltet. Im Haus ging man in der Regel barfuß, aber auf der Straße trug man im allgemeinen Sandalen aus Papyrus, Holz oder Leder. Auch sie sind an Terrakotten am besten zu erkennen. Um die Sandale nicht zu verlieren, band man sie nicht mehr nur an Zehen und Spann, sondern möglichst hoch am Unterschenkel, was zu einer Reihe von modischen Abwandlungen der Bindungsart und der Bänder selbst führte. Die griechische Sandale wurde in der ganzen Welt getragen, das Wort ‚Sandale' drang sogar als Lehnwort ins Aramäische ein. Die bildende Kunst fand in dem sandalenbindenden oder -lösenden Mädchen ein willkommenes Motiv, ebenso wie in der mit der Sandale schlagenden Aphrodite; die Epigrammdichter besangen die Sandalen ihrer Schönen. Als Gebrauchskleidung genügten sie vollkommen; nur Jäger und Fischer brauchten hohe oder halbhohe Lederstiefel und Schnürschuhe und die Bauern einfache Holz-, Stroh-, Fell- oder Lederschuhe.

Alle anderen Schuharten waren Luxusgegenstände und spielten vor allem in der Damenmode eine Rolle. Herondas hat eine Liste von Fabrikaten eines hellenistischen Schusters überliefert; sie umfassen Schuhe nach der Art von Sikyon und Ambrakia, ‚Vögelchen' (νοσσίδες, wohl Schuhe für junge Mädchen), ‚Webergewichte' (λεῖαι, wohl schwere Schuhe), ‚Pistazienkerne' (φιττάκια oder ψιττάκια, Damenschuhe, vielleicht in Pistazienfarbe), Leinenschuhe (καννάβισκα), elegante Luxusschuhe für Damen (βαυκίδες), Hausschuhe (βλαῦται), ionische Schuhe, geknöpfte Schuhe (ἀμφίσφαιρα), Bettschuhe (νυκτιπήδηκες), hohe Schuhe, die über den Knöchel hinaufreichen (ἀκροσφύρια), ‚Krebschen' (καρκίνια, wohl hellrote Schuhe), leichte äolische Sandalen (σάμβαλα), argivische Schuhe, purpurfarbige Schuhe (κοκκίδες), Backfischschuhe (ἔφηβοι; doch ist die Bedeutung unsicher, da bisher in diesem Sinne Hapaxlegomenon), Gebrauchsschuhe (διάβαθρα). Aus Pollux, Athenaios und Hesychios sind weitere Sorten bekannt; für die hellenistische Zeit kommen vor allen noch in Frage: Weiche Frauenschuhe mit aufgebogener Spitze (ἀκάτια), einfache lakonische Sandalen (ἁπλαῖ), argivische durchbrochene Frauensandalen, bis zu den Knöcheln geschlossene Schuhe (ἀρβύλη), weiche lydische Filzschuhe (ἀσκερίσκα), Frauensandalen, die den Fuß unbedeckt ließen (γυμνοπόδια), derbe Männerschuhe (δεινιάδες), Pelzschuhe aus Schaffell (ἔμβαθρα), den spartanischen Ephebenschuhen nachgebildete Formen (ἐννήυσκλοι), hirschlederne Schuhe (εὐμάριδες), einfache Bauernschuhe (καρβάτιναι), hochgeriemte Sandalen oder hohe Stiefel (κρηπῖδες), ‚halbpersische' Frauenschuhe (μεσοπερσικαί), nach dem Schuster Mynnakos genannte Luxusschuhe, Frauensandalen mit hohem Absatz (? ὀπισθοκρηπῖδες), goldene Frauensandalen, Sandalen mit vielfacher Verschnürung (ῥᾳδια), ‚Seleukiden', wohl nach Seleukos I. genannte Schuhe, hochgeschnürte Sandalen (συγχίδες, συκχάδες), netzartige Schuhe oder Sandalen (σχισταί). Besondere Fabrikate waren die schwarzen, weißen und roten thebanischen Schnürschuhe und alexandrinische Schuhe und Sandalen mit goldenen Verzierungen und Sohlennägeln, die beim Gehen Ornamente, Bildchen oder das Monogramm des Trägers in den Boden eindrückten. Solche Schuhe waren beliebte Geschenkartikel; Matrosen brachten sie ihren Mädchen von der Reise mit.

Der Einfluß des Orients wurde darin deutlich, daß sich auf allen Gebieten der Kosmetik eine ständig zunehmende Verfeinerung bemerkbar machte. Da es die südliche Sonne erforderte, hatten sich die Griechinnen schon seit langem geschminkt, aber erst im Hellenismus verbreitete sich auf dem Wege über Alexandreia die Kenntnis der raffinierten Färbemittel und Techniken Ägyptens, und von Syrien her wurden die Duftstoffe des nahen Ostens eingeführt. Matrosen brachten ihren Mädchen auch bisweilen eine Dose phoinikischer Salbe oder Schminke mit. Die primitive, von der alten Komödie verspottete Sitte der Frauen, sich weiße oder rote Farbe auf die Wangen zu streichen, wurde durch kompliziertere Verfahren ersetzt; die Augenlider wurden geschwärzt, die Wangen rosa und weiß abgetönt, die Fingernägel rot, die Zähne weiß gefärbt. Als Färbemittel dienten rote Farbstoffe orientalischer Pflanzen, Schnecken- und Muschelsäfte und Bleiweißpräparate. Doch gab es auch Gegner des Lippenschminkens und der Kosmetik überhaupt; eine schöne Frau braucht sich ebensowenig zu schminken wie die Sterne es tun.

Der Parfüm- und Salbenverbrauch erreichte eine bis dahin in der griechischen Welt auch nicht annähernd erreichte Höhe. Die Herstellung war sehr kompliziert, da man keine Destillation von Duftstoffen kannte; man preßte die Grundstoffe aus und mischte sie nach komplizierten und individuell sehr verschiedenen Rezepten. Ein gutes Beispiel bildet der Vergleich von vier Rezepten für das ‚duftende Rauchwerk' Kyphi, das rein ägyptischen Ursprungs war, in der hellenistischen Welt aber im sakralen wie im profanen Gebrauch und in der Literatur eine große Rolle spielte. Es mag als Beispiel für die Herstellung teurer Kosmetika und Duftmittel gelten, aber auch dafür, daß alte orientalische Rezepte im Hellenismus noch komplizierter wurden.

Die Substanzen des Kyphi nach:

	Pap. Ebers 98	*Plut. Is. 80*	*Diosc. 1,25*	*Galen antidot. 2,2*
1.	Myrrhe	Myrrhe	Myrrhe	Myrrhe
2.	Wacholder	Wacholder	Wacholder	Wacholder
3.	Weihrauch	—	—	—
4.	Galgant	Galgant	Galgant	Galgant
5.	Aloe	—	—	—
6.	Harz	Harz	Harz	Harz
7.	Kalmus	Kalmus	Kalmus	Kalmus
8.	Sesel	Sesel	—	—
9.	Mastix	Mastix	Mastix	Mastix
10.	Styrax	—	—	—
11.	—	Honig	Honig	Honig
12.	—	Wein	Wein	Wein
13.	—	Rosinen	Rosinen	Rosinen
14.	Aspalathos	Aspalathos	Aspalathos	Aspalathos
15.	—	Asphalt (?)	—	—
16.	—	Binsen	—	Binsen
17.	—	Lapathon	—	—
18.	—	Kardamom	—	Kardamom
19.–21.	—	Krokus und zwei Harze	—	—

Von den angegebenen Dosierungen, die zum Teil so genau waren, daß sie es *V. Loret* ermöglichten, danach die Mischungen selbst herzustellen, ist hier abgesehen.

Einer der Mittelpunkte, wenn nicht *der* Mittelpunkt der Parfüm- und Salbenfabrikation (μυρεψία, μυρεψεῖον) und des Handelns mit Duftstoffen war Alexandreia. Hier entstanden die kostbarsten Produkte, aber auch Fälschungen und billige Imitationen. Die Grundstoffe wurden aus allen Teilen des Orients eingeführt; eine katalogartige Aufzählung der wichtigsten ist nicht nur zum Verständnis der hellenistischen Kosmetik, sondern auch der Medizin und mancher kultischen Einrichtungen erforderlich.

1. Reines Olivenöl war die Grundsubstanz aller nicht allzu billigen Salben.

2. Weihrauch, das Harz von Boswellia serrata, kam aus Südarabien, aber auch aus den ptolemaischen Stationen am Kap Guardafui. Da er sehr teuer war, wurde er oft mit anderen Harzen vermengt.

3. Styrax, das Harz von Styrax officinalis, war billiger. Es kam aus Syrien und Kleinasien, doch wurden auch Versuche unternommen, den Strauch in Griechenland anzupflanzen.

4. Echte Myrrhe – das Harz einiger Burserazeenarten, vor allem von Commiphora abessinica – kam aus Südarabien und Oberägypten oder Abessinien. In Tierhäute eingenäht, wurde sie nach Alexandreia transportiert. Verfälscht wurde Myrrhe durch ‚boiotische Myrrhe', die zerriebene Wurzel eines in Boiotien wachsenden Strauches. Neben Narde und Krokus gehört sie zu den vielen Dingen, die in den Zenonpapyri als Importgüter aufgeführt werden.

5. Nardenöl aus der Wurzel der indischen Narde gehörte zu den teuersten Spezereien.

6. Galgant, die Wurzel von Cyperus rotundus oder longus, kam vor allem aus Syrien und Kilikien, aber auch von den Inseln und aus der Ammonsoase.

7. Kinnamomon wird oft erwähnt, es gehörte auch zu den teuren Grundstoffen.

8. Balsam aus Gilead und vor allem aus Jericho, der aus Balsamodendron Gileadense gewonnen wurde. Da er sehr selten und teuer war, wurde er häufig verfälscht.

9. Terebintenharz, das gereinigte Harz der Pistacia terebinthus, kam vor allem aus Arabien, Petra war Stapelplatz.

10. Mastix, Ausfluß der Pistacia lentiscus, war billig und wurde daher gern zu Fälschungen kostbarer Stoffe benutzt. Chios war, wie noch heute, eine der Hauptsammelstätten.

Alexandrinische Handbücher stellten die Rezepte zusammen, nach denen man aus diesen und vielen anderen Ingredienzien Parfüme, Räucherwerk, kosmetische Salben und Mundspülmittel fabrizierte. Natürlich gab es auch einfachere Verfahren, für die die teueren importierten Grundstoffe nicht benötigt wurden.

Je kostbarer die Duftstoffe und Salben waren, um so kostbarer waren auch die kleinen Fläschchen und Kästchen, in denen man sie aufbewahrte. Bei Ausgrabungen wurden Alabastra aller Art und verschiedener Größen gefunden, man sieht sie auch bei den Terrakotten in den Händen des Eros, der Aphrodite oder der Modedamen. Als kunstgewerbliche Erzeugnisse bilden sie einen wichtigen Zweig der hellenistischen Kunstgeschichte. Kunstgeschichtlich interessant sind auch die zahlreichen Darstellungen von Toilettenszenen auf Werken der Kleinkunst oder der Malerei.

Der hellenistische Schmuck soll hier nicht speziell unter kunstgeschichtlichen Aspekten erwähnt werden, sondern lediglich als Zubehör zur Kleidung. Die Frauen lernten in ihrem Bedürfnis, sich zu schmücken, willig vom Orient. Hellenistische Damen, zuerst in Alexandreia, dann auch außerhalb Ägyptens, begannen ägyptische Knöchel- und Schenkelspangen, Armreifen in Schlangenform und Skarabäen zu tragen; ägyptischer Schmuck aus Halbedelsteinen,

Email und Glasflüssen fand weite Verbreitung. Andererseits wurden Perlen erst im Hellenismus in Ägypten bekannt und, seitdem Verbindungen mit dem Persischen Golf und Indien bestanden, auch in der übrigen Welt rasch beliebt. Halsbänder aus Perlen und Ohrgehänge mit Perlen sind von Griechinnen erst im Hellenismus getragen worden; Perlenfischerei und -handel brachten einträgliche Gewinne. Edelsteine lieferten die den Ägyptern längst bekannten Fundorte zur Verarbeitung nach Alexandreia. Doch bezogen die alexandrinischen Juweliere auch Steine aus Arabien und Indien. Als Schmuck und Ringsteine schätzte man Smaragd und Topas am höchsten, danach Saphir, Sarder und Iaspis. Von den Metallen, die zu Schmuck verarbeitet wurden, stand das Gold an erster Stelle. Seit dem Alexanderzug kam immer mehr Gold aus dem Osten in geprägtem und ungeprägtem Zustand in griechische Hände, und ein Teil davon wurde zu Schmuck verarbeitet. Die Goldschmiedekunst verbreitete sich rasch bis an die äußersten Grenzen der griechischen Welt; griechisch-skythischer Goldohrschmuck gehört zum schönsten Schmuck aller Zeiten. Elfenbeinschmuck scheint noch selten gewesen zu sein, dagegen sind Schmuckstücke aus Metall mit aufgeschmolzenen Überzügen von Glas- und Metallfluß als Grabbeigaben in hellenistischen Gräbern gefunden worden. Die Grabfunde brachten auch eine Unmenge Schmuck aus wertlosen Materialien, Steinchen, Muscheln, Holz und dergleichen zutage.

Ein bevorzugtes Schmuckstück bei Männern und Frauen war der Ring. Zwar behielt der Siegelring seine alte Bedeutung – wie der Ring mit dem makedonischen Staatssiegel, den Alexander dem Perdikkas übergab oder der Anker-Ring der Seleukiden –, daneben aber bekamen Ringe auch als bloße Schmuckgegenstände Wert. In diesen Fällen bevorzugte man Ringe mit festen Steinen, und zwar im Frühhellenismus mit konvexen Steinen in langovaler Form, im Späthellenismus kreisovale oder kreisförmige Steine und Ringplatten. Dienten die Ringe als Siegel, so gelten ovale Siegelfelder als frühhellenistisch, kreisrunde als späthellenistisch. Doch gibt es Ausnahmen. Neu waren Ringe mit eingesetzten Kameen und Ringe von besonders großem Format. Die elegantesten hellenistischen Ringe hat *Battke* zusammengestellt. Zu ihnen gehören ein frühhellenistischer Ring aus vergoldeter Bronze mit einem weißen, in die Ringplatten eingelegten Chalkedon, in den ein thronender Zeus mit einem Adler eingeschnitten ist, ein hochhellenistischer Ring griechischer Provenienz aus massivem Gold mit ovaler Platte, in die ein liegender Damhirsch graviert ist, sowie ein anderer, von alexandrinischer Herkunft, aus dünnem Goldblech mit Golddrahtverzierungen, vier Henkelkreuzen am Rande und einer mit Golddrähten befestigten Platte aus Glaspaste mit einer Bes-Figur. Eine andere Glaspaste auf einem alexandrinischen Ring zeigt eine geflügelte

Nike. Ein pergamenischer Ring besitzt einen durch verzwirnte Golddrähte gehaltenen Sardonyx mit dem Bild eines Satyrn, einer tanzenden Nymphe, eines Blumenkorbes und eines Baumes. Späthellenistische athenische Goldringe haben Intaglios in Granaten mit einer Eule oder mit einem entzückenden Mädchenkopf mit Stirnbinde und herabfallendem Lockenhaar. Spätalexandrinische Sardonyx-Ringe bilden hellenisierte, ägyptische Götter, besonders Harpokrates, ab oder tragen konventionelle Götterbilder wie Apollon mit der Kithara. Berühmt war der Ring des ptolemaischen Nauarchen Kallikrates mit einem Bild des Odysseus. Anscheinend seltener waren alexandrinische Ringe mit dem Porträt des Besitzers oder der Besitzerin. Die Ringe wurden meist an der Hand getragen, und zwar, wie die hellenistischen Statuetten zeigen, auch am kleinen Finger. Eine Frau soll sogar an allen zehn Fingern Ringe gehabt haben, doch war das eine Ausnahme. Fußringe um Knöchel und Oberschenkel waren in den Großstädten üblich, Nasenringe jedoch wurden nur von Orientalinnen getragen.

Alexandreia war maßgebend für neue Gürtelmoden. An die Stelle einfacher Bänder traten goldbesetzte oder metallene Gürtel, die auch von Männern getragen wurden; ein schönes Beispiel eines Bronzegürtels befindet sich im Museum von Karlsruhe. Im Osten gehörten die prunkvollen Gürtel, die zuweilen mit Medaillons geschmückt waren, zur priesterlichen Kultkleidung; schöne Beispiele gibt es für Attis. Weibliche modische Gürtel waren mit Ornamenten oder Blumen bestickt, zuweilen auch mit Goldbuchstaben geziert, die den Namen der Trägerin oder auch ganze Sätze ergaben. Die Bedeutung der Nadeln, Fibeln und Spangen trat zurück, seitdem die Kleidung sie nicht mehr unbedingt erforderte. Doch sind sowohl die geraden Nadeln wie die verschieden großen Sicherheitsnadeln mit Bügeln nicht verschwunden und bei altertümlichen Trachten auch weiterhin wie in alten Zeiten zum Zusammenstecken des Gewandes in Gebrauch gewesen.

Zur Kleidung der Damen gehörte der Fächer. In der griechischen Damenwelt war er schon in vorhellenistischer Zeit aufgekommen, Männer jedoch benutzten ihn nur selten. Meist trugen ihn die Damen selbst in der Hand. Reiche Leute, die mit der Mode gingen, ließen ihn sich von Sklaven oder Sklavinnen nachtragen. Kleopatra soll sich bei der Begegnung mit Antonius von Sklavinnen, die als Eroten gekleidet waren, haben fächeln lassen. Die gewöhnliche Fächerform war die eines großen, breit ausladenden Blattes mit kurzem Stil; die Blätter bestanden aus festen Stoffen, Papyrus oder Leder und waren bemalt, vor allem rot oder golden, zuweilen auch bunt oder mehrfarbig, wie Spuren auf Terrakottafächern beweisen. Im ptolemaischen Ägypten und in einigen Gebieten des Ostens sah man statt der Blattfächer die orientalischen Wedel aus Federn auf langen Tragstangen; sie wurden immer von Sklaven getragen und gewedelt. Männer pflegten sich mit einem kleinen Tuch Luft zuzufächeln. Sonnenschirme wurden von Persien her allmählich auch in die hellenistische Welt eingeführt, wurden aber ebenfalls in erster Linie von Frauen verwendet.

Zu den schönsten Schöpfungen hellenistischer Kleinkunst gehören die Spiegel. Seit dem vierten Jahrhundert waren die alten Formen der Griff- und Standspiegel mehr und mehr durch die handlichen Klappspiegel verdrängt worden, die aus einer kreisrunden, meist mit Silber belegten Spiegelscheibe und einem mit Scharnier versehenen Deckel bestanden, meist aus Bronze oder aus Silber gefertigt waren und trotz ihres nicht immer geringen Gewichtes von den Damen auch außerhalb des Hauses mitgeführt werden konnten. Durch einen Schiebeverschluß wurden Deckel und Spiegel fest verschlossen, so daß die Scheibe nicht beschädigt werden konnte. Ihr besonderer Reiz lag in den Reliefverzierungen der Außenseite und den Gravuren der Innenseite des Deckels, die von *Züchner* in einem großen Werk gesammelt worden sind. Die Darstellungen sind dem Zweck des Spiegels angemessen, denn weitaus die meisten stammen aus dem Bildkreis der Aphrodite und des Eros, des Adonis und seines Kreises, oder sie zeigen Liebesszenen. Gelegentlich findet sich das Bild der Besitzerin auf dem Deckelrelief, umgeben von reich dekorierten konzentrischen Kreisen. Die Gravuren der Innenseite sind entweder rein ornamental oder geben ähnliche Motive wieder wie die Deckel. Hauptlieferanten waren bis ins zweite Jahrhundert die toreutischen Werkstätten von Korinth, Euboia und Unteritalien, abgesehen von den etruskischen Werkstätten, die bis ins dritte Jahrhundert Spiegel mit hellenistischen Motiven schufen.

Alexandreia exportierte eine Auswahl anderer Toilettengegenstände, unter anderem schöne Schalen und Kästchen mit Darstellungen Liebender oder mit reicher geometrischer oder naturalistischer Ornamentik; sie wurden in großer Zahl in Taxila gefunden und dort von indischen Kunstgewerblern nachgeahmt. Auch kleine Tragkästchen aus Papyrus, Holz oder Bronze brachte das hellenistische Ägypten auf den Weltmarkt; kleine Gegenstände und Tüchlein steckte man nach wie vor in den Bausch des Himation. Zum Einkaufen auf dem Markt benutzte man geflochtene oder hölzerne Körbe und auf dem Lande Tragtücher, die an den Zipfeln verknotet wurden. Transportsäcke trug man auf dem Rücken, kleinere Säcke, wie den kynischen Bettelsack, den Krates bedichtete und den Darstellungen in der bildenden Kunst als Attribut der Hundephilosophen wiedergaben, mit einem Strick oder Riemen über der Schulter oder am Gürtel.

3. Essen und Trinken

Von einer Eß- und Trinkkultur kann man erst dann sprechen, wenn Essen und Trinken nicht mehr nur Mittel zur Ernährung und zur Befriedigung eines primitiven Genusses sind, sondern sich unaufhörlich differenzieren, wenn sie in ihren vielen Möglichkeiten und Zweckbezogenheiten erkannt und sogar zum Gegenstand von Reflexionen gemacht werden. Das alles ist im Hellenismus geschehen, nicht nur, weil die Erweiterung der Welt den Blick für das, was die Menschen an verschiedenen Orten der Welt aßen und tranken, schärfte, sondern vor allem auch, weil man ernstlich nach dem Zusammenhang der vitalen Gegebenheiten mit dem Gesamtleben fragte. Man beobachtete die Verschiedenheit nicht allein der Nahrungsbedürfnisse, sondern auch des Geschmackes bei den verschiedenen Menschen und in den verschiedenen Lebenslagen und bejahte ganz bewußt die enge Verflochtenheit von Essen und Leben. In reichen Kreisen und in wirtschaftlich guten Zeiten merkte man, welche verfeinerten und ständig neuen Genüsse Essen und Trinken dem Menschen gewähren können, und in Zeiten der Armut und des Mangels, wie kostbar und schön auch ein Minimum von Essen und Trinken sein kann. Zu solchen Reflexionen zwang die große Diskrepanz, die darin lag, daß einerseits eine vorbildliche Welt- und Vorratswirtschaft entstehen konnte, daß aber andererseits die Menschen von einer beständigen Angst und Unruhe erfüllt waren, in den Kriegen oder den rasch wachsenden Städten Hunger leiden zu müssen. Viele Städte haben sich ernsthaft darum bemüht, einen Ausgleich zu schaffen, und durch großartige Hilfeleistungen, wie sie die Welt bis dahin nicht gekannt hatte, suchte man den Hunger zu lindern, vor allem in Katastrophenzeiten. Zu diesen Bestrebungen ist etwa die große Getreidespende zu rechnen, die Kyrene zwischen 330 und 326 notleidenden Gebieten der griechischen Welt zukommen ließ; zu erwähnen sind in diesem Zusammenhang weiterhin alle Bemühungen der Städte, Getreide zu erhalten und die nötigen Speicheranlagen zu bauen, sowie die Getreidestiftungen reicher Bürger, die auch von kleinen Städten dafür geehrt wurden. Hierher gehören schließlich viele gesetzliche Regelungen und Rationierungen – als besonders vorbildlich galten die von Rhodos. Das alles konnte jedoch nicht verhindern, daß die Gegensätze bis ins Extreme gingen. Einerseits entstand im Hellenismus die Sitte der großen Luxusessen, als deren Muster das sprichwörtlich gewordene Mahl galt, das Lamia dem Demetrios Poliorketes gab. Andererseits klagte man viel über Hunger in den Städten, vor allem in Griechenland, und es hieß, daß in dem reichen Korinth die Ärmsten um die Plätze der Brothändlerinnen herum die Brotkrümel vom Boden aufgelesen hätten und froh gewesen wären, wenn sie eine weggeworfene Nußschale hätten auskratzen können. Zwischen beiden Extremen stand das schlichte tägliche Normalessen, das wir aus den privaten Haushaltsbüchern kennen und das in der Hauptsache aus Gemüsekost und Brot bestand. Trotz aller Polaritäten und Gegensätze gab es aber doch so etwas wie eine gemeinsame hellenistische Eßkultur.

Das ist zum Teil wohl darauf zurückzuführen, daß in der Zeit des Frühhellenismus, in der alle Lebensgebiete zum Objekt wissenschaftlicher oder literarischer Forschung und Gestaltung wurden, auch das Essen keine Ausnahme bildete. Der Hellenismus war der Erfinder des wissenschaftlich und künstlerisch gestalteten Kochbuchs; das Kochen wurde im antiken Sinn zu einer Wissenschaft und Kunst zugleich. Ärzte waren es, die Kochrezepte publizierten, und Ärzte kümmerten sich um die Eß- und Trinkgewohnheiten. Aber auch die Dichter, an erster Stelle die Lustspieldichter, nahmen sich ihrer an. Das war bereits vorhellenistisch angelegt; die Ärzte von Kos beschäftigten sich seit langem mit der Diät für Kranke und Gesunde, und in der alten Komödie gab es raffinierte Speiseverzeichnisse und Weinkataloge. Der Hellenismus hat hier frühere Ansätze weiterentwickelt und überboten.

Zu einer neuen Eßkultur gehörten neue Tischsitten. Zwar aß man nach wie vor alles, was nicht mit dem Löffel gegessen werden konnte, mit den Fingern, aber wenigstens in besseren Häusern bekam jeder Gast ein Händewaschbecken (χέϱνιβον); auch galt es als barbarisch, beim Essen die linke Hand zu gebrauchen. Hier und da kamen silberne Speisemesser, zuweilen mit Elfenbeingriffen, in Mode, aber in den meisten Fällen schnitt der Hausherr oder der Koch die Speisen vor. Die alte Unsitte, Knochen, Muschel- und Obstschalen, Seeigelreste und anderen Abfall auf den Boden zu werfen, starb freilich auch im Hellenismus nicht aus, sondern lieferte sogar den Herstellern von Fußbodenmosaiken der Speisezimmer seltsame Motive. Eine neue Sitte war es, bei großen Mahlzeiten mit vielen Gerichten den Gästen eine säuberlich geschriebene Speisenfolge zu überreichen (γϱαμματείδιον). Im allgemeinen gehörte es zum guten Lebensstil, beim Essen genügsam zu sein. War man auf Reisen, so ließ man sich in den Gasthäusern die Lebensmittel, die man verzehrte und zum Teil sogar selbst zubereitete, einzeln auf die Rechnung setzen. Beim häuslichen Mahl scheint vielen die Unterhaltung wichtiger gewesen zu sein als Essen und Trinken; das Tischgespräch wurde anscheinend in den breitesten Kreisen gepflegt. Gäste sah man gern, und man nahm es nicht übel, wenn ein Freund auch einmal einen unbekannten Gast mitbrachte. Man rühmte von den Arkadern, daß bei ihnen Herren und Sklaven gemeinsam an den gleichen Tischen aßen, während man es den Athenern zum Vorwurf machte, daß sie ihre Sklaven bei Tisch schalten. Nicht nur die Makedonen in der Umgebung des Kassandros wurden wegen der Einfachheit ihrer Speisen als vorbildlich hingestellt, auch vom Durchschnittsathener wurde behauptet, daß er sich oft mit ein wenig Fisch und Knoblauch, Bucheckern, Muscheln und kleinen Broten begnüge.

In normalen Fällen aß man nicht mehr als zweimal am Tage, manche aßen sogar nur einmal, sei es aus Armut, sei es aus gesundheitlichen Erwägungen. Die Hauptmahlzeit wurde am Abend eingenommen, kurz vor oder um den Sonnenuntergang. Man begann sie mit einer Speise, die den Appetit anregte, hielt sich aber bei den Hauptgerichten mehr als früher an die Vorschriften der Ärzte. Mehrere medizinische Schulen betonten eindringlich, daß die hauptsächlichsten Krankheitsursachen in einem falschen Verhältnis von Arbeit zu Ernährung zu suchen seien. Sie bezeichneten Speisen ohne Nährwert als sinnlos, forderten, daß man nicht mehr essen sollte, als der Körper mühelos verdauen könnte, und erklärten falsche Ernährung für ebenso schädlich wie Über- oder Unterernährung. Daraufhin aßen viele, die es sich leisten konnten, nicht mehr naiv, sondern begannen, über die Ernährung zu reflektieren; sie dosierten die Speisen, verzichteten auf den Schlaf nach dem Essen und machten statt dessen Spaziergänge, um schlank zu bleiben.

Aber die Freude an kleinen und großen gemeinsamen Mahlzeiten, Festessen und Symposien ließ man sich nicht nehmen. Sie konnten ganz bescheiden sein. In Thessalien feierten einmal zwei Kleinbauern, ein Reiter und ein Fußsoldat ein gemeinsames Essen, und alles, was sie verspeisten, waren zwei Hühner, ein Ferkel, Schnecken und Zwiebeln. Dazu tranken sie vierjährigen Wein und erzählten sich ‚thessalische' Witze. Beliebt wurden Eranos-Mahlzeiten, zu denen jeder Teilnehmer einen Beitrag leistete; in Alexandreia brachte jeder Gast seinen Anteil in einem Korb mit; in Kreta nahmen um 200 auch Frauen an diesen ursprünglich nur für Männer bestimmten Mahlen teil. In den hellenistischen Philosophenschulen wurde es seit Theophrast und Epikur üblich, für solche Mahle Vermächtnisse auszusetzen oder Stiftungen zu machen. Im allgemeinen hielt man bei solchen Festen Maß – Ausnahmen hoben die Schriftsteller besonders hervor; Ärzte warnten vor zu großer Vielfalt und Abwechslung bei Festessen. Vom Orient her verbreitete sich die Sitte, beim Mahl die Gäste mit Salben oder Duftstoffen zu beschenken, zu salben oder zu besprengen. Das Symposion änderte sich, wenigstens unter Griechen und Makedonen, nur wenig; im Zusammenhang mit der Frage nach der Bedeutung des Weines wird darauf noch zurückzukommen sein. Bei allen festlichen Mahlen und Gelagen scheinen im Hellenismus Ordnung und Komment strenger geworden zu sein, aber auch die Formen der Unterhaltung mannigfaltiger; man trug Gedichte vor, sang oder ließ sich vorsingen, bestellte Musikanten oder Schausteller. Waren Philosophen zugegen, die von größeren Häusern aus Prestigegründen gern eingeladen wurden oder sich zuweilen auch selbst einluden, so suchten diese das klassische Symposion nachzuahmen; das führte zuweilen zu geistvollen Gesprächen, bei denen man das Essen vergaß, zuweilen aber auch zu allen möglichen Ausartungen und Streitereien bei Tisch. So verurteilte man die Gastmähler bei Epikur, weil dort nur Anhänger der Atomistik sprechen durften, die übliche Spende an die Götter nicht dargebracht wurde und unästhetische Themen bei Tisch erörtert wurden. Von der hellenistischen Art des Kottabosspiels wird später zu sprechen sein.

Mit der neuen Eßkultur entstand ein neuer Beruf, der sie gleichsam repräsentierte, der des Kochs. Freie Köche, die man für festliche Gelegenheiten mieten konnte, hatte es in der griechischen Welt schon im 5. Jahrhundert gegeben, vor allem in Sizilien und in Städten wie Korinth, aber erst seit der Zeit der mittleren Komödie begann der Koch im Leben und in der Literatur eine Rolle zu spielen, und im Hellenismus erhielt er eine Vorrangstellung, zu der es in der Geschichte nur wenige Parallelen gibt. Als Köche ausgebildete Sklaven gab es nur in großen und reichen Häusern, Berufsköche aber auch in kleinen Städten; viele betrieben nebenher eine Garküche oder ein Speiserestaurant. In guten Zeiten war der hellenistische Koch Träger eines freien, stolzen, selbstbewußten und einträglichen Gewerbes. Es gab unter diesen Köchen wirkliche Künstler und Könner mit einer hohen Berufsauffassung und echtem Berufsethos. Wie in Sparta bei den Köchen der gemeinsamen Mahlzeiten mag auch in anderen Orten der Beruf erblich gewesen sein, sicher aber nicht überall. Die neue Komödie spottete zwar oft über Halbbildung und Geschwätzigkeit der Köche, verkannte aber ihre Tüchtigkeit nicht. Ihre Arbeit begann damit, daß sie Speisen und Zutaten selbst auf dem Markt einkauften, das Schlachttier bis zum Bestimmungsort zerrten, selbst schlachteten und ausnahmen und für die notwendigen, sehr speziellen Küchengeräte sorgten. Oft half ihnen ihr vielgerühmter Humor, oft aber waren sie eigenwillig und hart. Die besten Köche waren stadtbekannte Persönlichkeiten und konnten verlangen, was sie wollten: „Noch nie ist einer, der einem Koch unrecht getan hat, straflos davongekommen." Besonders stolz waren Köche, die es verstanden, sich auf dem Markt nicht von Händlern überlisten oder übervorteilen zu lassen, solche, die neue Rezepte erfanden oder raffinierte Füllungen herstellen und richtig würzen konnten, und solche, die genau wußten, was die Lieblingsspeisen der verschiedenen griechischen Landschaften waren – in Byzanz aß man anders als in Rhodos –, und was in jeder Jahreszeit am besten zu kochen war. Einige Köche erlangten Weltruf, so Moschion, ein Sklave, der reich wurde und für Demetrios von Phaleron kochte, oder die Hofköche der Seleukiden. Eigene Köche hatten die großen Tempel mit ihren vielen Opferfeiern; so wissen wir von einem solchen Tempelkoch mit seiner Familie, der um das Jahr 200 in Sardes lebte; seine Schwester diente als Tempelmusikantin. Freilich klagten die Komiker auch über betrügerische Köche, die sich immer dann eine Scheibe abschnitten, wenn sie nicht beobachtet wurden, und sogar mit Hilfe eines Schwammes Suppen und gute Saucen stahlen.

In großen Häusern hatte der Koch noch einen Aufwäscher neben sich, der die Tische und das Geschirr säuberte und allerlei Hilfsarbeiten verrichtete.

Wie schon gesagt, standen den hellenistischen Köchen Kochbücher und Rezeptsammlungen in großer Auswahl zur Verfügung. Etwa zwanzig Namen hellenistischer Kochbuchverfasser sind bekannt. Die meisten waren Köche und Ärzte, aber es gab auch Dichter, die Kochbücher in Versen schrieben. Die ersten Namen, von denen wir wissen, weisen nach Sizilien und Unteritalien. Weltruf erlangte Epainetos, von dessen Leben wenig bekannt ist, der viele neue Gerichte erfand und ihnen klingende Namen gab; er stellte bis dahin unbekannte Leckerbissen aus Geflügel und Fischen her und schrieb über Gemüsezubereitung und eine besondere Fleischpastete (μῦμα), in der Fleisch mit Blut, Honig, Käse, Essig und Würzkräutern vermengt wurde. Er war einer der ersten, der die Zubereitung der Fasanen studierte. Von ihm in Küchendingen abhängig ist der Grammatiker Artemidor von Tarsos, der das erste Lexikon von Ausdrücken der Küche, ein Rezeptbuch und eine Liste bedeutender Köche zusammenstellte. Von den Ärzten verfaßte Diokles von Karystos ein Diätkochbuch mit Rezepten für Fischspeisen, Hülsenfrüchte, Gemüse und Obst. Der Athener Mnesitheos zerbrach sich den Kopf darüber, welches Fleisch gebraten, welches gekocht gesünder sei, Erasistratos schrieb über die lydische Sauce, Euthydemos über den Nährwert von Gemüsen, Diphilos von Siphnos, der Leibarzt des Lysimachos, über Fischkost für Kranke. Unter den Kochbuchdichtern war Philoxenos von Leukas am berühmtesten. *F. Bilabel* hat als gutes Beispiel für solche Rezeptbücher aus der hellenistischen Epoche stammende Kochrezepte für Fischsauce, Pökelfleisch, Schinkengerichte, Leber und Lendenstücke herausgegeben. Etwas gekürzt lauten sie etwa so: „Sauce zum Fisch: Graupen, Koriander, Lauch, Zwiebel, Dill . . koche . . und feuchte sie mit einer Mischung aus Wasser und Wein an . . Sobald es gekocht hat, gib Pfeffer . . und scharfen Essig dazu. Pökelfleisch oder Schinkenstücke: . . Das Pökelfleisch kocht man vorher, um seinen Salzgeschmack zu beseitigen. Dann alles in ein Gefäß, dazu vier Teile gewöhnlichen Wein, zwei Teile Süßwein, einen Teil Essig. Röste trockenen Koriander, Thymian, Dill, Fenchel, nachdem du zuerst alles gut durcheinander gemischt hast. Koche es. Wenn es halb gar ist, tue Honig und nicht zu scharfen Kümmel dazu. Andere nehmen auch Pfeffer, gießen die Sauce in einen erhitzten Topf und geben Markstückchen und warme Brotbröckchen dazu. Linsenbrei: Zerdrücke gekochte Linsen vorsichtig in Geflügelbouillon . . Leber: Zerschneide eine schöne Leber und richte sie mit Öl an, gib Salz, Koriander, Thymian, Brühe und Essig dazu und röste sie am Spieß . . Lendenfilet: Richte es sorgfältig her und brate das Fleisch in Salz, Koriander und Brühe so lange, als es von der Flüssigkeit noch etwas aufsaugt."

Mit Hilfe solcher Kochbücher und der eigenen Phantasie stellten die Köche die seltsamsten Schöpfungen her. Nicht zu denken ohne den Hintergrund hellenistischer Gelehrsamkeit ist ein damals erfundenes Gericht in Form des Himmelsgewölbes, an dem die Tierkreiszeichen aus Fisch- und Fleischstückchen, die Sterne aus Scheiben von gekochten Eiern bestanden. Solche und ähnliche hellenistische Spielereien finden sich noch in römischen, byzantinischen, persischen und arabischen Kochbüchern.

Das grundlegende Nahrungsmittel blieb das Brot, das es in sehr verschiedenen Arten gab. Die Ärmsten stillten ihren Hunger mit einem Teig aus Gerstenmehl und Wasser, der oft nicht einmal gebacken, sondern nur in der Sonne getrocknet wurde. Am Morgen begnügte man sich mit einem Stück Brot, das in Wein getaucht wurde; für die Mehrzahl der Menschen war neben dem Gerstenbrei das Brot mit einer billigen Zukost die lebenswichtigste Nahrung. Brot war im allgemeinen auch erschwinglich; in Alexandreia konnte man schon für einen Obolos eine reichliche Menge Brot erhalten. Doch galt das nicht überall. In Athen war das Brot auch in den besten Zeiten teuer, dafür aber auch gut. Natürlich hing der Preis von der Brotsorte ab, denn durch die neu eingeführten und angepflanzten Getreidearten, durch regionale Unterschiede im Brotbacken sowie neue Erfindungen der Bäcker und Köche gab es eine große Mannigfaltigkeit an Brotsorten und Brotformen. In den Städten wurde längst nicht mehr im Haus gebacken, und auch auf dem Lande wurden die gewerblichen Bäckereibetriebe und die wandernden Brothändler und Brothändlerinnen häufiger. Über die vielen Brotarten und ihre unterschiedliche Verdaulichkeit unterrichtete das Spezialwerk des ptolemaischen Leibarztes Andreas von Andros. Es ist verlorengegangen; doch besitzen wir aus späthellenistischer Zeit eine lange Liste alter und neuer Brotsorten des Tryphon von Alexandreia. Fast überall setzte sich Brot aus Weizenmehl als tägliche Nahrung durch und verdrängte das billigere Gerstenbrot, das zum Brot der Armen wurde. Die Mediziner stritten darüber, ob gesäuertes oder ungesäuertes Brot gesünder sei, doch blieb das ungesäuerte im Osten vorherrschend. Zu den verbreiteteren Sorten gehörten Brote aus feinstem Weizenmehl (σεμιδαλίτης), aus dem gröberen thrakischen Weizenmehl, aus grobem Gerstenmehl (χονδρίτης), aus Mischmehl (ἄρτος συγκομιστός), aus ägyptischem Reiskorn, aus Einkorn, aus Hirse, Mohnbrot, Sesambrot, Honigbrot. In Alexandreia gab es Familien, die ihr Brot nach eigenen Rezepten bei den Bäckern backen ließen, und hier forderten selbst die Stauer Brot aus feinstem Weizenmehl; eine besondere alexandrinische Leckerei war Brot mit Lotoszusatz. Die Brotformen reichten von kleinen runden oder ovalen Brötchen bis zu langen Broten, die sich leicht brechen ließen; die lokale Tradition erlaubte – zum Teil noch alten kultischen Traditionen entsprechend – viele Spielarten figürlicher Brote, so etwa Brote in Formen von Opfertieren oder obszöne Gebilde mit apotropäischer Bedeutung. Die Ärzte behaupteten, Brot wäre um so gesünder, je feiner gemahlen und je weißer das Brotmehl wäre, daher wäre Gerstenbrot ungesünder als Weizenbrot. Einige Ärzte verlangten, daß das Brot möglichst warm und frischgebacken oder als Toast gegessen würde, damit es den Körper austrockne.

Wie alle Zeiten einer verfeinerten Kultur hatte der Hellenismus eine große Vorliebe für Teigwaren, Kuchen und Backwerk aller Art. Die ausführlichen, besonders bei Athenaios erhaltenen Beschreibungen werden durch die Hunderte von Kuchenformen aus Metall, Ton oder Holz ergänzt, die gefunden wurden. Die ältere Art, Kuchen mit der Hand zu formen, wurde durch das Benutzen von Backformen verdrängt, und für Festkuchen oder Kuchen, die als Gastgeschenke überreicht wurden, wählte man recht komplizierte. Hatte man ursprünglich figürliche Kuchen nur für Weihgaben hergestellt und zwar in Form von Opfertieren oder geheilten Körperteilen, so wurden gerade solche Formen jetzt allgemein beliebt. Nahezu alle auch heute modernen Kuchenformen sind bereits im Hellenismus zu belegen; es gab runde, viereckige, tortenförmige und flache Kuchen, Ringe und Kränze, ebenso wie es harte und haltbare, trockene und feuchte, gefüllte und aus mehreren Schichten zusammengesetzte Kuchen oder weiche Blätterteige gab. Festkuchen, die bei öffentlichen Festen in großen Mengen verteilt wurden, zeigten figürliche Szenen aus dem Mythos des jeweiligen Festes. Einige Sorten waren weit über ihren Herstellungsort hinaus berühmt. Da gab es einen nach Gelon von Syrakus genannten Luxuskuchen mit Pistazien, Mandeln und Nüssen oder rhodische Kuchen, die mit teueren Duftstoffen gebacken wurden. Athen, das wegen der Verwendung feinster, oftmals gesiebter Weizenmehle berühmt war, lieferte den ursprünglich aus Lydien stammenden Kandaulos- oder Kandyloskuchen, eine überbackene Pastete, mit Fleisch, Käse und Honig gefüllt, ferner einen mit Milch und Ei gebackenen Honigkuchen. Kappadokisches, syrisches und phoinikisches Gebäck fand Verbreitung und hatte einen guten Namen.

Sesam-Kuchen, den auch die Ärmsten nicht missen wollten und der bei keiner Hochzeit fehlen durfte, war sehr beliebt, wie übrigens heute noch in Griechenland und im Vorderen Orient. Bezeugt sind ferner Mandel-, Rosinen-, Kümmel-, Anis-, Mohn- und Käsekuchen, Zwieback, in heißem Fett gebackene Küchlein. Hochzeitskuchen, die, wie die alten kultischen Kuchen der athenischen Artemisfeiern, mit brennenden Kerzen geziert waren, gab es in jeder Qualität. Wer ein neues Kuchenrezept erfand, konnte damit rechnen, daß der Kuchen nach ihm genannt wurde. Dafür kennt Athenaios zahlreiche raffinierte Beispiele.

Wenn die Kuchen auch vielfach von der Hausfrau und ihren Dienerinnen zu Hause gebacken wurden und reiche Häuser ihren Privatbäcker hatten, so blühte doch das Gewerbe der Kuchenbäcker auf; freilich klagten sie darüber, daß ihnen die Köche Konkurrenz machten, indem sie auch das Backen mit übernahmen. Wie die Brotbäcker, arbeiteten auch die Kuchenbäcker so hygienisch wie möglich; sie kneteten den Teig mit Handschuhen und banden sich ein Tuch vor den Mund. In den Backstuben oder im Hof standen Backöfen aus Stein oder – in Lehmgebieten – aus Ziegeln von sehr verschiedener Größe. In kleineren Betrieben genügte ein kleiner eiserner Ofen. In Privathäusern wurde auf dem Herd gebacken, wobei man den eingerührten Teig mit einem tönernen Gefäß zudeckte oder nur mit heißer Asche umgab. Das Kneten und Säuern des Teigs, dem saurer Wein oder Weinhefe zugesetzt wurde, erfolgte in großen Backtrögen auf einem großen Backtisch; vielleicht ist auch die von einem Esel getriebene Knetmaschine von Pompeji, eine Art Kollergang, eine hellenistische Erfindung. In gewerblichen Betrieben schob man den Teig mit Holzstangen in den Ofen und verschloß diesen mit einer Metalltür. Ein Buch mit Anweisung für das Kuchenbacken schrieb im ersten Jahrhundert ein Arzt Mnaseas oder Matres.

Soweit sich feststellen läßt, stieg der Fleischverbrauch. Opferfeste und Opferfeiern öffentlicher und privater Art waren häufig, und der Andrang nach Opferstücken und Anteilberechtigungen an Opfern hielt unvermindert an. Es gibt mehrere Kennzeichen dafür, daß auch bei gewöhnlichen und säkularen Essen das Fleisch eine größere Rolle spielte als in vorhellenistischer Zeit. Erstens wuchs in den Städten die Zahl der Fleischerläden und Fleischhändler beträchtlich, wenn es sich auch bei den großen öffentlichen Schlachthöfen erst um römische Anlagen handelt. Zweitens nahm die Verwendung von konserviertem Fleisch zu. Pökelfleisch wurde ein wichtiger Export- und Importartikel, während es vor dem Hellenismus fast nur als Heeresverpflegung eine Rolle gespielt hatte. Neue Konservierungsmethoden, nämlich das Einlegen von Fleisch in Essig oder Wein, kamen zu den alten Methoden des

Pökelns. Drittens gibt es auch ein negatives Zeugnis: Ärzte warnten vor allzu großem Fleischgenuß, da Fleischessen dem Verstand schade.

Infolge der Verfeinerung des Geschmackes wurde man wählerischer. Wer es sich leisten konnte, nahm nicht mehr, was er bekam, sondern verlangte Bauch-, Kamm- und Lendenstücke und bestimmte Eingeweide. Der Einfluß von Diätvorschriften machte sich bemerkbar; einige aßen aus Gesundheitsgründen nur mageres, andere nur fettes und stark gewürztes Fleisch. Die Zubereitung wurde differenzierter; je nach Geschmack wurde das gewässerte Fleisch gebraten, gekocht, überbacken, mit Honig gesüßt, gesalzen und gewürzt. Von einem guten Koch verlangte man überdies, daß er genau wüßte, zu welchem Fleisch eine bestimmte Zukost passe und zu welchem nicht.

An der Vorliebe der Griechen für das Schweinefleisch änderte sich auch dann nichts, als die Neusiedler im Osten die Abneigung der orientalischen Völker gegen dieses Fleisch kennenlernten; sie machten sich sogar lustig darüber. Eins der schönsten hellenistischen Reliefs stellt das Schweineschlachten während einer ländlichen Opferfeier dar; auf einem Herd aus Felssteinen, dessen Feuer der Koch anfacht oder anbläst, steht ein Kessel mit Wasser, ein Diener gießt aus einer Kanne heißes Wasser über das geschlachtete Schwein, ein anderer Diener reinigt die Schweinshaut mit einem metallischen Schaber. Dieses Motiv war so beliebt, daß sich Kopien davon bis hin nach Indien gefunden haben. Schweinebraten, Schinken, gepökeltes Schweinefleisch waren hoch geschätzt, als besondere Leckerbissen galten Ferkel, Schweinsohren, in Essig gekochte Schweinsfüße und -rüssel sowie gekochte Schweinsknöchel. An zweiter Stelle stand das Fleisch von Ziegen und Zickeln, das in allen Teilen der hellenistischen Welt gern gegessen wurde. Zenon hielt ganze Herden von Fleischziegen, die ihm große Gewinne einbrachten. Als besonders delikat galten die Zickel aus Melos. Zu den Leckereien einer Landpartie gehörte das zarte Fleisch einer Ziege neben Hühnerbraten, gekochten Eiern und Süßigkeiten. Hammel und Schafe speiste man seltener bei privaten Festen und Opferschmäusen; Rinder und Kälber wurden bei großen Opferfesten gegessen; das Fleisch wurde dabei nur gebraten, nicht gekocht. Es wurde hoch geschätzt, vor allem, wenn es von Opfertieren stammte, die von bester Qualität sein mußten. Doch war es teuer; zudem warnten die Ärzte davor, zu viel Rindfleisch im Sommer zu essen. Von den Ärzten wurde auch Pferde-, Esel-, Hunde-, Fuchs- und Igelfleisch als eßbar zugelassen. Pferdefleisch spielte nur in iranisch und thrakisch oder skythisch beeinflußten Gegenden eine Rolle, dagegen ist Eselfleisch überall gegessen worden; alexandrinische Würste aus Eselfleisch waren berühmt. Hunde sind nur an einigen wenigen konservativen Heiligtümern geopfert und doch wohl auch als Opfermahl verteilt worden.

Das Fleisch von Füchsen galt in Thrakien und einigen anderen Teilen der hellenistischen Welt als Leckerbissen. Igel wurden von armen Bauern auf dem Lande verzehrt.

Größter Beliebtheit erfreuten sich, wie schon im vorhellenistischen Griechenland, aus Fleisch zubereitete Würste, Pasteten und Puddings. Nun entstanden neue Rezepte, und die Wurstbuden waren in den hellenistischen Hafenstädten kaum zu zählen. Einige Wurstrezepte sind erhalten. Erasistratos und Glaukos empfahlen Blutwurst, bei der dem gekochten Blut entweder Honig, geriebener Käse, Salz, Kümmel und Essig oder Milch und Lorbeerblätter zugesetzt wurden. Bratwürste stellte man aus Eselfleisch her und briet sie auf Holzkohlen. Fleischpasteten erinnern an noch heute in Griechenland und Kleinasien übliche Speisen: Schweinefett wurde in Milch gekocht, mit Graupenkörnern gemischt, und Salz hinzugegeben. Dann wurde das Gemisch mit geriebenem Käse, Eigelb und Gehirn zusammengeknetet und das Ganze in ein wohlriechendes Feigenblatt gehüllt, in Geflügel- oder Fleischsauce erwärmt, das Blatt abgenommen, das Ganze in ein Gefäß mit warmem Honig gelegt und so serviert.

Dort, wo sich für die Makedonen mit ihrer alten, eingefleischten Jagdliebe in einer weiter gewordenen Welt nahezu unbegrenzte Möglichkeiten zur Ausübung der Jagd eröffneten, war die Hochschätzung des Wildbrets als Fleischnahrung selbstverständlich. Es wurde zur allgemeinen Sitte, daß ein Sohn aus gutem Hause auf die Jagd ging; auch Frauen und selbst Königinnen nahmen an Jagden teil. Damit wurden Jagdessen Mode; man richtete das gejagte Tier sofort im Freien zu, briet es auf einem primitiven Feuer und die Jagdgesellschaft aß es gemeinsam. In den Städten entstanden Wildhandlungen, und Wild nahm eine wichtige Stelle im Exporthandel ein. Hirschbraten war im ptolemaischen Ägypten ein hoch verzolltes Einfuhrgut. Man aß ihn gern und er galt als nahrhaft und leicht verdaulich. Mehrere Arten von Hasen und Kaninchen waren geschätzt; man empfahl, sie nicht gar zu braten, sondern noch blutig zu essen. Wo man Wildschweinbraten bekommen konnte, zahlte man hohe Preise dafür.

Die alte Komödie hatte sich über die griechische Leidenschaft für Geflügel lustig gemacht, aber erst im Hellenismus erreichte diese Leidenschaft ihren Gipfel. Das kam zum Teil daher, daß Länder alter und hoher Geflügelkultur, vor allem Ägypten, in die griechische Kulturwelt einbezogen wurden. Gänse aßen die Griechen seit Homers Zeiten, die Ägypter seit dem Beginn ihrer Geschichte. Im ptolemaischen Ägypten gehörten sie zu den Hauptnahrungsmitteln, und zwar in allen Schichten der Bevölkerung. Gänse waren leicht zu mästen und aufzuziehen; der uralte Stand der ägyptischen Gänsehirten veränderte sich kaum. Die guten Zuchtergebnisse ermöglichten es, den Preis ziemlich niedrig zu halten; wie wir aus Papyrusrechnungen wissen, kostete eine Gans nicht einmal so viel wie drei kleine Handtücher. Ein delphisches Preisverzeichnis nennt noch niedrigere Preise. Außer dem Braten selbst schätzte man auch das flüssige oder das ausgelassene Fett, doch warnten die Ärzte vor der schweren Verdaulichkeit. Erst im Hellenismus legte man in Griechenland große Entenfarmen an, da die Wildenten, die vor allem der Kopais-See lieferte, längst nicht mehr ausreichten, um den Bedarf zu decken. Das ptolemaische Ägypten war für Entenbraten aller Art berühmt. Die Hühnerzucht wurde verbessert. Hauptlieferanten für Hühner waren Delos, Tanagra, die Chalkidike und Rhodos; auf Delos wurden zum erstenmal Masthähne verschnitten. Künstliches Ausbrüten der Eier in warmem Dung oder in einem einfachen geheizten Brutapparat war an verschiedenen Orten gebräuchlich. Man pflegte die Hühner so lange am Spieß zu braten, bis alle ausfließende Brühe verdampft war, und servierte sie mit Mehlklößen und pikanten Saucen. Neue Luxusgerichte waren paphlagonische Rebhühner und Fasanen, die auch in Alexandreia gezüchtet wurden; der Kochbuchverfasser Epainetos beschrieb ihre richtige Zubereitung. Pfauen wurden selten gegessen, Tauben jedoch gab es überall in der hellenistischen Welt; zu den altbekannten Arten kamen aus Ägypten, aber auch aus dem mittleren Orient viele neue. Drosseln bildeten eine beliebte Vorspeise, Ammern, Wachteln und Trappen galten als Delikatessen. Das arme Volk aber fing sich Sperlinge; auf dem Markt wurden sie als billigste Speise verkauft.

Epainetos empfahl, Geflügel in ganz kleine Stückchen zu zerschneiden, mit anderem Fleisch, Eingeweiden und Blut zu vermengen und daraus eine Pastete herzustellen. Die berühmteste Pastete war die makedonische Rebhuhnpastete (ματτύα, ματτύης), der allerlei Kräuter zugesetzt wurden und die man zum Wein kalt servierte.

Nicht nur in Zeiten der Kriege und Hungersnöte, sondern überall da, wo Armut herrschte, war man froh, wenn man Heuschrecken und Zikaden hatte, die man entweder roh oder geröstet essen konnte.

Wichtiger als alle Fleischspeisen waren Fische, und zwar nicht nur als Nahrungsmittel, sondern auch als Genußmittel für verwöhnte Gaumen. Seefische und Süßwasserfische, einheimische und importierte, frische oder eingesalzene, spielten im Alltagsleben eine ungeheure Rolle. Man aß sie roh, gekocht oder gebraten, oft als einzige Zukost zum Brot. Eine umfangreiche Literatur über Fischessen und Fischesser entstand; unter den Königen galt Antigonos Gonatas als großer Fischesser und Fischkenner. Die Literaturgattung der Halieutika nahm einen gewaltigen Umfang an und sammelte alles Wissenswerte über eßbare und nicht eßbare Fische; der Leibarzt des Königs Lysimachos, Diphilos von Siphnos, schrieb ein Buch über den Nährwert gesalzener Fische. Die Gelehrten aber stritten sich darüber, ob schon die Helden Homers Fisch gegessen hätten.

Hauptlieferanten für Seefische waren die Städte am Hellespont und am Schwarzen Meer, fast alle Inseln, Smyrna, Alexandreia und Sizilien. Die Athener kauften im Peiraieus nicht nur frische Fische, sondern auch die von den Flotten importierten Salz- und Pökelfische aus aller Welt. Die besten Süßwasserfische kamen vom Kopais-See, vom Maiandros, vom Nil und vom Moiris-See. Viele Leute angelten selbst; in hellenistischen Privathäusern haben sich, wie übrigens schon im vorhellenistischen Olynth, Angelhaken gefunden. Den meisten Fisch kaufte man auf den Fischmärkten, auf denen rohe Sitten herrschten; die Fischhändler und die Fischeinpökeler galten als grob, ungebildet und betrügerisch; man klagte, daß sie die Ware gern überteuerten und ab und zu auch einen faulen Fisch unter die guten schmuggelten. Lynkeus von Samos schrieb ein erbittertes Buch gegen sie und die Komödie verspottete sie häufig. Doch brachten es einige, wie der Athener Chairephilos, zu großem Reichtum und durch ihre Spenden sogar zu bürgerlichem Ansehen. Die Preise waren sehr unterschiedlich; während kleine Fische für wenig Geld in großen Mengen zu haben waren, konnten sich nur wenige die teuren Luxusfische leisten; wenn man der Komödie glauben darf, hat sich mancher durch seine Fischleidenschaft finanziell ruiniert.

Es ist unmöglich, alle Fische der hellenistischen Küche zu nennen, zumal viele der Namen nicht sicher zu identifizieren sind. Die beliebtesten enthalten die Listen, die Athenaios aus verschiedenen Quellen zusammengestellt hat. Die meisten davon werden auch heute noch auf den Fischmärkten des östlichen Mittelmeeres gern gekauft: Meeraal, Meeräsche und andere Arten von Äschen, Katzenhai, Pfriemenfisch, Meerwolf, Hammerfisch, Schollen verschiedener Sorten wurden gegessen und waren, wenn die Fangergebnisse nicht allzu schlecht waren, auch nicht zu teuer. Zu den Leckerbissen gehörte der γλαῦκος, ein oft erwähnter graublauer Seefisch, den man bei kleinen und intimen Mahlzeiten servierte. Sehr teuer, aber auch sehr geschätzt war Thunfisch, besonders Thunfischbauch; auch der dunkle Krähenfisch gehörte zu den Delikatessen. Doch überwog die Menge der wohlfeilen Fische. Da waren Rochen verschiedener Arten, die wegen ihres Geruchs und ihrer schweren Verdaulichkeit, auch wegen der elektrischen Schläge, die sie austeilten und vor denen die Kochbücher warnten, nur gegessen wurden, wenn man sich Besseres nicht leisten konnte; es wurde empfohlen, sie durch würzige Saucen schmackhafter zu machen. Billiges Volksnahrungsmittel, das eingesalzen über

Byzantion aus dem Hauptfanggebiet der Propontis kam und in die ganze Welt verschifft wurde, waren Makrelen und nicht ganz sicher zu bestimmende Konsumfische, die θρίσσα oder τριχίς hießen. Große Sardellenschwärme wurden in der Propontis und im Hellespont von den Fischern aufgespürt, die Fische in Menge gefangen, eingesalzen und exportiert. Besondere Sorten kamen aus Rhodos und aus der Bucht von Phaleron. Die eigentlichen Sardinen waren noch selten und wurden erst durch die Römer von den Fangplätzen an der spanischen und gallischen Westküste geholt. Sardellen konnte man in allen Fischbuden für ein Spottgeld kaufen; man riß ihnen den Kopf ab, an dem die Eingeweide hingen, und briet sie in Öl. Einige Fische erforderten besondere Kochrezepte, so die ταινία , die nur mit Käse in Öl gebacken, oder der Knurrhahn, der nur mit Käse, Öl, Salz und Gewürzen gebraten schmackhaft waren. Am teuersten bezahlten die Feinschmecker einige Arten von Brassen und Seebarschen, vor allem solche aus Milet, die man nicht abschuppte, sondern mit den Schuppen briet, um den Wohlgeschmack noch zu erhöhen.

Von Süßwasserfischen bevorzugte man Aale vom Kopais-See, vom Strymon, vom Maiandros und aus Sizilien, wo es Aalzuchtanstalten mit ständig fließendem Wasser gab; man aß die ‚Helena der Gastmähler' entweder mit Küchenkräutern gekocht oder geräuchert. Selten, aber als Delikatesse geschätzt, waren Karpfen aus den Nilarmen und aus dem Maiandros.

Polypen galten als schwer verdaulich, aber nahrhaft; Tintenfische und Seeigel wurden, wie auch heute noch, von der ärmeren Bevölkerung roh gegessen. Diogenes soll an einem rohen Polypen gestorben sein, den er aß, um zu demonstrieren, daß ein Kyniker die überflüssige Zivilisationserscheinung des Kochens nicht brauche. Unter den Austern waren die von Abydos am meisten geschätzt, unter den Muscheln die auf Tonkrügen gezüchteten von Rhodos und Chios und die von Methymna. Die billigen Kammuscheln waren in vielen Gegenden Volksnahrungsmittel, besonders in Seestädten wie Alexandreia und Tarent. Noch billiger waren Miesmuscheln, die roh, gebraten oder gekocht gegessen wurden. Die Scheidenmuscheln, die die Sammler an den Sandstränden aus dem Sande gruben, waren in großen Massen vorhanden und ebenfalls billig. Dagegen galten die selteneren Steck-, Klapp- und τελλίνη-muscheln ebenso wie die kleinen Sorten der Gienmuscheln als Delikatessen; man kochte oder briet sie mit Öl, Honig und Wein. Krebse und Krabben dienten da, wo sie häufig vorkamen, als Nahrungsmittel, als Delikatessen spielten sie keine große Rolle.

Die neuen Formen der hellenistischen Eßkultur erkennt man weiterhin an den vielen neuen Verwendungsarten und Rezepten für Gemüse und Hülsenfrüchte. Man intensivierte zunächst den Anbau und vergrößerte die Anbauflächen. Die Gärtner mühten sich um die Verbesserung der Sorten und um neue Züchtungen. Selbst die ärmsten Bauern waren jetzt stolz darauf, als Opferspende der Panspermia einen besonders guten Brei aus selbst angebauten Bohnen, Erbsen, Linsen und Gerstenkörnern darbringen zu können. Seit Theophrasts Pflanzengeschichte war eine Übersicht über alles vorhanden, was man an Gemüse anbauen konnte, und viele landwirtschaftliche Schriften haben sich seither besonders mit dem Gemüseanbau beschäftigt. Es wurde genau festgestellt, welche Sorten die besten wären, wie man sie von der Saat bis zum Servieren behandeln müßte, von welchen Sorten die Wurzeln, die Knollen, die Blätter, die Stengel, die Früchte oder die Samen gegessen werden sollten. Philosophen rechtfertigten die neue Gemüsekultur; zu den Wildpflanzen, die φύσει seien, müßten θέσει Kulturgemüse kommen. Die Kochkünstler ersannen Mittel, die es ermöglichten, auch dem gekochten Gemüse die grüne Farbe zu erhalten, die Gesundheitsfanatiker empfahlen, Gemüse roh zu essen, die Feinschmecker ließen es in Salz- oder noch besser in Seewasser kochen, damit es gleichmäßig gesalzen war, und die Ärzte untersuchten es je nach der Schule, zu der sie gehörten, auf seinen Nährwert oder seine Schädlichkeit hin.

Linsen, Bohnen und Erbsen bildeten neben dem alten griechischen Gerstenbrei und den Gerstengraupen die Grundlage der pflanzlichen Ernährung. Linsensuppe aßen die Ärmsten, doch wurde sie auch mit einem Stück Schweinefleisch bei Festen gegessen. Nur die Ärzte warnten davor, weil sie schlecht für die Augen sei und einen üblen Mundgeruch verursache. Um so mehr wurde sie von Kynikern geschätzt: Parmeniskos schildert ein athenisches Kynikermahl, bei dem die Philosophen gemeinsam mit minderwertigen Hetären in Essig gekochte Linsen verspeisten. Die Stoiker priesen Linsen als Speise der Genügsamen.

Bohnen pflanzte man in Kleingärten nicht nur der Früchte wegen, sondern weil man auch ihre Blüten liebte. Zu Ernährungszwecken wurden sie auf Feldern angebaut, nach der Reife auf die Tennen gebracht und dort ausgedroschen. Zubereitet wurden sie, wie noch heute in kleinen Dorfkneipen der inneren Peloponnes, mit viel Zwiebeln. Getrocknete Saubohnen kaute man zum Nachtisch. Erbsen wurden in Großkulturen ausgesät und entweder als Erbsenbrei gegessen oder als Beilage zum Fleisch, besonders zu Hühnerbraten, gereicht.

Wilder, krausblättriger und glattblättriger Kohl wurde entweder mit etwas Essig roh verzehrt oder mit Öl, Mehl und Kümmel gekocht. Knoblauch aß man roh und gekocht; viele kauten ihn beständig, doch nicht ohne dadurch

Widerspruch zu erregen. Eine späthellenistische Anekdote erzählt, Stilpon sei in den Tempel der Göttermutter gegangen, nachdem er vorher Knoblauch gegessen habe. Als ihn die Göttin in einer Traumerscheinung deshalb tadelte, habe er geantwortet: „Gib mir etwas anderes zu essen, und ich will keinen Knoblauch mehr kauen.“ Matrosen und Tagelöhner stillten durch Knoblauchkauen ihren Hunger; es gab Ärzte, die das allgemein empfahlen. Auch Zwiebeln wurden roh gekaut, außerdem jedoch gekocht und als Würze zu den meisten Speisen genommen. Man kannte und züchtete viele verschiedene Sorten. Als wohlschmeckendste und gesündeste galten kyprische, knidische, samothrakische und syrophoinikische aus der Gegend von Askalon.

Mehrere Sorten von Rettichen gehörten ebenfalls auf die hellenistische Speisekarte. Am beliebtesten waren korinthische und boiotische, aber auch die im ptolemaischen Ägypten angebaute schwarze Sorte eroberte sich rasch den Markt. Arme kochten den Rettich mit Stengeln und Blättern, alle aber aßen ihn roh mit Salz oder Essig nach Trinkereien als bestes Mittel gegen den Katzenjammer. Theophrast kannte auch Radieschen, schätzte sie aber nicht. Rüben wurden in weißen, gelben und roten Sorten angebaut und gegessen; man empfahl, sie zweimal zu kochen oder eingemacht zu essen. Möhren, Karotten und kleine Rübchen kamen aus Karien und aus der Ebene von Mantineia, waren aber nicht überall erhältlich. Die Lupine war nur in bestimmten Gebieten als menschliches Nahrungsmittel bekannt. In Waldgegenden sammelten die Armen Eicheln und kochten sie; einige Arten galten als wohlschmeckend.

Sehr begehrt waren sowohl wilde wie auch angebaute Selleriearten. Man aß alle Teile der Pflanzen roh oder mit Öl und Essig angemacht. Einer der Hauptlieferanten war Sizilien, wo Maultiertransporte die gesammelten oder geernteten Pflanzen in Körben nach den Häfen brachten. Artischocken, die in Libyen wild wuchsen, waren teuer und selten; neben anderen Leckerbissen finden sie sich erst auf Mosaikdarstellungen aus römischer Zeit in Antiocheia. Als sehr gesund galten Spargel, den die Ärzte nur kurz in Olivenöl aufzukochen empfahlen, und einige wenige Pilzsorten, in erster Linie Trüffeln. Verbreiteter waren mehrere angebaute Gurkensorten, die man schälte und roh aß oder in Scheiben schnitt und als Vorrat für den Winter zum Trocknen aufhängte.

Viele wildwachsende Feldgemüse wurden in großen Mengen gesammelt oder auch angebaut und waren daher billig und weit verbreitet. Kresse, Nesseln und Ampfer waren, je nach der Gegend, in zahlreichen Sorten vertreten. Kapern waren auch für den Ärmsten erschwinglich. Raute wurde vor allem in Kleinasien viel gebaut, obwohl einige Arten schwierig zu pflücken waren, weil sie Entzündungen hervorriefen. Häufig angebaut wurde auch Melde, deren Blätter gekocht ein wohlschmeckendes Gemüse ergaben. Mehrere Arten von Lauch wurden roh oder gekocht gegessen, Lattich aus Ägypten, Kypros und Kappadokien galt, in Salzwasser gekocht, als eine beruhigende Speise. Ägyptische und griechische Malven und boiotischer Mangold vervollständigten den Küchenzettel. Grüner Salat und Endivien wurden wenig gegessen, doch begann smyrnäischer Salat in weiten Kreisen bekannt zu werden.

Unter allen anderen Speisen standen Eier und Milchprodukte an erster Stelle. Gekochte Eier aß man von Eiertellern aus Terrakotta oder Silber, die besondere Vertiefungen hatten, und bediente sich dazu kleiner Eierlöffel aus Edelmetallen. Eier von Wildvögeln scheint man besonders geschätzt zu haben.

Schaf-, Ziegen- und Kuhmilch waren nicht nur wichtige ländliche Getränke und bevorzugte Kindernahrung, sondern sie dienten auch, mit mancherlei Zusätzen, als Speise. Über Stutenmilch ist viel geschrieben worden, doch läßt sich ihre Verwendung außer bei nichtgriechischen Reitervölkern im Hellenismus nicht sicher belegen. Kamelmilch wurde auch von jenen griechischen Bewohnern des Ostens geschätzt, die selbst keine Kamele hielten, sie galt jedoch vorwiegend als Delikatesse. Eselsmilch wurde wohl nur in der Pharmazie und Kosmetik verwendet. Der Hellenismus kannte Yoghurt, saure Milch, Molken, Dickmilch, Schlagsahne, Milchsuppen mit Zusätzen von Mehl, Salz, Honig und Wein. Das wichtigste Milchprodukt war natürlich Käse, in erster Linie der etwa dem heutigen griechischen Ziegenkäse entsprechende. Die Herstellungsweise hatte sich seit der griechischen Frühzeit kaum geändert; nach wie vor rührte man die saure Milch mit Feigensaft oder Lab aus Tiermägen an, wärmte das Gemisch in Eimern leicht an, preßte es aus, nachdem man Salz und alle möglichen Gewürze und Kräuter, je nach Wunsch und Rezept, zugesetzt hatte. Was diese Zusätze betraf, so war die hellenistische Kochkunst sehr erfinderisch, und nach ihnen richtete sich der Preis. Die billigsten Käsesorten konnte sich auch der Ärmste leisten, die teuren wurden durch Transport und Zölle noch mehr verteuert. Wichtige Ausfuhrländer waren Arkadien, Kreta, Bithynien, Syrien und Sizilien.

Am Alltag aß man Suppen und Grützen, in Makedonien und Griechenland Gerstengrütze, in Ägypten Weizenbrei, in Asien beides. Man kochte sie schleimig oder körnig, gab Wein, Milch, Honig, Salz, Zwiebeln, Gewürzkräuter hinzu und aß sie je nach der Jahreszeit dünn oder dick. Die Athener liebten zur Zeit Menanders möglichst dicke Gerstengrütze mit Pökelfleisch; dünner waren die dreiunddreißig Liter Weizensuppe, die der Katochos Ptolemaios täglich für seine kleine Tafelrunde kaufte. Eine hellenistische Erfindung war eine Mayonnaise aus Essig und Öl (ὀξυλίπαρον); über Saucenflecke bei Gastmählern wurde häufig geklagt.

In Zeiten wachsender Zivilisation essen die Menschen gern gewürzt, das gilt auch für die hellenistischen Menschen. Man würzte nahezu sämtliche Speisen, wobei man genau auf die Menge und Dosierung der Gewürze achtete. Gewürzkarawanen und Gewürzschiffe wurden zu einem wichtigen wirtschaftlichen und kulturellen Faktor. Der Salzbedarf wuchs ins ungeheure, und zwar sowohl der Bedarf an Kochsalz (NaCl) wie der an Meersalzen. Salztransport auf Eseln ernährte auch den kleinen Mann, trotz hoher Salzsteuern und Zölle. An vielen Küsten wurden neue Meersalinen (étangs) angelegt, so rings um das Schwarze Meer, am Isthmos, auf Kypros und Kreta, in Kleinasien, an der Nilmündung, an der libyschen Küste und in Sizilien. Steinsalz kam aus Kappadokien, Kypros, Arabien, Sizilien und Ägypten, Solesalz aus Pagasai, Karpathos, Kos. Sein Wert wird oft gepriesen; die Rhetoren behandelten das Thema: ‚Warum spricht Homer vom göttlichen Salz?' Man verwendete es rein oder besonders gern mit anderen Gewürzen gemischt. Ebenso unentbehrlich wie das Salz wurde der Essig, der ebenfalls in Schiffsladungen verfrachtet und dann von wandernden Kleinhändlern feilgeboten wurde. Man kaufte ausschließlich Weinessig, der gelegentlich einen Zusatz von Honig erhielt, nur in Ägypten und den Palmenländern des Ostens kam auch aus Palmwein hergestellter Essig in den Handel.

Von der Vielfalt der eigentlichen Gewürze sind hier wieder nur die für den Hellenismus charakteristischen zu nennen. Das alte griechische Lieblingsgewürz, Silphion, wird nur noch in einigen Rezepten genannt, muß also selten geworden und schließlich ganz verschwunden sein. An seine Stelle war anscheinend Origanon getreten, eine Dost-Art; sowohl die wildwachsende Art als auch die in Kulturen gezüchtete wurde verkauft; die besten Sorten kamen aus Tenedos. Majoran wird oft genannt; ebenso Thymian und Anis. Den besten Kümmel lieferten Karien und Phrygien, aber auch Ägypten, doch benutzte man für Suppen und Gebäck die überall wachsenden Feldkümmelarten. Senfkörner empfahl Diokles von Karystos dem alten Antigonos Monophthalmos als Verjüngungsmittel. Fenchel wurde als Aufstrich und zum Würzen von Pökelware und Wein benutzt. Außerdem wurden Wermut, Koriandersamen, Pinienkerne, Zichorienwurzel und Rosenblätter zum Würzen verwendet – manche dieser Gewürze überall, andere nur in bestimmten Gegenden. Schon längst waren Basilienkraut, Minze in vielen Sorten, Raute, Melissenkraut, Salbei, Bohnenkraut, Dill und Schnittlauch in der griechischen Welt verwendet worden. Echte und falsche Kapern und Perlzwiebeln sind gelegentlich bezeugt. Einige andere Gewürzkräuter lassen sich nicht mehr sicher bestimmen.

Seit dem Alexanderzug wurde der Pfeffer rasch überall bekannt. Zunächst wurde er nur in der Medizin verwendet, doch bald fand man auch an den Körnern als Gewürz Gefallen, freilich blieb er teuer und wurde vor allem benutzt, um den Durst anzuregen. Größere Lager fanden sich in den Handelsstädten und Häfen erst im Späthellenismus.

Endlich sei noch auf die Bedeutung von Obst und Süßspeisen hingewiesen. Große Obstplantagen wurden neu angelegt; der Dioiket Apollonios baute neben vielen anderen Obstsorten sechs Arten von Feigen und sieben von Speisetrauben an. Feigen waren, wie von jeher, Volksnahrungsmittel. Wo immer Griechen in der Welt auch hinkamen, sie nahmen Feigenbäume mit und pflanzten sie an. Selbst im ptolemaischen Ägypten wurden Feigen so rasch heimisch, daß der Admiral Patroklos behaupten konnte, wer die Seeherrschaft verlöre, könne sich nur noch von Feigen ernähren. Arme Matrosen nahmen sie als Verpflegung in Tonkrügen mit an Bord, die Allerärmsten spendeten wenigstens hier und da den Göttern eine Feige, und die Komiker verspotteten das Armutsideal der Philosophen als ein Leben von Brot, Feigen und Wasser. Die besten Feigensorten kamen aus Rhodos, Kleinasien und Syrien, geringere wuchsen überall. Man aß sie frisch oder getrocknet; neu war die Entdeckung, daß Feigen die beste Kindernahrung seien. Großbetriebe lieferten getrocknete Feigen an die Kleinhändler, die sie körbe- oder stückweise verkauften; doch war der Ruf der Feigenhändler nicht besser als der der Fischhändler; man warf ihnen vor, daß sie faule Feigen unter die reifen mischten.

Ausgehend von der Erinnerung an die Gärten des Alkinoos träumte Theokrit in einem Gedicht davon, einmal werde die Zeit kommen, da die Pinien Birnen tragen würden. Das war ein bescheidener Wunsch, denn im allgemeinen waren die hellenistischen Birnen alles andere als Edelobst, da sie von Holzbirnenbäumen stammten, deren Pflege mühsam war. Doch züchtete man allmählich bei Milet, auf einigen Inseln, am Schwarzen Meer und im griechischen Westen edlere Sorten. Weit besser stand es mit den Äpfeln, denn es gab eine alte griechische Kultur des Apfels. Ein beliebtes Motiv der hellenistischen Dichtung war der Apfel und die symbolische Bedeutung, die er für Liebende hatte, man aß ihn auch sehr gern, und zwar roh oder gekocht. Zu den leidenschaftlichen Apfelessern soll Alexander gehört haben. Die besten Sorten kamen aus dem seleukidischen Kleinasien und vom Schwarzen Meer. Sauer- und Süßkirschen kannte Theophrast genau, und der Leibarzt des Lysimachos empfahl die roten Kirschen von Milet. Pfirsiche lernten die Griechen nur in Persien kennen, sie wurden sonst nirgends angepflanzt. Quitten aus Kreta wurden von den Ärzten gegen zahlreiche Krankheiten verordnet. Man lernte auch verschiedene Sorten von Kürbissen, von Wasser- und Zuckermelonen schätzen, die meisten kamen aus Ägypten, wo sie schon seit langem bekannt waren. Pflaumen und Aprikosen waren selten.

Bei jedem größeren Fest gehörten Hasel- und Walnüsse zum Nachtisch, und die berühmtesten Sorten von Thasos und der Südküste des Schwarzen Meeres wurden bis Ägypten verschifft und trotz des hohen Einfuhrzolls von 25% viel gekauft. Zum Dessert gehörten weiterhin Trauben, Rosinen und Edelkastanien, die man nicht mehr kochte, sondern röstete. Mandeln aß man, wie heute noch, grün, und mancher begann schon frühmorgens den Tag damit, daß er einen Granatapfel verspeiste.

Anderes Obst wurde nur in gewissen Gegenden genossen, so aß man in Athen gern Mispeln in Honig, im hellenistischen Osten Sykomorenfrüchte, in Waldgebirgen rohe oder gekochte Vogelbeeren, im ptolemaischen Ägypten Maulbeeren und die Samen der Lotoskapsel. Pistazien aus Indien, Arabien und Syrien wurden rasch so beliebt, daß man sie auch bei Alexandreia und auf einigen Inseln anpflanzte. Datteln sind außerhalb der Palmengegenden nicht nachweisbar.

Umstritten ist, welche Citrusfrüchte der Hellenismus gekannt und ob er die Zitrone nicht nur zur Mundpflege, als Gegengift und zur Mottenbekämpfung benutzt hat. Da aber wenigstens auf einem Papyrus Zitronen mit Datteln zusammen genannt werden, ist anzunehmen, daß man auch irgendwelche Zitronenarten aß. Die erste sichere Notiz steht bei Iuba von Mauretanien, der die Äpfel der Hesperiden als Citrusfrüchte deutete.

Die Liebe des griechischen und des östlichen Menschen zu Süßigkeiten blieb auch im Hellenismus unverändert. Viele Honigsorten wurden auf den Märkten der Welt angeboten, attischer, rhodischer, kappadokischer, lydischer Honig waren bevorzugt. Man hielt ihn für eine Art Allheilmittel; so sollte er ‚nach einer göttlichen Vorschrift‘ für die Augen gut sein. Da er fast der einzige Süßstoff war, den man kannte, und da man möglichst jede Speise etwas gesüßt haben wollte, wurde er in unzählig vielen Rezepten verwendet. Honigkuchen, Honiggebäck und mit Honig übergossene heiße Pfannkuchen waren verbreitete Leckereien. Viele mischten Honig mit Wasser und Essig zu einem erfrischenden Getränk, das in einigen Gegenden geharzt wurde; auch Milch mischte man mit Honig. Biene und Honig lieferten der hellenistischen Dichtung reizvolle Motive; Kallimachos schildert, wie der kleine Zeus mit Honig ernährt wurde, und die Epigrammatiker malen das Bild des Imkers und des Ertrags seiner Arbeit. Neben dem Honig kamen andere Süßigkeiten kaum in Betracht, höchstens daß man Mastixharz und im hellenistischen Ägypten die Stengel und Kolben der Wasserpflanzen, die eine gewisse Süße haben, oder die süßen Papyruswurzeln und -stengel kaute.

Zum Schluß bleiben noch zwei Produkte zu nennen, die in der griechischen Welt niemals als bloße Nahrungsmittel, sondern von jeher als hohe Kulturgüter angesehen wurden, ohne die auch das geistige und künstlerische Leben längst nicht mehr zu denken war: das Öl und der Wein. *Deissmann* hat einmal gesagt, daß neben der Koine der Ölbaum das sichtbare Zeichen für eine griechisch gewordene Welt sei, und in der Tat ist aufs Ganze gesehen die hellenistische Welt eine Welt des Ölbaums. Kallimachos erzählt in einer seiner schönsten Dichtungen, wie der Wanderer von der armen Frau mit dem Köstlichsten bewirtet wird, was sie im Hause hat, mit Oliven. Heilige Ölbäume gab es nicht mehr nur in Athen und Olympia, sondern überall, wo Athene verehrt wurde. Ein hübsches hellenistisches Rätsel umreißt diese Bedeutung:

> Der Pallas bin ich lieb, ich gebäre unendlich viele Kinder,
> Die Männer unter Felssteine werfen. Aus den zerriebenen aber
> Wird dem Peliden Licht, ein Heilmittel für Sterbliche, Schutzwehr bei Agonen.

Die Anbauflächen dehnten sich immer weiter aus: Abgesehen von den alten Ölbaumgebieten Attika, Phokis, Rhodos, Kypros, Kreta und Sizilien intensivierten die hellenistischen Griechen den Anbau in Syrien und Phoinikien, in der Kyrenaika, in Unteritalien und Südgallien. Neue, freilich nur zum Teil erfolgreiche Anbauversuche unternahmen sie in Ägypten, im Euphratgebiet, um die Propontis und an der Südküste des Schwarzen Meeres. Der Export von Oliven und Olivenöl in die ölarmen Länder nahm riesige Ausmaße an; rhodische Ölamphoren wurden von Karthago bis ins Innere Persiens und Afghanistans hinein in großer Zahl gefunden. Der Großhandel blieb lange in den Händen der Griechen und Phoiniker, der Kleinhandel mußte mit verwöhnten Käufern rechnen, die nicht jede Sorte kauften; eine bekannte Terrakotta zeigt Käuferinnen, die sich von der Händlerin auf einem Löffel eine Probe aus einem Probefläschchen reichen lassen, bevor sie kaufen. Nur in Ägypten benutzte man häufig geringwertige Öle. Obwohl Leute wie Apollonios Tausende von Ölsetzlingen importierten und im Fayum Plantagen anlegten, gedieh der Ölbaum nicht recht und die einheimischen Ernten reichten in keiner Weise aus. Importierte Öle aber waren durch die Monopolwirtschaft und die Zölle zu teuer. So mußte sich der Ärmere mit den einheimischen Rhizinus- und Leinölen begnügen. Viele Städte Griechenlands und Kleinasiens richteten zur Beschaffung von Öl und zur Kontrolle der Ölvorräte besondere Behörden ein; wo der Ankauf von Öl, allerdings meist von Salböl für Bäder und Gymnasien, seltener von Speiseölen, zu den Zwangsliturgien gehörte, konnte er zur drückenden Last werden.

Wein war niemals und nirgends ein bloßes Getränk, sondern immer ein Kulturgut; an seiner Pflege und Wertschätzung läßt sich in gewissem Sinne die Höhe einer Kultur ablesen. Der Hellenismus hat in Fortführung griechischer Weinkultur den Weingenuß verfeinert, seine Bedeutung tiefer erkannt, seine Verflechtung mit allen Zweigen des geistigen und künstlerischen Lebens bejaht. Im Leben wie in der Kunst wurde der Wein Symbol alles Befreienden und Festlichen und in den Zeiten höchster Not für viele der einzige Trost, den sie im Leben noch hatten. Viele Stimmen bezeugten, daß der Wein alle inneren und äußeren Schmerzen zu lindern vermöge, daß er Kranke gesund mache und sogar über den Tod hinweg tröste. Daher spendete man ihn an den Gräbern, und in vielen Grabgedichten wird er erwähnt. Aus mannigfachen Gründen wurde der Wein gerühmt: Er durchwärmt die Seele, verbindet die Menschen zu echter Freundschaft und wird von den Göttern dankbar als Spende angenommen. Ist das Leid so groß, daß süßer Wein schmerzlich empfunden wird, soll man herben trinken. Nicht bei allen hat er die gleiche Wirkung, aber glücklich, wer, wie die Athener, schon beim geringsten Weingenuß so fröhlich wird, daß er zu tanzen beginnt, oder so mild wie der Stoiker Zenon, der bereits nach einem kleinen Schluck Wein seine Bitterkeit und Strenge vergaß. Schon als Kind soll man ihn trinken, freilich mit viel Wasser gemischt. Wer ein noch so kleines Landstück besitzt, soll vor allem anderen immer zuerst Wein pflanzen.

Ein Fragment des Baton faßt diese Weinfreudigkeit in den Versen zusammen:

Die Weisen der Philosophen lade ich hiermit ein,
Alle, die sich selbst nichts Gutes leisten.
Die auf ihren Wanderungen nach dem Weisen suchen
Und nach Gesprächen mit ihm, als ob er ein entlaufener Sklave sei.
Du törichter Mensch, warum bleibst du nüchtern,

Obwohl du Geld hast. Warum beleidigst du so die Götter?
Warum, Mensch, hältst du das Geld für wertvoller
Als dich selbst, oder als das, was es seiner Natur nach ist?
Schädlich bist du für die Stadt, wenn du Wasser trinkst,
Denn den Winzern und den Weinhändlern schadest du.
Ich aber, wenn ich mich berausche, schaffe ihnen ein gutes Einkommen.

Wie jede Zeit echter Weinkultur achtete der Hellenismus auf Alter, Wachstumslage und Geschmacksqualität. Theokrit traute seinen Hirten zu, daß sie vierjährigen Wein zu schätzen wüßten. Heuriger wurde zurückgewiesen, doch war er billig. Zweijährige Landweine konnte man täglich trinken;

mit neunjährigem begannen die Spitzenqualitäten. Es gab Weinkenner, die die Blume auch benachbarter Lagen genau unterscheiden konnten. Doch bewertete man den Wein nicht nur nach der Blume, sondern nach dem Maß, in dem er Katzenjammer verursachte. *Arntz* hat in einer schönen Arbeit darauf hingewiesen, daß die Weine „meist schwer und alkoholreich" waren, „zumal der Most nach der Kelterung vielfach eingedickt wurde". Schon Aristoteles erwähnt diese Sitte und bemerkt, „der arkadische Wein werde in den Schläuchen so eingetrocknet, daß man ihn zum Trinken abschaben müsse".

Wir kennen eine Reihe hellenistischer Weincharakterisierungen, die wörtlich auf modernen Weinkarten stehen könnten: ‚Mostartig' (παραπλήσιος τῷγλεύκει), ‚süßmostartig' (γλύξις), ‚rauchig' (καπνίας), ‚schlicht' (φαῦλος), ‚Haustrunk' (ἀμφίας). Es gab Freunde des Weißweins und Liebhaber des Rotweins, vor allem aber viele Anhänger von parfümierten und rezinierten Weinen, für deren Herstellung neue Rezepte und Verfahren erfunden wurden. Einige setzten dem Wein Seewasser, andere Honig, andere Veilchen- oder Rosenblätter, einheimische oder importierte Aromata zu. Weinfälschungen und Panschereien kamen natürlich ebenso oft vor wie zu allen Zeiten der Geschichte des Weines. Den besten Ruf genossen Weine aus Thasos, Lesbos, Chios, Naxos, Kreta, Rhodos und der Gegend um den Ätna. Von neuen hellenistischen Anbaugebieten waren die Anlagen im Nildelta und im Fayum am bekanntesten, sie reichten aber, wie schon gesagt, nicht aus, so daß Weinimport in Ägypten trotz hoher Besteuerung ein lohnendes Geschäft wurde.

Man trank Wein bei den großen öffentlichen und den kleinen privaten Festen, und selbst arme Sklaven feierten in ihren Clubs bescheidenste Feste mit Wein und einer Flötenspielerin. Man trank mit Freunden und Freundinnen und bei den Kultmahlen mit den Göttern. Man trank auf Rat der Ärzte, und, wenn diese Wein als Mittel für bestimmte Krankheiten empfahlen, betrank man sich sogar. Man trank in den kleinen und großen Kneipen, die in den hellenistischen Groß- und Hafenstädten wie Pilze aus der Erde schossen. Man trank daheim einen Becher nach dem Aufstehen und einen vor dem Schlafengehen, und man versäumte nicht, vor dem Trinken ein paar Malven oder ein Stück Kürbis oder ein paar scharfe Sardellen zu essen, um besser trinken zu können.

Allmählich hatte sich ein Trinkkomment herausgebildet, der nun im Hellenismus neue Formen annahm. Ein Präside (Formen von ποταρχέω, συμποσίαρχος) sah auf Ordnung. Theophrast behauptete, früher habe man nur auf Götter Trinksprüche ausgebracht, zu seiner Zeit aber auch auf Menschen. Das Zutrinken wurde sehr wichtig, Kallimachos beklagte sich darüber, daß sein Zutrunk nicht beachtet wurde. Eine neue Sitte war das Namentrinken:

Man schöpfte soviel Kellen, wie der Name des mit dem Zutrunk Geehrten Buchstaben hatte. Dabei nannte man die Namen derer, denen man zutrank, laut, auch wenn sie nicht zugegen waren. Denn man trank auch auf das Wohl Abwesender, vor allem der geliebten Mädchen, aber auch zum Gedächtnis Homers und großer Männer der Vergangenheit. Einige Trinklieder sind noch erhalten, sie mahnen zum Trinken als einer männlichen Tat und zur Lebensfreude. Versespiele, Trinkepigramme als Stegreifdichtung und das Lösen von Rätseln gehörten ebenso zur hellenistischen Kneiptafel. Beim Umtrunk folgte man entweder athenischer Sitte und ließ einen Becher von links nach rechts in der Runde kreisen oder dorischem Brauch, wonach jeder aus einem eigenen Becher trank. Zuweilen ging es dabei hoch her: „Wer an einem griechischen Gelage teilnimmt, soll entweder mittrinken oder fortgehen.“ Es kam auch gelegentlich vor, daß ein Trinker einen pathologischen Anfall bekam.

Aber meist hielt man Maß:

Das ist hellenisches Trinken, Freund, siehst du:
Wer aus mittelgroßen Bechern trinkt, sich gern
unterhält und vernünftig redet.
Wer anders handelt, trinkt nicht, sondern er gießt sich voll,
Wenn er aus Kühler oder Eimern trinkt.

Im allgemeinen trank man den Wein gemischt; Ungemischten zu trinken galt als ungebildet:

Der viele Ungemischte mindert den Verstand gar sehr.

Nur wenn man jemanden einmal ganz besonders ehren wollte, trank man ihm mit Ungemischtem zu, doch wurde das als Ausnahme hervorgehoben. Meist mischte man mit heißem Wasser, doch trank Alexander wie schon Xenophon seinen Wein gekühlt, und seither mischte man auch mit kaltem Wasser und sogar mit Schnee; einige Weinkühlgefäße sind erhalten. Das Mischen war bei großen Symposia ein Ehrenamt, das gern Epheben übertragen wurde.

Trotzdem spielte Betrunkenheit eine große Rolle, wenn auch Komödie, bildende Kunst, philosophisch-moralische Schriften und die Geschichtschreibung bei der Darstellung oder Schilderung großer Räusche und kleiner Trunkenheit vielfach übertrieben. Der Hellenismus entwickelte eine Psychologie des Trinkers und des Rausches, ihrer Tragik und ihrer Seligkeit. Er machte eine feine Unterscheidung zwischen Weinliebhaber (φίλοινος), Becherliebhaber (φιλοπότης) und Säufer (κωθωνιστής). Das Thema war nahezu unerschöpflich: Betrunkene sagen die Wahrheit, aber Frauen und Wein machen auch aus Freunden Feinde, Junge trinken und die Väter entrüsten sich darüber ohne zu bedenken, daß auch sie einst tranken. Tagelang trinken die Bauern bei ihren Zechereien, und sie lassen den zahlen, der am wenigsten trinkt. Schauspieler spielen nicht nur Betrunkene, sondern trinken selbst ebenso gern wie die Berufsmusikanten. Ganze Städte wie Tarent pflegen sich während ihrer Weinfeste zu berauschen. Manch einer „riecht nach Wein" und „hat seine Vernunft im Weinschlauch ertränkt".

Man sammelte die Namen großer Trinker und übertrieb dabei. Wollte man einem Gegner oder Herrscher etwas anhängen, so behauptete man, daß er ein Säufer sei. Aber man sagte auch die Wahrheit: Die Trinkfreudigkeit der Makedonen machte Schule. Über Alexander gingen die Meinungen in der Antike auseinander, über Antigonos I., Lysimachos, Demetrios Poliorketes und Genthios von Illyrien dagegen waren sie ziemlich einhellig. Auch Listen großer Trinkerinnen wurden zusammengestellt. In Athen hatte schon die alte Komödie die trinkenden Frauen verspottet, im Hellenismus nahm man weniger Anstoß daran. Doch gab es Ausnahmen; in Milet durfte eine anständige Frau überhaupt keinen Wein trinken.

Die wissenschaftliche Literatur über den Wein schufen in erster Linie peripatetische Kreise. Theophrast schrieb ein Sammelwerk, das von der medizinischen Beurteilung der Folgen des Weintrinkens bis zur kulturgeschichtlichen Untersuchung des Trinkkomments reichte; Aristoteles zugeschrieben wurde ein Buch über die Trunkenheit. Unter den Homer-Kommentatoren schrieb Asklepiades von Myrleia ein Buch über den Becher Nestors, in dem er auf die Bedeutung des Weines bei Homer ausführlich einging.

Über die Vielfalt der während der hellenistischen Epoche benutzten Trinkgefäße ist schon gesprochen worden. Hier ist nur nachzutragen, daß der Wein – wenn es sich um größere Mengen und weite Entfernungen handelte – in Tonamphoren und Tonfässern gelagert und versandt wurde, sonst dagegen in Tierschläuchen. Die riesigen Kellereien besaßen Tongefäße verschiedenster Größen zu Tausenden, die mit Öl, Pech, Lehm, getrocknetem Schlamm oder Gips verschlossen wurden und auf die Jahrgang, Lage und andere Bemerkungen mit Farbe aufgemalt waren. Auch benutzte man für die verschiedenen Weine jeweils bestimmte Amphorengrößen oder -formen, so daß man sich in den großen Kellereien leicht orientieren konnte. Kleine Kneipen hatten mindestens einen verschließbaren Nebenraum, in dem die Weinamphoren aufbewahrt wurden.

Zum Abschluß stehe hier nur noch ein bei Athenaios überliefertes Fragment aus einer Komödie, in dem die Haltung des Hellenismus zum Wein am besten zusammengefaßt ist:

Mnesitheos hat gesagt, daß den Wein die Götter
Den Sterblichen gezeigt haben, denen, die ihn richtig brauchen,
Als größtes Gut, denen, die ihn zügellos trinken, als Gegenteil.
Denen, die ihn recht brauchen, gewährt er Nahrung
Und Kraft für Leib und Seele.
Höchst nützlich ist er auch in der ärztlichen Klinik,
Weil man ihn Heilmitteln beimischen kann,
Und in Wunden gegossen übt er große Heilkraft aus.
Denen, die ihn täglich in guter Gesellschaft
Mäßig und gemischt trinken, schenkt er
Guten Mut. Wenn aber einer zu viel trinkt,
Den macht er leichtsinnig, und wenn er halb und halb mischt, rasend.
Wenn aber einer ungemischt trinkt, dem zerstört er den Körper.

Neben dem Wein hatte als Getränk nur das Wasser Bedeutung. Alle Städte bemühten sich um gutes Trinkwasser, aber aus den erhaltenen Beispielen zu schließen, waren die Wasserrechnungen für den einzelnen Bürger sehr hoch, wenigstens in wasserarmen Gegenden. Seit Theophrast gab es eine ständig wachsende Literatur über Wässer, die zum Trinken geeignet, und solche, die weniger geeignet oder gar schädlich seien; im ärztlichen Schrifttum werden viele Heilquellen und Heilwässer genannt und erforscht. Seit dem Alexanderzug fand man Gefallen an aufgetautem Schnee: Man sammelte Schnee und bewahrte ihn in unterirdischen Gruben auf, die mit Holzwänden abgedichtet waren. Hatte man keinen Schnee zur Verfügung, so mußte man sich mit kalten Quellen oder Bergwassern begnügen. Aber die Mediziner warnten vor kaltem Wasser, vor ungekochtem Wasser und vor Regenwasser, dessen Giftigkeit man erkannte. Die Lexikographen sammelten Namen von Wassertrinkern ebenso wie von Weintrinkern oder Milchtrinkern.

Von Fruchtsäften wurde Granatapfelsaft, zuweilen mit einem Zusatz von Honig und Ziegenmilch, getrunken, und als Getränk für Kranke diente ein warmer Gerstentrank (πτισάνη) oder Haferschleim.

Bier wurde in größeren Mengen nur in Ägypten, Thrakien und den keltischen Gebieten getrunken. In Alexandreia erhielten die Hafenarbeiter ihre Verpflegung zum Teil in Form von Bier. Im Delta braute man es vorwiegend aus Gerste, in Oberägypten aus Hirse; zugesetzt wurde Sauerteig und ein Bitterkraut, jedoch kein Hopfen. Thrakische Biere waren süßer als ägyptische, und die Kelten süßten ihre Biere mit Honig. Hellenistische Mythographen dichteten, Osiris habe den Menschen das Bier gebracht wie Dionysos den Wein. Weizenbier mit oder ohne Honig war bei einigen keltischen Stämmen bekannt. Außer in armen Bevölkerungsschichten Ägyptens scheinen die Griechen jede Art von Bier gemieden, wenn nicht sogar verabscheut zu haben.

Zum Thema ‚Hellenistische Eßkultur' gehören schließlich noch zwei Typen von extremer Gegensätzlichkeit: der Vegetarier und der Parasit. Das überraschend häufige Auftreten des ersteren hatte teils medizinische, teils philosophisch-religiöse, asketische Gründe. Seitdem viele Menschen nicht mehr bloß naiv aßen, sondern über das Essen zu reflektieren begannen, riß die Kette der Diätfanatiker, Hungerbefürworter und Speisenmäkler nicht mehr ab. Inwieweit die buddhistische Mission seit Asoka einem älteren philosophisch-religiösen Vegetarianismus neuen Auftrieb gegeben hat, ist nicht sicher zu sagen, doch kann man es vermuten. Der Glaube an Seelenwanderung, das Mitleid mit dem leidenden Tier und die religiöse Überzeugung, daß auch Tiere selig werden, waren allmählich so weit verbreitet, daß ihre praktischen Auswirkungen nicht ausbleiben konnten. Rationaler lehrten dagegen die Ethiker mehrerer philosophischer Systeme, daß Fleischesser mehr Sorgen hätten als andere Menschen und daß Hunger das Töten von Tieren nicht rechtfertige, denn man esse doch nur den Teil, der gut schmecke. Überdies sei der Mensch von Natur kein Fleischfresser, denn er empfinde es als widernatürlich, Leichname zu essen, und nur aus Not hätte sich der Urmensch hungrig auf tote Tiere gestürzt.

Die Gegenseite charakterisiert ein pessimistischer Komiker schlagend: „Für viele ist das meiste nur zum Essen da." Hier ist nun auf den Parasiten zurückzukommen. Er war nicht bloß eine Figur des Lustspiels. Ob er in Unteritalien oder in Athen zuerst auftauchte, ist nicht sicher; im Hellenismus findet man ihn in allen Städten. Die gute griechische Sitte, auch ungeladen zu Festen zu kommen und sich erst nach dem Essen vorstellen zu müssen, hat dem Parasitentum Vorschub geleistet, in den Wirtschaftskrisen und dem damit verbundenen raschen Glückswechsel wurde es aber zur Landplage. Diese vielfach verkrachten, arbeitsscheuen Existenzen waren an den hellenistischen großen und kleinen Höfen, bei den reichen Handelsherren der Städte und bei den hohen Beamten anzutreffen; für ein gutes Essen waren sie zu jeder Schmeichelei, aber auch zu allen möglichen unwürdigen Diensten, besonders zu Spitzeldiensten, bereit. Ἀλεξανδροκόλακες wurde das allgemeinste Schimpfwort für sie. Hunderte sind durch die Komödie und Athenaios namentlich bekannt, einige erlangten sogar Weltberühmtheit, darunter der von der Komödie viel genannte Chairephon, der eine Briefnovelle über ein Gastmahl an einen fingierten anderen Parasiten schrieb.

Zwischen diesen Extremen lebte eine genußfreudige, zivilisierte und kultivierte Schar von Menschen, denen gutes, gepflegtes Essen und Trinken Freude machte, so daß sie darin einen der größten Lebenswerte sahen. Die in zahlreichen Versionen zitierte Grabschrift des Sardanapalos war sehr vielen aus dem Herzen gesprochen, und ihre Einordnung in den Alexanderroman zeugt mehr als alles andere für ihre Beliebtheit: „Das habe ich, was ich gegessen habe ..." oder: „Iß, trink ... alles andere als das ist nichts wert". Bis in die Septuaginta sind diese hellenistischen Stimmungen vorgedrungen: „Laß dir nicht einen guten Tag entgehen, und deinen Anteil am richtigen Lebensgenuß laß ja nicht an dir vorübergehen." Grabepigramme erzählen vom Weinkrug als Symbol des Wohlbehagens im Jenseits; es wird sogar zur Formel, daß der tote Trinker eine Weinspende auf sein Grab erbittet, weil er den Wein nicht entbehren kann. Totenmahle aber gehörten zu den beliebtesten hellenistischen Grabdarstellungen.

4. *Arbeit und Berufsleben*

a) Allgemeines

Der Hellenismus gehört zu den fleißigsten Epochen der Weltgeschichte. Zumindest in den großen Städten war es nicht mehr möglich, mit der durchschnittlichen Arbeitszeit von etwa sechs Stunden, die in den früheren Zeiten allgemein üblich gewesen war, auszukommen. In Antiocheia waren die Fischmärkte Tag und Nacht geöffnet; wir wissen von Banken und Hotels aus verschiedenen Teilen der hellenistischen Welt, die auch nachts nicht geschlossen wurden, und selbst einfache Kuchenbäcker kannten keine Nachtruhe.

Es geht im folgenden nicht um Probleme der Wirtschaftsgeschichte. Sie sind von *Rostovtzeff* so gründlich bearbeitet worden, daß man kaum etwas hinzuzufügen hätte. Daher ist es hier nicht so wichtig, die zahllosen wirtschaftlichen Dokumente, Rechnungen, Urkunden und Geschäftsbriefe zu untersuchen, sondern es gilt vielmehr auf das zu hören, was Gedichte oder Komödien und Romane über Arbeit und arbeitende Menschen sagen und was die bildende Kunst, besonders Reliefs und Gemälde, darstellen, denn in diesen Schöpfungen der Künstler wird die menschliche Bedeutung der Arbeit noch sichtbarer als in den Schriften der Philosophen und Redner, die sich mit ihr beschäftigen.

In drei Erscheinungsformen offenbarte sich die neue Welt der Arbeit: in der bis zum äußersten gesteigerten Differenzierung der Berufe, Arbeitszweige und Arbeitsvorgänge, in der Ausweitung der bisher lokal eingeengten Arbeitsbereiche zu einem weltweiten Arbeitsrhythmus und in einer neuen Wertung der Arbeit.

Die Spezialisierung der Berufe war im ptolemaischen Ägypten schon seit langem vorbereitet und wohl am weitesten getrieben, nun aber breitete sie sich in der ganzen hellenistischen Welt aus. Lange Listen von Berufen, vor allem das gesamte siebente Buch des Pollux, zählen Hunderte verschiedener Arbeitszweige auf. Sie waren keineswegs nur in den Großstädten anzutreffen, in denen die wachsenden Bedürfnisse der Stadtbevölkerung die Differenzierung erforderten. Auch in kleinen Orten sprechen noch heute ganze Straßenzüge nicht nur eindrucksvoll von dem Fleiß des werktätigen Menschen, sondern auch von der reichen Gliederung seiner Tätigkeit. In Delos etwa kann man mühelos in einem kleinen Stadtviertel eine Fülle von Werkstätten aller Art, Kaufläden aller Größen und sonstigen Betrieben finden. Eine gewisse Fröhlichkeit muß über diesen Vierteln gelegen haben. Eine hellenistische Terrakotte stellt mehrere Frauen dar, die in einer Großbäckerei Teig kneten; neben ihnen musiziert eine Flötenspielerin und erleichtert ihnen die Arbeit durch Musik. Es scheint, als ob sehr viele Berufe ihre eigene Musik, besonders ihre eigenen Lieder, die zur Arbeit gesungen wurden, gehabt hätten; einige kennen wir noch im Wortlaut, über andere wird lediglich berichtet. Es sind Lieder der Müller, Weber, Spinner, Ammen, Wasserschöpferinnen, Badediener, Hirten und Schnitter.

Seit dem Alexanderzug verband die Arbeit Menschen aller Gegenden miteinander. Kaufleute, Handwerker und Künstler waren nicht mehr seßhaft, sondern arbeiteten heute hier, morgen da. Das ist alles bekannt, wird aber in seiner Bedeutung noch viel zu wenig gewürdigt. Die Anlage der neuen Städte, die großen Repräsentativbauten, sogar die Feldzüge und Heerlager erforderten Arbeitsteams, die sich aus der ganzen Welt rekrutieren mußten. Erfolgschancen waren dabei für jeden gegeben, wenn er nicht träge war. Die klar zutage liegenden Ergebnisse konnten freilich nur deshalb erreicht werden, weil die private Initiative auch durch noch so strenge wirtschaftspolitische Eingriffe der Regierungen nie ganz ausgeschaltet wurde, und weil die Menschen in ihrer Freude am Risiko keine Investitionen scheuten. Wenn heute zuweilen der Unterschied zwischen Wucherkapital und produktivem Kapital gemacht wird, so genügt allein ein Blick in die Zenon-Korrespondenz, um zu erkennen, daß, jedenfalls vor dem Kommen der Römer und des entstehenden römischen Großkapitalismus, der hellenistische Unternehmer kein Kapital gehortet hat, sondern es in neue und größere Unternehmungen steckte. Erst als Kriege die Welt unsicher machten, begann man Münzen zu horten. In den glücklichen Zeiten des 3. Jahrhunderts hatte man überall in der Welt den Eindruck, daß die Menschen sich daran freuten, mit ihrer Arbeit ständig neue Wirkungsbereiche ausfüllen zu können.

Die weltweite Ausdehnung der Arbeitsbereiche erfolgte nicht in gleichförmiger Weise. Da, wo alte Traditionen vorhanden waren, wurden sie weitergepflegt, so daß ein buntes Gemälde entstand, alte Arbeitszweige und neue verbanden sich miteinander und bereicherten einander. Von Ägypten aus gingen in die gesamte hellenistische Welt vielerlei Waren und Güter, deren Herstellung teils an alte ägyptische Verfahren anknüpfte, teils aber in Alexandreia ständig neu variiert und weiterentwickelt wurde: Textilien aller Art, Metall- und Glasschmuck, Salben und Parfüms. Der syrisch-phoinikische Raum lieferte Stoffe, Räucherwaren und Purpurfarben, Kleinasien Lebensmittel, Weine und Kosmetika; vom Schwarzen Meer kamen Fischereiprodukte, von Rhodos Schiffsbauten und Schiffsausrüstungen, aus Makedonien Metall, Holz und andere Rohprodukte und aus Griechenland noch immer Tonwaren und Luxusgegenstände. Hier gilt es nur folgendes zu sehen: über den Ergebnissen der Wirtschaftsgeschichte, die die wirtschaftliche Lage jeder einzelnen Landschaft untersucht, darf nicht vergessen werden, daß das Gesamtgewerbe, das nunmehr entstand, ein Spiegelbild der menschlichen Lebensfülle war.

Die Wertschätzung der Arbeit wuchs merklich, solange nicht durch die Kriege und Seeräubereien des zweiten Jahrhunderts große Sklavenmassen das gesamte Leben veränderten. Solange freie Menschen in allen Berufen tätig waren, blieb fast jede Arbeit geachtet. Das war, obwohl es oft übersehen wird, immer schon griechische Art. Nur die Griechen kannten arbeitende Götter und hatten für jeden Arbeitszweig besondere Schutzgötter: Athene Ergane, Hermes, Hephaistos und vor allem Herakles, der jede Arbeit und Mühe auf sich nahm. Im Technitenvergleich hatte die Philosophie vom Handwerker, Steuermann, Arzt, sogar vom arbeitenden Sklaven gelernt. Das alles wurde im Hellenismus gesteigert. Zahlreiche neue Zünfte, Gilden und Arbeitervereinigungen sammelten sich um einen bestimmten Gott oder eine Göttin, die die Arbeit ihrer Mitglieder segnete und schützte. Die hellenistische Philosophie, deren Vertreter aus nahezu allen Ständen kamen, mühte sich darum, den arbeitenden Menschen zu verstehen, die Künstler bildeten ihn ab oder wählten reizvolle Motive aus seiner Welt. Das konnte zu einem neuen Arbeitsstolz besonders da führen, wo bestimmte Berufe sich in einzelnen Familien weiter vererbten oder wo ein neues Arbeitsethos die Menschen innerlich glücklich machte.

Doch enthüllte sich die Gegensätzlichkeit des hellenistischen Menschen und seiner Weltschau auch hier. Der arbeitende Mensch ist Schöpfer und seine Arbeit ist Kunst (δημιουργός, τέχνη), aber die Arbeit drückt ihn auch und ist schwere Mühe (πόνος). Agatharchides hatte sogar mit den schwer und hart arbeitenden Strafgefangenen in den Goldbergwerken Mitleid. Doch wurde auch dieses Leidvolle der Arbeit hoch gewertet, und der hellenistische Kynismos ist bis zu der Erkenntnis vorgedrungen, daß nichts schlimmer sei als ein Leben ohne Mühe, und daß auch die schwerste ebenso wie die geringste Arbeit ein Gut schlechthin sei. Seine Gegner, die Epikureer, haben das zwar abgelehnt, aber auch sie betonten, daß der Mensch arbeiten müsse und daß Arbeit Freude sein könne. Bis zu Plutarch hin wiederholen alle, daß Untätigkeit die wirkliche Seelenruhe nicht zu geben vermöge. Auch dabei konnten starke religiöse Impulse mitsprechen: „Denkst du denn, die Götter helfen dir, wenn du schläfst?"

Natürlich lief nicht alles reibungslos ab. Wir hören von Streiks, besonders auf den armen Inseln Amorgos, Keos, Naxos und Syros, und von der Flucht allzu hart arbeitender Menschen in die Tempelasyle, in denen sie freilich auch arbeiten mußten. Schlimmer war es, daß das Arbeitsethos absinken konnte. Betrug und Fälschungen wurden häufiger. Aus Theophrast und anderen Autoren kann man leicht ganze Listen von Warenfälschungen, etwa von Drogen-, Gewürz-, Farben- und Edelsteinfälschungen zusammenstellen; anscheinend hat man sich darüber nicht allzu viele Gedanken gemacht und zuweilen solche Betrügereien als Zeichen erhöhter Intelligenz beurteilt.

b) Handwerker

Die Epoche des Hellenismus ist niemals eine Zeit der ‚Sklavenhaltergesellschaft' gewesen, deren große Kulturschöpfungen im Grunde einem Proletariat zu verdanken waren, das, selbst unfrei, keinen Anteil an diesen Kulturgütern gehabt hat. Diesen noch immer vorhandenen Fehldarstellungen widerspricht die Wirklichkeit; die breite kulturschaffende, aber zu einem großen Teil auch kulturgenießende Schicht des Hellenismus war die breite Schicht der freien Handwerker.

Das war in der griechischen Welt nichts Neues. Plutarch schildert das fröhliche, bunte Treiben der Handwerker beim Bau der Akropolis, und die erhaltenen Abrechnungen beweisen, daß er nichts falsch gezeichnet hat. Bei diesem Bau waren Zimmerleute, Bildhauer, Kupferschmiede, Steinmetzen, Färber, Goldschmiede, Elfenbeinschnitzer, Maler, Textilhandwerker, Bildschnitzer, Wagenbauer, Pferdepfleger, Fuhrleute, Seiler, Weber, Lederarbeiter beschäftigt, und ähnlich dürfte es auch bei den hellenistischen Großbauten zugegangen sein. Natürlich gab es regionale Unterschiede; *Rostovtzeff* hat in mühevoller Kleinarbeit den Stand des Handwerkes in den einzelnen Gebieten registriert. Aufs Ganze gesehen ruhte die hellenistische Kultur auf dem festen Grund einer breiten Schicht freier Handwerker.

Diese Handwerker waren nicht reich und wurden es auch nicht – das unterscheidet sie von den Handwerksmeistern der bürgerlichen Zeiten Westeuropas. Soweit wir sehen, vermochten es sogar die neuen hellenistischen Verhältnisse nicht, sie dazu zu veranlassen, Schätze zu sammeln, teils weil die großen Ausgaben der Staaten es zu keiner Vermögensbildung auf breiter Basis kommen ließen, teils aber auch, weil die Handwerker selbst gar nicht daran interessiert waren. Das Gefühl dafür, daß das handwerkliche Können besser und dauerhafter sei als aller Besitz und daß kein Krieg und kein Wandel der Tyche es zu rauben vermöge, war tief eingewurzelt. Aber Hunderte von Lohnabrechnungen auf Steinen und Papyri beweisen auch, daß in normalen Zeiten der Handwerker nicht am Hungertuch nagte, wenn auch die Preise für Nahrungsmittel und Mieten überall in der hellenistischen Welt im Verhältnis zu den Durchschnittseinkommen sehr hoch waren.

Das zunehmende Arbeitstempo hat diese Menschen nicht hektisch und erst recht nicht zu Maschinenmenschen werden lassen. Der hellenistische Handwerker arbeitete fast ohne Ausnahme im Sitzen, und das allein schon verbürgte eine gewisse Geruhsamkeit. Die Werkstätten waren, wie die archäologischen Befunde ergeben, meist klein, oft mit der eigenen Wohnung oder dem eigenen Haus verbunden, oft arbeiteten mehrere Mitglieder einer Familie gemeinsam. Der Konkurrenzkampf war wohl nie allzu hart; Arbeitsverbände und Zünfte gewährten einen gewissen Schutz, und in den neuen Ländern brauchten die Handwerker nicht einmal auf eigene Rechnung zu arbeiten, sondern konnten ihre Arbeit in einem großen Verband, etwa in den königlichen Werkstätten oder in den Tempelbetrieben, verrichten. Sie waren auch nicht ortsgebunden; die Beweglichkeit hellenistischer Handwerker stand der der Kaufleute kaum nach. Das bekannteste Beispiel ist Paulus aus Tarsos, der mit zwei Arbeitskameraden eine kleine Weberei in Korinth eröffnete, nach ein paar Jahren weiterzog und an einem anderen Ort seinem Handwerk nachging. Da diese Leute allgemein als die besten Handwerker der Welt bekannt waren, wurden sie gern aufgenommen, und es ist nicht bekannt, daß man ihnen irgendwo Schwierigkeiten gemacht hätte. Wir finden sie in den Städten der Etrusker ebenso wie am Indus, am Schwarzen Meer ebenso wie in Ägypten. Ihre gründliche Berufsausbildung erhielten sie als Lehrlinge bei einem Meister. Hunderte von Lehrverträgen zwischen Eltern von Lehrlingen und Handwerksmeistern zeugen von der großen Gewissenhaftigkeit und der Verantwortung beider Partner.

Wo und was sie auch arbeiteten, es blieb ihnen Zeit genug für Besinnlichkeit und geistiges Leben. Seit Sokrates gab es nur wenige Philosophen, die nicht auch Handwerker unter ihren Schülern hatten, und von philosophierenden Handwerkern haben wir bereits gesprochen. Auf den Rängen der neuen Theater bildeten Handwerker die große Masse der Zuhörer, die dann das Gehörte und Gesehene in ihren Werkstätten um so lieber in Ton, Metall oder Farbe gestalteten.

Aus der Unmenge der Handwerkszweige sind hier nur die zu erwähnen, von denen wir Näheres wissen.

Es wird vielfach übersehen, daß die Unzahl neuer Häuser, öffentlicher Bauten, Tempel, Paläste und ihre Einrichtungen in erster Linie Schöpfungen der Bauhandwerker waren. Ihre Arbeitsverträge lassen nicht nur wirtschaftliche Schlüsse zu, sie sprechen von der Sorgfalt, die bei der Arbeit nötig war, da jeder Stein, der bei der Arbeit zerbrochen wurde, vom Meister zu ersetzen war, und von der Selbständigkeit, mit der gearbeitet werden mußte, da die Anweisungen oft sehr allgemein und schematisch gehalten waren; sie sprechen aber auch vom Können des Maurers und der technischen Beherrschung der Herstellung neuer Mauerarten sowie von einer gewissen Gestaltungsfreiheit, die dem Steinmetzen und dem Dachdecker gestattet war – für das alles standen meist nur sehr einfache Werkzeuge zur Verfügung, die zudem teuer waren. Wie viel bedeutet es doch, wenn die Steinmetzen von Priene, die, wie überall, für jeden Buchstaben bezahlt wurden, sich im Einmeißeln von Homerversen oder von Sprichwörtern und philosophischen Sentenzen statt von sinnlosen Buchstaben und Silben übten. Wer in Stein arbeitete – auch wenn es sich nur um einen einfachen Kopisten oder einen Hermenhersteller handelte – bekam sein Rohmaterial meist nicht fertig zubehauen, sondern mußte selbst in den Steinbruch gehen, auswählen und prüfen, wenn auch die besondere Berufsklasse der Gesteinsprüfer (ὁ τὸν λίθον διακρίνων τεχνίτης) mit komplizierteren Methoden arbeitete und nicht mehr zu den Handwerkern im engeren Sinne gehören mochte. Je größer der Bedarf an Statuen, Grabdenkmälern, Votivreliefs und an Porträtstatuen wurde, um so fließender wurde die Grenze zwischen Handwerkern und Künstlern; aber der anspruchsvolle Geschmack der Auftraggeber verlangte, daß der Handwerksmeister genau wissen mußte, wie er mit Spitzeisen, Flacheisen, Rundeisen oder auch nur mit dem Bohrer umzugehen hatte und wie er sich des Schmirgels oder Bimssteins bedienen mußte.

Komplizierter war das Arbeitsgerät der holzverarbeitenden Handwerker geworden. Sie mußten mit Beil, zweischneidigem Beilmesser, Bohrer, Drehbank, Feile, Hammer, Hobel, Meßstab, Säge, Schleifstein, Schnitzmesser, Winkelmaß und Zange umgehen können, wobei oft Teamarbeit nötig war;

ein bekanntes Wandbild stellt zwei Holzhandwerker dar, die mit einer großen Säge gemeinsam Bretter zurechtschneiden. Differenzierung und Spezialisierung gingen sehr weit; Zimmerleute, Tischler, Kisten- und Kastenmacher, Holzbildschnitzer, Holzsarkophaghersteller, Spezialhandwerker für Türen, Täfelungen, Luxusmöbel hatten nun bedeutend mehr zu tun und verfeinerten auch ihre Arbeitsmethoden. Noch heute kann man gelegentlich im östlichen Mittelmeer sehen, mit welcher Präzision ein einzelner Handwerker ein seetüchtiges Schiff mit der Axt und wenig anderem Werkzeug zimmert; im Hellenismus war es das gleiche. Es ist völlig falsch zu meinen, daß damals große Werftbetriebe den Schiffshandwerker verdrängt hätten.

Äußerst differenziert wurde das Metallgewerbe. Zu den Gold-, Silber-, Bronze-, Eisen- und Bleischmieden und den Waffenschmieden verschiedener Gattungen – Lanzen- und Pfeilschmiede, Schwertfeger, Schild-, Helm- und Panzerschmiede, Kugelgießer für Blei- oder Steinkugeln – kamen Siebmacher, Hammerschmiede, Drahtzieher, Nadelhersteller und andere. Sowohl die literarischen wie die archäologischen Quellen bestätigen, daß auch sie nur kleine Werkstätten, wenig Werkzeug und Arbeitskräfte hatten. In einem engen Raum saß der Schmied hämmernd vor seinem Amboß, zwei oder drei Gehilfen schürten den Metallofen, bedienten den Blasebalg, packten die Metallstücke mit den Zangen und warfen sie in einen Kühlzuber. Eine dieser Werkstätten glich der anderen; schon um des Lärmes willen waren sie in den größeren Städten in einer oder mehreren benachbarten Straßen vereinigt. Wie von jeher besaßen die Schmiede eine schlichte religiöse Bindung an Hephaistos, dem einer von ihnen in einem Weihepigramm dafür dankte, daß seine Arbeit ihm und seinen Kindern genügend Wohlstand gebracht hätte. Dabei gehörten Schmiede zu den am schlechtesten bezahlten Handwerkern. Viele von ihnen waren stolz auf ihr Können und gravierten ihren Namen in die von ihnen angefertigten Gegenstände; Anyte nennt einen solchen Metallgießer, Aristoteles aus Kleitor, in einem ihrer Gedichte.

Der wachsende Bedarf und der zunehmende Export erforderten im Töpferhandwerk eine Umstellung, die kunstgeschichtliche Folgen hatte: auch in den kleinen Töpfereien bildeten nur noch wenige Meister den Ton auf der Töpferscheibe; Formen und im Späthellenismus sogar Stempel wurden nicht mehr nur für Massenware verwendet. Ein Beispiel für einen kleinen Töpferbetrieb bietet ein Papyrus aus dem Fayum: drei Ägypter und zwei Juden – Vater und Sohn – mieteten für einen Zeitraum von sieben Monaten Räume für eine gemeinsam betriebene Töpferei. Eine Reklame-Aufschrift für eine solche Werkstatt ist ein Epigramm, in dem ein Hermes aus Terrakotta, der wohl vor dem Eingang aufgestellt war, auf die Arbeit der Töpfer hinweist.

Von den Gewerben, die es mit der Herstellung von Nahrung und Kleidung zu tun hatten, war schon die Rede. Überall blieben auch hier die Kleinbetriebe erhalten. Müller, die mit einem oder ein paar Eseln die Mühlsteine in Bewegung setzten oder das Korn transportierten, gab es während der ganzen Epoche, und sie verbesserten nicht einmal ihre Technik; in allen uns bekannten Fällen bestand die hellenistische Mühle aus einem festen unteren und einem beweglichen oberen Stein, doch wissen wir über viele Einzelheiten der Konstruktion nicht genau Bescheid. Zwar gab es in Athen seit dem vierten Jahrhundert auch Großbäckereien, in denen Sklaven arbeiteten; der Streik der Bäcker in Paros dagegen weist auf handwerkliche Kleinbetriebe hin, und die damals gängigen zahlreichen Spezialbackwaren sind nur dadurch zu erklären, daß es viele Handwerksbetriebe gab, die ihre eigenen Rezepte hatten. Einen handwerklichen Metzgereibetrieb kennen wir aus einer viel behandelten Bankabrechnung aus dem Fayum.

Auch die Textilhandwerker trugen zu der neuen kulturellen Atmosphäre wesentlich bei. Wo immer sie auch arbeiteten, überall konnten sie etwas lernen und sie waren bereit, es zu tun, nicht nur in Ägypten, sondern ebenso in den alten Textilländern des Ostens. Sie lernten neue Stoffe und Techniken, sogar bessere Formen des Webstuhls kennen, und die Folge war ebenfalls eine Spezialisierung und Differenzierung des Gewerbes. Zu den seit langem bekannten Handwerkszweigen – den Leinwebern, Wollhandwerkern, Gerbern, Seilflechtern und Walkern – kamen neue: Kürschner, Hutmacher, Schneider, die sich vom einfachen Flickschneider bis zum modischen Kostümbildner anpriesen, Färber der verschiedenen Stoffarten, die etwa mit dem neu aus dem Osten gekommenen Indigo arbeiteten, Netzmacher, die die verschiedensten Formen der Fisch- und Jagdnetze herstellten, Teppichknüpfer, Zelttuchweber, Kleider-Reinigungswerkstätten und Segelmacher; von der vielseitigen Tätigkeit und dem schlechten Ruf der Schuster, die freilich auch eine besonders schwere Arbeit zu leisten hatten, war schon die Rede; von einem wird uns berichtet, daß er sich bei dem zähen Material mit der Ahle stach und eine schwere Blutvergiftung davontrug. Auch das Gewerbe der Barbiere nahm durch die modischen Anforderungen der neuen Welt einen großen Aufschwung. Es berührt eigenartig, daß schon damals die Barbiere wegen ihrer Schwatzhaftigkeit gefürchtet waren; Archelaos soll auf die Frage, wie er rasiert zu werden wünsche, geantwortet haben: „Schweigend."

Von vielen Handwerkszweigen wissen wir nicht viel mehr als ihre Namen, aber schon diese allein vermitteln ein buntfarbiges Bild der Zeit. Alle Handwerker, die im Kleinbetrieb arbeiteten, verkauften ihre Produkte teils selbst, teils an Händler, sofern sie nicht ganz oder teilweise zur Ablieferung gegen einen bestimmten Satz verpflichtet waren. Doch das sind rein wirtschaftsgeschichtliche Fragen; für das menschliche Niveau ist allein wichtig zu wissen, daß – bei allen Lasten, die auf diesen Menschen liegen mußten – die Arbeit ihr Leben ausfüllte und ihnen doch Zeit ließ zu einem menschenwürdigen Dasein. Das galt auch für die Pechbrenner und Köhler, für die handwerklichen Schreiber, die in den Gegenden, in denen viele nicht Griechisch schreiben konnten, ihre Buden eröffneten, für die Instrumentenbauer, die die alten und neuen Musikinstrumente herstellten, die Salbenköche, die kleinen Transportunternehmer, die oft nur ein einziges Maultier oder ein kleines Boot besaßen, die Korb- und Lampenmacher, die Leimsieder und sehr viele andere.

c) Großbetriebe

Es ist heute vielfach üblich, das eigentlich Neue des Hellenismus in der Entstehung einer neuen ‚kapitalistischen' Gesellschaftsordnung zu sehen. Man spricht von Großindustrie, Fabriken, Großkapitalismus, Wirtschaftszentren, sogar von Ballungsräumen und Zulieferungsfirmen. Das hätte die Überschwemmung der Welt mit Massenprodukten, eine zivilisatorische Nivellierung, das Entstehen einer ‚Masse' oder eines ‚Proletariates' bedeutet.

Wie aber sah es im vorrömischen Hellenismus, den man auch hier wieder scharf von der römischen Epoche absetzen muß, wirklich aus?

Aus sicheren Quellen wissen wir über einige wenige Großbetriebe Bescheid. An erster Stelle steht der des Dioiketen Apollonios – nur war er alles andere als ein modernes Industrieunternehmen, er produzierte weder Massengüter noch arbeitete er mit Mengen von Sklaven. Mit einem Latifundienbetrieb der römischen Zeit hatte er nicht das geringste zu tun, sondern er bestand aus einer Summe von Klein- und Kleinstbetrieben unter einer Regie, deren großartige Organisation den individualistischen Charakter aller darin Arbeitenden nicht völlig unterdrückte oder auslöschte. In den königlichen Betrieben der Ptolemaier dürfte es im Grunde nicht viel anders ausgesehen haben. Großbetriebe waren die berühmten königlichen Werkstätten der Attaliden in und um Pergamon, die Werkstätten der großen Tempel in Ägypten und Asien und die Rüstungsbetriebe, solange die Könige Geld hatten, sie in großem Umfang zu unterhalten. Bei den Werften von Rhodos und seinen Tonmanufakturen, ja selbst bei der berühmten Großziegelei von Milet handelte es sich doch nur um Mittelbetriebe; für das hellenistische Griechenland hat *Rostovtzeff,* der im übrigen ein Anhänger der ‚Industrietheorie' ist und das Wort Fabrik gern gebraucht, nachgewiesen, daß es kaum Betriebe mit mehr als hundert Arbeitern gegeben hat und daß die Vermögen auch der Reichsten

„kaum über die Millionengrenze“ hinausgingen. Wo im hellenistischen Lebensbereich ein Reicher auftrat, war es ein Großkaufmann, ein Herrscher, ein hoher Beamter oder Offizier, zuweilen ein Grundbesitzer, aber nie ein Großindustrieller im modernen Sinn.

Dort aber, wo es sich wirklich um Großbetriebe handelte, muß genau unterschieden werden, ob diese mit Sklaven arbeiteten oder mit freien Arbeitern, die lediglich durch Arbeitsverträge gebunden waren. Da auf die Sklavenfrage noch in einem eigenen Abschnitt eingegangen werden soll, genügt es hier, daran zu erinnern, daß – abgesehen von den Bergwerken – selbst in der Zeit des ‚athenischen Wirtschaftswunders‘ im vierten Jahrhundert von Großbetrieben mit Sklavenarbeit nicht die Rede sein kann. Bei den uns bekannten Fällen – einigen Textilbetrieben, einer größeren Schusterei, einer Messerschmiede, einer Werkstätte für Bettgestelle und einer Flötenwerkstatt – handelte es sich um private Mittelbetriebe, die mit einigen eigenen oder geliehenen Sklaven arbeiteten, doch reichen diese Beispiele längst nicht aus, um von einer Industriegesellschaft reden zu können. Zufällig sind zwei Zahlen bekannt: Bei der Baufirma, die am Erechtheion arbeitete, waren 64 Freie und 17 Sklaven, bei den Neubauten in Eleusis 48 Freie und 19 Sklaven beschäftigt. Die Behauptung, in Athen hätten in den besten Zeiten 10000 Sklaven in der Industrie gearbeitet, bezieht sich, wenn sie überhaupt zutrifft, in erster Linie auf die Bergwerke. Gelegentlich lagen die Verhältnisse etwas anders; in Milet arbeiteten die städtischen Textilwerkstätten mit einer größeren Zahl von Sklaven, und die königlichen Werkstätten von Pergamon mögen in größerem Umfang Sklavenbetriebe gewesen sein – genau wissen wir es nicht. Der archäologische Befund bestätigt diese Ergebnisse. Aus vorrömischer Zeit sind weder Fabrikanlagen, die sich von größeren Werkstätten unterschieden hätten, noch Sklavenkasernen oder dergleichen gefunden worden, denn staatliche oder städtische Magazine und Speicher sind keine Fabriken. Großbetriebe irgendwelcher Art, auch im Textil- und Tonwarengewerbe, arbeiteten vorwiegend mit kontraktverpflichteten freien Lohnarbeitern. Nicht der Hellenismus, sondern die massenweise Versklavung griechischer Handwerker durch die römische Eroberung hat das wirtschafts- und kulturgeschichtliche Bild verändert.

Hellenistisch dagegen ist die *Organisationsform* des Großbetriebes. Ihre Merkmale gehen aus den Zenonpapyri eindeutig hervor. Die Information funktionierte wie bei einem modernen Großbetrieb; der oder die Betriebsleiter wußten zu jeder Zeit genau, was in dem weltweit verzweigten Betrieb vorging. Aufs äußerste differenziert und ausgeklügelt waren die Buchhaltung, das Rechnungs- und Quittungswesen, imponierend die Variabilität der Großplanungen und die rasche Anpassung an die Konjunkturlage. In gewisser Weise war wohl auch die Benutzung von Krediten charakteristisch. Andererseits fehlten wesentliche Merkmale eines modernen Großbetriebs völlig, so jede Art von gelenkter Reklame, denn die Herstellernamen auf den Tonwaren kann man nicht als Reklame bezeichnen. Reklame in Wort, Vers oder Bild gab es wohl im Kleinbetrieb, nie aber in großen Ausmaßen. Das ist kulturgeschichtlich bedeutsam; hellenistische Produkte wurden durch den Handel vertrieben, aber nicht durch den Produzenten angepriesen. Hier liegt die Grenze für die zuweilen geäußerte Behauptung, die Welt werde durch Zivilisationsgüter vereinheitlicht; es gab keine hellenistischen Weltmarken, die durch eine Reklame irgendwelcher Art dem Menschen nahegebracht worden wären. Wenn Massengüter, wie die rhodischen Amphoren, in der ganzen Welt Verbreitung fanden, so lag das daran, daß sie billiger, vielleicht auch besser waren und daß sie vor allem schneller und dank besserer Handelsbeziehungen leichter erhältlich waren als andere Produkte.

Eine besondere Stellung nahmen in der Reihe der ‚Großbetriebe' die Bergwerke ein, deren Erforschung in erster Linie dem Freiberger Bergingenieur *Wilsdorf* zu danken ist. Hier waren die Verhältnisse unterschiedlich, und zwar je nach dem Besitzer, den Arbeitenden und der zur Verfügung stehenden Technik. In Griechenland liefert Laureion das reichste Material, jedoch nicht mehr für den eigentlichen Hellenismus, denn nach der Neubelebung des dortigen Silberbergbaus um das Jahr 350 setzte seit 300 ein unaufhörlicher Rückgang ein; immerhin ist der Betrieb bis in die römische Zeit hinein nie völlig eingestellt worden. Besitzer war der athenische Staat, der den Abbau in Form einer ‚Teilpacht' *(Schönbauer)* an Unternehmer vergab. Die erhaltenen Grubenpachtlisten reichen zwar nur bis zum Jahre 307/6, doch sind bis ans Ende des zweiten Jahrhunderts weitere Verpachtungen sicher bezeugt. Bei den meisten Pächtern handelte es sich um mittlere und kleinere Unternehmer, nur gelegentlich schlossen sich mehrere zusammen. Sie wurden streng überwacht und im Falle von Grenzüberschreitungen durch das Vortreiben von Stollen über den Pachtbezirk hinaus oder bei falscher Deklaration der Ausbeute streng bestraft; auf Vernachlässigung von Sicherheitsmaßnahmen stand in schweren Fällen sogar die Todesstrafe. In Makedonien gehörten die Gruben dem König, doch konnten Bergkundige gegen eine Steuer oder eine Ablösungssumme ohne weitere Einschränkungen abbauen. Im seleukidischen Bereich gab es außer staatlichen auch städtische Bergwerke. So verschieden im einzelnen die Verhältnisse lagen, wirkliche Großbetriebe, die sich etwa mit dem römischen Bergwerkswesen in Spanien vergleichen ließen, sind nicht allzu häufig gewesen. Eine Ausnahme bildeten die ptolemaischen Staatsbetriebe, die unter der

1. Alexander Rondanini

3. Der Philosoph von Antikythera

2. Die ‚trunkene Alte'

5. Der Ephebe von Tralleis

4. Aphrodite nach dem Bad

6. Straßenbild

7. Aphrodite von Pan belauscht

8. Haus in Priene

9. Hinterdeck, Steuerruder und Sitz des Steuermanns

10. Dame in Chiton und Himation mit Melonenfrisur

11. Speisereste auf dem Boden

12. Bauern beim Schweinebrühen

13. Rinderherde

14. Fahrendes Volk

15. Bauer auf dem Wege zum Markt

16. Ländliches Opferfest einer Familie

17. Ringer

18. Tänzerin

19. Philistis, Gemahlin Hierons II. von Syrakus

20. Der Klagefrauensarkophag

straffen Aufsicht des Bergwerksministers standen, der auch für die staatlichen Bergwerke auf Kypros zuständig war.

Komplizierter ist die Frage nach den Bergarbeitern. In Ägypten waren es Verbrecher und Strafgefangene, in Laureion sicher zu einem großen Teil gekaufte oder gemietete Sklaven. Die sorgfältigen Listen von *Lauffer* nennen aus der hellenistischen Zeit Namen von Sklaven, die in dem Laureiongebiet arbeiteten, auf Votiv- oder Grabinschriften; es handelte sich um eine sehr bunt gemischte Gesellschaft, unter ihnen befanden sich Leute aus Thrakien, Paphlagonien, Syrien, Phrygien, Pontos. Es ist ihnen gewiß nicht gut gegangen, denn Bergwerksarbeit war zu allen Zeiten schwer, das beweist – wenn auch die Fußfessel in der Sammlung der Freiberger Bergakademie ein Ausnahmefall sein mag und von einem arbeitenden Strafgefangenen stammen kann – allein die Tatsache des letzten Sklavenaufstandes, der zur zeitweiligen Besetzung von Sunion durch die Sklaven führte. Auf der anderen Seite darf nicht übersehen werden, daß im Jahre 327 Lykurgos den Bergwerksbesitzer Diphilos wegen sträflicher Vernachlässigung der Sicherheitsmaßnahmen hinrichten ließ, daß in Ägypten ein Arbeitsaufseher beim staatlichen Architekten Klage einreichte, weil seine Leute mehr arbeiten mußten, als vereinbart war, daß Apollonios von Rhodos über die schwere Arbeit in den Eisengruben von Rhodos klagt. Auch sprechen die Inschriften von kleinen Sklavenclubs und die Grabschriften sogar gelegentlich mit homerischen Formeln von einem ‚Bergmannsstolz' und einer Freude an der Arbeit. Freilassungen und Einbürgerungen in die Demen der Bergwerksgebiete sind öfter bezeugt.

Typisch hellenistisch ist die ungeheure Differenzierung der Arbeit im Bergbau. Die Listen von *Wilsdorf* weisen etwa siebzig verschiedene Bezeichnungen auf, unter denen sich allerdings einige Dubletten befinden. Diese Listen umfassen Freie ebenso wie Sklaven und geben ein so anschauliches Bild, daß sich eine gekürzte Übersicht lohnt: Da waren zunächst die Bergwerksingenieure, von denen einer zum Stab Alexanders gehörte, die Oberberghauptleute, die Berghauptleute und die Hüttendirektoren. Markscheider – in Athen in städtischen Diensten – nahmen die Vermessungen und Grenzfestsetzungen vor. In den Gruben arbeiteten Obersteiger, Steiger, Häuer, Bergleute, Förderleute, in den Aufbereitungsstätten und Hütten Geologen, Metallurgen, Gesteinsprüfer, Hüttenmänner, Metallhärter, Schmelzer, Ofenarbeiter, Anblaser der Schmelzöfen, Pochjungen, Gießer, Bronzemischer, Waagemeister, Werkzeugschleifer, Schmiede, Schlosser, Löter, Klempner; viele dieser Gewerke waren noch nach dem Gestein oder Metall, mit dem sie es zu tun hatten, spezialisiert.

Der Höhe dieser Differenzierung entsprach die Höhe der Technik in keiner

Weise. Auch hellenistische Bergwerke sind nicht über den ‚Duckelbau' mit vielen kleinen Schächten hinausgelangt; der Einstieg erfolgte oft nur auf Leitern, seltener auf Treppen. Die Lüftung war wohl immer ausreichend, zumal es in Metallbergwerken keine Grubengase gibt, die Zimmerung jedoch nur in holzreichen Gebieten gut. Die Entfernung des Grubenwassers erfolgte durch Baggerketten, Schöpfräder und auch durch Schneckenpumpen, die in den ägyptischen Bergwerken erfunden worden waren. Das tote Gestein ließ man liegen, das edle wurde in Körben und Säcken nach oben transportiert. Als Leuchten dienten Öllämpchen, die in dem Stollen aufgehängt oder um die Stirn gebunden wurden. Die bisher bekannten tiefsten Schächte des Hellenismus erreichten etwas über hundert Meter Tiefe, die Länge der Stollen betrug nie mehr als fünfzig Meter. Die Aufbereitung des Gesteins erfolgte durch Zertrümmerung auf einfachen Erzmühlen und durch wiederholtes Auswaschen und Wegspülen leichter Gesteinsteilchen. Die Schmelzöfen waren offen, so daß giftige Blei- und Arsendämpfe entweichen konnten und Sauerstoffzufuhr vorhanden war, die aber nicht ausreichte, weshalb viel mit dem Blasebalg gearbeitet werden mußte. An Werkzeug besaßen auch die größten Betriebe kaum mehr als Schlegel, Eisen, Breithaue und verschiedene Formen von Schmiedehämmern.

d) Freie Lohnarbeiter, Tagelöhner

Wie noch heute auf den Plätzen mancher griechischen Stadt, so standen auch im Hellenismus am frühen Morgen freie Arbeiter mit ihrem einfachen Arbeitsgerät überall dort herum, wo sich ein freies Fleckchen fand. Teils handelte es sich um ungelernte Tagelöhner, die zu jeder Arbeit bereit waren, teils besaßen sie besondere Fertigkeiten. Sie warteten darauf, daß sie für einen Tag oder auch für längere Zeit gemietet wurden. Sie werden im Gesamtbild des Hellenismus viel zu wenig beachtet, obwohl die hellenistische Literatur und Kunst auch sie nicht verschweigt. Das moderne Interesse an der Sklaverei hat sie vielfach übersehen, und doch kommt gerade ihnen in der gesamten Epoche eine erhöhte Bedeutung zu. Um Verständnis für sie zu gewinnen, muß man sich von modernen Betrachtungsweisen völlig fernhalten. Sie bildeten kein Proletariat, das sich aus dem Absinken der Bourgeoisie, aus Arbeitslosigkeit, aus der Konkurrenz der Sklaven oder aus der Verschiebung des wirtschaftlichen Gleichgewichts von Bedarf und Produktion erklären läßt. Wer sie wirklich verstehen will, darf das nicht von modernen soziologischen oder wirtschaftstheoretischen Gesichtspunkten aus versuchen, sondern er muß sich die Mühe geben, mit griechischen Schuhputzern, kleinasiatischen Erntearbeitern oder Istanbuler Lastträgern unserer Zeit zu reden. Dann wird er auch die menschliche und nicht nur die wirtschaftliche Eigenart dieser Schicht bis zu einem gewissen Grad erkennen.

Es ist völlig unmöglich, diese Leute mit Sklaven zusammen als antikes ‚Proletariat' zu klassifizieren. Eine schöne realistische Schilderung ist zum Glück erhalten, die zeigt, daß die Situation eine ganz andere war, wenn solche Arbeiter auf dem Markt standen, als wenn Sklaven auf den Markt gebracht wurden. Sie haben keine Eile – so heißt es in dieser Schilderung –, sie warten, bis einer kommt, mit dem sie einen für beide Teile befriedigenden Arbeitsvertrag für den Tag abschließen können. An diesen Vertrag hält sich der Dienstherr genau, freilich murren die einen, weil sie nicht noch zusätzlich zu dem vereinbarten Lohn ein Trinkgeld bekommen; der Dienstherr, der sie als „Kamerad" anredet (ἑταῖρε), muß sein Verhalten begründen. Finden sie einmal an einem Tag keine Beschäftigung, dann warten sie auf den nächsten. Sie haben ihren Stolz, und sehr viele von ihnen wollen gar nichts anderes sein, als was sie sind. Die Behauptung, daß sie „ewig hungrige Proletarier" gewesen seien, ist eine moderne Erfindung. Natürlich ging es ihnen schlecht, wenn in einem Gebiet Arbeitslosigkeit oder Getreidemangel herrschten, zuweilen mochte es ihnen sogar schlechter gehen als Sklaven, die wenigstens ihr Existenzminimum erhielten, aber dann kamen auch wieder andere Zeiten. Wenn man Erntearbeiter brauchte oder ein Frachtschiff auszuladen war, wenn ein großer Bau begonnen wurde oder in einem Arbeitszweig Hochkonjunktur herrschte, riß man sich um die Lohnarbeiter und versuchte, sie sich gegenseitig wegzuengagieren.

Es gibt ein falsches Bild, wenn man von den allgemein unterdurchschnittlichen Löhnen von Delos ausgeht. Ein übervölkerter Platz ohne Landwirtschaft konnte nur solche Arbeiter anziehen, die mit Nebeneinnahmen im Hafen oder zusätzlichen Einkünften durch Tempelpilger und Reisende aller Art rechneten. Sieht man von besonderen Krisen und außergewöhnlichen Umständen ab, fällt sogar eine gewisse Konstanz der Löhne auf. Nach den eleusinischen Abrechnungen am Beginn der hellenistischen Zeit (329–326) erhielt ein ungelernter Arbeiter $1^1/_2$ attische Drachmen, der gelernte 2–$2^1/_2$ Drachmen als Tagelohn, am Ende der Epoche der ungelernte Landarbeiter in Palästina einen Denar. Nach den gleichen eleusinischen Quellen betrug der Preis für ein Himation, das als Mantel und Decke zugleich diente, 7 Drachmen, erforderte also höchstens einen Wochenlohn. Im Ptolemaierreich erhielten die ungelernten Erdarbeiter zwar nur 1–$1^1/_2$ Obolen, aber vermutlich auch noch einen Teil der Verpflegung; gelernte Arbeiter und solche, die Akkordlöhne erhielten, kamen wesentlich höher. Bauunternehmer, die Zuschüsse vom Staat bekamen, waren an einen festen Tarif gebunden und hatten den Arbeitern jeden zehnten Tag als allerdings unbezahlten Ruhetag zu gewähren. Da die Ptolemaier an freien Arbeitern immer interessiert waren, schützten sie sie auch; außer an das Prostagma des Philadelphos, das jede Form auch einer getarnten Versklavung freier aus dem Lande stammender Arbeiter verhinderte, ist an die strenge Kontrolle der Arbeitsverträge zu erinnern. Vergab der Staat eine Arbeit an einen Unternehmer, so bildete er eine aus einem Finanzsachverständigen, einem Architekten und einem Verwaltungsbeamten bestehende Kommission, die die Zahl der einzustellenden freien Lohnarbeiter, die tägliche Arbeitsleistung, den Arbeitslohn und den Termin für die Vollendung der Arbeit festzusetzen hatte und unter Umständen staatliches Arbeitsgerät zur Verfügung stellen mußte. Von dieser Kommission, nicht vom Unternehmer, hing es ab, ob der Arbeiter gedrückt wurde oder nicht.

Diese Arbeiter wurden in erster Linie auf dem Land, besonders bei den Erntearbeiten eingesetzt, aber auch bei Straßen- und Dammbauten, in Bergwerken, Bauunternehmen, in Werften, größeren Handwerker-Werkstätten, als Träger und Transportarbeiter, Mattenflechter und Straßenkehrer. Manche waren sehr wendig; in Ägypten gab es Tagelöhner, die – je nach der Wirtschaftslage und der Saison – auf dem Lande in der Landwirtschaft und in der Stadt in einem Handwerksbetrieb arbeiteten.

Viele lebten von der Hand in den Mund, aber keineswegs alle. Menander hat liebevoll den armen Landarbeiter gezeichnet, der für seine alte Mutter gewissenhaft sorgt. Wenn der Landarbeiter Hilarion seiner Frau schrieb, sie möge das zu erwartende Kind dann aussetzen, wenn es ein Mädchen sein würde, so ist das noch kein Beweis dafür, daß durch die Not der Arbeiter die alte griechische Unsitte des Kinderaussetzens in das kinderfreundliche Ägypten Eingang gefunden hätte. Schwerer wiegt dagegen die Tatsache, daß im Hellenismus die Anekdote von Alexander und dem Eseltreiber entstanden ist, die die relative Gleichwertigkeit des Arbeiters mit dem König, die ja beide dem Tod verfallen sind, zum Ausdruck bringt.

Was aber besagen die Unruhen und Aufstände der freien Lohnarbeiter? Daß es sie zu allen Zeiten des Hellenismus gegeben hat, wenn auch keineswegs in allen Gebieten, läßt sich nicht bestreiten. Aber man muß viel schärfer scheiden, als es oft geschieht. Wenn vom dritten Jahrhundert an die Königsbauern streikten, wenn in Paros, Ios, Thera, Amorgos und anderswo die Land- oder Bauarbeiter Krawalle auslösten, weil sie zu wenig Lohn, zu viel Arbeit und zu schlechtes Essen bekamen, so ist das zunächst ein Beweis dafür, wieviel Freiheit der Arbeiter hatte, zumal es ihm häufig gelang, sich durchzusetzen; durch ein gütliches Verhandeln mit den Agoranomen wurde der Arbeitsfrieden wiederhergestellt. In diesen Zusammenhang gehört auch das berühmte Dekret (φιλάνθρωπα) Ptolemaios' VIII. Euergetes' II. vom Jahre 118. Eindeutig tritt es für die Lohnarbeiter gegen die königlichen Beamten ein, die sich im Lauf der Lockerung der ptolemaischen Zentralregierung allerlei Übergriffe erlaubt hatten; es schützt den Arbeiter vor Beamtenbestechung, Einquartierung, unberechtigter Heranziehung zu Zwangsarbeit, vor Zwangsmaßnahmen gegen seine Person statt gegen die einer Pfändung verfallenen Sachen, vor Konfiskationen von lebensnotwendigem Gerät oder Werkzeug und unberechtigter Festnahme. Diese und einige andere ptolemaische Bestimmungen suchten dem Arbeiter auf gerechte Weise zu helfen und blieben gewiß nicht ohne Erfolg.

Von solchen Vorgängen sind die griechischen Sozialunruhen streng zu scheiden. Sie hatte es in Griechenland immer gegeben, der Hellenismus brachte auf diesem Gebiet gar nichts Neues. Leider sind unsere Quellen hier ganz einseitig, selbst Polybios. Weder bei den spartanischen Reformen von Agis bis Nabis noch bei den verschiedenen Versuchen neuer Vermögens- und Grundbesitzeinteilungen oder Schuldentilgungen darf man die Befangenheit vieler uns erhaltener Zeugnisse übersehen. Ein bezeichnendes Beispiel möge genügen: Während der schweren Krisen zu Beginn des zweiten Jahrhunderts hatte man in Boiotien aus öffentlichen Geldern eine Arbeitslosenunterstützung eingerichtet – Polybios will darin nur ein korruptes Verhalten der Strategen sehen. Wo schließlich gibt es ein sicheres Zeugnis für Sozialunruhen größeren Ausmaßes in den blühenden Städten des hellenistischen Asiens?

Endlich ist hier noch auf die drei großen Aufstände des Andriskos, des Aristonikos und des Saumakos zu verweisen. Sicher ist, daß sie erst durch den Druck der Römer ausgelöst worden sind. Unsicher dagegen bleibt, ob es sich dabei überhaupt um Sozialaufstände oder nicht vielmehr um nationale Bewegungen gehandelt hat. Wo diese Aufstände Sozialrevolutionen gewesen sind, sind sie von Intellektuellen wie dem Stoiker Blossios beeinflußt worden. Welche Rolle freie Lohnarbeiter dabei spielten, ist unsicher. Von einer Tendenz dieser hellenistischen Schicht zur ‚Pöbelherrschaft' zu sprechen, ist quellenmäßig durch nichts zu belegen. Für Aristonikos (132–129) steht fest, daß dieser die Massen erst dann gegen Rom aufrief, als ihm die romfreundlichen ‚oberen' Schichten nicht folgten. Sozialrevolutionäre Utopien spielten in seinem Kampf gegen Rom keine Rolle.

e) Bauerntum

Die Welt des Hellenismus ist eine Welt der Stadtkultur. Nahezu alle literarische Überlieferung, die wir besitzen, sieht das Leben auf dem Land mit den

Augen des Städters, und diejenige Überlieferung, die vom Lande selbst stammt, zeigt allzu deutlich die Einwirkung der Stadt, teils als eines Ausstrahlungspunktes echter Kultur, teils auch nur als eines lockenden Vorbildes für eine schlechte Nachahmung. Über dieser Tatsache vergißt man jedoch allzu leicht, daß alle die glänzenden Städte nicht allein vom Lande lebten, sondern daß in ihnen eine oft sehr merkwürdige Sehnsucht nach diesem Land lebendig war, die von der Eigenart bäuerlichen Lebens wenigstens eine Ahnung hatte. Das hellenistische Bauerntum ist keinesfalls nur ein Faktor der Wirtschaftsgeschichte, sondern, wie der gesamte Hellenismus, eine ‚Kulturpotenz' gewesen.

Gewiß gab es beträchtliche Unterschiede im Bauerntum. Vor den Kriegen des zweiten Jahrhunderts bestand noch weithin ein gesundes Bauerntum mit großen oder mittelgroßen Höfen, die Mann, Familie und Gesinde ernährten, aufgeschlossen für Meliorationen waren und vielfach den Staat trugen. Am längsten hielten sie sich in Thessalien und in den iranischen Gebieten der hellenistischen Welt. Großgrundbesitz im Latifundienstil blieb dort bestehen, wo er schon vorhanden war und nur den Besitzer wechselte, vor allem im Seleukidenreich. Hier konnte 254/3 Antiochos II., als er Geld für militärische Zwecke brauchte, ein ganzes Dorf und die umliegenden Einzelhöfe mit allen Bauern, ihren Häusern und ihrer Habe verkaufen – allerdings an die Königin Laodike. Antiochos III. nahm um 214 mindestens fünf Dörfer, zwei Tierparks, mehrere Landlose und die zu ihnen gehörenden Sklaven und sogar Kleruchen dem Artemistempel von Sardeis weg, weil dessen Priester den Aufstand des Achaios unterstützt hatten, und schenkte das gesamte große Areal seinem Günstling Mnesimachos. Da dieser aber die auf dem Grundstück liegenden Lasten nicht zahlen konnte, versuchte er, es an den Tempel zurück zu verkaufen. Auch schenkten die Könige besonders in Asien zuweilen königliches Land an Städte, die dies aber meist wieder an die Bauern verpachteten. Denn die neuen Besitzer oder Eigentümer waren selbst daran interessiert, daß das Land von den alten Bauern weiter bebaut wurde. In weitaus den meisten Fällen haben große Grundbesitzer und Tempel ihre Gebiete parzelliert verpachtet. Neuer Großgrundbesitz entstand nur da, wo die Bauern aus verschiedenen Gründen ihr Land verließen, um nach fruchtbareren Gegenden oder in die Städte abzuwandern, wo herrenloses Gut sich infolge der Kriegsverwüstung mehrte, oder dort, wo die Kinderzahl der Bauern rapid abnahm, was in weiten Gebieten im ersten Jahrhundert der Fall war. Da, wo das Land Eigentum der Könige und der Tempel blieb, herrschte nicht immer Latifundien- oder Leibeigenenwirtschaft, geschweige denn Bebauung durch Sklaven; das rechtliche Verhältnis zwischen dem oft rein fiktiven Grundherrn und den Bauern, Pächtern oder Afterpächtern war außerordentlich verschieden geregelt. Im eigentlichen griechischen Gebiet wurden die Reformen des Grundbesitzes und die Neuaufteilungen des Bodens seit dem fünften Jahrhundert unaufhörlich betrieben; in Sparta haben sie unter Nabis noch einen letzten Erfolg gehabt, der freilich nach seinem Tod wieder zunichte gemacht wurde.

Ein gesundes freies Bauerntum besaß Makedonien unter den Antigoniden. Seine Tragik mußte erst dann beginnen, als es die Doppellast der Bestellung des Bodens und großer, oft von der Heimat weit entfernt geführter Kriege nicht mehr tragen konnte. Solange es noch möglich war, die genügende Anzahl von Heeresbauern zur Bestellung ihrer Felder für eine bestimmte Zeit während des Krieges nach Hause zu schicken, blieb alles in Ordnung. Aber in den dauernden Kämpfen Philipps V. war das nicht mehr möglich, und damit zerbrach die in sich geschlossenste bäuerliche Welt der Epoche. Solange die Verhältnisse in Ordnung waren, gab es nur den Unterschied zwischen den großen Höfen, deren Herren Pferdezucht trieben und in der Reiterei dienten, und den kleinen, deren Besitzer die Hoplitenphalanx bildeten; erobertes Land teilte der König den einen oder den anderen zu. Auf den kleinen Höfen arbeiteten der Bauer mit seiner Familie und ein paar Tagelöhnern, auf dem großen auch Hörige, meist wohl Kriegsgefangene und deren Nachkommen. Ein genaueres Bild läßt sich aber für den Hellenismus nicht geben.

Die Königs- und Tempelbauern in Ägypten waren meist eingeborene Ägypter, während Griechen und Makedonen in erster Linie Gutsverwalter der großen Domänen waren; aber unter den Mittel- und Kleinbauern des Fayum fanden sich doch auch manche zugewanderte Hellenen, die sich rasch akklimatisierten. Es mag an der Art unserer reichen Quellen liegen, daß die Schattenseiten dieses bäuerlichen Daseins besonders unter den späteren Ptolemaiern viel stärker hervortreten als die Lichtseiten – aber es gab eben doch selbst in den späten und verworrenen Zeiten nicht nur Landflucht und Unruhen. Man darf nicht übersehen, was es bedeutete, daß alle diese Klein- und Kleinstbauern, Pächter und Afterpächter Dorfbibliotheken benutzten, daß sie viele Verwaltungswege einschlagen konnten, um sich zu schützen, daß sie sich bei Übergriffen an den Dioiketen, ja sogar an den König selbst mit Beschwerden wenden konnten, daß die Dorfältesten ihrer Dörfer nicht alles hinzunehmen gewillt waren, was die königlichen Planwirtschafts-Aufseher ihnen zumuteten. Es gab Dörfer in Menge, die nicht nur kollektiv hafteten, sondern deren Dorfgemeinschaften den einzelnen oft stützten und ihm halfen. Freilich mögen die Privilegien der Königs- und Tempelbauern in erster Linie aus wirtschaftspolitischen Erwägungen des Staates heraus zu erklären sein, sie boten aber doch auch dem Bauern selbst Schutz und Hilfe. Allein die eigene Bauerngerichtsbarkeit solcher Dörfer war ein Segen. Selbst die Monopolverwaltung brachte für den Kleinbauern Vorteile mit sich; welche Erleichterung bedeutete etwa die staatliche Zuteilung von Saatgut. Wieviele Verträge mit und von Königsbauern gibt es, die sicher nicht zu deren Nachteil gereichten.

Da uns kaum Quellen zur Verfügung stehen, läßt sich, abgesehen von den bereits genannten Fällen, nur wenig über die seleukidischen Bauern sagen; anscheinend waren die alten persischen Verhältnisse hier maßgebend geblieben und die Bauern des ausgedehnten Königslandes wesentlich abhängiger als die makedonischen und ptolemaischen. Dafür aber gab es mehr selbständige Bauerndörfer mit Gemeindeäckern und Städte mit echten Ackerbürgern. So unterschiedlich ihre Rechtsstellung im einzelnen gewesen sein mag, und so wenig wir vor allem über die Stellung nichtgriechischer Bauern im Umkreis der Städte wissen – in jedem Falle bedurften die Städte ihrer dringend, was den Bauern gewiß zugute gekommen ist. Allerdings gab es auch Städte, die dem umliegenden Land ihre gesamten Lasten aufzubürden suchten.

Zwei bäuerliche Kategorien nahmen eine Sonderstellung ein: die Pächter und die Gutsverwalter der großen Besitzungen. Verpächter waren außer dem Staat oder den Städten meistens die Tempel, die Pachturkunden von Delos sind nur ein Beispiel. Zahlreiche Pachtverträge aus allen Teilen der hellenistischen Welt, besonders aus dem Ptolemaierreich, sind erhalten, es ging in ihnen für den Bauern nicht allein um Bodenpacht, sondern häufig auch um Vieh- und Gerätepacht. Das, was zwischen den Zeilen steht, läßt auf den Druck schließen, der auf den meisten Pächtern lag, auf die ständige Angst vor den Säumnisfolgen, die unter Umständen den völligen Ruin bedeuten konnten. Der Pachtzins schwankte zwar entsprechend der allgemeinen Wirtschaftslage, aber er war zu allen Zeiten hoch und wurde an allen Orten rigoros eingetrieben. Eine besondere Einrichtung war die Verpachtung großer Herden, vor allem von Ziegen, Schafen, Rindern und Gänsen. Die Pächter hüteten die Herden oft selbst, die Pachtzahlung erfolgte meist in Naturalien, war daher nicht allzu schwer aufzubringen, solange die Herde gesund blieb. Ein Beispiel aus den Zenonpapyri stellt als Pachtzins für eine Herde von vierhundert Schweinen jährlich zweihundert Ferkel fest. Das Dekret Euergetes' II. von 118 erhält aber auch weitgehende Anweisungen für den Erlaß von Pachtrückständen, und dies ist keineswegs der einzige derartige, uns bekannte Fall.

Die Gutsverwalter der großen Güter waren mehr Kaufleute als Bauern; als Landwirte mußten sie manchen Spott über sich ergehen lassen, wie der Gutsverwalter bei Theokrit, der so geizig ist, daß er den Kümmel selbst spaltet, sich aber dabei in die Finger schneidet. Zenon, Herakleides, Panakestor hatten mehr im Kontor als auf dem Gut zu tun und konnten sich doch ihren bäuerlichen Pflichten wie der Regelung von Saat- und Erntearbeit, der Meliorationen aller Art nicht entziehen. Die Arbeit dieser Männer nötigt einem immer größeren Respekt ab, je mehr man sich mit ihr beschäftigt und je mehr Dokumente darüber zutage kommen. Das Wissen dieser Verwalter, ihre Schaffensfreude, ihre Umsicht waren enorm, sie kümmerten sich noch um das Kleinste, was auf den ihnen anvertrauten Gütern vorging. Die Ordnung und Reibungslosigkeit, mit der alles in einem so großen Betrieb abgewickelt wurde, die Gerechtigkeit, die im Verkehr mit den Leuten oberstes Prinzip gewesen zu sein scheint, die Planung auf weite Sicht, die Aufgeschlossenheit für neue Methoden, das alles läßt in den Leistungen dieser für alles verantwortlichen Gutsverwalter ein besonders wertvolles Stück hellenistischer Kulturarbeit erkennen.

Um das Wesen dieser bäuerlichen Menschen in ihrer Eigenart, um den kulturellen Bereich, in dem sie lebten, und die Bedeutung, die sie für ihre Zeit hatten, zu verstehen, reichen die wirtschaftlichen Urkunden nicht aus. Sie stammen, abgesehen von reinen Wirtschaftsdokumenten, meist aus der Polizei- und Gerichtssphäre, sprechen von betrügerischen und schlauen Bauern, Grenzverrückungen, von der Ableitung des dem Nachbarn zustehenden Wassers, von Verunreinigungen des nachbarlichen Geländes, Erb- und Eigentumsstreitigkeiten. Das alles gab es freilich, aber es ist nicht typisch für den hellenistischen Bauern. Für ein tieferes Verständnis bleibt man auf die Literatur angewiesen, deren Idealisierungen und Verzeichnungen allerdings mit Hilfe der wirtschaftlichen Dokumente korrigiert werden können.

Die neue Komödie und die ihr verwandte Charakterbeschreibung, die bukolische Dichtung und die Epigrammatik haben sich viel mit den Bauern beschäftigt. Zu ihnen kommt am Ausgang des Hellenismus der Literaturbrief mit bäuerlichen Themen. Keine dieser Literaturgattungen bemüht sich um eine realistische Darstellung des Bauern, am wenigsten die ‚bukolische Maskerade'; jede aber nimmt ihren Stoff aus diesem Bauerntum, so daß nur der Versuch gemacht werden muß, das Echte von der literarischen Übermalung zu scheiden. Das wird nie ganz gelingen, aber es ist auch nicht völlig aussichtslos. Natürlich kann es hier nicht um literarische Einzelfragen gehen. Aber man wird diesem Literaturwerk als Ganzem nicht gerecht, wenn man seine Bauern mit den in Schillerschen Wendungen redenden Schweizer Bauern des ‚Wilhelm Tell' vergleicht. Theophrast und Menander haben wirklich Bauern gekannt, und Theokrit, Moschos, die Epigrammatiker haben zumindest lebensvolle Bauernmasken hergestellt.

Literarische und unliterarische Quellen erzählen viel von der Arbeit des hellenistischen Bauern. Die Städte begannen sich dafür zu interessieren, was der Bauer alles zu tun hatte. Dichter und bildende Künstler sahen, wie der

Landmann mit dem Stecken die Stiere antrieb und mit dem Sack voll Saatgut durch die Furchen schritt. Wer genauer zusah, bemerkte sogar das Neue in der hellenistischen Landwirtschaft, nämlich die rasch zunehmende Spezialisierung auf allen Gebieten. Das Gut des Augias erscheint in der Dichtung als ein hellenistischer Musterhof mit großen Ställen, in denen Zuchtexperimente durchgeführt werden; eine wissenschaftlich betriebene Landwirtschaft und Bodenpflege gilt als eine von den Göttern verliehene besondere Erkenntnis. Was die Dichter rühmten, entsprach den Tatsachen: Garten- und Weinbau wurden verfeinert, das Saatgut verbessert, die orientalischen Obstsorten in der ganzen Welt verbreitet, die Ställe nach neuen Gesichtspunkten angelegt und ausgebaut, Geflügel- und Taubenzucht auch da betrieben, wo man sie früher nicht gekannt hatte; die Blumenzucht wurde zu einer Haupteinnahmequelle vieler Bauern, aber auch zu einem Quell der Freude. Künstliche Bewässerung, Düngung mit Vogelmist, der von weit hergeholt wurde, Verbesserung des Bodens durch Anbau von Futterkräutern sind typisch für die Zeit; das ptolemaische Ägypten war vermutlich am fortschrittlichsten. Vor allem die Tierzucht erhielt viele neue Impulse, und das erkannten nicht allein die Landwirte, sondern auch die Dichter und die bildenden Künstler. Pflege und Aufzucht der Rinder und des Kleinviehs, Dressur der Esel und Maultiere, Schlachten und Brühen der Schweine, Kontrollen am Bienenstock waren nicht mehr gleichsam selbstverständliche bäuerliche Tätigkeiten, man dachte über sie nach und suchte sie zu verbessern und zu spezialisieren, man erkannte aber auch ihren ästhetischen Wert. Bienenstöcke, Vogelhäuschen, Taubenschläge wurden angelegt und auch in der Dichtung liebevoll geschildert. In einer landwirtschaftlichen Studie hat *Brendel* darauf hingewiesen, daß die hellenistische Kunst die verschiedenen Schafrassen „mit besonderer Schärfe und Deutlichkeit“ voneinander unterschied, und es ist ihm, zum Teil nur mit Hilfe der Kunstwerke, gelungen, festzustellen, welche Rassen in Thessalien, in Orchomenos, in Eleusis und auf den Inseln gehalten wurden. Alle Formen moderner Züchtung, Kreuzung, Reinzucht, Inzucht und Inzestzucht waren dem Hellenismus bekannt, die Aufzucht der Lämmer und Zickel wurde studiert, das Futter und seine Salzzusätze verändert, selbst die Aufzucht und Fütterung der Schafe unter Musikbegleitung angeblich von den Arabern übernommen. Man unterschied zwischen Stall- und Weidevieh und mühte sich um die Aufzucht besonderer Prachtexemplare für die öffentlichen Feste und Opfer.

Leider können wir uns kein genaues Bild davon machen, welche wissenschaftliche Literatur den Landwirten zur Verfügung stand. So gründliche Handbücher wie bei den Römern gab es wahrscheinlich nicht; es läßt sich schwer bestimmen, in welchem Maße die römische Literatur aus der griechischen schöpfte. Aber die botanischen und zoologischen Handbücher, in erster Linie Theophrast, enthalten viel wissenschaftliches Material zur Agrikultur. Athenaios nennt drei Autoren von Georgika – Androtion, Philipp und Hegemon –, vermittelt aber keinen Eindruck von ihren Werken; aus den byzantinischen Geoponika lassen sich für die hellenistische Agrarwissenschaft kaum Schlüsse ziehen, das ist bei deren Zustand zu unsicher.

Wenig Neues hat der Hellenismus zur Technisierung der Landwirtschaft beigetragen; das Arbeitsgerät des Bauern ist einfach geblieben, wenn auch die Pflüge hier und da verbessert und die Anzahl der Geräte vermehrt wurden. Die Votivgaben alter Bauern zeigen einen Ochsenstecken, einen Sack für den Samen, eine Sichel, eine dreizinkige Heugabel und einen alten Pelz als einzigen Besitz; für die Bauern Menanders waren Hacke und Eimer schon Kostbarkeiten. Nicht einmal Hakenpflug und Dreschwalze waren überall vorhanden. Die auf Reliefs der römischen Zeit dargestellte Mähmaschine, die von Ochsen gezogen wurde und zahlreiche Messer besaß, war doch vielleicht erst eine römische Erfindung. Stellte der Staat den Bauern Gerät zur Verfügung, wurde es bei der Rückgabe genau auf seine Abnutzung hin untersucht und gewogen; jede Beschädigung hatte der Entleiher zu tragen. Das Inventar eines mittleren hellenistischen Gutshofes bestand etwa aus Pflügen, Wagen, Sicheln verschiedener Art und Größe, Worfschaufeln, dreizinkigen Worfgabeln, Spaten, Hakken, Schaufeln, Karsten, Schurfeisen, Hämmern, Schollenzerkleinerern, Äxten, Hand- und Tragkörben, Traubenkörben, Weinbütten, Keltergeräten, Trockendarren, Schöpfgeräten, Eimern, Getreidesieben, Seihtüchern, Schermessern, Wollkämmen, Melknäpfen, Futter- und Backtrögen, Mörsern und Keulen, Trocken- und Hohlmaßen, Traggestellen, Reiben, Pressen, einer Waage. Dazu kamen noch einige Spezialgeräte der Imker und Gärtner.

Die Quellen erlauben aber noch tiefere Einblicke in das Leben, den Charakter und das innerste Wesen hellenistischer Bauern. Menander hat sie am Wahrsten gezeichnet: den echten attischen Kleinbauern, zwar verbittert durch die schwere Arbeit auf kärglichem Boden, mühselig, früh gealtert und verkümmert, aber mit aller Treue an seinem Boden hängend. Der Dichter versteht ihn wohl: „O der dreimal Unglückliche. Was für ein Leben lebt er. Das ist wahrhaftig ein attischer Bauer, kämpfend mit Felsen, die nur etwas Thymian und Salbei tragen. Leiden kennt er, nichts Gutes empfängt er." So spricht ein Sklave, dem es also wesentlich besser geht als dem freien Bauern. Aber der Bauer ist bis ins Innerste seines Wesens wahrhaftig; er ist tief entrüstet über die, die den Göttern nur opfern, um ein Fest feiern zu können, und Menander hat gewiß das Leben nicht verfälscht, wenn er einem Bauern die Erkenntnis zutraut: „Wenn doch alle so wären (wie diese Bauern), dann gäbe es keine Gerichtshöfe, und man würde einander nicht ins Gefängnis führen, und es gäbe keinen Krieg. Wenn er auch nur mäßigen Besitz hat, wäre jeder zufrieden." Mit heißer Liebe hängt, wie der Dichter weiter erzählt, die Tochter des Bauern an dem verbitterten Alten, auch das ist ein dem Leben entnommener, echter menschlicher Zug. Weiter wird von einem anderen dieser Bauern berichtet, der mit großer Freude Blumen pflanzt und Wein baut und sich beim Hacken in seinem Wingert verletzt. Aber er hat einen jungen Tagelöhner, der sich wie ein Sohn um ihn kümmert, die Wunde reinigt und verbindet. Menander weiß am besten, daß ein harter und kärglicher Boden echte Männer formt; er hat aber auch gesehen, daß ein tüchtiger Bauer mit Fleiß und etwas Glück zu etwas kommen kann. Selbst in Attika und erst recht in den neuen Ländern konnte man immer einmal ein Stück Land zu dem alten Besitz hinzuerwerben, und wenn nicht gerade ein Krieg die Ernten zerstörte, konnte man es zu einer solchen bäuerlichen Wohlhabenheit bringen, wie ihn die Steuerlisten von Kos bezeugen. Menander kennt auch einen Bauern, der so viel aus seinem Gut gemacht hat, daß er sich schließlich eine Wohnung in der Stadt leisten, seinem Sohn eine teure Ephebenerziehung bezahlen und seiner Frau nach ihrem Belieben kostspielige Opferfeste finanzieren konnte. Aber der Besitz hat weder ihn noch seinen Sohn verdorben; der junge Ephebe scheut sich nicht, grobe Arbeit zu tun, „sich einem Armen gleichzustellen", und nur dadurch bleibt er allen Wechselfällen der Tyche überlegen. Auch andere Dichter der neuen Komödie machten ähnliche Beobachtungen. Stolz und Genügsamkeit sind für sie die Hauptmerkmale der Bauern, die sie kennen. „Ich halte es nicht für richtig, durch fremde Arbeit reich zu werden anstatt selbst zu verdienen." „Es ist unwürdig, viel anzunehmen, wenn man wenig hat", sagt der arme Bauernsohn. Was Euripides in der Zeichnung des charakterlich durch und durch anständigen Bauern der Elektra begonnen hatte, setzte die Neue Komödie fort. Keine Dichtererfindung, sondern echte bäuerliche Überzeugung ist in Sätzen enthalten wie:

> Der Acker ist eines Menschen bester Besitz.
> Die Natur gibt einem alles, was man braucht,
> Korn, Öl, Wein, Feigen, Honig . . .

oder, mit leichter Ironie, in den Worten:

> Ich brauche keinen Arzt, mein Gut gewährt mir nur Diätkost,
> Ein bißchen Brotgetreide, einen Hauch Wein, ständig Gemüse,
> Kapern, Thymian, wilden Spargel. Das genügt . . .

oder:

Auch das Bittere des Feldbaus hat etwas Süßes.
Das Leben hat Freude für die Bauern,
Denn auch in Sorgen tröstet es durch Hoffnung.

Gröber, saftig-vital ist der unkompliziertere Typ, den Theophrast zeichnet, aber er war gewiß nicht selten in der neuen Welt. Dieser Bauer ist derb, grob, aber mit gesundem Selbstbewußtsein, er ist gutmütig und vertrauensvoll im Umgang mit seinen Tagelöhnern und Sklaven, denen er sich gleichstellt, jedoch mißtrauisch gegen seine Nachbarn und knausrig mit seinem Besitz. Aber an Essen und Trinken spart er nicht, solange er noch etwas hat, auch seinen Hund füttert er gut. Kommt er einmal in die Stadt, interessiert ihn nur das zufällig vorbeigetriebene Vieh.

Natürlich hatte der hellenistische Bauer auch negative Charakterzüge. „Ein Arbeitstier, sauertöpfisch, verbittert, geizig", so erschien er manchem. Seine Sucht zu prozessieren war ebenso gefürchtet wie seine Geschicklichkeit in kleinen Betrügereien. Stiere, die er zum Pflügen gemietet hatte, gab er schlecht gefüttert zurück. Oft genug, im Krieg, bei Wirtschaftskrisen, Geldinflation und Naturkatastrophen trieb ihn die Not dazu. Wenn er bis an den Rand seiner Existenz gelangt war, half ihm schließlich gegen den ungerechten Steuerdruck des Staates nichts anderes als eine intelligente Steuerhinterziehung, wenn er nicht gerade in ein Tempelasyl fliehen wollte. Wenn er von zwanzig Medimnen Saat nur dreizehn Medimnen Korn erntete und sich das mehrere Jahre wiederholte, blieb ihm nichts übrig als Auswanderung – oder das Absinken in die Schicht der Asozialen. Hatte der Hagel die Ernte vernichtet und war die Verschuldung hoffnungslos groß geworden, konnte man vielleicht noch zur See und zu den Seeräubern entschlüpfen. Es gab Werber genug, die besonders Jungbauern mit dem Slogan zu locken suchten: „Bauern sind Sklaven, Soldaten sind Männer."

Zum Schluß sei noch ein Blick auf die Religiosität des hellenistischen Bauern geworfen. Vielleicht spricht die Achtung vor der Unmittelbarkeit bäuerlicher Religion noch aus der Tatsache, daß die delphische Pythia eine Bäuerin sein konnte, doch ist das einzige Zeugnis dafür eine Notiz bei Plutarch. Im Mittelpunkt der Frömmigkeit standen die alten bäuerlichen Schutzgottheiten wie die Haus und Hof bewachende Artemis oder der die Diebe fernhaltende Priapos. Auch gab es Bauerndörfer, die ihrem Dorfheros ein kleines Heroon auf dem Dorfplatz errichteten. Gelegentlich findet man Spuren eines schlichten bäuerlichen Ethos, so etwa in der Forderung eines Epigrammatikers, einen im Dienst alt gewordenen Zugochsen nicht zu verkaufen, sondern ihm das Gnadenbrot zu geben. Schon zu Platons Zeit war es vorgekommen, daß ein

Bauer den Pflug stehen ließ, um einem Philosophen nachzufolgen; mit der zunehmenden Popularisierung der Philosophie, die in der kynisch-stoischen Diatribe ihre Lehre auch durch Bilder aus dem bäuerlichen Leben verdeutlichte, dürfte so etwas häufiger gewesen sein, denn Bauernjungen wurden davor gewarnt, durch das Anhören von Philosophen ihre bäuerliche Sendung zu vernachlässigen.

Die hellenistische Literatur und Kunst hegte für drei ländliche Berufsgruppen eine besondere Zuneigung: für die Hirten, die Jäger und die Fischer. Daher muß der Versuch gemacht werden, das, was hinter dem nur Literarischen und Künstlerischen an Lebenswirklichkeit steckt, zu erfassen.

Die hellenistischen Hirten auch der romantischen Bukolik dürfen keineswegs nur mit den Hirten des ‚hameau' von Versailles verglichen werden. Wer heutige Hirten der inneren Peloponnes, Thessaliens, Makedoniens und Kleinasiens kennt, weiß, daß die bukolischen Dichter keine Phantasiegestalten schilderten. Der Hirt, der auf seiner Rohrflöte bläst, seinem Gott Pan den Hirtenstab, ein Tierfell, Hundeleine und Hundehalsband weiht, in einer Reisig- oder Strohhütte wohnt, Freude an einem Apfel oder einem Stück Ziegenkäse hat, einen Stecken aus Olivenholz, einen geschnitzten Holzbecher oder ein wollenes Himation als Schatz betrachtet, ist keine Erfindung, wohl aber eine Entdeckung der hellenistischen Dichter, die freilich seit Homer ihre Vorläufer hatten. Theokrit und die anderen Bukoliker haben wohl aus den einfachen Wettgesängen, den improvisierten Refrainliedern dieser Hirten mehr gelernt, als wir wissen; Liebesklage, Freude über die erwachende und Trauer über die sterbende Natur, Spott und Scherz – wie etwa das Motiv von dem Frosch, dem es gut geht, weil er immer zu trinken hat – sind echte Töne aus dem Leben wirklicher Hirten.

Viele Hirten waren freie Landarbeiter, die sich vertraglich einem Herdenbesitzer verpflichteten, andere waren Herdenpächter und Besitzer kleiner Herden. Gehörten sie – vor allem im Osten – bis zur Hellenisierung zu den verachteten Klassen, so gliederten sie sich in der neuen Gesellschaftsordnung in sehr verschiedene Schichten. Soweit sie eigene Herden oder auch nur einige Tiere besaßen, schlossen sie Verträge und kauften oder verkauften ihr Vieh, wie sie es wollten. Ein Kaufvertrag eines Rinderhirten über zwei weiße Rinder und ein geflecktes ist aus dem dritten Jahrhundert erhalten. Anders stand es bei den Leibeigenen oder den gekauften Sklaven und gewiß auch bei Nichtgriechen, die sich als Hirten bei griechischen Herdenbesitzern verdingten, wie die arabischen Hirten auf griechischen Gütern in Ägypten. Schwierigkeiten bereiteten die äußerst komplizierten Weiderechte. Am besten gesichert war derjenige, dem sie als Ehrung für besondere Verdienste von einem Ort verliehen wurden. Häufig aber konnten Hirten wegen Diebstahls belangt werden, wenn ihre Tiere auf fremdem Grund weideten, häufig kam es zu Schlägereien zwischen Hirten untereinander wegen des Weidegrundes. Die Höhe der Weidepacht oder Weidesteuer schwankte, war aber immer recht hoch. Hinderlich waren auch die freilich notwendigen Schutzgesetze für die Baumkulturen, die auf kleinen Inseln bis zum strengen Verbot der Einfuhr von Weidevieh gehen konnten.

Die literarische und künstlerische Hochschätzung, die dem Hirten im Hellenismus entgegengebracht wurde, erfuhr allerdings eine bezeichnende Einschränkung: sie unterdrückte nämlich die rauhen und männlichen Züge des Hirtenlebens. Der gute, tierfreundliche Hirt, das Bild des Friedens und der Genügsamkeit, der sich liebevoll der Tiere annimmt, erscheint in der Terrakottakunst am häufigsten. Ein altes Motiv benutzend, haben die Künstler den widdertragenden Hermes umgewandelt in den guten Hirten, der sich in viele hellenistische Religionen als Bild eines Erlösergottes übernehmen ließ. Die Wirklichkeit freilich sah oft anders aus: der Rinderhirt blickte hochmütig auf den Ziegenhirten hinunter und dieser rächte sich dafür, wo immer er konnte. Der Hirtenstab war bei Schlägereien eine gefürchtete Waffe, und es kam auch vor, daß die Hirten die Hunde aufeinanderhetzten. Die Heerführer wußten diese rauhen Eigenschaften mehr zu schätzen als die Dichter; sie bemühten sich, Hirten als Führer in unwegsamem Gelände oder gar als eine Art Alpinitruppe mit Steigeisen und Kletterseilen zu bekommen.

Viele Zeugnisse der Literatur und der bildenden Kunst sprechen vom Jäger. Die Jagd blieb auch weiterhin königlicher Sport aller Edlen, zugleich aber entwickelte sich ein Stand der Berufsjäger. Kallimachos hat den Jäger gezeichnet, den nur die Liebe zum Jagen, nicht aber die Beute lockt, und diesen Typ stellen die Bilder von fürstlichen Jägern dar. Daneben wurde die Jagd aus wirtschaftlichen Erwägungen wichtiger, sei es, daß man die erlegten Tiere als Nahrung brauchte, sei es, daß man sie für viele andere Zwecke verwendete, etwa als Kriegs- und Arbeitstiere, für die Zoologischen Gärten oder zur Dressur.

Mit der Ausweitung der Welt taten sich viele neue Jagdgebiete auf, in denen die Jagd frei ausgeübt werden konnte, da der Wildbestand nahezu unerschöpflich war. Die alte griechische Liebe zur Hasenjagd hielt unvermindert an; sonst waren Rehe, Hirsche und Wildschweine die häufigsten Jagdtiere, an einigen Plätzen der hellenistischen Welt auch Bären, Wildesel und gelegentlich Wildstiere. Im ptolemaischen Ägypten wurde Krokodiljagd vom Boot aus teils als Sport, teils berufsmäßig ausgeübt, soweit die religiösen Bedenken der Eingeborenen die Jagd nicht erschwerten. Die Elefantenjagd blieb den Berufsjägern vorbehalten, die von Zimmerleuten zur Errichtung der geräumigen Fallen begleitet waren; ob Löwen außerhalb der großen Gehege orientalischer Herkunft noch in größerem Maße gejagt wurden, ist umstritten; ein Wolfsjäger weihte im ersten Jahrhundert dem Pan ein Wolfsfell und die Keule, mit der er den Wolf totgeworfen hatte. Zu den berühmtesten Jägern der Zeit gehörte Philipp V., der am Strymon mit seinem Speer einen Wildstier erlegte und dessen Fell und Schädel dem Herakles weihte.

In den Methoden der Jagd und in den Anforderungen, die an den Jäger gestellt wurden, ist man anscheinend nicht sehr weit über Xenophon hinausgekommen. Meist jagte man mit Hunden, die das Wild hetzten oder in die aufgestellten Netze trieben. Die Aufzucht von Jagdhunden wurde verbessert, neue Hunderassen wurden bekannt, und einige dieser Hunde wurden berühmt, wie der des Pyrrhos, der in dessen Scheiterhaufen sprang und seinem Herrn in den Tod folgte, oder die auf Löwen dressierten Hunde, die König Poros dem Alexander schenkte. Auf Großwild wurde, wie oft auf Reliefs zu sehen ist, zu Pferde Jagd gemacht, sie bekümmerte die Ärzte wegen der zu großen Anstrengungen, die mit ihr verbunden waren.

Man nahm die Jagd nicht leicht. In einem viel nachgeahmten Epigramm behauptete Leonidas, Jagen, Vogelstellen und Fischfang seien eine mühselige Arbeit, bei der man die Hilfe der Götter benötigte. Man verlangte viel vom Jäger, vor allem mußte er sich auf Spuren und Fährten verstehen, sich auch in der Nacht orientieren können und die Laute der Tiere zu unterscheiden wissen. Die Jagdausrüstung war komplizierter geworden; man trug einen nicht allzu schweren Chiton in Tarnfarbe und geschnürte Lederstiefel, jagte aber auch nackt oder nur mit einer Chlamys bekleidet. Als Jagdwaffen benutzte man Wurf- und Schlaghölzer zur Hasenjagd, Bogen und Pfeile, Wurfspieße, Saufedern, Messer aller Art und Keulen. Verschiedene Systeme von Fallen und Fußangeln kamen bei der Hirsch-, Eber- und Elefantenjagd zur Anwendung. Bis zur Virtuosität wurde die Jagd mit Netzen vervollkommnet; der Hellenismus kannte sackförmige Fangnetze, Prellnetze, Netze zum Versperren der Fluchtwege, Stellnetze, Fallnetze; zur Technik ihrer Aufstellung gaben die Jagdschriftsteller genaue Anweisungen.

Sehr beliebt waren Vogelstellen und Vogeljagd; Alexander soll, nach besten Quellen, oft und gern auf Fuchs- und Vogeljagd gegangen sein. Man benutzte dazu Schlingen und Leimruten, schoß aber auch mit Pfeilen; Lockvögel kannte schon die vorhellenistische Welt. Technisch vervollkommnet wurden die Fangnetze, die Fang- und Lockkäfige mit mehreren Eingängen, die verschiedenen Arten von Vogelleim – so gab es etwa besondere Netze für den Fang von Kranichen.

Das Jägerlatein war beliebt wie zu allen Zeiten der Jagdgeschichte. Sehr gern erzählte man davon, wie Tiere durch Tanz, Musik und Gesang des Jägers angelockt wurden, und ähnliches.

Der Jäger gehört zu den Lieblingskindern der hellenistischen Dichtung, in erster Linie des Epigramms. Viele Votivepigramme erzählen, daß Jäger dem Apollon oder Pan oder der Jägerin Artemis ihr Jagdgerät weihen und ihren Schutzgöttern größere Geschenke versprechen, wenn diese ihnen größere Beute bescheren. In der bildenden Kunst stand an erster Stelle die Alexanderjagd in ihren mannigfachen Variationen, deren Nachleben bis weit ins Mittelalter hinein bekannt ist. Jagt in der ältesten Darstellung, wie sie das Mosaik von Pella repräsentiert, der König zu Fuß, so stellt ihn der Alexandersarkophag neben König Abdalonymos zu Pferde dar. Einflüsse der älteren sidonischen Sarkophage und ihrer Jagdszenen sind nicht zu verkennen. Aber auch außerhalb dieses Kreises überrascht das häufige Vorkommen von Jagdmotiven in der Sepulkralkunst, etwa auf den zahlreichen Aktaion- und Meleagrossarkophagen; Herakles als Krokodiljäger findet sich auf Grabreliefs bis in römische Zeiten hinein. Einige Darstellungen mögen nur dekorativ sein, in anderen dürfte der Jäger ein Symbol für einen todüberwindenden Gott, in anderen ein Ausdruck für den alles jagenden Tod sein, sofern nicht nur eine Jagdszene aus dem Leben des Verstorbenen gemeint ist. Eine Porträtstatue eines Jägers besitzt die Münchner Glyptothek, und eins der letzten Athener Grabreliefs zeigt einen jugendlichen Jäger, den sein Hund sucht. Das schönste Götterbild, das einen alten griechischen Jagdtyp hellenistisch elegant abwandelt, ist die Artemis von Versailles, ihr Urbild und ihre zahllosen Nachahmungen. Es weist darauf hin, daß in der hellenistischen Epoche auch Frauen der Jagd als einem Sport huldigten.

Auch der Stand der Fischer war sehr differenziert. Es gab freie, oft mit Angestellten arbeitende Großfischer, kleine, sich kümmerlich ernährende, einzeln arbeitende oder in Genossenschaften vereinigte Fischer, Seefischer, Flußfischer, Muschelfänger, Perlmuscheltaucher. Meist waren es Berufsfischer, doch war Angeln auch ein beliebter Sport, dem unter anderen Augustus gern gehuldigt haben soll. Zur Ausrüstung gehörten je nach der Art des Fischens ein Ruder- oder Segelboot – in vielen Fällen der kostbarste Schatz des Fischers –, das er erst in äußerster Not, bei Verschuldung, verpfändete, ferner Netze von feinmaschigen bis zu gröbsten Ausführungen, Angelruten, Fischleinen und Angelhaken, Reusen, Fackeln und Lampen zum nächtlichen Fischfang, Feuersteine, eine wasserdichte Kappe und dreizackige Fischspeere.

Die Fischer führten ein schweres und kärgliches Leben. Wenn sie wohl auch nicht überall steuerlich so raffiniert ausgebeutet wurden wie im ptolemaischen Ägypten, so lebten sie doch in ständigen Gefahren und Nöten. „Nur ein Stück Holz trennt uns vom Hades", oft rissen die Netze, und groß war die Enttäuschung, wenn man statt des erhofften Riesenfisches ein ertrunkenes Kamel heraufzog. Für die Fische galt es rasch, ehe sie verdarben, einen Käufer zu finden, dieser kaufte natürlich nur die besten Tiere, so daß die kleinen und schlechten für den Fischer und seine Familie übrig blieben. Andererseits bewunderte man aber auch die Gewandtheit und List der Fischer, und einige von ihnen besaßen einen hohen Berufsstolz.

Die hellenistische Literatur hat sich gern mit den Fischern beschäftigt. Leider sind die Fischerkomödien des Archippos, der noch der alten Komödie angehört, des Diphilos und des Menander verlorengegangen, aber wir besitzen zahlreiche Fischerdichtungen der Bukoliker und Epigrammatiker. An erster Stelle steht das Theokrit zugeschriebene Fischergedicht. Zwei alte Fischer verbringen ihre einsamen Nächte in einer armseligen Strohhütte; außer ihrem Fischereigerät besitzen sie nur eine Matte und müssen sich mit dem Himation zudecken. Da träumt der eine von einem goldenen Fisch, aber der andere ist durch die Armut zum illusionslosen Realisten geworden: man solle lieber fischen als träumen. Auch Moschos hat Fischer besungen. In zahlreichen Epigrammen weihen Fischer ihr einfaches Gerät dem Hermes, dem Pan, der Derketo, den Nymphen, dem Poseidon und anderen Meergöttern; andere Epigramme erzählen gern von dem Rätsel der Fischer, das Homer nicht lösen konnte, oder vom Tod eines alten Fischers in seiner Hütte, dem die Arbeitskameraden einen Grabstein setzen, von jenem Fischer, der im eigenen Boot zum Hades hinabfuhr, und von einem anderen, der oft dem Sturm getrotzt hatte, ihm schließlich aber doch erlag. Im Prosaschrifttum erscheint der Fischer im Roman oder Briefroman; die besten Stücke finden sich in Alkiphrons erstem Buch mit seinen schönen Schilderungen der See sowie köstlicher und ernster Stunden aus dem Arbeitsleben und den Festtagen des Fischers. Fischerlatein in großer Menge bieten die Paradoxographen und Periegeten. In der bildenden Kunst benutzt die Kleinkunst in Terrakotta und Bronze den Fischer gern als Motiv; auf Reliefs und in der Landschaftsmalerei gehört er zur menschlichen Staffage.

f) Kaufleute

Als Träger und Verbreiter kultureller und zivilisatorischer Werte nahm, wie bisher, in der griechischen Welt der Kaufmann eine der wichtigsten Stellungen ein, aber an ihm zeigt sich auch die Gesamtproblematik des Hellenismus stärker als an jeder anderen Berufsklasse. Das wechselvolle Auf und Ab der politischen Geschichte hat keinen Stand so betroffen wie den des Kaufmanns. Zwar blieb er Träger und Verbreiter der Kultur in besonderem Sinne: Kaufleute waren die wichtigsten Übermittler von Nachrichten von einem Teil der Welt zum anderen; der größte Teil des privaten Postverkehrs, der die Menschen einer brieffreudigen Welt miteinander verband, ging durch ihre Hand. Sie brachten die guten Porträtmünzen und ihre kulturpropagandistisch gemeinten Bilder und Aufschriften nach Indien, Arabien und dem Westen, und sie halfen durch die Waren, die sie vermittelten, den guten oder schlechten Geschmack der neuen Welt zu bilden oder zu verändern. Ihre Beweglichkeit, von der Ehren- und Grabinschriften vielfältig zeugen, ihre geistige Wachheit, die die Situation des veränderten Daseins rasch erfaßte und, wie als letztes Dokument der Periplus des Roten Meeres zeigt, auch zu nutzen wußte, war zu einem großen Teil das lebendige Ferment der hellenistischen Welt.

Um so tragischer war, daß es für keinen Zweig des Lebens so viele Störungen und Erschwerungen gab wie für den Handel. Da war der für eine so kurze Zeitspanne erschreckend häufige Wechsel der Handelszentren. Nur Alexandreia blieb während der drei hellenistischen Jahrhunderte relativ ungestört. Karthago, Korinth, Syrakus, Peiraieus, Rhodos, Delos sanken früher oder später so tief, daß man Stimmungen verstehen kann wie diejenigen, die uns ein prachtvoller Klageruf der Kaufleute, rückschauend auf die Zerstörung eines solchen Handelszentrums und vorblickend auf eine ersehnte Zerstörung des verhaßten Rom, erhalten hat: „Und die Kaufleute weinen und klagen über sie, weil niemand mehr eine ihrer Schiffsladungen abnimmt, keine Ladung Gold, Silber, kostbaren Stein, Perlen, Byssos, Purpur, Seidengewebe, Scharlachtuch, und kein Citrusholz, kein elfenbeinernes Gerät, kein Gerät aus Edelholz, Bronze, Eisen und Marmor, nicht Zimt, Räucherwerk, Myrrhen und Balsam, keinen Wein, kein Öl, kein Feinmehl, kein Getreide, kein Kleinvieh, kein Großvieh, keine Pferde, Wagen und keine Sklaven . . . Die Kaufleute aller dieser Dinge, die durch sie reich geworden waren, werden in der Ferne stehen bleiben aus Furcht vor ihrer Qual, . . . und jeder Steuermann und jeder, der diesen Ort anzusteuern pflegte, und die Schiffsleute und alle, die das Meer befuhren, blieben in der Ferne stehen und klagten . . .“ Es brauchten nicht einmal immer die schweren Schicksalsschläge zu sein, die ein Handelszentrum vernichteten, es genügte, daß ständige politische Wirren verkehrsgünstige Inseln oder Häfen für Jahrzehnte aus dem Handelsverkehr verdrängten; ein gutes Beispiel ist Kreta, dessen glückliche Verkehrslage im Hellenismus nicht im entferntesten kaufmännisch ausgewertet werden konnte.

Schlimmer war, daß der griechische Kaufmann seine Eigenart nirgends voll entwickeln und seine ihm eigentümliche Sendung nur hier und da zu Ende führen konnte. Besonders die gebildeten Schichten hellenistischen Hanseatentums konnten sich auf die Dauer nicht halten. Mit der Konkurrenz der orientalischen Kaufleute mochte man es aufnehmen, zumal diese vielfach bereit waren, hellenistisches Gut verbreiten zu helfen, der Konkurrenz des von Westen andrängenden italischen Kaufmanns aber mußte der hellenistische Großhandel erliegen: Delos ist dafür Beweis genug. So verheißungsvoll die Welt der neuen Städte und die fast unbegrenzten Möglichkeiten für Ankauf und Absatz erschienen, so verhängnisvoll war es, daß der griechische Großkaufmann, der kulturell höher stand als die Kaufleute der anderen Gebiete, jeder in eben diesen Gebieten herrschenden Katastrophe wehrlos ausgesetzt war: die konkurrierenden Großkaufleute unterstützten die konkurrierenden Könige und gingen so mit ihnen zugrunde.

Sagenhafte Aufstiege und ebenso unerhörte Zusammenbrüche waren die Folge. Ein kleiner Fischhändler wurde erst Großkaufmann, dann Tyrann seiner Heimatstadt, aber viele, die heute noch reich beladene Frachtschiffe besaßen, konnten schon morgen von Seeräubern oder von ihre Stadt erobernden Feinden als Sklaven verkauft werden. Die seelischen Auswirkungen sind klar: wenn auch der Kaufmann zu allen Zeiten voller Risiko leben muß, so fand sich doch der hellenistische in besonderer Weise in einem Dauerzustand von Erregung, Hoffnung, Furcht, Freude am Wagnis, Verzweiflung. Dieser Belastung, nicht nur den politischen Konstellationen ist er schließlich erlegen.

Auch der hellenistische Kaufmann war von der für die hellenistische Berufskultur typischen, bis ins einzelnste gehenden Differenzierung und Spezialisierung betroffen. Die Weite der Welt erforderte das ganz von selbst. In bis dahin noch nie dagewesener Weise schob sich zwischen den Erzeuger, der seine Waren selbst an den Abnehmer verkauft hatte, und den Kleinhändler der überregionale Großhändler und der Zwischenhändler ein. Neue Formen bildeten sich auf allen Sektoren heraus. Der weltweite Großhandel mit seinen neuen betriebswirtschaftlichen Organisationsmöglichkeiten lag in der Hand von Überseekaufleuten, die zum Teil eigene Flotten, eigene Hafenplätze, eigene Banken und eigene Plantagen hatten. Dann gab es Überseekaufleute, die ein oder mehrere eigene Schiffe besaßen, auf denen sie selbst mit auf Fahrt gingen. Eine dritte Gruppe trieb in großem Umfang Export- und Importhandel, charterte aber fremde Schiffe. Am einflußreichsten waren lange Zeit die rhodischen Getreidegroßhändler, die Getreide gegen Wein lieferten, Frachtkosten in jeder Höhe kassierten und besonders in Kriegszeiten den Kornpreis bestimmten. Ihre Verbindungen reichten weit; in den Getreideländern des Schwarzen Meeres, Siziliens, Ägyptens und der Kyrenaika waren sie als Käufer, in den Hungergebieten Griechenlands, der Inseln und Asiens als Verkäufer unentbehrlich.

Der Zwischen- und Umschlaghandel zwischen arabischen und indischen Plätzen sowohl über See als auch über Land geriet – wenigstens in den ersten beiden hellenistischen Jahrhunderten – immer mehr in die Hände griechischer Großkaufleute. Über den Großhandel und den Seehandel wird noch zu sprechen sein, nur darf man darüber nicht den mittleren und kleinen Handel übersehen. Hier spielten die reisenden Kaufleute eine Rolle, die von Markt zu Markt zogen oder auch in Gasthäusern abstiegen und dort ihre Waren auspackten; es gab Kaufleute, die Luxusgegenstände, wie etwa Silberwaren, mit sich führten. Kleinere mieteten sich einen Platz in den Markthallen oder stellten auf dem Markt ihr Brettergerüst auf, schützten sich und ihre Waren durch einen großen Sonnenschirm und besaßen an Einrichtungsgegenständen oft nicht mehr als eine Waage. Ihre Waren kauften sie entweder beim Erzeuger oder in den Hafenstädten bei den Schiffseignern ein. Überall trieb sich natürlich, ebenso wie heute, ein Schwarm von Straßenhändlern herum, der von der Hand in den Mund lebte. Verhältnismäßig zahlreich sind Läden ausgegraben oder in der bildenden Kunst dargestellt worden, doch kann man oft nicht unterscheiden, ob es sich dabei um kaufmännische oder um handwerkliche Unternehmen handelt, da die Handwerker ihre Produkte in den Werkstätten selbst verkauften.

Eine besondere, höchst unsympathische Gruppe bildete die seit den Diadochenkriegen beständig wachsende Schar der Händler, die hinter den Heeren herzogen. Sie verkauften Marketenderwaren an die Truppen und kauften die Gefangenen und die Beute, die sie auf die großen Märkte transportierten.

Die Differenzierung und Spezialisierung nach Branchen wurde unübersehbar. An erster Stelle stand der Lebensmittelhandel, der, vom Großbetrieb bis zum Straßenhandel, die meisten Kaufleute beschäftigte. Zu dem althergebrachten Getreide-, Mehl-, Öl-, Wein- und Fischhandel gesellte sich nun, bedingt durch die steigenden Bedürfnisse, der Fleischhandel, der Handel mit Edelobst, Reis, fremden Honigsorten, Gewürzen aller Art. Den alle Ansprüche weckenden oder befriedigenden Handel mit Textilien haben wir schon erwähnt; eine neue Branche bildeten die Teppichhändler (ταπητάριος), die ihre Ware aus dem Osten holten und die bald überall anzutreffen waren; neu waren aber wohl auch die Lumpenhändler und Kleidertrödler in den Armenvierteln der großen Städte. Seit der Erschließung neuer indischer und afrikanischer Gebiete nahm der Drogenhandel einen mächtigen Aufschwung; er spezialisierte sich auf den Handel mit medizinischen Drogen, mit Farben, Duftstoffen und Gewürzen. Mit der zunehmenden Zivilisation mehrten sich die verschiedenen Zweige des Tonwaren- und Terrakottenhandels; zu den alten Gebrauchsterrakotten, deren fester Preis oft auf der Ware vermerkt war, kamen Nippfiguren, Lampen für jeden Geschmack, ‚modernes' Hausgerät. Neu waren für die griechische Welt auch die zahlreichen Papyrushändler (χαρτοπώλης), die auch Rußtinte, Schwämme zum ‚Ausradieren' und Schreibgerät feilboten. Neu waren Devotionalienhandlungen mit Reiseandenken und Götterbildern aus jedem Material und in jeder Größe; wer einen Zeus und eine Hera kaufte, bekam einen Hermes kostenlos als Zugabe. Der wachsenden literarischen Produktion entsprach ein gewaltiger Aufschwung des Buchhandels. Die Baulust, vor allem die Neigung zu großen Repräsentativ- und Theaterbauten, war nur mit Hilfe eines schwunghaften Großhandels in Metallen, Holz und Marmor, das wachsende Schmuckbedürfnis durch einen Großhandel mit Edelsteinen, Perlen, Korallen, Elfenbein und Schildpatt zu befriedigen. Vom Sklavenhandel wird an anderer Stelle zu reden sein.

Vieles trug zur Erleichterung des Handels bei. Neue Handelsverträge, wie der zwischen Athen und Keos im dritten Jahrhundert, nach dem koischer Rötel (μίλτος) nur nach Athen ausgeführt werden durfte, oder der rhodisch-römische vom Jahre 306 waren wirtschaftlich und kulturell ein Segen. Die neue Geldwirtschaft war dem Welthandel nicht unzuträglich, wenn sie auch, wie in Ägypten, zuweilen schwere Folgen für den Binnenhandel hatte. Die wenigen großen Weltwährungen blieben auch in Krisenzeiten im internationalen Handel in einem gewissen konstanten Verhältnis zueinander; im Binnenverkehr konnte die Regierung ausländische Münzen umschmelzen lassen und die Annahme abgegriffener Münzen, vor allem goldener, verweigern. Staatliche Münzbeschauer und öffentliche Geldprüfer gab es seit dem vierten Jahrhundert überall.

Allen Anforderungen des sich ausdehnenden Handels entsprach das Bankwesen; die besten Informationen darüber liegen aus dem ptolemaischen Ägypten und aus Delos vor. Zu den großen kulturellen Schöpfungen des Hellenismus gehören der bargeldlose Zahlungsverkehr (διαγράφειν) und die Abwicklung komplizierter Bankaufträge. Außerhalb Ägyptens begnügte man sich meist mit der Hinterlegung eines Depositums zur Zahlung auf Ordre eines dritten. Ohne diese Einrichtungen wäre der hellenistische Touristenverkehr niemals möglich gewesen; schon wer von Rhodos nach Athen reiste, nahm kein Bargeld mit, sondern eine Zahlungsanweisung oder einen Kreditbrief an eine Bank.

Die Banken gaben auch Darlehen zu Investitionszwecken gegen hypothekarische Sicherung oder eine Bürgschaft, allerdings zu sehr hohen Zinsfüßen, so daß in der Regel private Darlehen vorgezogen wurden, wenn man sie bekam. Nicht, daß man hohe Zinsen als Unrecht empfunden hätte – im Gegenteil. Selbst Jesus von Nazareth, der gewiß kein Freund des Reichtums war, lobte den, der sein Geld zu einem möglichst hohen Zinssatz bei den Bankiers auslieh. Wechselstuben waren die Banken überall da, wo nur in einer bestimmten Münze bezahlt werden durfte; vor allem dienten sie in unruhigen und unsicheren Zeiten zur Aufbewahrung von Depositen, eine Tatsache, der wir unsere größten und schönsten Münzhorte verdanken. Man konnte genau geprüftes Geld in versiegelten Säcken deponieren, in den Büchern wurde jede Ein- und Auszahlung vermerkt, von dem, der das Geld abhob, wurde eine genaue Legitimation verlangt.

Das größte Vertrauen genossen anscheinend zu allen Zeiten die Tempelbanken; die Asylie der Tempel ist relativ selten verletzt worden, und wo es geschah, setzten sich die Priester zur Wehr. Auch scheint ihr Geschäftsgebaren solider gewesen zu sein als das mancher anderen Bank. Delos verlieh fast unverändert Geld zu 10% Zinsen, während bei anderen Banken der Zinsfuß schwankte. Das mochte einen religiös-ethischen Hintergrund haben: die Stabilität der Tempelbank stärkte das Vertrauen auf den Gott. Die Tempelbank von Kos firmierte geradezu: ‚Die Bank des Gottes.' Vielleicht handelte der Mumifizierer des Asklepieions von Memphis, der im Jahre 89 zwölf Silberdrachmen auf zehn Monate völlig zinsfrei verlieh, im Auftrag seiner Tempelbank, denn ein solches ungewöhnliches Vorgehen mußte das Ansehen nicht nur der Bank, sondern auch des Gottes fördern. Die königlichen und städtischen Banken besorgten häufig die Geschäfte der Steuer-, Schuld- und Hypothekenverwaltung; eine athenische Staatsbank ist seit 328 sicher bezeugt. Private Banken gab es seit dem zweiten Jahrhundert wie Sand am Meer, sie nützten den Kreditbedarf aus und standen vielfach im Ruf, Werkzeuge der Wucherer zu sein. Alle aber, sogar die Zwergbanken in den kleinen ägyptischen Dörfern, hatten ein vorbildlich exaktes Buchführungswesen; dagegen war ihr Mobiliar geradezu primitiv und bestand nur aus Tischen, einer Goldwaage, einem Probierstein, einem Abakos, metallenen oder gemauerten Tresoren und verschiebbaren Trennwänden.

Die zahlreichen detaillierten Arbeiten der Wirtschaftshistoriker ermöglichen es, für bestimmte Gebiete, vor allem für Ägypten und Delos, Gewinne, Preisschwankungen, Stand der Verschuldung und ähnliches zu errechnen. Ihre Ergebnisse werfen einige interessante Lichter auf die Bereiche des täglichen Lebens. Abgesehen von den Zeiten schwerer Krisen waren die Menge der angebotenen Waren und die Verschiedenheit der Preise so groß, daß jeder etwas über die täglichen Notwendigkeiten hinaus kaufen konnte. *Schmidts* Liste der Drogenpreise zum Beispiel ergibt zwischen der gleichen Menge der billigsten Droge – Kalmuswurzel – und der teuersten – echter Balsam – ein Preisverhältnis von 1:2000. Dazwischen gab es Drogen in jeder Preisabstufung. In vielen Gebieten bestanden polizeiliche Preisvorschriften, die, soweit wir sehen, meist dem Käufer zugute kamen und gelegentlich den Kaufmann schädigten oder wenigstens hemmten. Diese Vorschriften waren auch in den Dörfern öffentlich angeschlagen, so daß der Landbewohner nicht allzu sehr übervorteilt werden konnte. Hemmend wirkten sich für den Handel in erster Linie die hohen Steuern und Zölle aus, genügend Beispiele bot das ptolemaische Ägypten. Dagegen gewährten kleinere Städte, denen sehr daran lag, Waren auf ihre Märkte zu bekommen, und Häfen, die wenig angelaufen wurden, den Kaufleuten manche Privilegien, insbesondere Gebühren- und Steuerbefreiung. Für Ordnung sorgten auf allen Märkten und Häfen die Agoranomen und die ihnen unterstellte Polizei, die in einigen Städten im Ruf großer Strenge standen.

Die neue Situation forderte von Handel und Bankwesen eine Erweiterung und Neuregelung des gesamten Schriftverkehrs und der Buchhaltung. Die Zahl der erhaltenen Dokumente, der Rechnungen, Quittungen, Inventuren, Deklarationen, Bestellungen, Reklamationen, Kauf- und Verkaufsverträge, der Bürgschafts- und Schuldurkunden und Mahnungen an säumige Zahler ist unübersehbar, zumal da fast jede neue Papyrusveröffentlichung neue Dokumente dieser Art zum Vorschein bringt. Die Buchführung übernahm aus dem Orient die Terminologie und die Anordnung nach ‚Einnahme' und ‚Ausgabe', die auf babylonische Buchführung zurückgeht; im hellenistischen Judentum Alexandreias wurde sie als kosmisch gestaltende Tätigkeit Gottes gedeutet, der als der große Buchführer der Welt dem Kaufmann ein Vorbild für die Differenzierung in Soll und Haben gegeben habe. Tagebuch und Hauptbuch führte wohl jeder hellenistische Handelsbetrieb, dazu kamen die genauen Buchungen auf Einzelkonten, die Wareneingangs- und -ausgangsbücher. Inwieweit eine doppelte Buchführung vorhanden war und ob sie eine hellenistische Erfindung ist, bleibt umstritten.

Stätten des Handels waren die Märkte mit ihren neuen Markthallen und die Kaufläden in den Hauptstraßen der alten und neuen Städte, dazu die Plätze im Gelände der großen Tempelbezirke zur Zeit der Hauptfeste. Die Agoranomen oder ihre Gehilfen paßten auf, daß nur die öffentlich zugelassenen Maße und Gewichte benutzt wurden, sie bestimmten auch die Öffnungs- und Schlußzeiten des Marktes; nur in Riesenstädten wie Antiocheia gab es Tag und Nacht geöffnete Märkte. Für den Großhandel schufen die internationalen Handelskorporationen an den Handelszentren eigene Marktanlagen, die gleichzeitig als Börse dienten; bekannteste Beispiele dafür sind die Anlagen der Hermaisten, Poseidoniasten, Italiker und des Theophrast in Delos. Dem Kleinhandel wurden die Marktplätze genau zugeteilt; hatte eine Stadt mehrere

Märkte, und das galt für die meisten neuen Städte, so wurde der Lebensmittelmarkt mit den steinernen Tischen für die Verkäufer von den anderen abgetrennt. Alle Handelsmärkte besaßen wenigstens einen Brunnen. Die Vermietung der Läden in den Markthallen nahm darauf Rücksicht, daß die verschiedenen Branchen ihre Plätze nebeneinander hatten, doch besitzen wir für die hellenistische Zeit noch wenig Material. Hafenmärkte, die der Aufsicht der Epimeleten unterstanden, schlossen sich unmittelbar an die Ladequais an. In Dörfern und in der Nähe von Heerlagern handelte man an bestimmten Tagen an jedem dafür geeigneten Platz, und an fremden Küsten legten die Händler dann ihre Waren aus, wenn sie wußten, daß die Bewohner des Inlandes zu einem Fest an das Meer herab kamen; zuvor hatten sie freilich erkundet, was man an diesem Platz kaufen konnte und wonach Nachfrage bestand.

In welchem Umfang die Reklame eine Rolle spielte, läßt sich nur schwer beurteilen, sicherlich fehlte sie nicht, doch dürfte sie mehr akustisch als optisch gewesen sein: der Händler pries seine Waren an. Die bekannten Ladenschilder aus Pompeji, Herculaneum und Ostia vermitteln nur noch einen schwachen Eindruck von der Buntfarbigkeit, dem Witz, aber auch von der Öde der Reklametafeln. Man hat wiederholt vermutet, die großen Getreidestiftungen seien nichts anderes als eine Reklame von Getreideländern gewesen, die neue Abnehmer suchten, aber das ist fraglich. Gelegentlich scheint sich ein großes Unternehmen bei einem Dichter als Werbeslogan ein Gedicht bestellt zu haben; aus hellenistischer Zeit ist das gute Werbegedicht einer Bank erhalten:

> Bürgern und Fremden steht diese Bank in gleicher Weise offen.
> Wer eine Einlage hat, kann sie genau so abheben wie der Kontoauszug angibt.
> Ein anderer mag Ausflüchte machen, Kaikos aber
> Zahlt fremdes Geld auf Wunsch auch bei Nacht aus.

Aus Panormos ist eine zweisprachige Reklameinschrift eines Steinmetzen erhalten, der Inschriften skulpierte.

Eine besondere Bedeutung kam den Transportkaufleuten zu, die, wie es scheint, gut verdienten, allerdings auch beachtliche Risiken auf sich nehmen mußten. Für die großen Getreide-, Wein- und Ölsendungen und für Sonderfälle wie die Obelisken- und Säulenverschiffung benutzte man die Wasserwege, diese Transporte wurden durch die Neukonstruktion von Frachtschiffen, die Verbesserung und Neugründung von Häfen und den Geleitschutz gegen Seeräuber erleichtert; für den Einzelfahrer bedeutete jede Fahrt ein Wagnis. Für den Landtransport, der meist die uralten Verkehrswege benutzte, war die stärkere Verwendung von Kamelen und Dromedaren von Wert; der

Karawanenverkehr lag vorwiegend in der Hand mehr oder weniger hellenisierter Orientalen. Doch haben die griechischen Transportunternehmer auch manches im Osten gelernt, zum Beispiel die Verpackung der Ware in Papyrus oder Holzkisten, die neben den alten griechischen Methoden, Waren in Tonkrügen, Tonkisten und Tierfellen oder -häuten zu verpacken, gebräuchlich wurde.

Die meisten, vor allem die größeren Kaufleute waren teils in Berufsvereinigungen wie der der Ölhändler, teils in Clubs mit Clubhäusern an den Hauptzentren, teils in religiösen Gemeinschaften ‚organisiert'. In diesen ehrenamtlich geleiteten Vereinigungen, deren vornehmste den Schwarzhäuptergesellschaften der Hansestädte zu vergleichen sind, tauschte man nicht nur berufliche und wirtschaftliche Erfahrungen aus, sondern man verfolgte auch kulturelle und gesellige Zwecke; in diesen Vereinigungen überwanden die Kaufleute das Heimweh nach Weib und Kindern am leichtesten, hier feierten sie die heimischen Feste, trafen sie in der Fremde ihre Landsleute. Auch die vorwiegend nach Berufen ausgerichteten Clubs sammelten sich um einen Gott oder ganz allgemein um die Götter ihrer Heimat. Eine Vereinigung der Überseekaufleute in Athen verehrte den Zeus Xenios, eine andere im Peiraieus die Isis, die Ölhändler in Delos Herakles und Hermes, die Götter des Gymnasions, wo sie das meiste Öl absetzten.

Einen ungeheuren Einfluß übte der Kaufmann durch die Sprache aus: Er war einer der Mitschöpfer und einer der Hauptverbreiter der Koine. Die Sprache der Handelskorrespondenz und der Märkte wurde nicht nur überall verstanden und bildete ein wichtiges Bindeglied der Menschen untereinander, sondern sie drang auch in die Literatur, Philosophie und Religion ein. Kaufmannstermini und Bilder aus dem Handelsleben gehörten zum verbreitetsten Sprachgut, selbst die Koine des Neuen Testaments ist voll davon. In der Komödie und im Epigramm ist der Kaufmann ebenso beliebt wie der Träger eines bukolischen Berufs.

Dabei war das allgemeine Urteil über den Kaufmann keineswegs immer gut. Wenn auch zahlreiche Ehreninschriften anerkennen, daß in vielen Städten die Hauptlast der Leiturgien auf den Kaufleuten lag, daß ohne ihre finanzielle Hilfe weder die großen Repräsentativbauten noch die Feste und Theateraufführungen möglich gewesen wären und daß die besten von ihnen nicht nur ihre Häuser, sondern auch ihre Heimatstädte schmückten, so zeigten Könige und Philosophen – mit rühmlichen Ausnahmen – dem Kaufmann doch ihre Verachtung. „Ich bin kein Kaufmann, sondern ein König“, soll Alexander gesagt haben, und viele Philosophen verbanden mit Handel sofort die Vorstellung von lärmenden Basaren und Kaufhallen, mit Feilschen und Streiten,

Diebstahl und Betrug. Im Idealstaat der Stoiker sollte es keinen Handel mehr geben. Das hellenistische Judentum schloß sich dieser Meinung an: zwischen Kauf und Verkauf drängt sich immer die Sünde ein. Die sehr nüchternen Mediziner hielten es für selbstverständlich, daß Käufer und Verkäufer auf dem Markte einander betrügen. Die Verachtung konnte in Haß übergehen wie auf der frühhellenistischen Fluchtafel aus Athen: „Ich verfluche den Händler Kallias in der Nachbarschaft und seine thrakische Frau und den Laden des Kahlköpfigen und den Laden des Anthemion daneben und den Händler Philon. Von ihnen allen verfluche ich ihre Seele, ihre Arbeit, ihre Hände, ihre Füße und ihre Geschäfte." Am wenigsten geachtet waren die Fischhändler, die Salbenhändler und die kleinen orientalischen Krämer. Dabei maß man durchaus mit doppeltem Maß; um 175 ehrte man auf der Akropolis einen Kaufmann, der der Stadt Athen Spekulationsgewinne in Getreide und Öl ermöglicht hatte, die keinesfalls einwandfrei waren, und der Notleidende in jeder Weise ausgenützt hatte.

g) Beamtentum

Die für viele Epochen konstitutive kulturtragende Beamtenschicht fehlt im Hellenismus. Eine ‚Verbeamtung' wie in Byzanz oder im kaiserlichen Rom gab es in keinem hellenistischen Staat, geschweige denn in einer Stadt. In zwei bedeutenden Arbeiten haben *Habicht* und *Carrata Thomes* gezeigt, daß in allen hellenistischen Monarchien der König sich oft tagelang mit seinen ‚Freunden' oder ‚Kameraden' oder ‚Verwandten' beriet, die immer ein persönliches Verhältnis zu ihm hatten, kein festes Amt und keine Bezahlung bekamen, durch keinen Eid und keine Dienstverpflichtung gebunden waren, keine Ämterlaufbahn, keine Familientradition aufzuweisen hatten oder brauchten und nie eine Klasse oder einen Stand bildeten: es handelte sich um Künstler, Philosophen, Ärzte, Soldaten, die je nach Bedarf an irgendeiner Stelle, etwa als Gesandte oder Vorsteher von Verwaltungsbezirken eingesetzt werden konnten, wenn sie der König nicht in seiner Nähe zu haben wünschte. Wir kennen 47 Namen aus diesem Kreis Alexanders, der vorwiegend aus Makedonen bestand, zu dem aber auch Griechen wie Eumenes, Nearchos und Stasanor und sogar der Perser Ossiatres gehörten. Nur langsam und keineswegs überall entstand ein hellenistisches Berufsbeamtentum. Auch in den neuen Städten wählte man die Beamten auf kurze, zum Teil auf sehr kurze Zeit oder loste sie mit Hilfe komplizierter Kugelmaschinerien aus, wobei bei einigen Kategorien eine Wiederwahl unmöglich oder schwer möglich war. Hier gab es nirgends ein starres System: Ämter wurden kumuliert, neu geschaffen, wieder abgeschafft oder nur noch als Ehrentitel gebraucht. Die Nachteile nahm man in Kauf. Welchen Schaden haben in den Städtebünden die Wahlbeamten angerichtet, wie unstet wurde eine Verwaltung durch jährliche oder halbjährliche Neubesetzung der Behörden. Zu welchen Schwierigkeiten mußte es führen, wenn lebenswichtige städtische Beamte wie Agoranomen oder Sitologen allzu oft wechselten. Nur das Lossystem trat allmählich zurück; in Athen wurden seit dem vierten Jahrhundert einige Beamtenkategorien nicht mehr durch das Los bestimmt, sondern durch die Volksversammlung gewählt. Doch beweisen die erhaltenen Losungsmaschinen, daß das Losungsverfahren nicht völlig verschwand.

Andererseits bildete sich doch allmählich ein Berufsbeamtentum heraus und verdrängte hier und da das Wahlbeamtentum oder die liturgischen Ämter. Es war keine hellenistische Erfindung, wurde aber durch die hellenistischen Lebensformen gefordert und gefördert. In den neuen Territorien des Ostens ließ man vielfach den Beamtenapparat der alten orientalischen Großreiche bestehen, der mit Berufsbeamten arbeitete. Neue Aufgaben erforderten Spezialisten, der Aufbau neuer Institutionen Menschen, die sich ausschließlich und ein Leben lang mit der gleichen Aufgabe befaßten. Aber man darf nicht außer acht lassen, daß alles fließend blieb und daß man selbst im ptolemaischen Ägypten nur mit großen Einschränkungen vom Entstehen einer ‚Beamtenhierarchie' sprechen darf.

Am schnellsten entwickelte sich das Beamtentum auf dem Gebiet der zivilen Verwaltung im Ptolemaier-Reich. Sein Merkmal war der strenge Zentralismus, die ständige Kontrolle der niederen Beamten durch die höheren, die persönliche Information der obersten Beamten durch häufige und lange Dienstreisen. Trotz der geordneten Ämter entwickelte sich doch kein echter Beamtenstand; auch als unter den späteren Ptolemaiern die obersten Beamten, wie etwa der Gouverneur von Kypros, fast königliche Machtbefugnisse erlangten, waren diese an die Person und nicht an den Stand gebunden. Gerade in jener Zeit waren die Koppelungen von Ämtern, von Titeln und Befugnissen so zahlreich und so wechselnd, daß die Bildung einer Kontinuität oder Stabilität kaum gelingen konnte. Leider wissen wir nicht, wie sich das Kontrollsystem auswirkte; weder seine psychologischen Folgen noch sein Erfolg sind greifbar; möglich, daß diese Maßnahmen, wie etwa die Kontrolle des Sitologen durch den königlichen Antigrapheus oder der Dorfschreiber und Dorfoikonomen durch den Epimeleten zu einem ähnlichen Spitzelsystem führten wie die spätantiken ‚agentes in rebus'. Im seleukidischen Bereich wurde das persische Verwaltungs- und Beamtensystem nicht einfach übernommen, aber doch auf den Aufbau eines zentral gesteuerten Beamtenapparates nach vielen Experimenten schließlich verzichtet; wegen der großen Entfernungen hätte er ohnehin nur sehr schwer funktioniert und in Krisenzeiten wäre er unmöglich zu handhaben gewesen. Eine neue seleukidische Schöpfung waren die ‚monarchisch-städtischen Reichsbeamten', die vom König eingesetzt wurden, aber mit den städtischen Kollegien zusammenarbeiteten. Pergamon folgte ägyptischem Beispiel bei der Nominierung höherer Verwaltungsbeamter für die Verwaltung von Aigina und den Erwerbungen am Hellespont, doch waren die höchsten pergamenischen Beamten stets Militärs. Keinerlei Beamtenhierarchie gab es im Antigonidenreich, wo Glieder der königlichen Familie, militärische Befehlshaber und lokale Stadtherrscher die obersten Verwaltungsstellen innehatten.

Immerhin gab es notwendigerweise überall in den mittleren und unteren Stellen und auf einigen Sektoren, die Spezialisten verlangten, Berufsbeamte, deren Stellung allerdings meist auf kündbaren Verträgen beruhte. Am meisten wissen wir über diese Beamten auf dem Sektor der Kulturverwaltung. Zu ihnen gehörten an den Höfen die königlichen Leibärzte, die Prinzenerzieher und die königlichen Dolmetscher, unter die vielleicht schon Alexanders Dolmetscher Laomedon zu zählen ist. Im Postwesen waren sicher die wichtigsten ägyptischen und doch wohl auch asiatischen Poststationen außer mit den durch Zwangsliturgie verpflichteten auch mit hauptamtlichen Beamten besetzt, die die Journale regelmäßig führen und alle durchgehenden Postsendungen zur Kontrolle registrieren mußten. Im staatlichen und städtischen Bauwesen waren die Verhältnisse anscheinend sehr verschieden; wenn auch anzunehmen ist, daß die meisten der ‚Architekten' im öffentlichen Dienst und die Vorsteher der Baupolizei Berufsbeamte waren, so ist doch nicht zu übersehen, daß in Chaironeia Plutarch neben seinen vielen Ämtern auch das des Stadtbaumeisters innehatte. Was bei Vermessungs- und Stromregulierungsarbeiten von Beamten geleistet, was an private Unternehmer vergeben wurde, ist ebenfalls keineswegs mit Sicherheit festzustellen.

Dagegen war das staatliche Notariat und Beurkundungsbureau eine Schöpfung des hellenistischen Ägypten, fand sich aber auch im seleukidischen Gebiet, allerdings in Anlehnung an ägyptische und babylonische Vorbilder. An diesen Stellen arbeiteten echte Beamte, die die feststehenden Formulare für Kauf-, Darlehens-, Ehe-, Vergleichs-, ein- oder zweiseitige Vertragsurkunden beherrschen, Registrierung und Registriervermerk vornehmen, die Urkundensteuer kassieren und die Testamentsöffnung überwachen mußten. Auch die Beglaubigung von Übersetzungen gehörte zu ihrem Geschäftsbereich, so daß anzunehmen ist, daß wenigstens den größten Notariaten beamtete Dolmetscher zur Verfügung standen.

Die Steuerpacht verhinderte bis zu einem gewissen Grad eine Verbeamtung des Finanz- und Steuerwesens, das gleiche galt für das Zollwesen. Beamtet waren natürlich die Leiter der Staatsbanken, die königlichen Trapeziten und die Kontrollbehörden, doch ließen die Seleukiden in der älteren Zeit, ähnlich wie viele Städte, auch die Münz-, Maß- und Gewichtskontrollen durch nichtbeamtete Vertrauensleute ausüben. Freilich ist nicht zu vergessen, daß die Steuer- und Zollpächter eine Art Zwischenstellung zwischen Beamten und freien Berufen einnahmen, da sie sich an die staatlichen Steuer- und Zollsätze zu halten hatten, ein staatliches Gehalt bezogen und der Kontrolle der staatlichen Steuerämter unterstanden.

Sehr unterschiedlich waren die Verhältnisse im Polizeiwesen geregelt. Es gab Städte, die nach Athener Vorbild – dort freilich aus finanziellen Gründen schon seit dem Frühhellenismus nicht mehr – als Ordnungspolizisten thrakische oder skythische Staatssklaven unter dem Kommando von Bürgern einsetzten. Hauptberuflich waren im ptolemaischen Polizeiwesen in der Regel nur die mittleren und unteren Polizeibeamten tätig – das Amt des alexandrinischen Nachtstrategen bildete eine Ausnahme. Sicher traf diese Regel für die Dorfpolizisten zu, die im Auftrag der Ortsbehörden – in Ägypten des Dorfepistaten – Vorladungen überbrachten, Verhaftungen und Zwangsvorführungen, gelegentlich auch Haussuchungen vornahmen; an kleinen Dorfgefängnissen dienten sie auch als Vollstreckungsbeamte. An größeren Orten gab es dafür die überall verachteten und gehaßten Gefängniswärter, über die man sich in boshafter Weise lustig machte. Eine besondere Klasse der unteren städtischen Beamten bildeten die Herolde, die auf einem Stein der Agora erhöht standen und die öffentlichen Ankündigungen ausriefen; große Städte wie Rhodos wählten sie sorgfältig aus; in Olympia hatten sie Gelegenheit, sich im Wettkampf mit Trompetern zu messen.

Über Ausbildung und Arbeitsstätten der hellenistischen Verwaltungsbeamten ist einiges bekannt. In Ägypten und im Seleukidenreich gab es Beamtenschulen; die Kanzleien hatten einen ungeheuren Papyrusverbrauch, soweit sie nicht auf Tontafeln schrieben, ihr Personal an Schreibern, Rechnern und Schönschreiberinnen war ebenso groß und ebenso gut geschult wie das der Privatkontore. Wieder war man bereit, von den älteren Kanzleien Ägyptens und Babyloniens zu lernen. Auch relativ unwichtige Dinge wurden schriftlich festgelegt, Kopien wurden hergestellt, die Akribie der Abrechnungen und Inventare war einwandfrei, die Amtstagebücher wurden musterhaft geführt. Voraussetzung war freilich eine so gute Ausbildung, wie sie die Verwaltungsschule in Memphis bot, die mit ihren Schülern unermüdlich das Abfassen und Abschreiben amtlicher Briefe übte.

Das Ansehen aller Beamten, der alten Wahl- und der neuen Berufsbeamten, der höheren und der unteren, hing davon ab, ob man in ihnen die Hüter und Wahrer des Gesetzes sehen konnte. Als Athen in der Alexanderzeit das Amt der Nomophylakes als einer Kontrollbehörde zur Einhaltung der Gesetze erneuerte und seinen Trägern eine besondere Amtskleidung und Ehrensitze bei der Volksversammlung gewährte, wurde das öffentlich dokumentiert. Seit dem vierten und besonders im dritten Jahrhundert gibt es viele Ehreninschriften, aus denen ein ehrlicher Dank gegenüber Beamten spricht, die ihr Amt gerecht und sauber verwalteten, die Wohltäter derer wurden, mit denen sie es zu tun hatten, die ihre Vollmachten nie mißbraucht und die Gesetze über ihr eigenes Wohl gestellt hätten. Ehreninschriften dieser Art lassen sich zuweilen durch mehrere Generationen einer Familie nachweisen. Man rühmte solchen guten Beamten nach, daß sie ihren Königen ebenso treu dienten, wie den ihnen anvertrauten Städten, sie sind „wie ein leuchtender Stern und ein guter Dämon für die ohne Hoffnung". Daß es auch bestechliche und korrupte Beamte gab, und zwar in allen Schichten, versteht sich von selbst.

h) Soldaten

Während der dreihundert Jahre der hellenistischen Geschichte gab es kaum ein Jahrzehnt, in dem nicht, oft an mehreren Stellen der Welt gleichzeitig, ein Krieg tobte. Eine Charakterisierung des Soldaten gehört daher notwendig zu einer Gesamtschau der hellenistischen Alltagssituation.

Die Differenzierung der Kriege nach Motiven und die Art der Kriegführung fällt zuerst ins Auge. Am Anfang der Epoche standen die ritterlichen Kriege, die große hellenistische Persönlichkeiten gegeneinander ausfochten, entweder um die Macht zu gewinnen oder auch nur aus Freude am Wagnis oder in Erinnerung an die großen Zeiten des Alexanderzuges. Dann, bei den Nachfolgern der ersten Generation und zwischen den unruhigen griechischen Bünden, Städten und Inseln ging der Kampf um Land, um Wirtschaftsräume, um eine mehr oder weniger eingebildete Freiheit und Autonomie. In der letzten Periode endlich wurde der Kampf für oder gegen den imperialistischen Eroberer aus dem Westen geführt. Jeder dieser verschiedenen Kriegstypen prägte seine Eigenart dem einzelnen Soldaten, den Heeren und der mit dem Soldatentum verbundenen Lebenssphäre auf. Es war ein Unterschied, ob man den Krieg als Mittel zum Zweck, als Selbstzweck, als den Weg letzter Verzweiflung, als eine Art Kunst oder als wissenschaftliches Versuchsfeld betrachtete – alle diese Spielarten weist der Hellenismus auf. Auf kaum einem anderen Sektor, außer vielleicht auf dem der Seefahrt, sind dabei so viele Änderungen gegenüber den vorhellenistischen Jahrhunderten eingetreten.

Die wachsende Bedeutung des Soldaten geht schon aus der Größe der Heere hervor. Einige Zahlenbeispiele mögen genügen. Sie sind ein erster Hinweis darauf, wie groß die organisatorischen Leistungen waren, die ein Heer erforderte.

Das erste hellenistische Heer, das bereits die drei verschiedenen Heeresgattungen zu einer Armee zusammenfaßte und fast alle wesentlichen Merkmale der späteren Heere zeigt, das Heer Philipps II., bestand aus 43000 Infanteristen und 5500 Reitern. Das Heer Alexanders schätzen die zuverlässigen Quellen am Anfang auf 30000 Infanteristen, bei den Reitern schwanken sie zwischen 4000 und 5000. Die Riesenheere entstanden also erst unter den Diadochen. Antigonos besaß im Jahre 306 bereits 90000 Mann, Demetrios Poliorketes brauchte zur Belagerung von Rhodos 40000, auf dem Schlachtfeld von Ipsos kämpften 154000 Mann. In den folgenden Jahrzehnten waren die Heere kaum kleiner. Antiochos III. zog mit 55000 Mann nach Raphia und mit 20000 bis 30000 Mann gegen Molon, die Ptolemaier brachten nach der Zwangsaushebung von Ägyptern 80000 bis 90000 Mann auf. Im Vergleich dazu waren die Heere der Städte minimal, daher ergab sich die Notwendigkeit, Bundesgenossen zu finden. Athen hatte im Lamischen Krieg nur 5000 Bürgerinfanteristen, 500 Reiter und 2000 Söldner.

Ein wesentliches Merkmal aller Armeen war, daß in ihnen alle Altersklassen dienten und kämpften. Die lange Dienstpflicht in den Bürgerheeren – im allgemeinen vom 16. oder 18. bis zum 60. Lebensjahr – und das Interesse der Berufssoldaten, möglichst lange im Dienst zu bleiben, dazu die Unentbehrlichkeit der in langen Jahren ausgebildeten Spezialisten bewirkte, daß Jünglinge neben sechzig-, ja siebzigjährigen Männern kämpften, wir wissen sogar von hellenistischen Offizieren, die noch mit achtzig Jahren Attacke ritten.

Der Hellenismus kannte drei Typen von Heeren, die in den großen Armeen, aber auch in kleinen oft nebeneinander anzutreffen waren: das Bürgerheer, das Heer der Berufssoldaten oder Söldner und das Heer der Zwangsausgehobenen, das sich meist aus Eingeborenen oder ‚Bundesgenossen' zusammensetzte.

Auch als die Städte reich und bequem geworden waren, als sie lieber den Krieg von anderen als von den eigenen Bürgern führen lassen wollten, konnten sie doch nie ganz auf ein Bürgerheer verzichten. Wo eine alte Tradition vorhanden war, wie in Athen, war es selbstverständlich, daß die gesamte freie Jungmannschaft den zweijährigen Wehrdienst, davon das zweite Jahr auf den Festungen, ableistete. Für die übrigen Bürger bestand seit dem Lamischen Krieg die allgemeine Wehrpflicht nur de iure; de facto gab es für die Vermögenden viele Wege, dem Dienst zu entgehen. *Kromayer* hat ganz richtig gesehen, daß der Grieche nie im eigentlichen Sinne militärisch war, und der hellenistische Grieche war es am allerwenigsten. Den Königen konnte eine solche Entwicklung in den Städten nur recht sein. Immerhin, seit Isokrates hielt man doch für die ärmeren und arbeitslosen Bürger den Dienst in der Bürgerwehr nicht nur für die ehrenvollste, sondern auch für die sozial nützlichste Beschäftigung. Zum großen Teil waren die Heere der Städtebünde bis zum Ende Armeen freier Bürger. Das Aufgebot wurde je nach Bundesbeschluß und Notwendigkeit ganz oder teilweise für kurze oder längere Zeit zu den Waffen gerufen.

Ausschlaggebend blieb das Bürgerheer in Makedonien. Die Antigoniden haben die militärische Tradition Philipps und Alexanders am reinsten bewahrt. Für Antigonos I. und seinen Sohn war es selbstverständlich, daß kein Soldat früher nach Hause gehen durfte als alle anderen. Das Bauern- und Reiterheer freier Makedonen mit der Heeresversammlung aller waffenfähigen Makedonen blieb bestehen, solange der makedonische Staat bestand. Die Ilen der Hetairenreiter, unter denen die königliche Ile die vornehmste war, und die Taxeis der nach Landschaften gegliederten Bauerninfanterie gewährleisteten dem Land und dem König einen besseren Schutz als alle spezialisierten Berufsheere. Die Heeresversammlung dieses Heeres war befugt, über Leben und Tod zu entscheiden und den König zu wählen oder durch Akklamation in seiner Erbfolge zu bestätigen; *Granier* hat mit Recht gesagt, daß erst durch dieses Heer ein makedonisches Volk geschaffen wurde, das nie eine Volksversammlung gehabt und sie auch nie gebraucht hat. Erst Philipp V. brauchte für seine großen Unternehmungen mehr Söldner.

Allmählich vollzog sich die Umwandlung des alten Söldnertums in Truppen von Berufssoldaten. Gründe dafür gab es genug. Zunächst lockte es die Jungen, aus der griechischen Enge ‚nach Asien zum König als Soldat zu gehen'. Die ausführliche Prosopographie hellenistischer Söldner ist ein Spiegelbild der weltweiten Streuung griechischer und nichtgriechischer Berufssoldaten. Man wollte die Welt, fremde Länder und fremde Menschen sehen, und als Soldat hatte man die beste Möglichkeit dazu. Dazu kam, daß der Beruf des Soldaten krisenfest war; unter den obwaltenden Umständen war es kaum denkbar, daß ein Soldat arbeitslos werden konnte. Die Nachfrage war groß. Die Städte und die Städtebünde brauchten Soldaten, nur hatten sie oft nicht genügend Geld, so daß die Finanzierung von Söldnern zu einer Leiturgie werden mußte. So schuf Arat im achaischen Bund ein stehendes Heer, das außer 3000 Bürgersoldaten 8000 Söldner und 500 Söldnerreiter umfaßte (217); fünfzig Jahre später mußte der Bund diese Söldner aber durch freigelassene Sklaven ersetzen, weil er sie nicht mehr bezahlen konnte. Besonders gern ging man im Frühhellenismus zu den Ptolemaiern; unter den Seleukiden warb noch Antiochos III. in den griechischen Städten, bis es ihm die Römer nach seiner Niederlage verboten. Die Pergamener warben hauptsächlich in Kreta. Im Westen waren außer in Karthago Söldner in Syrakus begehrt; Agathokles verließ sich in vielen seiner Kriege auf sie. Bereits Alexander hatte ein altes, vielleicht schon von seinem Vater angeworbenes Söldnerkontingent, das allmählich ausschied, und im Verlaufe des Feldzugs wiederholt neu angeworbene griechische Infanteristen und Reiter.

Die Anwerbung erfolgte vielfach wie in früheren Zeiten durch Werbeoffiziere, die teils an alten Werbeorten wie Tainaron, teils überall da warben, wo Aussicht auf Erfolg vorhanden war. Sie hatten viel Geld bei sich; so soll Antigonos I. den Werbeoffizier Aristodemos mit tausend Talenten in die Peloponnes gesandt haben. Zuweilen suchten die Könige einander zu überbieten, zuweilen trachteten sie danach, Werber der Gegenseite mit Gewalt unschädlich zu machen. Am bekanntesten ist das Vorgehen des Eumenes von Kardia; zuerst sammelte er nur ein paar herumstreifende Söldner in Kappadokien auf, dann, als er zu Geld gekommen war, sandte er Werbeoffiziere nach allen Seiten, die ihm etwa 30000 Mann anwerben konnten. Oft übernahm man Söldner verstorbener Feldherren, wie etwa Thibron die 6000 Mann des Harpalos; man stellte auch Gefangene als Soldaten in die eigenen Heere ein, hatte aber nicht immer Glück mit ihnen. Oft kam es vor, daß dem alten Befehlshaber das Geld ausging, dann liefen die Söldner ohne Hemmungen zum Gegner über. Damit wurde auch der abgelegte Eid ungültig. Eine solche Eidesformel ist im Vertrag Eumenes' I. mit seinen Söldnern erhalten, ihre wichtigsten Sätze lauten: „. . . Ich werde nie von Eumenes abfallen, nie gegen ihn kämpfen, . . . sondern für ihn und seine Sache kämpfen auf Leben und Tod . . . Ich werde ihn auch vor jeder Nachstellung warnen . . . Wenn er mir eine Stadt, ein Kastell, ein Schiff, Geld oder etwas anderes übergibt, will ich es getreulich verwalten und auf Befehl zurückgeben. Ich werde von den Feinden kein Schreiben und keine Gesandten annehmen noch solche schicken. Sollte mir ein solcher Brief gebracht werden, werde ich ihn uneröffnet so schnell wie möglich (an Eumenes) senden." Eumenes schwört seinerseits, daß er stets den Soldaten Treue halten werde.

Die Höhe des Soldes variierte außerordentlich. Es kam darauf an, ob der Soldat außer Sold und Verpflegungsgeld noch eine Getreidezuteilung oder Preisverbilligung auf den Märkten, Quartiergeld, Handgeld, Kleidergeld bekam. Wichtig war, ob im voraus, ob monatlich, ob nachträglich bezahlt wurde, wichtig, ob im Jahre, wie meist üblich, für zehn Monate oder nur für neun gezahlt wurde. Die ausführlichen und genauen Listen *Launeys, Kro-*

mayers, Griffiths, Ducreys und anderer ermöglichen – in gekürzter Wiedergabe – etwa folgendes Bild hinsichtlich Sold und Löhnung: Überall waren die Zahlungen abgestuft für Reiter, Schwerbewaffnete, Peltasten und Hilfstruppen wie Bogenschützen und Schleuderer. Am meisten zahlten die ersten Diadochen; Ptolemaios I. gab jedem Soldaten, der von Antigonos zu ihm überlief, zwei Minen und jedem Offizier ein Talent; Theokrit empfahl dem Liebeskranken, der zur See gehen wollte, lieber zu Ptolemaios zu gehen, der zahle gut. Antigonos seinerseits verteilte das ganze Gold, das von Kilikien nach Makedonien überführt werden sollte, an seine Soldaten, und Eumenes von Kardia den Schatz von Kylinda. Von der nächsten Generation ab wechselten die Kurse aber sehr. In Ägypten machten sich die Finanzkrisen bemerkbar, denn unter Philadelphos erhielt der Soldat im Durchschnitt täglich zwanzig Obolen, unter Euergetes I. nur noch vier, im Jahre 245 vierzehn, im Jahre 239 sechzig und im Jahre 223 wieder nur vier. Allerdings konnte, besonders in den späteren Zeiten, der Soldat einen Landkleros bekommen, und zwar der gewöhnliche Soldat einen Kleros von 30, der Offizier von 80 bis 100, der Reiter von 70 bis 100 und der ägyptische Machimos von 5 bis 36 Aruren. Die griechischen Städte und Bünde zahlten, was sie jeweils konnten, aber es ging ihnen oft so, wie *Parke* es von Athen sagt: „Athens has wasted her resources on mercenary warfare without any adequate return." Infolge des Eumenesvertrages mit den Söldnern und des Attalosvertrages mit der kretischen Stadt Malla sind die Pergamener Verhältnisse gut bekannt; hier gab es wohl – die Stelle ist allerdings umstritten – eine gewisse Altersversorgung für den Veteranen und eine Reihe von Privilegien, allerdings erst, nachdem die Soldaten gemeutert hatten. Man kann wohl für alle Gebiete einen Sold von sechs bis acht Obolen am Tag annehmen. Das war eine gute Bezahlung und übertraf den Tageslohn etwa eines Stadtschreibers – vorausgesetzt, daß man einen zahlungskräftigen Soldherrn fand. Zulagen, z.B. für Schiffstransporte, wurden vertraglich geregelt. Es bestand auch die Möglichkeit, besondere Besoldung zu erhalten, vor allem im Dienst der Städte. Man konnte das Bürgerrecht erlangen – so verlieh Athen einem Söldner des Demetrios Poliorketes das Bürgerrecht, weil er für die Freiheit der Stadt gekämpft und seine Kameraden zum Kampf angespornt hatte. Kleomenes machte Perioiken-Soldaten zu Spartiaten.

Ihre militärische Bedeutung erlangten die Söldner und Berufssoldaten als Spezialisten und als Leichtbewaffnete. In der Phalanx zog man Bürgersoldaten vor, wenn man sie hatte, aber als Spezialisten konnte selbst Alexander Söldner nicht entbehren. Söldner brauchte man weiterhin zur Besetzung eroberter Städte, für die bei Eroberern wie Philipp V. das Bürgerheer bei weitem nicht ausreichte. Sehr nützlich waren sie im Aufklärungsdienst und bei allen Truppengattungen, die besondere Fertigkeiten oder ein längeres Training verlangten.

Das Ethos des Berufssoldaten und das Urteil über ihn war, besonders im Frühhellenismus, vielfach positiv: Er war diszipliniert und tapfer. Griechische Söldner hatten einen strengen Korpsgeist, sonderten sich daher auch von anderen ab. Die Städte sahen sie gern in ihren Mauern, weil sie ihnen das Gefühl des Schutzes gaben. Bis zur Mitte des dritten Jahrhunderts verhielten sie sich auch anständig in der Kriegführung. Man hat es schon im Altertum hervorgehoben, daß von den Söldnern des Demetrios Poliorketes in Ephesos keiner die Tempelschätze auch nur angerührt hatte, obwohl die Truppe in großer Geldverlegenheit war. Menander zeichnet nach dem Leben neben schlechten, prahlerischen und feigen Soldaten auch manchen edlen, treuen und innerlich reifen Söldner, der charakterlich dem Zivilisten überlegen ist. Nur in einem Punkt war das Söldnerwesen gefährlich: es lag den Berufssoldaten daran, daß die Kriege nicht aufhörten. Die großen Truppenmassen mußten beschäftigt werden, und so waren sie denn auch eine der Ursachen dafür, warum die Welt des Hellenismus nie Frieden bekam.

Das System der Zwangsaushebung sowohl im eigenen Land wie in eroberten Gebieten, bei Landsleuten und bei fremder Bevölkerung hatte man von den Persern gelernt; es findet sich als Rekrutierungssystem bei Mithradates Eupator: er schloß mit südrussischen Stämmen Verträge, die ihm in ihren Gebieten Aushebungen gestatteten. Ähnlich verfuhren die Könige der stark iranisierten Länder Kappadokien und Bithynien. Der bekannteste Fall jedoch war die Zwangsrekrutierung der Ägypter vor der Schlacht bei Raphia.

Kulturgeschichtlich von höchster Bedeutung war es, daß in den hellenistischen Heeren Griechen untereinander und Griechen mit Nichtgriechen sich mischten. Mag das militärisch oft von Nachteil gewesen sein, für die Ausbreitung griechischer Kultur und Sprache war es nur von Vorteil.

Die *Launeysche* Prosopographie nennt Soldaten aus allen Teilen Griechenlands, von den Inseln, besonders Kreta, aus Makedonien, aus den Städten und dem Hinterland des Schwarzen Meeres, aus der griechischen und nichtgriechischen Bevölkerung Asiens, Galater, Syrer, Phoiniker, Juden, Idumäer, Iranier, Babylonier, Inder, Ägypter, Libyer und viele andere. Ihre Streuung war ungeheuer: Korinther standen in der Thebais, Athener in Krokodilopolis, Akarnanen bei den Elefantenjägern, Kreter überall, wo in der Welt gekämpft wurde. Schon Alexander hatte, als die Zahl der Makedonen und Griechen bei den Truppen durch Verluste, Krankheit, Heimweh und andere Ursachen immer mehr abnahm, Nichtgriechen makedonisch bewaffnen und in das Heer auf verschiedene Weise eingliedern müssen. Das machte bei seinen Nachfolgern Schule.

Aber man darf das auch nicht überbewerten. Bis zur römischen Eroberung, einigen Berichten zufolge sogar darüber hinaus, bildeten noch immer Makedonen und Griechen vom Festland oder den Inseln den Kern der Heere. Bei Pydna bestand die Armee des Perseus noch zu zwei Dritteln aus Makedonen, selbst unter den ganz anders gelagerten Verhältnissen von Raphia zählte das ptolemaische Heer noch etwa ein Drittel Makedonen und Griechen. Im seleukidischen Machtbereich kämpfte Molon mit Griechen und Makedonen aus den Ostgebieten, und Antiochos III. hatte wenigstens zeitweise 10000 makedonische Silberschildner und eine griechisch-makedonische Phalanx von etwa 20000 Mann. Auch Antiochos IV. hatte noch 20000 Makedonen und 3000 Reiter aus griechischen Städten. Griechen kämpften für die pontischen Städte und Krimgriechen für Mithradates Eupator. Eingeborene oder angeworbene Griechen waren von Agathokles bis Hieron die Hauptstützen des syrakusanischen Reiches; in Karthago dienten Griechen seit der Mitte des vierten Jahrhunderts. Von griechischen Berufssoldaten genossen in allen Armeen die Arkader den besten Ruf, aber die Kreter waren am zahlreichsten. ‚Kreter' wurde schließlich der Terminus für ‚Bogenschütze' schlechthin. Alexander hatte eine kleine Truppe von kretischen Schützen bei seinem Auszug mitgenommen, Pergamon und Rhodos sicherten sich vertraglich kretische Söldner, Sparta setzte sie im Chremonideischen Krieg und unter Nabis ein, Milet vertraute sich ihrem Schutz an. Für Agathokles kämpften sie in seinem Afrikaunternehmen. Bei Magnesia kämpften sie zum letzten Mal in größerer Zahl auf griechischer Seite, dann wurden sie mehr und mehr in die römischen Heere gezwungen, nachdem bereits Hieron von Syrakus den Römern fünfhundert Kreter ‚geliefert' hatte.

Von den zahlreichen Nichtgriechen, die entweder als Zwangsausgehobene oder als Söldner in den hellenistischen Heeren dienten, hatten die Illyrier einen guten Ruf als Reiter. Eine kleine Abteilung folgte Alexander nach Asien, unter Antigonos Doson bildeten sie schon einen wesentlichen Teil des makedonischen Heeres, und Philipp V. erhielt von Demetrios von Pharos mehrere tausend illyrische Soldaten. Lysimachos verfügte über thrakische Reiter in großer Zahl, thrakische Speerwerfer fanden sich neben den Reitern in den makedonischen Heeren bis hin zu Perseus; über das ptolemaische Kolonialgebiet in Thrakien kamen Thraker in die ägyptischen Armeen. Auch im Heer Antiochos' III. und IV. fehlten sie nicht, Prusias von Bithynien besaß eine Leibwache von fünfhundert Thrakern. Sie galten im allgemeinen als zuverlässig und gut brauchbar, mit den Kelten, die die billigsten Soldaten waren, war es viel schwieriger. Ihr Barbarentum äußerte sich darin, daß sie als Söldner des Pyrrhos die Leichen der makedonischen Königsgräber in Edessa plünderten, ihre Unzuverlässigkeit bewiesen sie durch viele Verrätereien. Ptolemaios Philadelphos mußte seine unbotmäßigen keltischen Söldner sogar in einer regelrechten Schlacht und Blockade vernichten (274). Aber man konnte oder wollte nicht mehr ohne sie auskommen; Antigonos Gonatas nahm neuntausend keltische Gefangene in sein eigenes Heer auf, Antiochos III. hatte gallograekische Reiter, Antiochos IV. etwa fünftausend Kelten; Attalos I. setzte Kelten gegen Achaios ein, und auch die bithynischen Herrscher bedienten sich ihrer. Eine naturalistische Myrina-Terrakotte zeigt einen solchen keltischen Krieger, der in der Schlacht von einem Elefanten zertrampelt wird.

Alexander ergänzte die griechisch-makedonischen Truppen durch Iranier in allen Truppengattungen: Reiter, Bogenschützen und Speerwerfer, Infanterie. Auf Alexander selbst geht die Bildung ‚gemischter' Rotten zurück, die den makedonischen Lochos von sechzehn Gliedern aufteilte in einen makedonischen Rottenführer, einen makedonischen Doppelsöldner, einen makedonischen Zehnstaterensöldner, zwölf persische Söldner und als Schließenden einen weiteren makedonischen Zehnstaterenmann. Nach Alexanders Tod müssen sich diese iranischen Kontingente unter die Diadochen aufgeteilt haben, relativ viele waren Ptolemaios nach Ägypten gefolgt, wo sie die große persische Epigone bildeten. Andere gingen zu Antigonos und seinem Sohn, der über mindestens fünfhundert persische Bogenschützen und Schleuderer verfügte. Nur den Seleukiden gelang es nicht, sie für sich zu gewinnen: bei dem Zug Antiochos' III. wurde deutlich, daß sich die Iranier mit den graekobaktrischen und graeko-indischen Herrschern verbündeten, mit ihnen gemeinsam bildeten sie auch eine Front gegen die Nomadenvölker. Daher gab es iranische Reiter im Dienst der Euthydemiden.

An die ägyptischen Machimoi braucht nicht erinnert zu werden – zu ihnen gesellten sich noch etwa dreitausend eingeborene Libyer im ptolemaischen Heere seit der Zeit Ptolemaios' V. –, ebenso wenig an die große Zahl jüdischer Soldaten in ptolemaischen Diensten; unter ihnen befanden sich reiche Kavallerieoffiziere und Inhaber höchster Kommandostellen wie die Söhne des Hohenpriesters Onias, Chelkias und Ananias, die Vertrauten der dritten Kleopatra.

Allmählich, aber grundlegend veränderte sich der Typ des *Offiziers*. Der Condottiere des fünften und vierten Jahrhunderts, der auf eigene Rechnung Soldaten geworben hatte und sich dem zur Verfügung stellte, der ihn gerade brauchte, verschwand nach und nach. Im Frühhellenismus kam er noch hier und da vor, und in dem exilierten Kleomenes, der Soldaten nach Ägypten brachte, hatte er eine Art Nachfahren. Aber die Könige suchten sich dieser allzu anspruchsvollen, allzu selbständigen und oft gefährlichen Offiziere zu entledigen und nur ihre Soldaten und Unterführer zu behalten. Als erster ließ Kassandros seinen bedeutenden Söldneroffizier Nikanor, der für ihn die athenischen Häfen erobert hatte, hinrichten, weil er zu mächtig geworden war.

Der Offizier trat hinter dem Herrscher zurück. Das bekannte Wort des Aischines: „Früher ehrte man den Demos, nicht den Strategen", kann man für den Hellenismus umwandeln: „Früher ehrte man den Strategen, nicht den König." Das hatte seine volle Berechtigung, wenn der König „ein guter Feldherr und großer König" zugleich war, doch kam, wie Nepos in diesem Zusammenhang bemerkt, das auch im Hellenismus selten vor, obwohl er diese Identität der Fähigkeiten sowohl Antigonos und seinem Sohn, als auch Lysimachos, Seleukos I. und Ptolemaios I. zuspricht.

Die verschiedenen Rangbezeichnungen und häufig wechselnden Rangordnungen, der Bedeutungswandel in der Terminologie, die lokalen Unterschiede sind im einzelnen in jedem Handbuch der antiken Militärwissenschaft zu finden. Wesentlich ist, daß in den ersten beiden hellenistischen Jahrhunderten die Offiziere fast ausschließlich Makedonen, Griechen und in einigen Fällen Iranier waren; im letzten Jahrhundert änderte sich das; eine Ausnahme in dieser Hinsicht bildeten das Heer des Mithradates und vielleicht noch einige kleinere Heere. Alle Offiziersstellen besetzte der König, es gab nirgends eine Offizierslaufbahn. Doch wird eine Beförderung in eine höhere Klasse wohl häufiger gewesen sein, als wir wissen. Noch immer erhielten sich die älteren griechisch-makedonischen Rangfolgen: Myriarchen, Chiliarchen, Taxiarchen, Lochagen, Dodekadarchen, Hexadarchen; für die großen Armeen reichten sie nicht mehr aus, dort wurden sie komplizierter, wie etwa im Ptolemaierheer: hier standen unter dem Strategen die Hekatontarchen, die Pentakontarchen und bei den Reitertruppen die Hipparchen, Ilarchen, Lochagen, Dekaniken. Wichtiger als diese formalen Kategorien war die innere Struktur des neuen Offizierskorps.

Zwei Elemente waren entscheidend: die enge Bindung der höchsten Ränge an die gesamte Truppe und die Bindung an den König. Die erstere wurde etwa seit Philipp II. durch die landschaftliche Rekrutierung der sechs Phalangen erreicht, deren sechs Kommandeure aus der gleichen Landschaft stammten, aus der die Truppe sich rekrutierte: Koinos aus Elimeia, Perdikkas aus Orestis und Lynkestis, Meleagros aus Pelagonia, Polyperchon aus Tymphaia, Amyntas aus Paionien und Krateros aus Eordaia. Alexander hat mit den ‚Somatophylakes' einen neuen höheren Offizierstyp geschaffen, einen großen

Generalstab, der nur dem König allein verantwortlich war. Bei der Ernennung spielte die Herkunft aus bestimmten Landschaften, die sich übrigens auch bei den Kommandeuren der Phalangen nicht beibehalten ließ, wie der spätere Wechsel zeigt, keinerlei Rolle. Hier ging es vielmehr um eine echte Offiziersauslese der Treuesten, charakterlich Geeignetsten und militärisch Tüchtigsten. Daß nicht viele Herrscher der hellenistischen Zeit die Fähigkeit besaßen, auf diese Weise eine Auslese zu treffen, versteht sich von selbst. Schließlich darf aber auch die Bedeutung der Familientradition bei den höheren Chargen nicht übersehen werden; wir kennen eine Reihe alter Offiziersfamilien wie etwa die des Larichos: der Großvater diente am Hof Philipps II., der Enkel befreite Priene von der Besetzung durch Ptolemaios II.

Bei den Städten und Bünden änderte sich wenig, sie hatten auch weiterhin ihre Strategen, Polemarchen und Hipparchen, sowie die Taxiarchen als Kommandeure der Hoplitenregimenter, wenn die Stadt solche besaß; eine Inschrift in Athen dankt 302/1 einem Taxiarchen für die Bewährung im Kampf gegen Kassandros, und eine andere 271/0 allen Kommandeuren der Hopliten, von denen jeder in seiner Phyle die militärische Bereitschaft und Ausrüstung zu seiner Hauptsorge gemacht hatte. Erythrai ehrte im Jahre 274 seine städtischen Kommandeure, weil sie für die Befestigung und Bewaffnung trefflich gesorgt und die Stadt in der Zeit der ptolemaischen Invasion gerettet, ja sogar die Söldner aus eigenen Mitteln bezahlt hatten.

Von vielen höheren Offizieren wurde mehr als militärisches Können erwartet, vor allem wenn sie als Militärgouverneure in besetzte Städte beordert wurden oder Aufgaben der Zivilverwaltung zu übernehmen hatten. Sowohl die makedonischen Gouverneure in Athen, Salamis, Eleusis, Megara, Korinth, als auch die ptolemaischen auf Samothrake, Thera, Kypros oder die rhodischen in der Peraia haben ihre Pflicht mit viel Takt und Geschick erfüllt, und die besetzten Gebiete haben ihnen sehr herzlich gedankt, zumal dann, wenn die Besatzungsmacht einheimische Offiziere beauftragte wie in Athen.

Der höchste Offizier der aktiven Kampftruppe war der Chiliarch, der 64 Rotten, also 1024 Mann, kommandierte; Nearchos war eine Zeitlang Chiliarch der griechischen Söldner Alexanders gewesen; ihnen unterstanden die Taxiarchen als Führer von 8 Rotten, also 128 Mann. Wenigstens galt diese Ordnung in der makedonischen und ptolemaischen Armee. Mit der wachsenden Bedeutung des Festungskrieges wuchs das Ansehen der Festungskommandanten; eine Quelle der Verärgerung war, daß Reiteroffiziere vor den Infanterieoffizieren rangierten. Nur in seltenen Ausnahmefällen übernahm auch einmal eine Frau ein höheres Kommando, etwa die Frau Polyperchons, Kratesipolis, die Sikyon eroberte (314) und die Ermordung ihres Mannes blutig rächte. Entscheidend war zu allen Zeiten, ob der Kommandeur gute Unterführer besaß; Antigonos und Ptolemaios verdankten gerade ihnen einen Teil ihrer Erfolge, Kassandros dagegen einen Teil seiner Niederlagen.

Für die Ausbildung der Offiziere stellte Polybios drei Forderungen auf: die Lektüre von Erinnerungen und Lebensbeschreibungen, das Studium militärischer Fachliteratur und gründliche Erfahrungen im Felde. Söhne höherer Offiziere, dem Beispiel der Könige folgend, mußten wohl schon in jungen Jahren ins Lager; Pyrrhos nahm seine Söhne ins Feld mit, Demetrios Poliorketes und Philipp V. kamen nicht nur als Knaben in den Krieg, sondern erhielten schon früh Kommandostellen, natürlich unter Aufsicht erfahrener Offiziere. Besonderen Offiziersunterricht im Frieden erteilte der Kommandant der königlichen Leibgarde und Oberbefehlshaber der in Alexandreia liegenden Truppen. Die eigentliche Ausbildungsstätte auch für den Offiziersnachwuchs blieb jedoch selbst unter den veränderten Verhältnissen nach wie vor das Gymnasion. *Launey* hat das reiche Material dafür zusammengestellt: höchste Offiziere waren häufig Gymnasiarchen, Offiziere und Soldaten stifteten und unterhielten Gymnasien; wenigstens im Ptolemaierreich waren die Epheben Offiziersanwärter und griechische Offiziere erteilten am Gymnasion Unterricht.

Die hellenistischen Offiziere waren von einem ungewöhnlich hohen Ethos erfüllt, dafür gibt es genügend einwandfreie Zeugnisse. Wie Alexander seine Kameraden bis zum letzten Mann als seine „Kinder, Eltern und Verwandten" betrachtet hatte, so traten die höheren Offiziere auch gegenüber den Königen für die Wohlfahrt ihrer Soldaten ein, und Eumenes mußte sich fügen, wenn sie von ihm Privilegien für alle Verwundeten und Veteranen forderten. Antigonos machte man es zum Vorwurf, daß er zu viel von seinen Soldaten verlangte, denn ein wahrer Kommandeur sei nie zu streng. Unbedingte Vertragstreue war selbstverständlich, solange auch der Partner sie hielt, dagegen herrschte kein sklavischer Befehlszwang: Philopoimen griff gegen den Befehl auf eigene Verantwortung zur rechten Zeit an. Von der Idee der Freiheit mußte der Offizier tief durchdrungen sein; das schöne Wort: „Nichts gibt es für griechische Menschen größeres als die Freiheit" steht in einer hellenistischen Offiziersehrung. Tapferkeit und Opferbereitschaft rühmt Polybios auch bei vielen Offizieren seiner Gegner; eins der schönsten Beispiele ist der General Pythagoras des Nabis, der die Römer aus Sparta vertrieb. Wohl lenkten die Feldherren die großen Schlachten meist von einer Stelle hinter der Front aus, oft genug aber stürzten sie sich in gefährlichen Situationen selbst in das Kampfgetümmel oder eröffneten den entscheidenden Angriff. Mut zum Risiko und zu rascher Entscheidung wurde ebenso gefordert wie Kühle, Vorsicht und überlegene Ruhe. Bis ans Ende des dritten Jahrhunderts war eine anständige und lautere Kriegführung Prinzip; das Ethos ging so weit, daß manche Feldherren nächtliche Angriffe und Überfälle als unehrenhaft ablehnten. Vor allem waren in den ersten Jahrzehnten des Hellenismus Könige und höhere Truppenführer bereit, mit ihren Leuten zu sterben, später wurde das seltener. Im Jahre 293 fordert ein Grabgedicht die Jungmannschaft auf, sich den Reiterführer Eugnotos zum Beispiel zu nehmen, der mit dem kleinen Reiterkontingent seiner Heimatstadt Akraiphia acht- bis zehnmal erfolglos gegen die überlegene Macht des Demetrios Poliorketes vorgestoßen war und sich dann, „wie es die Art tapferer Offiziere ist", in sein eigenes Schwert gestürzt hatte. Die Feinde hatten die Leiche, ohne sie der Rüstung zu berauben, den Seinen zur Bestattung übergeben. Das alles darf man nicht übersehen, wenn die negativen Vorkommnisse, etwa die Offiziersrevolte gegen Perdikkas, der Streit der makedonischen Offiziere um den Oberbefehl und ihr Ungehorsam gegen Eumenes oder die erbitterten Kämpfe der alten Offiziere Alexanders gegeneinander in den Darstellungen einseitig in den Vordergrund gerückt werden.

Den hohen Bildungsgrad des hellenistischen Offiziers dokumentiert für uns am besten Polybios, aber er ist nicht der einzige; mit Ptolemaios I. beginnt die lange Reihe Geschichte schreibender gebildeter Offiziere.

Viel schwerer ist es, ein Gesamtbild von den *Mannschaften* zu gewinnen. Zwar war auch in den Massenheeren kein Soldat völlig anonym, denn jeder trug – jedenfalls in den geordneten makedonisch-griechischen Kontingenten – ein Täfelchen mit seinem Namen um den rechten Arm gebunden, damit, wenn er fiel, seine Leiche identifiziert werden konnte, von den Tausenden von Soldaten jedoch, deren Namen allein die ptolemaische Prosopographie enthält, bleiben die meisten für uns farblos. Die Urteile über sie gehen weit auseinander, und die Unterschiede zwischen den Soldaten der Diadochenzeit, des Hochhellenismus und des Späthellenismus waren groß.

Die oft betonte, von *Tarn* und *Kiechle* mit Beispielen illustrierte Anständigkeit der Kriegführung vor dem römischen Eindringen war nicht allein das Verdienst der Offiziere, sondern auch der Disziplin des hellenistischen Soldaten. Im Vergleich zu der wesentlich grausameren Kriegführung des Peloponnesischen Krieges und der Kriege des beginnenden vierten Jahrhunderts wurde die früh- und hochhellenistische Kriegführung viel humaner. Zwei Hauptgründe mögen die Ursache dafür gewesen sein: Den makedonischen Bauern und dem Reiteradel waren Grausamkeit, unnütze Zerstörungen, zuchtloses Verhalten gegen Gefangene, Frauen, Kinder und Greise wesensfremd. Dazu kam der seit der Sokratik tiefer gehende Einfluß der humanen Ethik der Philosophie, die unter den Soldaten Anhänger gewann, zumal da diese Humanität sowohl durch die Stoa wie durch Epikur neue Impulse bekam. Das Resultat war wohltuend für die Welt. Bis in die Mitte des dritten Jahrhunderts wurden Gefangene in der Regel menschlich behandelt, weder verkauft noch getötet, weder durch schwere Zwangsarbeit zugrunde gerichtet noch gebrandmarkt, wie man es im perikleischen Zeitalter getan hatte, sondern ausgelöst und sogar ohne Lösegeld entlassen. Seit dem zweiten Jahrhundert wurden zwar Kriegsgefangene häufiger verkauft, aber zahlreiche Inschriften bezeugen, daß sich sehr oft Wohltäter fanden, die Gefangene oder auch von Seeräubern Geraubte mit ihrem eigenen Vermögen noch auf den Märkten frei kauften. Die Vernichtung ganzer Städte, wie sie bei den unteritalischen Griechen üblich gewesen war, wurde selbst vom einfachen Soldaten mit Abscheu betrachtet und abgelehnt. Auch den feindlichen Gefallenen gewährte man in der Regel ein ordentliches Begräbnis. *Kiechle* hat mit Recht betont, daß der Einfluß des Euripides, dessen Stücke ja überall gespielt wurden, die Menschen wahrhaft veredelt hat. Neben den genannten Ursachen hat er es bewirkt, wie *Tarn* und *Kiechle* hervorheben, daß zwischen den Jahren 335 und 223 keine griechische Stadt von Griechen oder Makedonen zerstört worden ist. Die bisherige Forschung hat *Tarns* bekannten Satz nur bestätigen können: „Macedonian warfare was distinctly more humane than either Greek (das heißt des vorhellenistischen Hellas) or Roman."

Die Zivilbevölkerung erkannte das dankbar an. Unter Antigonos Gonatas nahmen Städter bereitwillig Verwundete in ihre Häuser auf und pflegten sie; viele Inschriften danken für das gute Verhalten der Truppen in den Ortschaften; in Delphoi wurden noch im Jahre 207/6 messenische Soldaten für ihre Wohltaten und ihre Frömmigkeit geehrt.

Tapferkeit stand vor allem in Sparta und Akarnanien in hohem Kurs. In Sparta war jede Flucht verboten, und bei Sellasia ließ sich der größte Teil des spartanischen Heeres niederhauen. Für die oft gerühmte Tapferkeit der Akarnanen spricht am schönsten das Grabgedicht auf den Dichter-Soldaten Timokritos aus dem dritten Jahrhundert, das im Geiste des Tyrtaios abgefaßt ist:

> Den von den Musen geehrten Timokritos verbirgt hier,
> O Fremdling, der männerberühmte Staub in seinem Schoß.
> Denn er war gegen die Jungmannschaft der Aitoler für
> das Vaterland in den Streit gezogen,
> Der Treffliche wollte entweder siegen oder sterben.
> Er fiel unter den Vorkämpfern und hinterließ seinem Vater
> unendliches Weh.

Aber das Schöne seiner Bildung wollte er nicht verbergen:
In der Brust bewahrte er des Tyrtaios lakonisches Wort
Und wählte die Areté statt des Lebens.

Es gab freilich auch kritische Stimmen: Tapferkeit ohne die anderen Tugenden sei wenig wert und Kriegsruhm bei weitem nicht das höchste Gut. Eine bezeichnende Anekdote erzählt, Antigonos habe einen besonders tapferen Soldaten durch einen Arzt von einer Krankheit heilen lassen; nach seiner Heilung aber sei dieser Soldat feig geworden. Dem König gegenüber begründete er das damit, daß er nur seiner Leiden wegen das Leben für wertlos gehalten habe, nach seiner Heilung jedoch habe er keinen Anlaß zur Tapferkeit mehr. Ungestümer Angriffsgeist fand sich neben panikartigen Depressionen, die Gegensätzlichkeit der Gefühle bekam auch in den Heeren ein größeres Gewicht. Das hatte eine psychologische Kriegführung zur Folge: Alexander verheimlichte seinen Soldaten Niederlagen und bereitete sie in jeder Weise seelisch auf den Kampf vor; nach ihm haben viele bedeutende Heerführer diese ‚seelische Kriegführung' geübt.

Negative Züge der Soldaten des ‚guten' hellenistischen Jahrhunderts stammen meist aus der Komödie und bieten nichts Ungewöhnliches, im allgemeinen sind sie harmlos: Der Soldat renommiert und trinkt, randaliert ab und zu, läuft den Mädchen nach, läßt sich aber leicht übertölpeln. Auf der anderen Seite stellen ihn die zuweilen recht schwülstigen, oft homerisierenden Grabinschriften besser dar, als er war. Am wahrhaftigsten sind die schönen gemalten Soldatengrabsteine von Demetrias und Alexandreia.

Die große Veränderung trat, wie schon oft gesagt, seit dem Ende des dritten Jahrhunderts ein, sie machte, wie Polybios am Beispiel Philipps zeigt, auch die Guten schlecht. Ursachen dafür waren der unbegreiflich sich steigernde Haß der griechischen Städtebünde gegeneinander und gegen Makedonien und das Eingreifen der Römer; Plutarch formuliert richtig: die Römer haben die Barbarisierung der Kriege sehr weit getrieben. Erst jetzt wurden unschuldige Städte und Länder geplündert, versklavt, radikal zerstört und damit alle ethischen Hemmungen des Soldaten beseitigt. Selbst Polybios ist diesem Absinken verfallen, wenn er die Zerstörung von Mantineia, die den Auftakt bildete, entschuldigt. *Mc. Clelland Westington* wies nach, daß die Römer vor 133 in den griechischen Raum kaum bekannte Grausamkeiten einführten: Verstümmeln, Verhungernlassen, Massenverkauf von Gefangenen oder deren Hinrichtung nach Triumphzügen, Vergewaltigung von Frauen, Tempelraub.

Die *Stellung* der hellenistischen Offiziere und Soldaten *zu* ihren *Staaten* und *Herrschern* ist durch *Granier* eingehend untersucht worden. Die makedonische Heeresversammlung war von Alexander praktisch ausgeschaltet worden; sie durfte ihn nach Gaugamela zum König von Asien ausrufen und wurde einberufen, wenn die Stimmung der Truppe schlecht war, sie mußte die Alexander nicht angenehmen Kapitalprozesse gegen die Mörder seines Vaters, gegen Philotas und die aufständischen Angehörigen des Pagencorps entscheiden und behielt das Recht zu Freispruch oder Verurteilung von Hochverrätern; ein Todesurteil wurde von ihr durch Steinigung oder Speerwerfen oder Niederstoßen mit den Langspeeren vollzogen. Die Versammlung wurde vom König dann einberufen und wieder entlassen, wenn es ihm gefiel; bei allen ihren Zusammenkünften war er zugegen und saß auf einem erhöhten Bema. Nach Alexanders Tod verhinderte der Streit zwischen den Truppengattungen ein einheitliches Handeln im Heer, doch hüteten sich die meisten der Diadochen, die Heeresversammlung ganz auszuschalten. Perdikkas ließ die Verteilung der Satrapien wenigstens formal von ihr bestätigen, die Heeresversammlung sprach Ptolemaios von der Anklage des Hochverrates frei, verurteilte Eumenes von Kardia und beauftragte Antigonos mit der Vollstreckung des Urteils. Aber Eumenes bildete seine eigene Heeresversammlung, und das taten allmählich alle Diadochen. Als Richter über wirkliche oder vermeintliche Verräter traten sie im Frühhellenismus noch öfter in Erscheinung: außer Eumenes fiel ihnen Nikanor (318), Peithon (316) und wohl auch noch der eine oder andere höhere Offizier zum Opfer. Sie bestellten noch lange den Vormund für einen unmündigen König, so für den Alexandersohn, für Philipp V., Diodotos Tryphon. Einige Könige wurden durch Heeresversammlungen gewählt, so Sosthenes und Achaios – die aber beide das Diadem ablehnten –, Alketas II. (312), Pyrrhos, Antigonos Gonatas, Seleukos I., Ptolemaios Soter II., Antiochos Sidetes und Tigranes. Meist aber mußten die Versammlungen sich mit Akklamationen und Huldigungen begnügen.

Offiziersrevolten und Meutereien der Truppenkörper gab es schon im Heere Alexanders, und je selbstbewußter der Soldat wurde, um so mehr nahmen sie zu. Perdikkas wurde von seinen Offizieren ermordet, als er militärisch versagt hatte, Eumenes von den Kerntruppen ausgeliefert, weil es der gegnerischen Propaganda gelungen war, sie als Makedonen gegen den Nichtmakedonen aufzuhetzen; Bürgerheere meuterten, weil sie nach Hause wollten, und Söldner, weil sie nicht genug Geld bekamen. Größere Abteilungen liefen auch über, wenn ihnen ein anderer Feldherr aus irgendeinem Grunde sympathischer war als der eigene, so etwa von Demetrios Poliorketes zu Pyrrhos.

Kulturgeschichtlich war es entscheidend, ob die Soldaten in Ortschaften garnisoniert waren oder ob sie ihre Heimat im Lager fanden. Zu Beginn der hellenistischen Epoche hatten wohl alle neugegründeten und viele alte

Städte und, wie wir in Ägypten sehen, auch viele Dörfer teils eigene, teils fremde Garnisonen. Schon Philipp II. hatte in allen militärisch wichtigen Plätzen in Stadt und Land stehende Garnisonen meist mit Söldnern besetzt. Das Verhältnis dieser teils in Kastellen kasernierten, teils in Privatwohnungen einquartierten Soldaten zur Zivilbevölkerung war oft gut. Die Soldaten brachten fremde Waren in die Quartierstädte, etwa persische Teppiche mit Greifenmustern nach Athen (um 320), es kam zu Bevölkerungsverschmelzungen, die sich nicht ungünstig auswirkten, die Soldaten nahmen am städtischen Leben teil. Der Soldat hatte mehr gesehen und erlebt als der Bauer und Bürger, er brachte Kunde von der großen Welt, von der man sonst wenig hörte, er brachte aber auch Geld in die Stadt, da er seine Verpflegung selbst kaufte. Doch kam es natürlich auch zu Spannungen, vor allem da, wo Zwangseinquartierungen oder Enteignungen praktiziert wurden. Antipatros trug viel dazu bei, daß die Makedonen sich Sympathien in Griechenland verscherzten, weil er seine Garnisonen auf Kosten der Bürger und Bauern leben ließ. Antigonos Gonatas machte das zum Teil dadurch wieder gut, daß er die Garnisonen reduzierte und die restlichen Besatzungstruppen möglichst kasernierte. Waren die Wohnverhältnisse in einer Stadt beschränkt, so konnte die Einquartierung, vor allem die Dauereinquartierung, sehr lästig werden. Es konnte sogar zu blutigen Kämpfen zwischen Garnison und Bürgern kommen wie in Antiocheia und wie zwischen athenischen Kleruchen und der makedonischen Garnison auf Salamis. Verordnungen wie die Ptolemaios Euergetes' II. suchten das Schlimmste zu verhindern, indem sie Königsbauern, Ölarbeiter, Imker, Brauer, Weber und Hirten von der Quartierpflicht befreiten, Willkürmaßnahmen verboten und anordneten, die Quartiere müßten so verlassen werden, wie man sie bezogen hatte; besser war es wohl, wenigstens einen Teil der Soldaten zu kasernieren, wie in Pergamon, wo man zwischen solchen, die in der Stadt, die auf dem Land oder die in den Kasernen untergebracht waren, unterschied.

Das Lager, vor allem das Standlager für lange Zeit, bildete eine eigene Welt. Die militärische Minderwertigkeit des griechisch-hellenistischen Lagers im Vergleich zum befestigten römischen Lager ist seit Polybios oft betont worden; grundsätzlich war das hellenistische Lager nicht in den militärischen Operationsplan einbezogen, und als stronghold der Verteidigung war es überhaupt nie gedacht. Es war geradezu die Polis des Soldaten, ein Platz, an dem man im Krieg eine Art Heimat fand, sich einigermaßen wohl fühlen konnte und zur Ruhe kam. Selbst Marschlager und kurze Ruhelager dienten vorwiegend diesen Zwecken. Daher war es, wie schon gesagt, seit der späteren Zeit Alexanders üblich, Frauen im Lager zu haben, und zwar auch Ehefrauen und Kinder, doch konnte ein liederliches Lagerleben sogar Sklaven zur Entrüstung bringen. Je reicher die Soldaten wurden, um so mehr Ansprüche stellten sie an das Leben, sie nahmen sich Sklaven mit ins Feld, und zwar taten das nicht nur makedonisch-griechische Offiziere und Soldaten, sondern auch die keltischen Söldner, und Schauspieler, Musikanten und Tänzerinnen traten regelmäßig in den Lagern auf; daß sich Soldaten eine Sklavin kauften und mit ins Lager nahmen, war nicht nur ein Komödienmotiv. Im seleukidischen Heeresbereich des zweiten Jahrhunderts waren die Lager vollgestopft mit Dingen, die mit der Kriegführung nichts zu tun hatten – bis hin zu Luxuskleidung und silbernem Küchengerät. Poseidonios schildert aus eigener Anschauung, was die Leute seiner Heimatstadt Apameia alles an überflüssigen Dingen mit in den Krieg nahmen. So ist es verständlich, daß man mutlos wurde oder den Krieg als verloren aufgab, wenn ein solches Lager verlorenging. Ein schwer beweglicher Troß mußte alle diese Menschen und Dinge zu den Lagern schleppen, unter anderem die Zelte, die seit der ersten Bekanntschaft, die griechische Soldaten mit orientalischen Heerlagern gemacht hatten, sehr prunkvoll geworden waren. Wenn auch die Schilderung von Alexanders Zelt gewiß übertrieben ist, so dürften doch die Zelte späterer Seleukiden nicht anders ausgesehen haben, als diese Beschreibung es angibt. Zelte aus Leder und Schlafstellen aus Teppichen scheinen häufig gewesen zu sein, und nur die Soldaten in Griechenland und im Antigonidenheer begnügten sich noch mit Rohrmatten. Wo Truppen im Winter in den Lagern blieben, statt wie früher in die Heimat entlassen zu werden, war das Bedürfnis nach Luxus am größten. Daß das alles in einem schreienden Widerspruch zur militärischen Tauglichkeit der Lager stand, bestätigt neben Polybios der Ausgrabungsbefund von Koroni, des wichtigsten ptolemaischen Feldlagers im Chremonideischen Krieg, das erstaunlich schlecht angelegt und gebaut war.

Da der hellenistische Mensch gesellig war, entstanden unter den Soldaten zahlreiche Clubs und Vereine, in denen zuweilen auch Zivilisten Mitglieder sein konnten. Offiziersvereinigungen, Lager- und Zeltgemeinschaften, Militärvereine, Veteranenclubs, Soldatenvereine auf landsmannschaftlicher Grundlage schossen wie Pilze aus der Erde. Ein schönes Grabgedicht aus Mesembria erzählt, wie ein solcher Offiziersclub auch über den Tod hinaus des verstorbenen Kameraden gedachte und ihm ein würdiges Grab errichtete.

Die Altersversorgung der Soldaten hing ganz davon ab, ob sie in eine Militärkolonie aufgenommen und dort angesiedelt wurden oder ob sie ein Landlos bekamen. Die Stimmung solcher alten und müden Krieger in ihrer oft abgeklärten Ruhe geben Weihepigramme von entlassenen Soldaten wieder. Ob viele in hellenistischen Heeresdiensten reich geworden sind, wissen wir nicht, wahrscheinlich ist es jedoch nicht; der besondere Reichtum des Soldaten im Kolax des Menander besteht in einem Esel, der ihm das Gepäck trägt, und andere schleppen ihre Kriegsbeute in Säcken mit sich herum. Als ehrenvoll wurde das Leben und Sterben des Soldaten weiterhin in den zahlreichen Inschriften der Gräber und Denkmäler dargestellt, die die Treue des einfachen Soldaten auch in Tod und Niederlage ebenso rühmen wie die Siege der Feldherrn in der Art, in der sich Polybios für die Erhaltung der Denkmäler des Philopoimen einsetzte, und in der Bildung von Traditionsregimentern seit Alexander.

Über die Zahl und Größe der Verluste vor dem Eindringen der Römer und den römischen Kriegsmethoden gehen die Meinungen weit auseinander. Außer bei dem schwierigen Kampf um den Flußübergang am Hydaspes war die Zahl der Gefallenen im Alexanderheer gering, die der Verwundeten und an Krankheit oder Überanstrengung Gestorbenen größer. Bei den Massenschlachten der Diadochenkriege waren die Verluste im Verhältnis zu den römischen Kriegen klein, und in den griechischen Kleinkämpfen – soweit sie nicht seit dem Bundesgenossenkrieg ihren Charakter veränderten – minimal, was aus dem Wortlaut der Ehrungen von Gefallenen hervorgeht; so hat Athen in den Kämpfen bei Munychia 287/6 anscheinend nur einen Mann verloren.

Neu am hellenistischen Heerwesen war die Differenzierung und Spezialisierung der *Truppengattungen* und der *Waffen*. Der Speer blieb die hauptsächliche Angriffs-, der Schild die traditionelle Verteidigungswaffe, während das Schwert von sekundärer Bedeutung war. Die gesamte Ausrüstung eines gewöhnlichen Soldaten zur Zeit Menanders bestand aus Panzer, grobem Soldatenmantel, Ranzen, Helm, Lanze, Schild, Schwert, Wurfspieß, aus einer zweischneidigen Wurfwaffe und einer Decke. Die Normalbewaffnung der Alexanderzeit bildete einen Übergang: die Hoplitenbewaffnung bestand aus Brustpanzer, Beinschienen und Bronzeschild, aus einer zwei Meter langen Stoßlanze und dem Kurzschwert – das Ganze hatte ein Gewicht von fünfunddreißig Kilogramm –, die Peltastenbewaffnung bestand aus Kurzschild, Wurfspeeren, Bogen und Schleudern. Nach und nach wurde die Stoßlanze immer länger, doch sind die Sarissen der verschiedenen Heere verschieden lang gewesen, unsicher ist nur, ob die der hinteren Glieder länger waren als die der vorderen. In den Heeren waren durchschnittlich die Sarissen der schweren Phalangiten fünf bis sieben Meter lang, die der Sarissenreiter kürzer, mußten mit beiden Händen geführt werden und waren zum Werfen untauglich.

Noch immer kam es, besonders in den Städten, vor, daß sich der Soldat seine Waffen selbst besorgte, häufiger aber stammten sie aus staatlicher Massenproduktion. Makedonen ließen sich mit ihren Waffen bestatten.

Völlig neu und eine makedonische Schöpfung war die ‚Taktik der verbundenen Waffen'. Seit Philipp II. war das makedonische Heer aus einer Hoplitenarmee zu einem differenzierten Gebilde geworden. Alexander ließ fünf verschiedene Gattungen Infanterie in die Schlacht ziehen, dazu mehrere Gattungen von Reitern und Spezialtruppen. Spätere Heere, wie das Antiochos' III., waren sogar überspezialisiert. Wohl nur Alexander hat die militärisch richtige Mischung von Infanterie und Reiterei, leichten und schweren Truppen mit instinktsicherer Genialität getroffen.

Den Kern der *Infanterie* bildeten seit Alexander die sechs Taxeis der Hopliten, die den Namen ihres Taxiarchen trugen, auch wenn dieser gefallen war. Ihre normale Kampfaufstellung erfolgte in Rotten von sechzehn Mann Tiefe, in den ersten Gliedern und als ‚Schließende' standen die besten Leute, die auch einen höheren Sold erhielten; bei einer Teilung in zwei Halbrotten zu je acht Gliedern führte der Schließende die zweite Halbrotte, die entweder neben die erste aufrücken und so die Front verbreitern konnte oder den Kampf nach rückwärts führte. Aufstellung in Doppelrotten von 32 Mann kam bei den Massenheeren vor, aber selten.

So imponierend die kompakte hellenistische Infantrie auch in den großen und räumlich weit ausgedehnten Feldschlachten war, die entscheidende militärische Potenz und die den Sieg herbeiführende bewegliche Dynamik lag nicht bei der Hoplitenphalanx, sondern bei der *Reiterei;* der Hellenismus war „essentially the age of cavalry". Makedonischer Reiteradel, thessalische Gestütsherren, Aitoler und Boioter, die von ihnen gelernt hatten, hatten die Voraussetzungen zur Vervollkommnung dieser Waffe geschaffen; als Alexander nach Asien ging, ritten thessalische Reiter in einem feierlich symbolischen Zug um das Grab Achills in Troja herum. Dann verband sich die alte Reitertradition des Ostens mit den hellenistischen Armeen, und die Diadochenzeit wurde zur Epoche der gewaltigen Reiterschlachten; Ipsos war eine der größten Reiterschlachten aller Zeiten. Die Reiterei wurde weiter entwickelt, bis sie schließlich am Ende der Epoche in der „erstaunlichen" *(Tarn)* Schlacht von Karrhai die dreifache Übermacht der römischen Legionen vernichtete. Im Früh- und Hochhellenismus haben Eumenes von Kardia und Eumenes II. von Pergamon die Stoßkraft und Wendigkeit dieser Waffe souverän gesteigert und angewendet, nachdem schon Alexander entdeckt hatte, daß man nur mit der Reiterei erfolgreich in jede Lücke der Phalanx eindringen, und da, wo die Phalanx der Kavallerie frontal widerstand, sie von der Flanke her tödlich fassen konnte. Aber er hatte auch als erster den Wert einer geordneten Zusammenarbeit beider Waffengattungen erkannt: die Reiter konnten die eigene Phalanx an den Flanken schützen, aber die Phalanx war auch ihr Rückhalt und ihre Deckung; von Philipp II. hatte er gelernt, mit den Reitern den Angriff zu eröffnen. Der Kampf von Reitern gegen Reiter und die Durchbruchsschlacht von Reitern gegen Infanterie sind die Merkmale der wichtigsten hellenistischen Kriege.

Alles kam natürlich auf die Beschaffenheit der Pferde und auf das Können des Reiters an. Neue Züchtungen von schweren und leichten Pferden stammten aus Medien, kamen aber nur den Seleukiden, den östlichen griechischen Staaten und den Parthern zugute. Die Makedonen und Thessaler ritten ihre heimischen Rassen, für die der Bukephalos Symbol war; in Griechenland selbst züchtete man nur noch Rennpferde. Größtes Gewicht legten alle hellenistischen Heere auf die Pferdepflege, wobei man sich der Vorschriften Xenophons bediente. Das Gerät zum Pferdereinigen wurde komplizierter, Pferdekrankheiten wurden genau studiert.

Steigbügel benutzten nur die Sarmaten, als Sattel dienten Decken oder gepolsterte Kissen, die zuweilen festgeschnallt waren. Hufeisen gab es überhaupt nicht, Sporen waren selten und Stachel oder Peitsche bei guten Pferden verpönt; das Zaumzeug war bei Griechen, Skythen, Kelten und Persern nur wenig verschieden voneinander.

Alexander hatte Kamele beim Heer als Transporttiere benutzt, und die Seleukiden besaßen ein arabisches Kamelreitercorps mit reitenden Bogenschützen; Antiochos setzte es in der Schlacht von Magnesia am Sipylos ein – angeblich sahen hier die Römer zum ersten Male ein Kamel. Ihre größte Bedeutung bekamen die Kamele in der Schlacht von Karrhai, als Surenas je zehn Reitern ein Kamel zuordnete, das für sie große Mengen von Pfeilen trug.

Ein neues Gepräge erhielt das hellenistische Heerwesen durch die rapide Entwicklung der *Artillerie* und zwar nicht nur als Truppe für den Belagerungskrieg und zur Verteidigung von Festungen, sondern, wenn auch selten, für den Bewegungskrieg. Das Vertrauen auf sie war so gewachsen, daß Heron behaupten konnte, eine Stadt könne ruhiger schlafen, wenn ihre Bürger wüßten, daß ihre Verteidiger schon im Frieden das Geschützwesen studierten. Einfachste Geschütze waren seit dem fünften Jahrhundert im Gebrauch, als einer ihrer Erfinder galt Zopyros von Tarent. Um 400 wurden die Torsionsgeschütze in Syrakus verbessert, dann machte Philipp II. bei Belagerungen von Pfeilgeschützen reichen Gebrauch, doch besaßen auch seine Gegner in Perinth und Byzantion Katapulte. Philipp scheint bereits maschinelle Steinwerfer mit Seilen aus Haaren gekannt zu haben. Alexander hat die Zahl der Geschütze vermehrt, ihre Konstruktion verbessert, sie auf Wagen mitgeführt, zur Dekkung von Flußübergängen als Feldartillerie verwendet und Tyros sogar regelrecht mit Steinwerfern beschossen. Weiterhin gehörten sie zur selbstverständlichen Ausrüstung auch der Städtischen Truppen. Athen dankte im Jahre 306/5 einem gewissen Euxenides dafür, daß er für den Krieg Katapultsehnen gestiftet habe, Sinope erhielt um 250 von Rhodos für dreihundert Talente Frauenhaar und für hundert Talente Spannsehnen, im Jahre 207 benutzte Machanidas von Sparta Geschütze gegen die Achaier. Als berühmte Geschützkonstrukteure werden Heron, der die Torsionsgeschütze wesentlich verbesserte, Dionysios von Alexandreia, der eine automatische Ladevorrichtung erfand, Ktesibios, der Metallsehnen benutzte und ein Luftdruckgeschütz konstruierte, und vor allem Archimedes genannt.

Zwei Arten von *Feuerwaffen* kannte der Hellenismus, die Ölspritze und den Feuerwerfer, als Brandmasse diente brennendes Öl, bei den Parthern und gelegentlich auch in hellenistischen Truppen Naphtha oder eine andere entzündliche Substanz, die von Wurfgeschützen in zylinderförmigen Geschossen abgefeuert wurde. Schon in vorhellenistischen Zeiten ließen die Boioter brennende Holzkohle, Pech und Schwefel durch Blasebälge aus den Rohren, in die sie sie hineingestopft hatten, herausblasen. In größerer Menge traten solche Waffen bei der Belagerung von Rhodos in Tätigkeit.

Aufs Ganze gesehen waren noch immer leicht bewaffnete Bogenschützen, Schleuderer und Speerwerfer zu Fuß oder zu Pferde wichtiger als die großen Geschütze. In der Mehrzahl handelte es sich um Söldner, und die einzelnen Völkerschaften waren auf bestimmte Kampfarten spezialisiert, doch wurde auch die athenische Jungmannschaft gründlich im Bogenschießen geübt. Allerdings entsprach das nicht mehr allgemein altem griechischem Empfinden: Euripides erwog ernstlich, ob Herakles wirklich ein Held sei, weil er mit Pfeilen aus dem Hinterhalt auf seine Gegner geschossen habe, und es gab alte Verträge zwischen kriegführenden Städten, die den Gebrauch von Fernwaffen verboten. Der Hellenismus lernte von Skythen und Persern, große und gute Kontingente von Bogenschützen stellte Kreta, Antigonos warb medische und armenische Bogenschützen an, makedonische hatte Philipp II. ausbilden lassen, Alexander schätzte die Kreter, die bei Flußübergängen im Wasser stehend schossen. Als Waffe wurde neben dem einfach gekrümmten Bogen der skytische Sigmabogen am meisten gebraucht, dazu Pfeile verschiedener Konstruktion, unter anderem parthische mit einer Doppelspitze und thrakische mit drei Kanten. Die hellenistischen Bogenschützen haben nie ihre Pfeile vergiftet, doch ist Ptolemaios I. einmal von dem vergifteten Pfeil eines asiatischen Schützen getroffen worden. Nachteilig wirkte es sich aus, daß kein Schütze in seinem Köcher mehr als zwanzig Pfeile tragen konnte, die bald verschossen waren, auch drang nur selten ein Pfeil durch einen Schild hindurch. Daher ließ man Bogenschützen nicht gern allein operieren, sondern kombinierte sie mit anderen Waffengattungen.

Die hellenistischen *Elefantentruppen* spielten in der Literatur und Kunst eine bedeutendere Rolle als auf dem Schlachtfeld; aufs Ganze gesehen haben sie nämlich kläglich versagt.

Eine erhöhte Bedeutung kam dem *Pionierwesen* zu. Alexander hatte in seinem Stab die besten Ingenieure seiner Zeit, die so gewaltige Leistungen wie den Dammbau von Tyros vollbrachten; zur Anlage vieler Wälle, Dämme, Verschanzungen und Brücken brauchten sie auch geschulte Mannschaften. Besondere Aufgaben stellte der Brückenbau oder das Übersetzen über die zahlreichen Flüsse und Ströme auf Pionierflößen. Zum Brückenbau benutzte man einen nach dem Hebelprinzip konstruierten Rammhammer und arbeitete unter besonderen Schutzdächern, zu Überfahrten verwendete man außer zusammengebundenen Flößen oder Luftschläuchen eine einfache Treidelfähre. Die Pioniere waren verantwortlich für den Transport kleiner Schiffe, die in mehrere Teile zerlegt worden waren, für das Anlegen von Eisensperren gegen Reiter und Elefanten und natürlich für die Hauptarbeit bei Belagerung und Verteidigung von Festungen. Die Tradition der großen Ingenieuroffiziere setzte sich im Stab des Demetrios Poliorketes fort und ist noch bei dem Piongeneral des Mithradates, Nikonidas, zu erkennen. Eine besondere Formation seit Alexander bildeten die Gebirgstruppen – sie umfaßte zunächst dreihundert Mann –, die sich darauf verstanden, Nägel und Steigeisen in Felsen und Eis einzuschlagen und sich anzuseilen, die jedoch bei ihren Einsätzen hohe Verluste erlitten.

Große Anforderungen wurden an den *Train* gestellt. Die weit ausgedehnten und auseinanderliegenden Kriegsschauplätze, oft in unwirtlichen und wasserlosen Gebieten, die Größe der Heere und ihres Trosses, die mangelhaften Straßenverhältnisse, die Beschränkung auf Pferde, Maultiere und Esel für den Transport des Nachschubs bereitete den Verantwortlichen Sorge. Aber Alexander war ein großartiger Lehrmeister, der sogar Wassertransporte durch die Wüsten in großem Umfang durchführen ließ. Ein Zusammenbruch der Nachschublinien war bei hellenistischen Heeren überraschend selten. Über die Einzelheiten wissen wir nicht sehr viel: an wichtigen Punkten wurden große Magazine und Verpflegungslager angelegt, von denen aus die Truppe versorgt wurde.

Das *Nachrichtenwesen* erforderte besondere Beachtung. Polybios schildert sehr ausführlich die Wichtigkeit und Technik der verschiedenen Methoden von Rauch- und Feuertelegraphie, die über weite Entfernungen in kürzester Zeit die notwendigsten Nachrichten übermitteln konnten, Voraussetzung war ein guter Code; man konnte dann mit Sigeln arbeiten und Meldungen verschlüsseln. Hannibal und Philipp V. scheinen auf diesem Gebiet Meister gewesen zu sein, aber Polybios rühmt sich selbst, für den achaischen Bund ein verbessertes System erfunden zu haben. Auf kleine Entfernungen gab man Nachrichten entweder durch das Aufstecken farbiger Tücher auf eine Sarisse oder auf das Feldherrnzelt, oder aber man bediente sich der Stabstrompeter, deren berühmtester der Trompetensignalist des Demetrios Poliorketes war, der auf zwei Trompeten blies und die Soldaten durch die Art seines Blasens ermutigte. Im Frieden bliesen solche Trompeter die Signale im Theater und in der Volksversammlung.

Mächtige Ausmaße angenommen hatte der Apparat der *Intendantur*, der *Heeresverwaltung* und der *Zahlmeisterei*, in erster Linie bei den Ptolemaiern. Hier stand ein Generalquartiermeister an der Spitze des gesamten Verwaltungsapparates, jede Strategie besaß einen Oberintendanten und jede Chiliarchie einen Intendanten. Am 22. jeden Soldmonats meldete der Zahlmeister einer stationierten Truppe dem Gau-Epimeleten die Anzahl der Soldaten sowie die erforderliche Summe für ihre Besoldung und erhielt von diesem am 29. eine Zahlungsanweisung an die Staatsbank. Naturalzahlungen gab der Sitologe aus, für Pferdegebühren und Futterkosten bestanden besondere Regelungen. Im Krieg und auf den Märschen mußten bei allen Heeren große Geldmengen in Kästen oder Säcken mitgeführt werden, denn der Soldat brauchte Bargeld. Ein Beispiel sorgfältiger Zahlungsanweisung ist aus der ptolemaischen Garnison von Thera noch vorhanden; in Theben wurde der Sold auf Grund einer Zahlungsanweisung in demotischer Sprache durch eine Bank bezahlt. Das Heeresarchivwesen und die Führung der offiziellen Tagebücher, die von Alexander bis zu Antiochos III. belegt sind, unterstanden einem Heeresarchivar, und da die Heere eine eigene Gerichtsbarkeit hatten, bestand wohl auch eine Militärpolizei.

Ärztliche Versorgung hat es bei griechischen Truppen längst vor dem Hellenismus gegeben, doch ist sie durch die medizinischen Fortschritte in hellenistischer Zeit verbessert worden.

Zu allen Zeiten hat man *Marschleistungen* der großen hellenistischen Massenheere bewundert. Die Blitzmärsche Philipps V. stehen ebenbürtig neben den Wüstenmärschen in glühender Sonnenhitze oder den nächtlichen Gebirgsmärschen Alexanders, neben den Sommer- und Wintermärschen des Antigonos, den weiten Marschstrecken, die Antiochos III. zurücklegte, oder den freilich oft nervösen Feldzügen des Demetrios Poliorketes und des Pyrrhos. Umstritten ist, ob und welche Karten die Offiziere benutzten, zum mindesten besaßen sie genaue Beschreibungen der Hauptstraßen – schon Herodot hatte von solchen Beschreibungen Gebrauch gemacht, und je weiter man vorrückte, um so mehr persische Aufzeichnungen aller Art fand man vor. Wichtiger jedoch war die eigene kartographische Arbeit. Alexander hatte in der Truppe der Bematisten ein Instrument geschaffen, das aufs genaueste Straßen- und Wegmessungen vornahm, Geländebeschreibungen gab und gewiß auch kartographisch festhielt. Die erhaltenen bematistischen Fragmente zeugen von ernster geographischer Arbeit.

In einer Welt der Städte mußte schließlich der *Festungskrieg* eine so bedeutende Rolle spielen wie nie zuvor. Der Hellenismus war die Zeit der großen Belagerungen. Sowohl in der Schöpfung von Verteidigungsanlagen wie in der Erfindung neuer Techniken und Methoden zur Eroberung von Festungen, selbst dann noch, als man schon mit ganz anderen Energien Krieg führte, war er für alle folgenden Zeiten wegweisend.

Der Krieg war allmählich zur Wissenschaft geworden. Vieles aus der Fachliteratur der Heeresingenieure und Taktiker hat sich wenigstens in Auszügen und späteren Zitaten erhalten. Den Anfang machte im vierten Jahrhundert der Taktiker Aineias; im Stab Alexanders beschrieb der Ingenieuroffizier Poseidonios einen neuen Belagerungsturm; ein Buch über Taktik schrieb sein Schüler Asklepiodotos. Im dritten Jahrhundert folgte Athenaios' Buch über Belagerungsmaschinen, dann Bitons περὶ ὀργάνων mit Beschreibungen der bekanntesten Steinwerfer, Belagerungstürme und Pfeilgeschütze, es folgten Ktesibios, sein Schüler Heron der Geschützbauer und endlich Philon. Von ihnen sind alle römischen Militärschriftsteller und die meisten mittelalterlichen und byzantinischen abhängig. Leider sind die militärwissenschaftlichen Werke des Königs Pyrrhos (Poliorketika) und des Polybios verlorengegangen.

Die religiöse Haltung der hellenistischen Heere scheint sich – soweit die Quellen für ein solches Urteil ausreichen – von der späterer römischer Heere unterschieden zu haben. Wenn diese die Träger und Verbreiter der östlichen Religionen in der ganzen Welt wurden, so waren hellenistische Heere zurückhaltender. Meist genügten ihnen die väterlichen Götter und der allgemeine Soldatenaberglaube; die Offiziere hingegen trieben Philosophie. Die hellenistischen Soldaten besaßen weder einen Missionierungsdrang noch ein betontes Erlösungsbedürfnis – die gehörten erst der orientalisch-römischen Welt an. Vor der Schlacht gelobten Feldherrn und Soldaten ein Dankvotiv, nach dem Sieg errichteten sie es „allen Göttern" oder „den Göttern". Es bestand aus einer Inschrift, einem Anteil, meist einem Zehntel, an der Beute, aus eigenen und erbeuteten Waffen, bei größeren Erfolgen aus einem Altar oder einem Denkmal. Soweit die Feldherren nicht selbst die offiziellen priesterlichen Funktionen ausübten, begleiteten Priester in gleichsam amtlichem Auftrag die Heere, brachten die Opfer dar und vollzogen in konservativer Weise die erforderlichen Lustrationen; waren iranische Einflüsse vorhanden, trugen die Priester, wie noch in einer Formation der Zeit Ptolemaios' VIII., dem Heer das heilige Feuer voran. Natürlich hatten Regimenter wie einzelne Soldaten auch ihre Lieblingsgötter, fast immer waren es griechische und makedonische Götter, meist die ihrer Heimat. Die pergamenischen Truppen verehrten Zeus und Athene Nikephoros, die rhodischen Zeus Panamaros, Zeus Atabyrios und Athene Lindia, die Makedonen Zeus und Athene mit verschiedenen Beinamen, die Elefantenjägertruppen Ares Nikephoros mit dem Zusatz „der gute Jagd schenkt" und Artemis „die Kommandantin", ptolemaische Einheiten auf den Inseln Dionysos und Herakles, eine oberägyptische Einheit den Pan. Ausgesprochene Soldatengötter waren selten, zu ihnen gehörten Enyalios und Enyo bei den Athenern, der thrakische Reiter und Zamolxis bei allen thrakischen Truppen, und bei ptolemaischen Truppen Heron, der große Gott, dessen Bild ihn mit Panzer, Chlamys und Lanze zeigt, ein Pferd haltend oder reitend. Nichtgriechische Götter waren selten; bei Truppen in Ägypten und in ptolemaischen Kolonien begegnen Sarapis, Isis, Men und ägyptische Götter lokaler Garnisonen wie die Krokodilgötter im Fayum und Kataraktgötter in Oberägypten, und zwar auch bei griechischen und makedonischen Soldaten. Auch im Hellenismus gab es manchen Soldatenaberglauben, und man erzählte Wundergeschichten von göttlicher Errettung oder von Epiphanien vor und während der Schlacht, aber nicht so häufig wie in früheren und späteren Zeiten. Auch der Soldat war aufgeklärt, und Vorzeichen oder Sonnenfinsternisse schreckten längst nicht mehr ganze Heere. War die Truppe abergläubisch, so wurde dieser Aberglaube von den Offizieren zur psychologischen Kriegführung geschickt ausgenützt; Epameinondas war bekanntlich der erste gewesen, der diese Art der psychologischen Kriegführung praktisch angewandt hatte.

An zwei Stellen sind diese hellenistischen Soldaten durch die bildende Kunst geadelt worden: in dem Gemälde der Alexanderschlacht, das im Neapeler Mosaik kopiert ist, und in den pergamenischen Schlachtendenkmälern und -reliefs, von denen wenigstens einige Gallierfiguren und Perserköpfe erhalten sind. Auch die Kleinkunst hat sich ihrer angenommen: Alexanders Einfluß bewirkte, daß die Koroplasten von Troja mit Vorliebe Reiterfiguren darstellten, und unter den Myrinaterrakotten nehmen Soldatenfiguren einen großen Raum ein.

Jedoch darf nicht übersehen werden, daß es weite Kreise gab, die Militär und Krieg gründlich satt hatten, und zwar nicht erst in Kriegszeiten. Es hatte schon längst in Griechenland einen tiefen und echten Pazifismus gegeben, und Platon und Euripides hatten nicht umsonst gesprochen. Wie prophetische Worte hörte man in den hellenistischen Theatern die euripideischen Verse:

> ... ihr Ehrgeiz braucht den Krieg, und nach dem Recht
> Und nach der Not der Bürger fragt er wenig.
> Der eine sucht den Glanz der hohen Stellung,
> Der andre Macht für seine Lüste, jener
> Das Geld: und was das Volk darunter leidet,
> Das fragen alle nicht ...
> O Menschentorheit, wozu schleift ihr Schwerter
> Und schlagt euch blut'ge Wunden. Haltet inne.
> Fort mit dem Streit. Dann mögen eure Staaten
> Nebeneinander friedlich sich behaupten.
> Das Leben beut so wenig: sollen wir
> Durch Streit und Hader selbst es uns vergällen?

Um die Mitte des dritten Jahrhunderts schien man diesem Ideal einen Schritt näher gekommen zu sein. Epikureer, Stoiker, Kyniker predigten über die Möglichkeit des Friedens in der Welt, und Könige wie Antigonos Gonatas waren bereit, auf sie zu hören. Krieg und kriegerische Ideale galten als Zeichen der Unbildung und Unmenschlichkeit, Eirene verdrängte Ares in der offiziellen Religion, in der Politik vertraute man auf Schiedsgerichte und gegenseitige Verträge, in denen man sich Frieden und Freundschaft für alle Zeiten schwur, entmilitarisierte und unbefestigte Zonen wurden geschaffen. Es gab die verschiedensten Einstellungen, sie reichten von einer ‚milden' Abneigung gegen den Krieg, wie sie etwa die ‚Argonautika' durchzieht, bis zu der radikalen Feststellung: „Soldaten sind überhaupt keine Menschen, sondern nur Opfervieh." In einigen bekannten Fällen wurde Befreiung vom Militärdienst als Ehrenprivileg für verdiente Bürger ausgesprochen, auch das beweist das Absinken kriegerischer Ideale.

i) Seeleute

„Der Hellenismus war die Epoche der großen Schiffe." Er war zugleich eine Epoche neuer seemännischer Expeditionen und Entdeckungen, unter denen die Fahrten Nearchs und des Hippalos an erster Stelle standen. Der bedeutendste Hafen der Antike, der durch die Jahrtausende bis heute zu den größten Häfen der Welt gehört, Alexandreia, war eine hellenistische Schöpfung. So gibt es denn auch ein reiches literarisches und archäologisches Material über die hellenistische Seefahrt, und doch bleibt dieses Gebiet äußerst problemreich. Denn obwohl neben den Altertumsforschern hervorragende Seeleute darüber gearbeitet haben, sind die Meinungsverschiedenheiten und Widersprüche gerade unter den maritimen Fachleuten so groß, daß selbst wichtige Fragen immer noch ungeklärt sind.

Umstritten ist etwa die Frage nach der Konstruktion der Schiffe. Was sagen Bezeichnungen wie ‚Dreißigruderer' wirklich aus? Wieviele Reihen von Ruderern waren übereinander angeordnet, wieviel Mann saßen an einem Ruder, welchen anderen Sinn könnten diese Namen sonst haben; *Walbanks* Urteil, wir hätten noch immer keine klaren Vorstellungen von Trieren, Tetreren und Penteren, wird dadurch ergänzt, daß die seemännischen Autoritäten oft ganz entgegengesetzter Meinung darüber sind, was bei hellenistischen Schiffen technisch möglich war und was nicht. Immerhin stehen einige Tatsachen fest. Bei aller Achtung vor hellenistischer Schiffsbaukunst muß man sich vor Überschätzungen hüten. *Von Gerkans* Hinweis, kein normales antikes Schiff, mit Einschluß der großen Getreidetransporter, habe mehr als zwei Meter Tiefgang und zweihundert Tonnen Nutzgewicht gehabt, stimmt mit anderen Beobachtungen überein: das große Getreideschiff, mit dem Paulus von Kreta nach Italien fuhr, hatte nur 276 Menschen an Bord; auch große Schiffe konnten zur Winterruhe auf Rollen in die Schiffshäuser gewälzt werden, Schiffe durften eine bestimmte Länge nicht überschreiten, damit sie nicht in Gefahr kämen, zu zerbrechen; daraus ergab sich das schwierige technische Problem, die Zahl der Ruderer zu vermehren, ohne das Schiff wesentlich zu verlängern. Es war möglich, ganze Flotten über Land zu transportieren. Fest steht aber auch, daß sich die Anzahl der Schiffsformen und die ständigen Veränderungen und Neuerungen im Schiffsbau in einer zuvor nie bekannten Weise vermehrten.

Von den älteren Schiffstypen behielt die Triere ihre Bedeutung, doch wurde auch sie in mancher Hinsicht verändert; das Lenormant-Relief gibt einen ungefähren Eindruck von einer durchschnittlichen Triere wieder. Die Länge betrug 35 bis 40 Meter, die Breite 5 bis 7 Meter, die Überwasserhöhe 2,50 Meter. Es steht doch wohl ziemlich fest, daß die Ruderbänke übereinander angeordnet waren: 27 Thalamiten auf jeder Seite bildeten die untere Reihe, 27 Zygiten die mittlere und 31 Thraniten, die mit Hilfe von Auslegern ruderten, die obere, zu diesen 170 Ruderern kamen noch 30 Reserveleute. Daß Trieren in hellenistischen Flotten Verwendung fanden, wird unter anderem bezeugt durch die athenischen Trieren Alexanders, die Trierensteuer im ptolemaischen Ägypten, die Trieren, die Rhodos nach dem großen Erdbeben baute, die beiden Trieren, die Herakleia am Pontos den Römern stellte, und durch die ‚heilige Triere', die Antigonos Gonatas als Flaggschiff diente.

Die Schwierigkeiten beginnen bereits bei den Tetreren, die schon in vorhellenistischer Zeit bekannt waren. In der Seeschlacht bei Salamis auf Kypros bildeten dreißig athenische Tetreren das Zentrum einer großen Flotte, und in der Schiffsliste des Ptolemaios Philadelphos wird ihre Zahl als sehr groß angegeben und gesagt, daß auf allen ptolemaischen Inseln, in Kyrene und den anderen Kolonien solche Schiffe stationiert waren. Diese Liste ist überhaupt grundlegend für alle größeren Schiffe: „Die größten seiner (sc. Ptolemaios) Schiffe waren 2 Dreißigruderer, 1 Zwanzigruderer, 4 Dreizehnruderer, 2 Zwölfruderer, 14 Elfruderer, 30 Neunruderer, 37 Siebenruderer, 5 Sechsruderer, 17 Fünfruderer"; in dieser Liste fehlen Achtzehn-, Sechzehn-, Fünfzehn, Zehn- und Achtruderer, die anderweitig bezeugt sind, aber wohl als Schiffstypen in der Flotte des Königs, die angeblich über 4000 Einheiten zählte, nicht vorhanden waren. Nur wissen wir eben nicht, was alle diese Bezeichnungen bedeuten. Schon beim Fünfruderer ist die einleuchtende Annahme *Cassons* nicht unwidersprochen geblieben: das Schiff hatte 300 Ruderer, also 30 auf jeder Seite, und zwar fünf Mann an einem Ruder. Wäre die ältere Auffassung richtig, es habe sich um ein Schiff von fünf Stockwerken gehandelt, so hätten die antiken Schiffe eine größere Höhe und einen größeren Tiefgang haben müssen, als sie es je gehabt haben können; für die noch größeren Schiffe würden sich aus einer solchen Auffassung geradezu unmögliche Forderungen ergeben. Auch die Pentere war vorhellenistisch und ebenso wie die Tetrere schon in der Flotte Dionysios' I. von Syrakus vertreten. Alle größeren Typen sind erst im Hellenismus konstruiert worden.

Da angeblich bis zu zehn Mann an einem Ruder arbeiten konnten, mögen die folgenden Bezeichnungen einen dementsprechenden Sinn haben. Ob Dionysios II. schon eine Hexere bauen ließ, ist unsicher, sicher fand sie sich bei Demetrios Poliorketes. Eine Heptere benutzte Pyrrhos als Flaggschiff. Für die Oktere ist die Hypothese aufgestellt worden, ihre 320 Ruderer hätten sich zu zwei Reihen mit je 80 Ruderern auf beiden Seiten verteilt, die Konstruktion der Neun- und Zehnruderer ist wieder ungewiß.

Höhere Zahlen können wohl nur Gruppen von Ruderern bedeuten, wobei die Anordnung der Gruppen offen bleiben muß und vielleicht sehr verschiedenen Systemen folgte. Bis zu einer Anzahl von zwanzig Ruderern mag es sich um paarweise Gruppierungen, dann um Dreier- oder Vierergruppen gehandelt haben. Nach dem Jahre 200 sind aber kaum noch derartig große Schiffe gebaut worden, deren Verlust nur schwer zu verschmerzen war. Auch vorher waren sie selten: Lysimachos' Flaggschiff war ein Sechzehnruderer, Antigonos Gonatas besaß einen Achtzehnruderer. Die noch größeren Schiffe der Ptolemaier waren Leistungen einzelner genialer Schiffsbaumeister.

Nur zwei Schiffsgattungen müssen noch besonders betrachtet werden, weil sie in der hellenistischen Literatur häufig erwähnt werden. Die Hemiolia war das beliebteste Schiff der Seeräuber, ein schnelles Fahrzeug, das zwei Reihen von Ruderern in der vorderen Hälfte des Schiffes, aber nur eine Reihe in der hinteren hatte, damit genügend Raum zum Manövrieren mit dem Segel blieb. Aus diesem Seeräuberschiff wurde im frühen Hellenismus, zunächst in Rhodos, dann in Athen, bei Agathokles, Philipp V. und in der ptolemaischen Marine, ein stattlicheres Kriegsschiff, die Trihemiolia (Trierhemiolia), der berühmte rhodische Schnellsegler. Die beiden Ruderbänke wurden hier durch die drei der Triere ersetzt.

Schließlich seien die Lemboi erwähnt. Sie waren vermutlich von sehr verschiedener Art und bildeten das Gegenstück zu den großen Schiffen. Kleine, flinke, leicht manövrierbare, aber zugleich leistungsfähige Fahrzeuge dieses Typs benutzten die Fischer, sie dienten als Schlepper, im Krieg als Aufklärungsfahrzeuge und griffen in geeigneten Augenblicken in den Kampf ein; Demetrios Poliorketes ließ sogar einige mit Katapulten bestücken. Seit etwa 220 verdrängten sie vielfach die großen Schiffe; Philipp V. soll zu viele Lemboi – etwa hundert – gehabt und sich zu sehr auf sie verlassen haben. Ursprünglich mögen diese Schnellboote eine illyrische Erfindung gewesen sein. Ein sehr kleines Transportschiff aus dem dritten Jahrhundert wurde vor kurzem auf Kypros gefunden; es hatte eine winzige Ladung von nur 400 Amphoren und lose eingelagerten Mandeln, war jedoch außenbords durch Bleiplatten gegen die Bohrwürmer geschützt. Die kleinsten hellenistischen Wasserfahrzeuge waren die zum Teil nur von *einem* Mann geruderten leichten ägyptischen Papyrusboote, die nicht nur im Binnenwasser, sondern auch in den Seeschlachten als Melder zwischen den Kriegsschiffen benutzt wurden.

Im übrigen war der Unterschied zwischen Kriegs- und Zivilschiffen in den einzelnen Gattungen gering. Man konnte durch leichte Veränderungen gewöhnliche Frachter für den Kriegsdienst verwendungsfähig machen und umgekehrt im Frieden Kriegsschiffe als Frachter verwenden; vielleicht erklärt sich der Niedergang der hellenistischen Kriegsflotten auch dadurch, daß man das zu oft getan hat. Über besondere Einrichtungen der Kriegsschiffe wird noch zu sprechen sein. Über alle Einzelheiten der Schiffseinrichtung, der verschiedenen Schiffsteile, der Geräte, Besatzungen, der nautischen und taktischen Gegebenheiten unterrichten die langen Listen des Pollux, aus denen leider nicht hervorgeht, was Erfindungen und Neuerungen aus hellenistischer Zeit sind. Manches davon ist für die Geschichte der Schiffahrt entscheidend geworden. Seit der Alexanderzeit trat an Stelle beweglicher Masten ein fest eingebauter Vormast, und nur der Hauptmast mit einer Rahe konnte auch weiter umgelegt und aus einem Masthalter herausgenommen werden; bei den großen Frachtern war eine Ladewinde und an der Mastspitze ein Mastkorb als Ausguck befestigt (ἠλακάτη, θωράκιον). Schiffe mit mehreren Masten wurden allmählich zahlreicher. Die Decks waren am stärksten bei den hochbordigen Kataphraktenschiffen der Kriegsflotten, zwei und drei Decks kamen bei großen Schiffen vor. Bei Kriegsschiffen trugen sie die beiden Türme, auf denen die Bogenschützen oder Geschütze standen. An den Bordwänden hatte jedes Deck Ausflußlöcher für eingedrungenes Wasser. Die meisten hellenistischen Schiffe scheinen längsgegürtet gewesen zu sein, doch kam auch Quergürtung vor. Auf dem Hinterdeck befanden sich der oder die Plätze für die Rudergänger und in den meisten Fällen die Kommandobrücke (σκηνή). Da das Hinterdeck erhöht war, ehe es in den Schweif des Hecks auslief, konnte das ganze Schiff von dort aus übersehen werden.

Je größer die Schiffe wurden, um so wichtiger wurde die Größe und Konstruktion der Anker, von denen durch die Unterwasserarchäologie viele Exemplare geborgen worden sind; allein sechzig verschiedene Typen antiker Schiffsanker fand *Gargallo* im Hafen von Syrakus. Sie reichen vom einfachen Steinanker mit einem Gewicht von 63,7 Kilogramm bis hin zu Ankern mit einem langen Stein- oder Holz-Ankerstock und den entsprechenden Armen und zu Ankern aus Eisen oder Holz mit Bleiüberzug einzelner Teile; einige hatten Gewichte bis zu 500 Kilogramm und mehr. Inschriften lassen erkennen, daß Anker mit auswechselbarem und umlegbarem Ankerstock sich auf den Schiffen leichter aufbewahren ließen. Eiserne Anker waren bis fünf Meter lang, hölzerne waren zur Beschwerung mit Blei gefüllt. Im allgemeinen führten die Schiffe mehrere Anker, darunter einen ‚heiligen Anker', der nur im Notfall gebraucht werden durfte. Zwei Anker waren bei jedem Ankern nötig, damit sich das Schiff nicht im Wind drehte; das Schiff von Mahdia besaß fünf Anker. Bestand im Krieg die Gefahr, daß ankernde Schiffe von Tauchern bedroht wurden, die die Ankertaue durchschnitten, so benutzte man seit der Zeit Alexanders Metallkabel. Alle Schiffsgeräte wurden im Hellenismus verbessert und vergrößert, darunter die vielen Arten von Schiffsleitern, Kränen und Winden.

Die Romantik der Schiffsnamen und Galionsfiguren spiegelte sich in mancherlei Dichtungen über die Namen der mythischen Schiffe – Argo und Theoris – und in der konservativen Tradition der athenischen Staatsschiffe Paralos und Salaminia. Alle Namen der neuen Schiffe, die wir kennen, haben einen tieferen Sinn: Rhodos taufte sein Staatsschiff ‚Peripolos' (Wächter, der unermüdlich herumläuft), die Seeräuber wählten den nicht unpassenden Namen ‚Skylla', Krankentransporter und Lazarettschiffe hießen ‚Panakeia' oder ‚Hygieia', Schiffe von Frommen ‚Isis', andere waren nach den Häfen genannt, in denen sie stationiert oder für die sie bestimmt waren, wie ‚Alexandreia', Antigonos Gonatas hatte eine ‚Isthmia'. Als Galionsfiguren wählte man häufig die Dioskuren, daneben aber auch Tierfiguren aller Art; der Euhemerismos erklärte den Widder des Phrixos mit dem goldenen Vlies als die Galionsfigur seines Schiffes oder den Stier der Europa als ein Schiff, das den Namen ‚Kuh' trug oder das ein Viehtransportschiff war.

Auf den Werften arbeiteten Schiffsbaumeister und Zimmerleute auch weiterhin meist ohne nennenswerte maschinelle Hilfe, aber rasch und zuverlässig; waren Holz, Eisen, Kupfer, Blei, Teer, Flachs und Hanf vorhanden, bauten sie in kurzer Zeit größere Flotten. Sie arbeiteten auch billig: für fünf Drachmen bekam man einen Anker, für zwei Obolen ein Ruder und für fünf Obolen eine Nadel zum Segelflicken. Gegen Sabotage und Spionage schützte Rhodos seine Werften durch Verhängung der Todesstrafe für jedes unbefugte Betreten. Zunächst konstruierte man ein Gestänge – ähnlich, wie es heute noch die Bootsbauer in der Ägäis tun –, um das Schiff so hoch zu legen, daß man auch von unten her ohne Mühe an ihm arbeiten konnte; für den Stapellauf gab es verschiedene Arten von Ablaufbahnen. Die Schiffshäuser, Ausrüstungswerkstätten und Magazine für Segel, Tauwerk, Ruder, Anker, Eisenketten richteten sich nach den vorbildlichen Anlagen von Peiraieus, Kyzikos, Syrakus, Marseille und Alexandreia; zu ihren Einrichtungen gehörten An- und Ablaufbahnen, Flaschenzüge, Kästen und Gestelle für Segel und Takelwerk.

Beinahe wäre der Technik sogar die Erfindung der Schiffsschraube und des Schaufelrades gelungen, doch wurden die Schiffe während der hellenistischen Zeit nie anders als durch Rudern oder Segeln fortbewegt. Dabei waren gute Ruderer zu allen Zeiten selten, das Rudern mühevoll und schwer zu erlernen. Je mehr Ruderer vorhanden waren, um so schwieriger wurde die genaue Einhaltung des den Takt angebenden Kommandos und die Ausführung der Befehle zum plötzlichen Rückwärtsrudern oder zum Streichen der Ruder. Der Bau großer Schiffe mußte schon deswegen wieder eingestellt werden, weil es zu wenig Ruderer gab, die über die erforderlichen Kräfte verfügten, eine genügend lange Ausbildungszeit hinter sich hatten und das harte Training aushielten: man mußte erst sehr lange auf dem Lande üben, ehe man sich auf eine Ruderbank setzen konnte. Zwar machte man erfolgreiche Versuche mit Neukonstruktionen von Rudern, das Verhältnis des Ruderblattes zum ganzen Ruder wurde nach physikalischen Gesetzen verbessert und die Gewichtsverteilung im Ruder berechnet, aber je länger die Ruder sein mußten, um so schwerer wurden sie auch und um so leichter brachen sie. Ohne die bedeutende hellenistische Erfindung des Auslegers wäre das Manövrieren der großen Schiffe ohnehin gar nicht möglich gewesen. Auch der geübte Ruderer hatte es nicht leicht: die Ruderbänke waren eng und hart, die Rojepforten der Thalamiten lagen höchstens einen halben Meter über der Wasserlinie, so daß nur außen angebrachte Lederschläuche vor dem Eindringen des Wassers einigermaßen schützen konnten und nur ein ganz ausgezeichnetes Teamwork in der Lage war, ein Chaos zu verhindern: um niemanden zu verstimmen, pflegte man, soweit möglich, die Plätze auf den Ruderbänken auszulosen. Alle diese Umstände zusammen bewirkten, daß die Flotten nur kurze Zeit und kurze Strecken rudern konnten: Kriegsschiffe nur in der Schlacht, alle Schiffe bei Flaute oder wenn man gezwungen war, dauernd gegen starken Wind zu fahren, was besonders im Roten Meer bei den dort vorherrschenden Nordwinden für alle von Süden kommenden Schiffe zur wahren Qual wurde.

So blieb man doch im großen und ganzen auf das Segeln angewiesen. Leider sind unsere Quellen darüber noch weniger aufschlußreich als über das Rudern – wohl deshalb, weil es zu gewohnt und zu selbstverständlich war, als daß man darüber eigens berichtet hätte. *Casson* hat aufgrund des vorhandenen Materials festgestellt, daß auch antike Segler gegen den Wind kreuzen konnten, daß sie, entgegen früheren Meinungen, wenigstens vier Typen von Segeln, darunter Latein- und Sprietsegel gekannt haben, und daß es sicher mehr zwei- und sogar dreimastige Schiffe gegeben hat als vielfach angenommen wird. Die normale Takelung ist auf einigen Grabreliefs dargestellt: Mast mit Spindel, Mastkopf mit den Rollen für die Taue, eine Rahe, an ihr ein oder mehrere Spanntaue. Jeder Mast führte ein Segel, für drei Segel waren drei Masten vorhanden. Zur Segelbedienung standen bei größeren Segeln bis zu zehn Mann bereit, auch benutzte man in einigen Fällen Flaschenzüge. Das Segel bestand fast immer aus weißer oder buntgefärbter, zum Teil mit Ornamenten verzierter Leinwand, bei Binnenschiffen auch aus Binsengeflecht oder Papyrus. Große Schiffe hatten am Großmast einen Flaggenstock für den Stander; ein Wimpel am Hintersteven ist für die hellenistische Zeit nicht nachgewiesen. Als Steuer dienten bei allen Schiffen Remen, meist ein Steuerruder auf jeder Seite. Bei der Abfahrt und Landung war das Staken mit Stangen üblich.

Die Hochseeschiffahrt entfernte sich nur ganz allmählich von beständiger Küsten- oder Inselnähe. Außer den Indienfahrern haben hellenistische Seefahrer – mit Ausnahme einiger Expeditionen – in Küstenferne keine größeren Strecken zurückgelegt als etwa die Strecken Rhodos-Alexandreia, Kreta-Malta und die natürlich längst gewohnte Überquerung des Schwarzen Meeres. Andererseits wurde die Binnenschiffahrt auf allen nur einigermaßen schiffbaren Flüssen gesteigert. Die belebteste Wasserstraße in der Ptolemaierzeit war der Nil, aber auch auf Euphrat, Tigris, Indus, Don und Rhône wimmelte es von Schiffen, Booten und Kähnen. Transithäfen, in denen die Güter der Seeschiffe auf Binnenschiffe umgeladen wurden, entwickelten sich zu großen Handelszentren, auch dann, wenn sie nicht am Meere lagen, wenn es jedoch ein Strom erlaubte, daß Hochseeschiffe weite Strecken stromaufwärts fahren konnten. Der Passagierverkehr auf Flußbooten wurde ausgebaut und muß zuweilen sehr bequem und sogar luxuriös gewesen sein, da man Ein- oder Mehrbettkabinen mieten konnte, Sonnendächer ausspannte und da Promenaden- und Aussichtsdecks vorhanden waren; doch waren für solche Fahrten die Preise recht hoch. Auf dem Nil und seinen Armen und Kanälen fuhren Reichere in eigenen oder gemieteten Booten, oft nur zum Vergnügen. Allmählich entwickelten sich auch, vielleicht zuerst von Marseille aus, die großen Kombinationen von Wasser- und Landverkehrswegen wie die Rhône-Saône-Linie.

Erst der Hellenismus hat den Typus der Hafenstadt geschaffen, bis dahin gab es nur Städte mit Häfen. Der Hafen wurde das Herz der Stadt – nicht zu trennen von ihr und ihrem Leben, mit ihr von der gleichen Mauer umschlossen – und verlieh ihr eine eigentümliche Gesamtatmosphäre. Hafenbauingenieure und -architekten tauchten als neuer Berufszweig auf und traten neben die Schiffsbauingenieure. Ein durchschnittlicher hellenistischer Hafen hatte etwa folgendes Aussehen: Der Hafenbezirk war mit einer durch Inschriften markierten Zollgrenze umgeben und in die Lageplätze für Schiffe, je nach der Höhe der Hafengebühren, die sie zahlten, aufgegliedert. Die Hecks der Schiffe waren an den Kais mit Tauen vertäut, die an Ringen der Kaimauer befestigt waren, so, wie man es heute noch in der Ägäis sehen kann. Die Einfahrt in die Hafenbecken war möglichst eng, damit sie im Krieg leicht gesperrt werden konnte, sie führte zwischen Molen hindurch, die aus festem, mit Eisenklammern zusammengehaltenem Quaderwerk bestanden und auf deren Köpfen als Peilzeichen hochragende oder weithin sichtbare Statuen standen. Die Hafenverwaltung lag entweder in den Händen einer kollegialen Behörde von Epimeleten oder eines oder mehrerer Limenarchen, und neben den Zöllnern gab es in allen größeren Häfen eine Hafen- und eine Fremdenpolizei (Limenophylakes und Xenophylakes). Sie waren für die Einhaltung der Gebührenordnungen verantwortlich, die durch mancherlei Verträge zwischen einzelnen Häfen oder Staaten oft recht kompliziert waren.

Zu der Hafenpeilung nach den Molenköpfen oder den Mauertürmen kam bei Nacht in großen Häfen die Peilung nach einem Hafenleuchtturm. Ob gefährliche Küstenstriche und Inseln an viel befahrenen Wasserstraßen auch außerhalb der Häfen befeuert waren, ist in der Forschung umstritten; wo alte feuertelegraphische Anlagen längs der Küsten vorhanden waren oder neue eingerichtet wurden, konnten sie auch der Seefahrt dienstbar gemacht werden. Bei schwierigen Ein- und Durchfahrten verankerte man Seezeichen aus Kork, und das gefährliche Fahrwasser zwischen Leukas und Akarnanien war durch eingerammte Pfähle kenntlich gemacht.

Die ‚Steuermannskunst' wurde in Griechenland zu allen Zeiten hoch bewundert, um so merkwürdiger bleibt, daß sie trotz der Höhe der mathematischen und der zunehmenden Vertiefung der physikalisch-geographischen Kenntnisse im Hellenismus kaum wesentliche Fortschritte gemacht hat. Nur das Vertrauen auf das Können der Steuerleute, nicht auf Instrumente oder dergleichen, vermochte ein Schiff zu retten: im Sturm schauten alle auf den Steuermann, auch wenn sie ihn im Hafen hochmütig behandelt hatten. Navigationsoffiziere mußten über große Kenntnisse und Erfahrungen verfügen, denn im Grunde war die Küstenschiffahrt an oft unbekannten Küsten schwerer als manche Hochseefahrt: man konnte sich bei der Bestimmung der Kaps und Buchten hoffnungslos irren, an der Unzahl unsichtbarer Klippen zerschellen, von Strömungen und Gezeiten abgetrieben werden oder auf Grund geraten. Es gab nur drei Möglichkeiten der Peilung: *Küstenpeilung* mit Hilfe von Peilmarken, bekannten Kaps, hoch gelegenen Tempeln oder auch an Hand von Entfernungsangaben in Segelhandbüchern, *Sonnenpeilung* mit Hilfe des Schattenmessers und *Sternpeilung* bei Nacht, wobei sich die Phoiniker nach dem kleinen, alle anderen nach dem großen Bären orientierten. Eine ναυτικὴ ἀστρολογία, wie sie Arats ‚Phainomena' zugrunde liegt, diente als Hilfsmittel, doch mußte der Steuermann in jedem Falle eine gute astronomische und wetterkundliche Ausbildung genossen haben, um damit hantieren zu können; weil die Sternpeilung besonders zuverlässig war, fuhr man gern nachts. Segelten größere Verbände am Tag, so ließ man ein Beobachtungsschiff vorausfahren, das die ausgelotete Fahrbahn in der Nähe von Untiefen durch Baken absteckte. Verbesserte Karten und Himmelskarten standen zur Verfügung, seitdem die ‚Stadiasmoi' mit oft sehr genauen Entfernungsangaben in den Seeämtern der großen Hafenstädte und Reiche an Hand offizieller Akten kompiliert wurden, seitdem Eratosthenes die erste methodische Gradmessung durchgeführt hatte (um 230), Etesien und Monsune bekannt geworden waren und seitdem man den Zusammenhang von Mond und Gezeiten entdeckt hatte – vermutlich hatte Pytheas von Marseille diese Entdeckung gemacht, der als erster die richtige Position des Polarsterns lehrte und richtige Breitenbestimmungen vornahm. Instrumente besaß man jedoch kaum: sicher belegt ist nur das Lot, von dem viel Gebrauch gemacht wurde, ein einfacher Astrolab und der Schattenzeiger; einige Schiffe besaßen wohl eine Wasseruhr. Erst aus nachhellenistischer Zeit stammt ein in Antikythera gefundenes, in einem hölzernen Kasten aufbewahrtes kompliziertes nautisches Instrument, das aus einem System von Zahnrädern bestand und vielleicht zur Messung von Gestirnhöhen diente. Signale gab man wie zu allen Zeiten der Seefahrt mit Signalwimpeln. In schwierigen Küstengewässern, vor allem aber vor Hafeneinfahrten, standen Lotsen und Schleppboote zur Verfügung.

Eine besondere Gattung der Hilfsbücher für den Seemann, aber auch für den Kaufmann, der die Handelsschiffe gechartert hatte oder selbst besaß, stellten die Periploi dar, Küstenbeschreibungen erfahrener Seeleute, zum Teil mit geschätzten Entfernungsangaben, die es bei den seefahrenden Völkern schon längst, in Griechenland etwa seit dem achten Jahrhundert gab. Der Hellenismus hat von vielen der älteren Periploi Gebrauch gemacht, darunter von dem des Puniers Hanno (5. Jahrhundert), der erst ins Griechische übersetzt wurde, als man sich für die Fragen der Umsegelung Afrikas zu interessieren begann, doch war er nicht viel mehr als ein Reisebericht. Skylax von Karyanda war im Auftrag des Dareios schon um 519 vom Indus in den arabischen Golf gefahren, sein Bericht diente Nearchos als Grundlage und zum Teil als literarische Quelle. Unter Skylax' Namen erschien um 335 eine Beschreibung der gesamten Mittelmeerküsten von Gibraltar bis hin zum Schwarzen Meer, die die Entfernungsangaben in Segeltagen, zum Teil aber auch in Stadien angab, bei Häfen genau vermerkte, ob es sich um Doppelhäfen, die bei jedem Wind anzusteuern waren, um offene oder geschlossene, gute oder schlechte Häfen handelte, und die beschrieb, wie weit die Flüsse schiffbar waren und ob man zu einem Handelsplatz gelangte; sie nannte die Wasserstellen an den unwirtlichen Küsten Nordafrikas und berichtete über Länder und Völker, auch über Städte des Inlandes, soweit sie für den Handel wichtig waren; nur spezifisch Nautisches war wenig darin enthalten. Leider ist der von dem seleukidischen Admiral Patrokles stammende Periplus des Kaspischen Meeres ebenso verlorengegangen wie die Hafenbeschreibung des Großadmirals Ptolemaios' II., Timosthenes von Rhodos, dem die Neueinteilung der Windrose in zwölf statt der früheren in acht Winde zu verdanken war. Alle übrigen erhaltenen Periploi stammen erst aus der frühen Kaiserzeit, vor allem der Periplus des Roten Meeres, den ein erfahrener Kaufmann über seine Fahrt von Myos Hormos bis zu den indischen Häfen schrieb (um 60 n. Chr.), der ausgezeichnete seemännische Kenntnisse enthüllt und ein echtes Segelhandbuch darstellt, das für Kaufleute ergänzt ist, und Arrians Periplus des Schwarzen Meeres (um 131 n. Chr.), der wieder mehr einer Reisebeschreibung gleicht; einen Periplus der Südküste des Schwarzen Meeres benutzte aber bereits Apollonios von Rhodos. Von den Berichten der großen Expeditionen ist wenigstens der des Nearchos und Onesikritos in großem Umfang erhalten. Mit dieser Fahrt begann ein neues Kapitel der hellenistischen Seefahrtgeschichte, ihr folgten die seleukidischen Expeditionen – außer der des Patrokles auch die erfolglose Antiochos' III. an der arabischen Küste (205) –, die ptolemaischen der Elefantenjäger und des Hippalos, sowie die große Rotmeerexpedition des Agatharchides von Knidos (vor 110); im Westen hatte das Zeitalter der Expeditionen mit Pytheas begonnen und Poseidonios mit seinen Meeresstudien in Gades hatte es für den Hellenismus abgeschlossen.

Fahrtdauer und Fahrtgeschwindigkeit hingen von so vielen Faktoren ab, daß sich nur einige ganz allgemeine Angaben machen lassen. Nach zum Teil recht verstreuten Notizen dürften die mittleren Fahrzeiten betragen haben: Von Alexandreia nach Rhodos 4 bis 5 Tage, nach Kyrene 6 bis 7 Tage, nach Kreta 3 Tage. Von Kreta nach Delos rechnete man 3 Tage, nach dem Peiraieus 2 bis 3 Tage, vom Peiraieus nach Lesbos 2 bis 3 Tage, nach Rhodos 3 bis 4 Tage, nach Byzanz 4 bis 6 Tage, nach Kerkyra 5 bis 6 Tage, dann von Kerkyra nach Syrakus 4 bis 5 Tage, während man von Syrakus nach Elis 6 bis 7 Tage fuhr. Auf der kombinierten Weststrecke von Marseille über den Rhône-Saône-Weg benötigte man 30 Tage, und für die offene Fahrt auf dem Indischen Ozean von Bab-el Mandeb zu den ersten indischen Häfen 40 Tage. Doch sind alle diese Zeitangaben sehr relativ.

Die Seefahrt blieb ein Risiko, und die Zahl der Schilderungen von Schiffbrüchen und Katastrophen wird ergänzt durch die ständig wachsende Zahl versunkener Schiffe, die die Unterwasserarchäologie auffindet. Die Schiffe waren im Sturm ziemlich hilflos, ihr Tiefgang war zu gering, ein Abirren vom Kurs jederzeit möglich, Kentern durch Verschiebung der Ladung, Schiffsbrände, Sturmschäden und Lecks aller Art bedeuteten keine Ausnahmen. Der Winter galt als besonders gefährlich, und Kapitäne, die auch dann fuhren, wurden wegen ihrer Tapferkeit gelobt oder wegen ihres Leichtsinns getadelt. Auch die Binnenschiffahrt, selbst auf dem viel befahrenen Nil, barg zahlreiche Gefahren: Kornschiffe gerieten nicht selten in einen Sturm, so daß der Mast brach und das Boot nur mit Mühe an einen Landeplatz getreidelt werden konnte, oder erlitten schwere Havarien, so daß die Ladung nur unter größten Schwierigkeiten auf andere Schiffe umgeladen werden konnte.

Einiges Rettungsgerät führten die Schiffe mit sich, wie Schöpfeimer, Bootshaken, Korkringe oder Korkbojen, auch ein kleines Beiboot; an der Syrte gab es einige Nothäfen zum Anlaufen, und hier und da Sammelplätze für Schiffbrüchige. Doch die Zahl der Opfer, die die See forderte, war groß, und viele Grabinschriften sprechen von an Land gespülten Toten, die ein mitleidiger Mensch bestattete, wohl auch, da das als gutes Werk galt, mit der Bemerkung: „Denke auch an den, der sie großmütig hier bestattet hat.“

Die Handelsmarine bildete neue Lebensformen und eine eigene Fachsprache aus, die zum allgemeinen Bildungsgut wurde. Ein großer Teil der hellenistischen Bevölkerung verdiente sein Brot auf den immer größer und zahlreicher werdenden Frachtschiffen. Unter ihnen standen die großen Getreidefrachter an erster Stelle. Die Verteilung der Stürzladung auf einem solchen Schiff erforderte viel Mühe, da jede Verschiebung die größten Gefahren verursachen konnte. An zweiter Stelle standen die Wein- und Öltransporter, von denen die zahlreichen auf dem Meeresboden gefundenen Amphoren stammen. Ein im Jahre 240 vor Marseille untergegangenes Schiff von 30 Meter Länge hatte 8000 Amphoren, dazu noch etwa 10 000 irdene Schüsseln und Schalen geladen. Gemischte Waren und Stückgut brachten die Schiffe Zenons aus Syrien, beide zusammen transportierten 63 Amphoren Tischwein, 10 Amphoren Süßwein, 2 Halbamphoren Tischwein, $2^1/_2$ Amphoren Olivenöl, 2 Amphoren Essig, 7 Halbamphoren Honig, 10 Amphoren getrocknete Feigen, eine Amphore und drei Körbe Nüsse, einen Korb Sämereien, eine Amphore Käse, 10 Krüge Wildschweinfleisch, 2 Krüge Rehfleisch, 2 Krüge Ziegenfleisch, einen Korb rauhe und einen Korb weiche Schwämme. Ähnliche Mischladungen verzeichnen übrigens schon ägyptische Logbücher des zweiten Jahrtausends. Viehtransporter nahmen im Durchschnitt etwa 30 Pferde auf.

Der Passagierverkehr erfuhr eine ungeheure Steigerung. Wer es sich leisten konnte, kaufte einen teuren Platz auf dem Hinterdeck, die übrigen Reisenden verteilten sich über das ganze Schiff. In einer Passagierliste wurde vermerkt, wo die Reisenden aus- und einstiegen. Fahrpläne gab es nicht, und selbst wenn man ein geeignetes Schiff gefunden hatte, konnten die Wetterbedingungen die Abfahrt tagelang verzögern. Wer sich nicht vor der Abfahrt mit allem Nötigen reichlich versorgte – man muß Vorsorge für das Alter treffen, wie man sie für eine Seefahrt von vier Tagen trifft, heißt es in einer Kömödie –, wozu auf den Hafenmärkten genügend Gelegenheit war, konnte auf den Schiffen höchstens schlechtes Essen und nach Teer schmeckenden Rotwein bekommen. Wer sich keine Kabine leisten konnte, saß auf Tauen oder schlief, in sein Himation oder eine Decke eingehüllt, auf Holzplanken. In Ägypten beförderten übrigens von jeher die Frachtschiffe auch öffentliche und private Postsendungen, in der hellenistischen Zeit wird es nicht anders gewesen sein.

Viele Handelsschiffe waren im privaten Besitz von Kaufleuten, die selbst mit auf Fahrt gingen; reiche Unternehmer wie Apollonios besaßen kleine Flotten. Andere Schiffe gehörten mehreren Teilhabern; endlich geriet auch die Handelsschiffahrt immer mehr in den Besitz der Könige und schließlich der Banken, die Schiffe sogar in Erbpacht vermieteten oder verpachteten. Alte Kapitäne im Ruhestand vermittelten dabei als Makler. Aber die Kette der

Prozesse zwischen Kreditinstituten, Schiffseigentümern, Kapitänen und Kaufleuten riß nie ab, und da die Frage nach der force majeure bei den zahlreichen Schiffsuntergängen und sonstigen Schäden nie eindeutig gelöst wurde, kam es häufig zu großen finanziellen Verlusten, bis hin zum völligen Ruin, allerdings auch, wenn man Glück hatte, zu großen Spekulationsgewinnen.

Der Hauptschaden lag darin, daß es dem Hellenismus trotz einiger beachtlicher Versuche nicht gelang, ein Seerecht zu schaffen und zur Geltung zu bringen; das scheiterte an den Interessen der meist kriegführenden Mächte, die sich der Seeräuber bedienten. Zwar hatte schon Perikles an ein panhellenisches Seerecht gedacht und Thukydides die Rechtlosigkeit auf See als primitiv verurteilt, aber außer in der kurzen Blütezeit des rhodischen Seerechtes gab es nur da einen gewissen Rechtsschutz, wo vertragliche Abmachungen bestanden; vorbildlich waren die zwischen König Ziaelas von Bithynien und Kos, die allen koischen Seefahrern Sicherheit in bithynischen Gewässern und koischen Schiffbrüchigen Hilfe und Asylie in Bithynien zusicherten (um 250). Es kam aber auch vor, daß sich solche Verträge zum Schaden dritter auswirkten. Am besten war es natürlich, wenn, wie in Malta, die Küstenbewohner aus Menschlichkeit den Gestrandeten halfen und vom Strandrecht keinen Gebrauch machten.

Groß war der Papierkrieg für die Handelsschiffahrt, besonders in den ptolemaischen Häfen, wo die Tradition der ägyptischen Schiffahrtspapiere fortgeführt wurde. Frachtsätze und Hafengebühren mußten deklariert und berechnet werden: in Delos mußte man Formulare in doppelter Ausfertigung für zwei verschiedene Behörden ausfüllen, mit genauen Angaben über Mengen, Maße und Preise aller einzelnen Waren. Notwendig war die genaue Kenntnis aller Einfuhr-, Ausfuhr- und Zwischenhandelsgesetze, weil man sonst Waren zwangsverkaufen mußte – in Delos etwa Holz – oder solche beschlagnahmt wurden – so etwa in Alexandreia Bücher.

Das Einlaufen in und das Auslaufen aus den Häfen, das Laden und Löschen hatten ihre eigenen Tücken. Große Häfen wie Syrakus und Alexandreia besaßen allerdings vorbildliche Ladeanlagen mit modernen Kränen, andere, wie Kyzikos, verfügten über ein großes Personal von Stauern, die zu Innungen zusammengeschlossen waren. Obwohl sie schwierigen Aufgaben gewachsen waren, Statuen sachgemäß in Fellen verpackten, Elefanten über schwankende Bretter auf die Schiffe trieben und das Verladen schwerer Ballen und zerbrechlicher Amphoren meisterten, deuten die Berichte über Verluste im Hafen darauf hin, daß es auch viel Bruch gab.

Angefangen von den Seeunternehmungen des Demetrios Poliorketes bis zur Schlacht von Actium ist der Hellenismus schließlich eine große Zeit der

Kriegsmarine gewesen. Hellenistische Neuerungen waren die Bestückung der Schiffe mit Geschützen – und zwar sowohl mit Katapulten wie mit Belagerungsmaschinen –, neue Typen schwerer gedeckter Kriegsschiffe (Kataphrakten), die Verwendung von Brandern, die man vielleicht bei den Phoinikern gesehen hatte, neue Formen der Seetaktik und Seestrategie. Demetrios Poliorketes übertrug die ‚schiefe Schlachtordnung' der Landschlachten auf die Strategie der Seeschlachten. Gemeinsame Operationen von Flotte und Landheer über weite Räume hinweg, listige Taktiken wie die des Hannibal, der ein Geschoß mit Giftschlangen einsetzte, sowie bessere Ausbildung aller Mannschaften und Offiziere kennzeichneten die hellenistischen Seekriege.

Die seemännischen Autoritäten in der Forschung bedauern es alle, daß der Hauptzeuge für die hellenistischen Seekriege, Polybios, ein Heeres- und kein Marineoffizier war, so daß vieles in seinen Berichten unklar bleibt und wohl auch von ihm selbst nicht verstanden worden ist. Drei Formen der Seetaktik gebrauchten die hellenistischen Admirale, die Umsegelungs- und Durchbruchstaktik, die Rammtaktik und die Entertaktik, die aber als syrakusanische Erfindung fast nur im Westen angewandt und vielfach überschätzt wurde: bei stürmischer See war sie nicht anzuwenden. Die Durchbruchsschlacht, bei der man durch die feindlichen Linien brach, die Ruder zerstörte, dann kehrt machte und den Feind von hinten angriff, gewann an Heftigkeit, wenn der Kampf zum gegenseitigen Beschuß durch Bogenschützen auf Schiffstürmen oder mit Feuergeschossen oder Katapulten führte; am geschicktesten waren wohl die Rhodier bei Chios. Der Schnelligkeit und Präzision der Angreifer konnten die Verteidiger mit Holzplatten gepanzerte Schiffe, treffsichere Turmschützen und in den Lücken der Fronten kleine, bewegliche Boote entgegenstellen, die den Durchbruch zu verhindern suchten. Die Rammtaktik verlor an Bedeutung, da die großen Schiffe beim Abdrehen und Zurückfahren nicht beweglich genug waren und die kleinen gegen große, gut gepanzerte wenig vermochten. In der Entertaktik und der Verlegung des Kampfes auf die feindlichen Decks waren die illyrischen Seeräuber Meister, Schule gemacht haben sie in den großen östlichen Seeschlachten jedoch nicht. War eine Flotte geschlagen, so bestand immer noch die Möglichkeit, daß sich einige Schiffe durch die Flucht retteten, den Sieger dann unvermutet überfielen und ihm empfindliche Schläge beibrachten. Doch waren die Verluste oft groß: so verlor Philipp V. bei Chios (201) 28 von seinen 53 großen Einheiten.

Im Belagerungskrieg übernahmen die Flotten die Aufgabe der Blockade. In einigen Fällen gelang sie, wie bei der Blockade des Peiraieus durch Demetrios Poliorketes. Aber die Schwierigkeiten waren groß: Stürme konnten die Blockadeflotte lichten, Blockadebrecher konnten durch die Lücken der

Absperrung brechen, manchmal war auch das zu sperrende Gebiet zu groß. Weder Alexandreia noch Rhodos noch Syrakus sind durch Blockaden bezwungen worden. Durch Aufklärungsboote und Wachtrieren oder durch den Einsatz von Froschmännern, die ankernde Blockadeschiffe von unten her angriffen, schützten sich blockierte Städte mit Erfolg. Gelegentliche Sonderaufgaben für die Kriegsschiffe waren der Kaperkrieg und Geleitfahrten für Truppen- oder Getreidetransporte.

Beschäftigt man sich nun mit den Seeleuten selbst, so bemerkt man, wie bei allen Berufen des Hellenismus, eine zunehmende Differenzierung. In den Flotten mischten sich die verschiedensten Völker: zu den Griechen, deren Seefahrergeist nie ausstarb, gesellten sich phoinikische, kypriotische, kilikische und jüdische Matrosen und Seeoffiziere. Als Muster für die Differenzierung einer Schiffsbesatzung kann die Rangliste einer rhodischen Tessere gelten. Zu ihr gehörten Offiziere: Kapitän, Navigationsoffizier (κυβερνήτης), Offizier am Ausguck (πρωρεύς), Ruderoffizier (κελευστής), Verwaltungsoffizier (πεντηκόνταρχος); Deckoffiziere: Obermaat (ἡγεμὼν τῶν ἔργων), Schiffszimmermann, Steuermann (πηδαλιοῦχος), Ölverwalter, Schiffsarzt und Ruderbinder (κωποδέτης); Matrosen – hier richtete sich die Anzahl nach der Größe des Schiffes: Vorderdecksmatrosen, Hinterdecksmatrosen, Ruderer. Dazu kamen die Seesoldaten, Geschützführer und Bogenschützen. Über den Kapitänen der einzelnen Schiffe standen die Flottenchefs und Admirale, deren Register glänzende Namen aufweist. Zu ihnen gehörten sogar Könige: Alexander, der sich auf die Steuermannskunst verstand und zeitweilig sein Schiff eigenhändig lenkte, Demetrios Poliorketes, der bis zu fünfhundert Schiffe kommandierte und dem es gelang, aus allem möglichen Gesindel brauchbare, disziplinierte Matrosen zu machen, Antigonos Gonatas, Attalos I., Philipp V. In der fast ununterbrochenen Ehrenliste großer hellenistischer Admirale wären etwa aufzuzählen: Nearchos, Onesikritos und Kleitos für Alexander, Phokion für Athen, Amyntas für Rhodos, Patrokles und Polyxenidas für die Seleukiden, Hannibal für Karthago, Hippalos für die Ptolemaier, Demokrates für die Makedonen, Deinokrates und Dionysodoros für die Pergamener; viele von ihnen sind den Seemannstod gestorben.

Der Kapitän hatte sich um alles – bis hin zum Landurlaub der Matrosen – zu kümmern, dem Navigationsoffizier oblag die gesamte Peilung, von der der Kapitän nichts zu verstehen brauchte, der Ausguckoffizier hatte nicht allein auf die Fahrrinne, sondern auch auf heransegelnde oder in einem Versteck lauernde Seeräuber zu achten, der Ruderoffizier entsprach dem modernen Ingenieuroffizier, er bestimmte die Rudergeschwindigkeit durch Taktangaben an den Flötenbläser, der den Rudertakt blies. Der Verwaltungsoffizier war Zahlmeister und Proviantverwalter. Zu den Deckoffizieren kamen bei größeren Schiffen zwei Bootsleute für Back- und Steuerbord. Auf allen Binnengewässern spielten die Fährleute eine Rolle, und in den Häfen die Zubringerberufe, also neben Hafen- und Werftingenieuren die Werftarbeiter, Segelmacher, Hafentaucher, Turmwärter und Stauer.

Die Heuer betrug für Ruderer im Durchschnitt drei Obolen täglich, wobei man bedenken muß, daß sie einen Teil des Jahres auf jeden Fall arbeitslos waren, Offiziere kamen auf etwa eine Drachme täglich und mehr. Für längere Fahrten gab es Naturalzuteilungen an Schiffszwieback, Pökelfleisch, Pökelfisch, Korn, Öl, Käse und Zwiebeln, meist aber mußte sich der Seemann auf den Hafenmärkten, wo Marinesoldaten vielfach billigere Preise zu zahlen brauchten, selbst verproviantieren. Da die Heuer erst nach Rückkehr in den Hafen gezahlt wurde, wurde sie auch rasch wieder ausgegeben; in einigen Häfen schützten aufgestellte Preisverzeichnisse die Matrosen vor Ausbeutung durch Markthändler. Gelegentlich kam es zu Unruhen, weil Matrosen und Ruderer glaubten, ihre Löhne seien gedrückt worden, auch Beschwerden über die Bedrückung der Familien der Seeleute während deren Abwesenheit sind aus der ptolemaischen Schiffahrt bekannt. Das Urteil über Matrosen, die in den Häfen mit zweifelhaften Hetären herumlungerten, über verschlafene Steuerleute und betrunkene oder geschwätzige Ruderer war nicht besonders gut, doch gibt es auch schöne Zeugnisse von anderen, die stolz auf ihren seemännischen Beruf waren und ihn gern ausübten. Von Vereinigungen der Seeleute ist ein Marineoffiziers-Club in Alexandreia bekannt. Ein brennendes Problem war die Frage der Unterkünfte in den Häfen, wo man nicht nur im Winter, sondern wegen der mangelhaften Anschlüsse, des oft langwierigen Be- und Entladens und der Wetterverhältnisse auch sonst meist einen längeren Aufenthalt hatte. Glücklich, wer in einem Hafen einen Gastfreund hatte und privat unterkommen konnte, denn die Herbergen waren oft nur unsaubere Spelunken in dunklen Gassen, in denen man vor Schlägereien nicht sicher war. Ging jedoch ein Schiff auf eine weite Überseefahrt, so war dies in Häfen wie Rhodos ein froher Festtag. Nachdem sich Seeleute und Passagiere genügend ausgeruht hatten und die letzte Amphore Frischwasser für das Schiff übernommen war, wurde das Schiff mit Blumen bekränzt, dann ging ein Matrose „mit struppigem Bart" von Herberge zu Herberge und rief die Passagiere zusammen, und unter viel Geschrei und Jubel setzte sich das Schiff in Bewegung.

Soziologisch interessant ist die Feststellung, daß sich viele der Schiffahrt aus wirtschaftlichen Gründen zuwandten, „wer sich dem Meer anvertraut, erhält großen Gewinn". Eine solche Einstellung war freilich keineswegs typisch hellenistisch. Eigentümlicher dagegen ist die Tatsache, daß die Seefahrt einen zuvor nicht dagewesenen Einfluß auf das künstlerische Gestalten gewann. Er reicht von dem großen Seefahrerepos des Apollonios bis zu den schlichten Matrosenzwiegesängen, von denen der Streitgesang zwischen Hochsee- und Nilschiffern mit seinem feinen Humor erhalten geblieben ist; im Eidyllion wird von einem Mann erzählt, der aus unglücklicher Liebe zur Seefahrt gegangen ist, und im Grabepigramm vom toten Schiffer. Philosophen wie der Rhodier Panaitios bedienten sich seemännischer Vergleiche und Bilder, die Romane erzählten von der Seefahrt, und die Komödie lachte über ihre Schrecken: „Ich wundere mich nicht, daß er zur See gefahren ist, aber wohl darüber, daß er es zum zweiten Mal getan hat." „Wer zur See geht, ist entweder wahnsinnig oder arm – oder ein Selbstmörder."

Ein charakteristischer Wesenszug des hellenistischen Seemannes war seine Neigung zu Religion und Aberglauben. Erst in dieser Epoche sind viele Götter zu Seefahrergöttern geworden, ja, man kann fast sagen, daß es den Schiffen gelang, völlig ‚kontinentale' Gottheiten zu Göttern der Seefahrt zu machen. Kein hellenistischer Lebensbereich war so eng mit dem Religiösen verbunden wie der maritime. Wer eine Seereise antrat, holte ein Orakel ein, opferte vor der Abfahrt und gelobte ein Votiv für glückliche Heimkehr. Manche ließen sich sogar noch rasch in eine Mysterienreligion einweihen; Theophrasts Feigling weigert sich, mit Uneingeweihten zusammen ein Schiff zu besteigen; daher gab es in Hafenstädten Gelegenheiten zum Eintritt in eine solche Gemeinde. Traumorakel wurden ängstlich oder hoffnungsvoll beachtet; als glücklich galt, wer vor seiner Abreise von seinem Tode träumte, dann konnte er sicher sein, auf See nicht zum zweiten Male zu sterben, es sei denn, er träumte vom Tod im Wasser. Die Kielbalken des Schiffes reden, wunderbare Fische schwimmen vor dem Schiff her und zeigen ihm den rechten Kurs. Die Seeleute aber sprachen Zauberformeln wie den rhodischen Windzauber. Seefahrerlegenden schreckten die Schiffer, und religiöser Moralismus drohte, daß das ganze Schiff wegen eines Frevlers untergehen werde; deshalb nahmen die Kapitäne lieber Fromme als Gottlose an Bord.

Die beliebtesten Seefahrergötter waren die Dioskuren, die zwar schon in früheren Zeiten Seefahrern geholfen hatten, aber erst im Frühhellenismus die Rettergötter (Soteres) schlechthin wurden, die den Schiffern im Sternbild der Zwillinge erschienen, ihnen in höchster Not halfen und die Stürme stillten. Man betete zu diesen samothrakischen Göttern, sie sollten dem Steuermann beistehen, und setzte ihnen zahlreiche Votive und Inschriften, bildete sie als Galionsfiguren oder nahm ihre Terrakottabilder als Amulette mit auf die Seefahrt. Dem Zeus ‚der günstigen Winde', der Aphrodite Euploia, deren

Tempel in den Hafenvierteln stand und die, aus dem Meere auftauchend, Schiffbrüchige rettete, dem Dionysos, der selbst einst den Seeräubern entging, und Poseidon, der besonders in der Kriegsmarine verehrt wurde, dankten die Seefahrer in vielen Votiven. Die rhodische Flotte verehrte natürlich den heimischen Helios als Retter aus Seenot. Eine vielleicht nur literarische Besonderheit ist die Erwähnung des Priapos als Seefahrergott im zehnten Buch der Anthologie, doch wird er wohl in bestimmten lokalen Flotten ähnlich wie Pan zum Seegott geworden sein. Es hing mit dem Aufstieg Alexandreias zusammen, daß schließlich Isis und Sarapis fast alle anderen Seegötter verdrängten. Isis Pelagia, Isis Sotis, Isis Euploia wurden göttliche Bezeichnungen, in ihren Tempeln hingen die meisten Seefahrervotive, die Lampe in Schiffsform wurde ihr heiliges Kultgerät, der Wiederbeginn der Schiffahrt nach dem Winter erfolgte in ihrem Namen, und wenn der gerettete Seefahrer heimkehrte, ging er zuerst in den Isistempel. Ptolemaios Philometor hatte für seine glückliche Heimkehr dem Sarapis gedankt, und der Steuermann Syrion gab seinen durstenden Passagieren auf See wunderbares Süßwasser, das er, wie er sagte, von Sarapis erhalten habe. Schließlich finden sich noch Weihungen und Gebete an Gestirne und Winde, aber auch schon der ‚moderne' Glaube, daß jedes Schiff seine Tyche oder seinen Daimon habe oder auch nur ein schlichtes seemännisches Ethos, das in Hingabe und Tapferkeit, vor allem aber in guter Kameradschaft gegenüber den Mitmatrosen bestand.

Einer der Götter, die ursprünglich nichts mit der Seefahrt zu tun hatten, wurde auf besondere Weise zum maritimen Gott, der persische Mithras: er wurde der Schutzherr der Seeräuber.

Damit kommen wir zum letzten und dunkelsten Kapitel der hellenistischen Seefahrt, der Seeräuberei.

Seeräuber gab es in der griechischen Welt schon seit langem, und im allgemeinen nahm man keinen Anstoß an ihnen. Aber von der Alexanderzeit bis zum Beginn der großen Wirren am Ende des dritten Jahrhunderts waren sie nur noch selten auf den östlichen Meeren zu finden, da es für Männer genug Möglichkeiten zu regulärem Marinedienst in Handels- und Kriegsflotten gab und da die starken Flotten Makedoniens, Athens, einiger Städte und Inseln sich der Seeräuber erwehren konnten. Anders stand es in der Adria und im westlichen Mittelmeer, zumal nach dem Scheitern einer athenischen Kolonie, die um 330 zur Seeräuberbekämpfung am dalmatinischen Ufer gegründet worden war. Illyrische, etruskische, römische und karthagische Seeräuber teilten sich zunächst die Raubgebiete untereinander auf, später bekämpften sie einander. Mit der allgemeinen Verwilderung am Ende des dritten Jahrhunderts begann auch im Osten eine neue Blütezeit der Seeräuberei, die am Anfang des ersten Jahrhunderts ihren Höhepunkt erreichte. Zwei Gründe waren dafür maßgebend: erstens bedeutete die Seeräuberei für viele durch die Kriege Vertriebene, Entwurzelte und Verzweifelte die letzte Chance zu überleben, und zweitens nahmen alle kriegführenden Mächte Seeräuber in ihre Dienste, wenn sie dem Gegner dadurch schaden konnten. In den Syrischen Kriegen haben die Ptolemaier von Kypros aus Seeräuber gegen die Seleukiden eingesetzt, die Aitoler, die schon lange der Seeräuberei zugetan waren, trieben sie auf eigene Faust oder stellten sich dem zur Verfügung, der sie brauchen konnte, der achaische Bund ermutigte Seeräuber, gegen seine Feinde zu fahren, Philipp V. bediente sich der kretischen Raubschiffe, die Römer förderten sie, Nabis bedurfte ihrer. Piratenhäuptlinge wie der Aitoler Dikaiarchos, der der ‚Gottlosigkeit' und der ‚Gesetzlosigkeit' Kulte gestiftet haben soll und der mit seinen kretischen Bundesgenossen die rhodische Schiffahrt im Bereich der Kykladen ein Jahr lang (205/4) fast lahm legte, waren begehrte Bundesgenossen. Zwar verhütete Rhodos das Schlimmste, solange es noch stark war, und brachte große Opfer zur Bekämpfung der Seeräuber – die erschütternde Aufschrift eines rhodischen Grabsteins spricht von drei Brüdern, die als Seeleute im Kampf gegen die Seeräuber gefallen waren –, als aber die Römer die Macht von Rhodos gebrochen hatten und Seeräuber zur Beschaffung von Sklaven für den römischen Sklavenmarkt brauchten, wurden die Piraten für ein Jahrhundert geradezu die Herren der Ägäis. In Kilikien entstanden Seeräuberstaaten, aber es gab auch viele, die allein mit ein paar Spießgesellen losfuhren. Erst als die Römer im Kampf gegen Mithradates merkten, daß die Seeräuber auch der Gegenseite halfen und daß sie in den Bürgerkriegen die Parteien wechselten, daß Männer wie Cäsar und Clodius in ihre Hände gerieten, viele verzweifelte Römerfeinde zu den Seeräubern übergingen und die Getreideschiffe nach Rom nicht mehr sicher waren, schritt Pompeius energisch gegen sie ein; es war sein besonderes Verdienst, daß er die gefangenen Seeräuber an Orten ansiedelte, wo sie allmählich zu Bauern werden konnten.

Inzwischen jedoch war unermeßlicher Schaden angerichtet worden. Um 200 wurde Thera schwer heimgesucht und Amorgos überfallen; bei Nacht schleppten die Räuber alle Männer und Frauen, deren sie habhaft werden konnten, auf einem im Hafen gestohlenen Schiff fort. Vierhundert Städte sollen sie zwischen den Jahren 200 und etwa 65 geplündert haben, darunter den heiligen Hafen von Delphoi, Delos (69), Samothrake, Ostia, Häfen in Spanien und Afrika – freilich im Bunde mit Sertorius – und die Tempel von Klaros, Didyma, Hermione, Epidauros, Samos, Iasos, Klazomenai und andere. Wenn irgend möglich töteten sie keine Menschen, sondern verkauften sie oder ließen sich hohe Lösegelder zahlen. Ihre kleinen und leichten Schiffe führten zuweilen goldpurpurne Segel, ein Charakteristikum der Piratenmentalität. Ihre Spione erkundeten zunächst verkleidet in den großen Häfen, welche Schiffe demnächst absegelten und welche anzugreifen sich lohnte. Der Roman des Xenophon gibt eine Schilderung, die der Wirklichkeit sehr nahe kommt: Ein Seeräuberschiff unter Führung des jungen Phoinikers Korymbos, eines Mannes „mit wildem Blick und langen Haaren", wird als Kauffahrer getarnt und legt im Hafen von Rhodos an. Dort suchen sich die Piraten ihr nächstes Opfer aus, dem sie unauffällig folgen und das sie im günstigsten Augenblick angreifen. Alles, was von den überwältigten Mannschaften und Passagieren brauchbar ist, wird auf den nächsten Sklavenmarkt geschleppt, die unbrauchbaren werden ins Meer geworfen. Die übrige Beute wird auf das Schloß des Chefs der Banden in der Nähe von Tyros gebracht. Piraten waren ein Schreckgespenst – der Feige bei Theophrast hält jede Klippe für ein Seeräuberschiff –, und ein Kaufmann Damon, der in letzter Stunde aus ihrer Hand gerettet wurde, stiftete ein herzliches Dankvotiv.

Die Menschen, die zu den Piraten gingen, taten das meistens, weil sie sich in einer Notlage befanden. Dazu gehörten die Korinther, die im Jahre 146 der römischen Zerstörung entfliehen konnten, verarmte Bauern und Fischer – oft mit Einwilligung ihrer hungernden Frau –, aber auch Söhne reicher und guter Familien, die entweder mißraten waren oder die Seeräuberei als Sport betrieben. In den alten Seeräubervölkern galt sie nach wie vor als Erweis männlicher Tapferkeit, und der Ausspruch der Königin Teuta mag einigermaßen historisch sein: „Ich kann den Männern meines Volks nicht verbieten, ihren Lebensunterhalt auf der See zu suchen."

Unbefestigte und schwach befestigte Städte und Inseln konnten sich nur durch stete Wachsamkeit vor den Räubern schützen, so ist Syros einmal dadurch gerettet worden, daß es von einem Siphnier rechtzeitig gewarnt wurde, viele Inseln unterhielten ständige Küstenwachen. Fanden sich aber Staaten wie Rhodos oder tüchtige und wehrhafte Statthalter wie der Athener Asklepiades in Delos, dann konnten sie auf den Dank nicht nur der Inselbewohner, sondern auch der Kaufleute und Seeleute rechnen, wenn sie die Seeräuber in Schach hielten.

j) Sklaven

Ein fruchtbares Ergebnis der ideologischen Auseinandersetzungen des zwanzigsten Jahrhunderts ist ein erhöhtes Interesse der Forschung an der antiken Sklavenproblematik, wobei freilich die Quellen sehr verschieden interpretiert und die Probleme sehr verschieden nuanciert werden. Schon auf den ersten

Blick zeigt sich die Unmöglichkeit, irgendeine allgemeine Formel zu finden, wieder verbietet die Differenzierung alles hellenistischen Lebens jede Schematisierung. Es gab nicht nur sehr verschiedene Systeme hellenistischer Sklavenwirtschaft, sondern ebenso viele verschiedene Ansichten über Wesen, Wert, Unwert, Recht und Unrecht der Sklaverei, und die Anzahl der Sklaven war in den einzelnen Gebieten sehr verschieden. *Gschnitzer* hat gezeigt, welche Unterschiede bereits in vorhellenistischer Zeit dadurch zum Ausdruck kamen, daß man Sklaven als ‚Knecht', ‚Menschenvieh', ‚Hausgenosse', ‚Diener', ‚Junge', ‚Gehilfe', ‚Aufwärter' oder ‚Stück' bezeichnete, wobei alle diese Begriffe im Gegensatz zu dem des Freien stehen.

Vor allem muß scharf zwischen zwei Phasen unterschieden werden, zwischen der Zeit *vor* und der Zeit *nach* dem Einsetzen der römischen Massenversklavungen der hellenistischen Bevölkerung. Vor dieser Zeit gab es relativ wenig Sklaven. Im Ptolemaierreich fehlten sie fast ganz; es ist schon oft darauf hingewiesen worden, daß in den Zenonpapyri kaum vierzig Sklaven erwähnt werden. Bei den damals in Griechenland herrschenden kleinen Verhältnissen – eine Ausnahme machten vielleicht Städte wie Athen und Korinth – und in den bäuerlichen Verhältnissen Makedoniens dürfte – abgesehen von den Bergwerksklaven des Laureion – die Zahl der Sklaven auch nicht sehr hoch gewesen sein. Etwas anders lag es vielleicht in dem reichen Pergamon und in dem von orientalischen Sitten beeinflußten seleukidischen Bereich, doch die Zahl von sechshundert seleukidischen Königsklaven ist erst unter Antiochos IV. belegt. Ärmere konnten sich ohnehin keine Sklaven leisten, und Weisere handelten nach der Erkenntnis, daß es besser sei, ‚autark' zu sein, denn „viele Sklaven zu ernähren und viele Häuser zu bauen, ist der sicherste Weg zur Armut". Aristoteles besaß zwar dreizehn und Theophrast neun Sklaven, aber beide waren reich, und einige von diesen Sklaven mögen eine Art von Hilfsassistenten gewesen sein. Das Bild änderte sich erst dann völlig, als die Römer auf den Plan traten und zwischen 171 und 64 unaufhörlich große Sklaventransporte nach dem Westen brachten; den Beginn machten die 150000 Epeiroten des L. Aemilius Paullus. Im Jahre 102 klagte Nikomedes III. von Bithynien, daß die römischen Steuerpächter die ganze männliche Bevölkerung seines Landes verschleppt hätten. Eine der Folgen davon war, daß es im griechischen Osten erst recht keine ‚Sklavenhaltergesellschaften' geben konnte.

In der ersten Phase waren die meisten Sklaven ‚im Hause geboren', Sklaven also durch ihre Herkunft von einer Sklavin oder aus einer Sklavenehe. Sich selbst zu verkaufen, war ungriechisch, kam aber in Krisen des Ptolemaierreiches bei Ägyptern vor, die sich an die Tempel verkauften; doch gab es gesetzliche Einschränkungen und zeitweilig gänzliche Verbote. Der Verkauf von Kriegsgefangenen war bis um 200 noch selten; in der Diadochenzeit wurden die Gefangenen ausgetauscht, losgekauft oder angesiedelt. Ausnahmen wie die Versklavung der Bevölkerung von Mantineia durch den achaischen Bund (223) wurden allgemein verurteilt, auch schützte man sich durch Verträge ähnlich dem, der zwischen Milet und den kretischen Städten abgeschlossen wurde: keiner der Partner sollte jemals einen Kriegsgefangenen oder von Seeräubern Geraubten aus der anderen Stadt kaufen. Einen Verkauf von Kindern gab es nur im Seleukidenreich und auch das war auf orientalischen Einfluß zurückzuführen, ausgesetzte Kinder dagegen sind auch an anderen Orten verkauft worden; eigentümlich war die Regelung in Boiotien, wo keine Kinder ausgesetzt werden durften, ein Vater aber, der ein Kind nicht ernähren konnte, die Möglichkeit hatte, es vom Staat öffentlich versteigern zu lassen.

Die zweite Phase begann mit dem Laevinus-Vertrag (212), der zunehmenden Versklavung von Städten seit etwa 200 und der vermehrten Tätigkeit der Seeräuber. Ein Auftakt war die Einnahme von Antipatreia durch L. Apustius, der alle Männer töten und Frauen und Kinder in die Sklaverei verkaufen ließ. Der Quaestor verteilte die Gefangenen sofort an die Soldaten, verkaufte sie an mitziehende Sklavenhändler oder ließ sie in Massentransporten nach dem Westen verschiffen – griechische und makedonische Menschen, die kurz zuvor noch frei gewesen waren. Erschütternd ist, daß in den furchtbaren Zeiten nach dem Dritten Makedonischen Krieg auch Griechen das römische Vorbild nachahmten; der schlimmste Fall war der Verkauf von Frauen und Kindern in Oropos durch die Athener. Um 100 muß sogar Delphoi darüber klagen, daß junge Leute von Schurken für den Sklavenmarkt geraubt worden seien. Was die Heere an römischem Sklavenbedarf nicht beschaffen konnten, ergänzten die Seeräuber, die sich im dritten Jahrhundert meist damit begnügt hatten, Lösegeld zu fordern, seit etwa 200 aber die Sklavenmärkte von Side oder Delos reichlich belieferten. War dann endlich ein Land römische Provinz geworden, so kamen die Steuerpächter und erzwangen den Schuldverkauf ganzer Familien, eine Unsitte, die allerdings auch im Seleukidenreich möglich war, wie die Tonzylinder von Warka (um 200) beweisen.

So veränderte sich nun auch ethnisch gesehen das Bild der Sklaven. In der ersten Phase waren Sklaven meist Paphlagonier, Thraker, Syrer, Menschen aus der Steppe oder den Randgebirgen des Schwarzen Meeres und aus den dort ansässigen verschiedenen Völkern gewesen; die im Peloponnesischen Krieg eingerissene Sitte, daß sich Griechen untereinander versklavten, hatten auch Anhänger der Sklaverei wie Platon verurteilt. Barbaren als Sklaven zu haben, galt fast überall als selbstverständlich. In der zweiten Phase blieben zwar auch Nichtgriechen als Sklaven gefragt, Negersklaven wurden modern, die Syrischen und die Makkabäischen Kriege brachten jüdische Sklaven, thrakische Sklavennamen kamen immer vor, galatische Sklaven überschwemmten zeitweise den Markt. Aber die Zahl der Sklaven griechisch-makedonischer Herkunft schnellte seit dem Jahre 200 sprunghaft in die Höhe, und zwar nicht nur bei Römern, sondern auch bei Griechen, wie die delphischen Freilassungsurkunden beweisen.

Der Verkauf, bei dem Ptolemaier wie Seleukiden hohe Steuern erhoben, erfolgte durch Sklavenhändler, die verpflichtet waren, auf etwaige Mängel der Sklaven hinzuweisen, wenn sie sich nicht der Gefahr späterer kostspieliger Gerichtsprozesse aussetzen wollten. Anscheinend gab es nur bei den späteren Seleukiden Sklavenhändler, die für den König arbeiteten; seit Antiochos I. wurde der Sklavenhandel von den Sklavenregistrierungsämtern kontrolliert. Die Kaufverträge enthielten Klauseln, die besagten, daß kein anderer ein Anrecht auf diesen Sklaven habe oder daß er nicht an einer heimlichen Krankheit leide. Eine Garantiemarke konnte dem Sklaven um den Arm gebunden werden. Erfolgte der Verkauf nicht unmittelbar von Hand zu Hand, so wurden von den Verkäufern über die Mittelsleute genaue Personalpapiere mitgegeben, wie etwa bei den vier Haussklaven, die der Dioiket Apollonios von Tobias kaufte:

„Haimos: Etwa 10 Jahre, dunkle Haut, lockiges Haar, schwarze Augen, gerundete Wangen, Grübchen auf der rechten Wange, unbeschnitten.
Attikos: etwa 8 Jahre, helle Haut, lockiges Haar, flache Nase, schwarze Augen, Schramme unter dem rechten Auge, unbeschnitten.
Audomos: ungefähr 10 Jahre, schwarze Augen, lockiges Haar, wulstige Lippen, Schramme an der rechten Augenbraue, beschnitten.
Okaimos: etwa 7 Jahre, rundes Gesicht, leicht gestülpte Nase, rötliches strähniges Haar, Schramme an der Stirn über der rechten Braue, beschnitten."

Manchmal mußten auch Bürgen und Zeugen gestellt werden wie bei einem anderen Kauf des Dioiketen:

„Birta in der Ammanitis. Nikanor von Knidos, im Dienst des Tobias, verkauft an Zenon, im Dienst des Dioiketen Apollonios, ein sidonisches Mädchen namens Sphragis, 7 Jahre alt, für 50 Drachmen." Es folgten die Namen der Zeugen, und zwar vier von den Leuten des Apollonios und zwei von denen des Tobias.

Die Preise variierten nicht nur nach Angebot und Nachfrage, sondern auch nach Alter, Qualität und Fähigkeiten der Sklaven. In Athen kosteten um das Jahr 300 männliche Arbeitssklaven 300 bis 500 Drachmen, also etwa so viel wie ein gutes Pferd, weibliche Haussklavinnen aber bis zu 6000 Drachmen. Die siebenjährige ammonitische Sklavin der Zenonpapyri ist also sehr billig – sie ist als Weberin beschäftigt worden; zur gleichen Zeit, um 259 etwa, konnte man in Syrien Mutter und Tochter zusammen für 400 Drachmen kaufen. Dazu kamen noch etwa 20% Verkaufsteuer. Starke Einschränkungen und sogar Teilverbote des Sklavenhandels waren einigen Ptolemaiern zu verdanken, so verbot Ptolemaios II. Philadelphos den Menschenfang in Syrien und wohl auch in den anderen ägyptischen Kolonien und gebot eine genaue Registrierung aller durch ägyptische Truppen geraubten Sklaven innerhalb von zwanzig Tagen und deren sofortige Freilassung gegen eine staatliche Entschädigung an den Besitzer. Andere königliche Verordnungen verboten jeden Selbstverkauf und ein Gesetz vom Jahre 118 den Schuldverkauf; verboten wurden auch jeder Sklavenexport und jede Brandmarkung.

Die Arbeiten, für die man Sklaven einsetzte, waren in beiden hellenistischen Phasen differenziert und spezialisiert. Abgesehen von den spezifischen Aufgaben der Staats- und Tempelsklaven, die Polizei-, Schreiber-, Säuberungs- oder kultische Dienste versahen, fanden sich Sklaven nahezu in allen Berufen. Oft mußten sie dazu erst ausgebildet werden; von den Zenonpapyri bis in die römische Zeit hinein sind für Sklavenkinder und ältere Sklaven abgeschlossene Lehrverträge zur Erlernung verschiedener Fertigkeiten erhalten. Viele arbeiteten als Handwerker bei Schmieden, Schustern, Gerbern, Töpfern, Tischlern, und die Sklavinnen im Textilgewerbe, wofür, wie uns überliefert ist, eine einjährige Lehrzeit notwendig war. Sklaven als Schreiber, auch zum Abschreiben von Büchern, gab es längst, und wie später Ambrosius dem Origenes, schenkte Antigonos Gonatas dem Philosophen Zenon Sklaven als menschliche Schreibmaschinen, einige verstanden sich sogar auf Kurzschrift. Musikanten, besonders Flötenspieler und Flötenspielerinnen, Athleten, Heilgehilfen und ärztliche Assistenten gab es unter den Sklaven, und je mehr in der zweiten Phase Griechen versklavt wurden, um so häufiger wurden sie als Lehrer eingesetzt, ebenso zur Beaufsichtigung der Jugend aller Altersstufen, angefangen vom Babysitter und Kinderwärter bis zum Pädagogen und Diener des jungen Mannes. Quellenmäßig am häufigsten belegt sind noch immer die Haussklaven, sie leisteten Ammendienste, frisierten Damen und Gecken, kochten, spalteten Holz, arbeiteten an der Handmühle.

Bei dem geringen, vorwiegend literarischen Material, über das wir verfügen, muß man sich sehr davor hüten, verallgemeinernde Urteile über die Behandlung der Sklaven zu fällen. Zwar wird auch hier ein gewisser Unterschied zwischen den beiden Phasen deutlich, aber größer waren doch wohl die individuellen Unterschiede. Das Los der Sklavin war immer traurig, aber Euripides hatte das öffentlich beklagt, zum Mitleid aufgefordert und gelehrt, daß Frauen, die ihre hohe Gesinnung auch in der Sklaverei nicht verloren, Bewunderung verdienten. Doch blieb die Arbeit der Sklavinnen hart, ganz gleich, ob sie die schwere Mühle drehen, den Mörser stampfen, täglich auf der Reibe reiben, täglich ein hohes Gewicht Garn spinnen oder ein großes Stück Zeug weben oder eine launische Herrin frisieren mußten. Liebesverhältnisse zwischen Herren und Sklavinnen waren so allgemein, daß selbst das strenge Kultgesetz von Philadelpheia nur das Verhältnis mit einer verheirateten Sklavin verbot, sich jedoch über das Verhältnis mit einer unverheirateten ausschwieg. Allerdings gab es in Athen und gewiß auch anderswo harte Strafen für den Herrn, der eine seiner Sklavinnen vergewaltigte, und wenn ein alter Mann sich eine hübsche junge Sklavin kaufte, lachte man in Athen über ihn. Am schlimmsten war es, wenn Sklavinnen zur Prostitution gezwungen und sogar noch besonders dazu ausgebildet wurden; die zahlreichen Hetärennamen, die Sklavinnen beigelegt wurden, deuten darauf hin, daß das recht oft geschah. Es war doch wohl erst Hadrian, der die Prostitution von Sklavinnen gesetzlich verbot.

Auch der männliche Sklave hatte es in keiner der beiden Phasen leicht, denn der Satz, daß er neben der Arbeit und dem Essen auch Strafen brauche, um nicht übermütig zu werden, scheint allgemein verbreitet gewesen zu sein. Man muß gar nicht an grobe Behandlung denken: Menander hatte ein feines Gefühl dafür, welche Tragik der Sklavenalltag mit sich bringen konnte: „Ein Sklave tut mir leid, der mehr weiß als sein Herr."

Geprügelt und angebunden wurden Sklaven auch von hellenistischen Griechen, allerdings kaum je gebrandmarkt, und es war wieder typisch griechisch, daß man viel schrecklicher als all das die Tatsache empfand, daß ein Sklave keine Polis hatte. Doch sollte man sich allein schon durch den lexikographisch nachweisbaren Wortbestand davor warnen lassen, die Behandlung der Sklaven im griechischen Bereich für allzu human zu halten, denn es gibt genügend griechische Worte für schwere Strafen an Sklaven. Es gab zwar hier und da im Hellenismus städtische Gesetze, die das Schlagen von Sklaven verboten oder einschränkten: es durfte nicht beliebig geprügelt werden, und der Totschlag eines Sklaven konnte sogar schwer bestraft werden, aber andererseits stand man auf dem Standpunkt, Sklaven, die keine Prügel bekämen, würden faul. Die Darstellungen schreiender geprügelter Sklaven mit nackten Oberkörpern gehen auf ein hellenistisches Vorbild zurück, und dabei war auch in der kultivierten Zeit Menanders das Auspeitschen noch die mildeste Strafe. Das Astynomengesetz von Pergamon bestrafte Sklaven mit 100 Schlägen, 10 Tagen Fesselung und darauf nochmals 50 Schlägen. Aus der ersten Phase sind uns keine Klagen über Hunger und Durst überliefert, aber aus der zweiten besitzen wir das erschütternde Gebet eines verdurstenden und hungernden Sklaven in Delos. Von der Not der Bergwerkssklaven war schon die Rede; als schlimmste Strafe wurde die Verdammung zur Arbeit in einer Mühle empfunden, was anscheinend nur dann der Fall war, wenn der Sklave etwas Ernstliches verbrochen hatte – übrigens wurden auch Frauen, die sich schwerer Verbrechen schuldig gemacht hatten, an die Mühle gefesselt.

Entehrungen aller Art blieben nie aus. Menander schildert einen Sklaven, der auf dem Verkaufsplatz nackt im Kreise herumgetrieben und an einen wohl recht bösen Herrn verkauft wird. Wurden Sklaven verschenkt oder vermietet, war das nicht weniger demütigend. Beredt sind die Darstellungen todmüder und trauriger Sklaven, so etwa der laternentragende Junge vom Thermenmuseum oder der ein Saiteninstrument spielende Negersklave einer alexandrinischen Bronze. Am schlimmsten war das Leben für den alten Sklaven, wenn ihm sein Herr nicht das Gnadenbrot gab.

Das alles sind Schattenseiten des hellenistischen Alltags, aber auch die Lichtseiten fehlen nicht. Es gab viele Sklaven, die glücklich waren, und manche, die glücklicher waren als freie Arbeiter. Euripides, wie immer gerecht und unbestechlich, schildert auch solche Fälle. Im Hellenismus waren die Verhältnisse eher besser geworden als in den voraufgegangenen Zeiten. In den kultivierten Städten wurden viele Haussklaven zu Hausangestellten und sogar zu Hausgenossen, und auch in den Werkstätten der Handwerker verringerte sich der Unterschied zwischen Freien und Sklaven. Für die griechischen Ärzte war es selbstverständlich, Sklaven genauso wie Herren zu behandeln und zu betreuen; an den großen Volksfesten der Pithoigia und an anderen Festlichkeiten nahmen Sklaven teil, und an religiösen Feiertagen herrschte auch für sie Arbeitsruhe.

So kam es während der ersten Phase in Städten wie Athen dahin, daß manche lieber Sklaven als freie Handwerker oder Arbeitslose sein wollten:

> Viel besser ist es, einen guten Herren zu haben,
> Statt als Freier niedrig und elend zu leben,

oder:

> Wenn einer einen wohlgesinnten Herrn hat,
> Gibt es kein schöneres Gut im Leben.

Seit Euripides erschien ein neuer Sklaventyp auf der Bühne, nämlich der Sklave, dem man vertrauen konnte, der zum Freund wurde, und die neue Komödie übernahm diesen Typ. Auch das war dem Leben abgelauscht. Im griechischen Bereich entstand so etwas wie Achtung vor dem Sklaven:

Obwohl er Sklave ist, ist er doch nicht geringer, Herr.

Bei Menander ist der Sklave der echte Freund des jungen Atheners, mit dem er auf die Jagd geht, für den er sogar um dessen künftige Frau wirbt; Sklaven mahnen ihre jungen Herren zum Gehorsam gegen ihre Eltern, Väter lassen Sklaven frei, um sie zum Vormund für ihre Söhne einsetzen zu können. Es gab fröhliche Sklaven, von denen auf das ganze Hauswesen Heiterkeit ausstrahlte, und es gab solche, die für ihre Herren starben oder ihnen in den Tod folgten; zwei Beispiele sind durch Plutarch unsterblich geworden: der griechische Sklave des C. Gracchus, Philokrates (oder Euporos), und die Sklavinnen der letzten Kleopatra, Iras und Charmion. Wenn Sklaven – wie bei Mithradates – einmal in ein Heer eingereiht wurden und dadurch Anteil an der Polis erhielten, so übertrafen sie an Tapferkeit viele Freie.

Natürlich gab es zu allen Zeiten auch schlechte Sklaven, die die jungen Leute verdarben, ihre Herren bestahlen, der Arbeit raffiniert aus dem Wege gingen, Händel mit ihren Mitsklaven suchten. Eine Grabinschrift erzählt von einem karischen Sklaven, der zum Mörder und Brandstifter wurde. Aber auch der Satz des Alexis behielt Geltung: „Sklaven sind in ihrem Verhalten meist wie ihre Herren."

Wo aber ein gutes Verhältnis zwischen Herren und Sklaven bestand, da dauerte es über den Tod hinaus. Unter den Grabinschriften sind solche, die dankbare Sklaven ihren Herren und dankbare Herren ihren Sklaven setzten; zu den schönsten gehört eine hellenistische Grabinschrift aus Kos, in der der Herr seinen treuen Sklaven Inachos und dessen Frau so verherrlichen will, wie Homer den Eumaios verherrlichte. Häufig trauern Herrinnen um eine verstorbene Sklavin; Vielleicht war es die letzte Kleopatra selbst, die ihrer auf der Reise verstorbenen Kammersklavin in Athen ein Grabdenkmal mit einer Inschrift setzte.

Sklavenehen waren im griechischen Bereich – im Gegensatz zum republikanischen Rom – immer unantastbar. Damit ist überhaupt die Frage nach dem Rechtsschutz der Sklaven gestellt. In Athen ging er von jeher sehr weit. Jeder, der einen Sklaven tötete oder körperlich schädigte, wurde gerichtlich belangt und unter Umständen schwer bestraft, auch wenn es sich um den Besitzer des Sklaven handelte. Im ptolemaischen Bereich konnte der Sklave die Gerichte anrufen. Eine hellenistische Neuerung war es, daß der Sklave eigenes Vermögen besitzen durfte. Mischehen zwischen Sklaven und Freien, die häufig vorgekommen zu sein scheinen, warfen schwierige juristische Probleme auf, die aber von den einzelnen Staaten und Städten auf sehr verschiedene Weise gelöst wurden.

Aber selbst wenn sie in den besten Verhältnissen lebten, war es der sehnlichste Wunsch der meisten Sklaven, frei zu werden, und Tausende erhaltener Freilassungsurkunden sind ein beredtes Zeugnis dafür, daß viele hellenistische Sklaven die Freiheit erlangten. Es wurde zum ungeschriebenen Gesetz, daß man einen Sklaven, der rechtmäßig frei werden konnte, nicht daran hindern sollte; freilich wurde er durch die Freilassung noch nicht ohne weiteres volles Mitglied der freien Gesellschaft, vor allem bekam er nicht sofort das Bürgerrecht, doch erlangte er seit dem dritten Jahrhundert vier Grundrechte: Unverletzbarkeit seiner Person, Mündigkeit vor dem Gesetz, das Recht freier Arbeitswahl und das Recht freier Ortswahl. Voraussetzung war allerdings, daß die Freilassung nicht an eine Bedingung geknüpft war (παραμονή-Klausel), wie etwa an die Verpflichtung, noch eine Zeitlang im Betrieb oder im Haus des früheren Herrn weiterzuarbeiten, zuweilen bis zum Tode des Herrn, so daß die endgültige Freilassung (ἀπόλυσις) erst nach Erfüllung dieser Bedingung erfolgte. Doch kam es auch vor, daß man sich von der παραμονή freikaufen konnte, daß aber andererseits ein während dieser Zeit geborenes Kind noch nicht als frei galt. Freilassung war oft eine Belohnung für treuen Dienst, die schon von vornherein als Anreiz versprochen wurde; städtische Behörden, so in Rhodos, kauften den Herren die Sklaven ab und ließen sie frei, wenn sie sich in Krisenzeiten um die Stadt besonders verdient gemacht hatten. Die Inschriften des ersten Jahrhunderts nennen 154 Ärzte, von denen 92 Freigelassene sind. Andere Freilassungen entsprangen nur der humanen Gesinnung eines Herren. Häufig kamen testamentarische Freilassungen vor, die in Ägypten so großzügig gehandhabt wurden, daß durch Testament sogar ein noch nicht geborenes Kind einer Sklavin freigelassen werden konnte. Zuweilen hinterließ der Erblasser dem Sklaven auch noch etwas Besitz oder Vermögen. Weitaus in den meisten Fällen kaufte sich der Sklave frei, sei es, daß ihm ein Privatmann oder eine Vereinigung, etwa eine Religionsgemeinschaft oder ein Sklavenclub, der, wie in Delphoi, ein Kapital sammeln konnte, denen Zinsen zur Verfügung standen, das Geld lieh, sei es, daß er es sich selbst verdiente und ersparte; durch Kriegsgefangenschaft in Sklaverei Geratene wurden oft von Landsleuten oder von befreundeten und verbündeten Städten oder Herrschern freigekauft. Verheiratete Sklaven kauften natürlich auch ihre Frauen und Kinder los. Die Ersparnisse konnten in einer Bank, vor allem in einer Tempelbank, so lange aufbewahrt werden, bis die Kaufsumme ausreichte, zuweilen begnügte sich der Herr auch mit einer größeren Anzahlung und stundete den Rest. Einmal wird ein religiöses Motiv erwähnt: eine Herrin wurde von Artemis so lange mit Krankheit und Träumen geplagt, bis sie ihren Sklaven freiließ. Wenn Freigelassene Sklaven frei ließen, dachten sie dabei wohl an ihr eigenes früheres Schicksal. Endlich kamen in Krisenzeiten reine Zweckfreilassungen vor, damit die Sklaven Kriegsdienste leisten konnten, so etwa unter Nabis und im achaischen Bund. Freilassungen durch Adoption war selten und wohl nicht überall juristisch zugelassen, das bekannteste Beispiel liefert der Katochos Ptolemaios, der ein Mädchen adoptierte, um sie vor neuer Sklaverei zu schützen. Auch die griechische Form der ‚manumissio per mensam', der Freilassung durch Heranziehen zum Tisch des Herrn, behielt vielerorts Rechtsgültigkeit. Der Loskauf kriegsgefangener Frauen galt seit langem als gutes Werk, das angeblich bereits einer der sieben Weisen gefordert hatte.

Viel ist über die im Hellenismus am meisten verbreitete Form der Freilassung, den sakralen Loskauf, geschrieben worden, ohne daß die mit der Institution verbundene Gedanken- und Erlebniswelt völlig deutlich ist – vermutlich war sie nicht einheitlich. Es ist zu wenig, wenn man in ihr nur eine geschäftliche Formel der am Loskauf beteiligten Tempelbanken sieht, aber zu viel, wenn man mystische Gedanken von dem loskaufenden Gott in sie hineininterpretiert. Man wollte wohl einem so entscheidenden Ereignis im Leben eines Menschen einen irgendwie religiösen Charakter verleihen, jedoch erlaubt es keiner der zahlreichen Texte, einen mystischen Übergang des Sklaven in den Besitz eines Gottes zu konstruieren; der Gott wird nie zum Eigentümer, jedoch handelt er gleichsam als juristischer Vertreter für den vor der Freilassung noch rechtsunmündigen Sklaven. Im übrigen gab es große Gebiete, in denen ein sakraler Loskauf nicht bekannt war. Wo er aber ausgeübt wurde, lauteten die Formeln: „Der Gott kaufte . . . in die Freiheit" und „Den Kaufpreis hat der sich Loskaufende dem Gott zu treuen Händen übergeben." Die wichtigsten Götter, die auf diese Weise Bürgen, Garanten und göttliche Schützer des Freigewordenen wurden und deren Tempelbank die geschäftlichen Transaktionen übernahm, waren der delphische Apollon (Delphoi), der Apollon von Bassai (Phigaleia), der Apollon des Inselbundes (Inseln), Sarapis (Chaironeia), Asklepios (Thespiai), Dionysos (Naupaktas), Herakles (Koroneia), die „Königin" Hera (Lokris), Artemis (Kalydon), Zeus und die anderen Bundesgötter (Aitolien), die ilische Athena (Lokris), Athena Kranaia (Elateia), die Göttermutter (Phistyon), Isis (Orchomenos), Trophonios (Lebadia), Poseidon (Tainaron) und einige andere. Boiotien und Makedonien scheinen besonders gern Freilassungen in sakralen Formen vollzogen zu haben; im Jahre 235 findet man sie in Beroia, so daß es schon deshalb nicht möglich ist, diese Freilassungsform, die im dritten und zweiten Jahrhundert in der griechischen Welt am verbreitetsten war, mit irgendwelchen orientalischen religiösen Vorstellungen in Zusammenhang zu bringen. Ein gutes Gesamtbild geben die etwa 70 sakralen

Freilassungsinschriften von Naupaktos. Sie fanden sich in den Tempeln des Asklepios „in Naupaktos", des Asklepios „in Krounoi", des Dionysos und des Sarapis und stammen aus dem 3. und 2. Jahrhundert. Die freigelassenen Sklaven und Sklavinnen sind meist „im Hause Geborene", die anderen aus allen Teilen der griechischen und östlichen Welt: Boioter (Thespiai), Messenier (Kyparissia), Inselbewohner (Skyros), Makedonen (Amphipolis), Thraker, Illyrier, Sarmaten, Phryger, Galater, Syrer, Antiochener, Phoiniker und Araber. In Aitolien ist die syrische Aphrodite Freilassungsgottheit eines bestimmten Tempels.

Die Rechtsformen, Beurkundungen und Publizierungen der Freilassung variierten in Einzelheiten, hatten aber die gleiche Grundform. *Lejeune* hat an den Tausenden delphischer Freilassungsurkunden folgende Grundform herausgestellt: Datum, Verkaufsformel, Verkäufer, Name des Sklaven, Freilassungssumme, Empfangsquittung, Garant, besondere Stipulationen, Ausführungsklauseln, Zeugen. Zu den besonderen Klauseln gehörten Maßnahmen für den Fall, daß der Freigelassene etwa wieder eingefangen würde oder daß er sich der παραμονή entzöge. Die Veröffentlichung erfolgte durch eine Inschrift in den Tempelarchiven, die Verkündigung durch Heroldsausruf auf dem Markt, der Hauptstraße oder im Theater, besonders im Zusammenhang mit den großen religiösen Festen.

Sklaven, die nicht frei werden konnten, versuchten auch ihren Herren fortzulaufen; Alexander soll sich persönlich um entlaufene Sklaven des Seleukos gekümmert haben, und zwischenstaatliche Verträge wie der von Delphoi und Pellene nahmen Bestimmungen über die Rückgabe entlaufener Sklaven auf. Zum Einfangen wurden Militär und Polizei aufgeboten und Steckbriefe erlassen; als in Ios einige Sklaven auf Schiffen entflohen waren, schickte der Nesiarch Bakchon (287) einen Flottenoffizier mit Kriegsschiffen aus, um sie zu suchen. Trotzdem gelang die Flucht oft. Eine bekannte Verhaltensregel für Sklavenbesitzer rät, den Sklaven gut zu behandeln, „denn wenn er fortläuft, wo sollst du ihn suchen?" Antimenes von Rhodos (324) gründete als erster ein Versicherungsunternehmen gegen die Flucht von Sklaven – die Jahresprämie dafür betrug acht Drachmen. Wer großzügig dachte, nahm es leichter, denn nur so erklärt sich die hübsche Diogenesanekdote: „Es wäre schlimm, wenn Manes ohne Diogenes leben kann, aber Diogenes nicht ohne Manes", erklärte der Philosoph nach der Flucht seines Sklaven Manes.

Viele Sklaven scheinen zu den Seeräubern geflüchtet zu sein, im ptolemaischen Ägypten viele in die zahlreichen Tempelasyle. Solche Asyle gab es auch in der übrigen hellenistischen Welt, aber die meisten von ihnen nahmen die Flüchtlinge nur für eine gewisse Zeit auf, andere stellten Bedingungen wie

Bereitschaft zur Versöhnung mit dem Herrn oder Übernahme in die Tempelsklavenschaft. Am weitherzigsten war das Asyl im Heroon des Drimakos in Chios, auch Ephesos hatte bei den Sklaven einen guten Ruf.

Das Sklavenelend der zweiten Phase endlich führte zu dem Ausbruch einiger Sklavenaufstände. *Kahrstedts* These von der „Internationale" von 136–129, die die Aufstände im Westen mit Aufständen in Laurion und Delos und dem letzten Ringen Pergamons um seine Freiheit unter Aristonikos als ein Ganzes auffaßt, ist durch nichts zu beweisen. Abgesehen von der Bergarbeiterrevolte in Laurion handelte es sich in allen anderen Fällen nicht um soziale, sondern um antirömische Bewegungen. Bezeichnenderweise trug die einzige griechische Sklavenunruhe, von der wir vor dem Eindringen der Römer wissen, ein völlig anderes Gepräge: sie nahm keinen tragischen Ausgang, sondern endete mit einer Versöhnung. Auf Chios hatten sich unter der Führung eines gewissen Drimakos flüchtige Sklaven in die Berge begeben und schlossen von dort aus einen Vertrag mit ihren Herren. Leider ist der Bericht darüber sehr stark von legendären Zügen überlagert. In Delos mögen bei den großen Sklavenmassen der römischen Zeit Unruhen häufiger gewesen sein, als wir wissen, und der Aufruhr in Laurion mag lokale Gründe gehabt haben. Es gab nur drei Sklavenkriege, und sie wurden alle auf italischem und sizilischem Boden in der Zeit ausgefochten, in der die römischen Massenversklavungen ihren Höhepunkt erreicht hatten: der Erste Sizilische Krieg von 136/5 bis 129, der Zweite von 104 bis 100 und der Spartacuskrieg von 73 bis 71. Der Anführer des Ersten Krieges, Eunus, stammte aus dem seleukidischen Gebiet, er wollte ein „Reich der Syrer" gründen, nannte sich Antiochos, trug das Diadem, prägte Münzen und wußte sich unter dem Schutz der von Sklaven viel verehrten Aphrodite-Atargatis. *Vogt* vermutet sehr einleuchtend, Eunus sei durch den Aufstand der Makkabäer beeinflußt worden, den er vielleicht noch in seiner Heimat erlebt hatte. Alle Quellen schildern ihn als gerecht; Herren, die menschlich waren, habe er nie belästigt. Nach der Einnahme Ennas durch die römischen Truppen war die Macht der Sklaven gebrochen, aber 104 erhoben sie sich aufs neue unter der Führung des kilikischen Griechen Athenion, dem ebenfalls die Gegner bezeugen, daß er Ordnung und Disziplin hielt und keine Räubereien und Plünderungen zuließ. Die äußere Geschichte dieses Krieges gehört ebensowenig in diesen Zusammenhang wie die bekannten Ereignisse des Spartacuskrieges: bedeutsam ist, daß Spartacus, der kriegsgefangene hellenisierte Thraker, eine Reiterschlacht wagte, daß er ein Verehrer des Dionysos-Sabazios war und daß Plutarch ihn an Würde einem Griechen gleichstellte.

Zum Schluß soll noch die Stellung der hellenistischen Sklaven in den geistigen Bereichen der Philosophie, Kunst und Religion und die Frage nach schöpferischen Persönlichkeiten untersucht werden. In der Philosophie erhob Epikur als erster die Forderung, Sklaven nicht zu bestrafen, sondern sich ihrer zu erbarmen. Alkidamas bestritt als erster, daß es Sklaven von Natur gäbe. Der Peripatos war zwar durch die freilich nie ganz konsequent vertretene aristotelische These gehemmt, daß zwischen Freien und Sklaven physische Unterschiede herrschten doch mußte er an einer naturrechtlichen Begründung der Sklaverei zu zweifeln beginnen, als die Zahl der Zwangsversklavten immer mehr wuchs. Das Humanitätsideal der Stoa wurde seit Zenon auf die Sklaven ausgedehnt; wenn er krank war, wollte er nicht anders behandelt werden als seine Sklaven. Der ehrliche Protest des Poseidonios gegen die Behandlung der Sklaven in den römischen Bergwerken Spaniens, für die der Tod besser sei als das Leben, verhallten nicht ungehört, und es ist wohl auf seinen Einfluß zurückzuführen, daß sich schließlich auch Römer ernstlich mit Problemen befaßten wie dem, ob es erlaubt sei, während einer Hungersnot Sklaven das Essen zu entziehen. Doch hielt auch er an der Meinung fest, daß es Menschen gebe, die nicht mit sich selbst fertig werden könnten und für die es besser sei, Sklaven zu werden.

Fast mehr noch als die Philosophie hat die hellenistische Komödie dazu beigetragen, Verständnis für den Sklaven zu wecken. Menander verlangte das Recht der freien Rede auch für den Sklaven, denn ein Mensch, der zu allem ‚Ja' sagt, ist entweder schlecht oder er wird es. Natürlich soll ein Sklave seine Grenze kennen und einhalten, aber der Herr ist ja selbst Sklave, und es ist gut, wenn er es in seinem Hause oder vor dem Gesetz ist. Darum „sei mit freiem Herzen Sklave, dann bist du kein Sklave" (ἐλευθέρως δούλευε, δοῦλος οὐκ ἔσῃ). Menander entwarf das Bild des treuen und charaktervollen Sklaven, dessen Polis sein Herr ist:

> Mein Herr ist meine Stadt, meine Zuflucht, mein Gesetz,
> Und Richter über alles Gerechte und Ungerechte.
> Nur ihm allein will ich leben.

Philemon dachte ähnlich. Im Grunde sind alle Sklaven:

> Der Knecht ist des Königs Sklave,
> Aber die Könige sind der Götter Sklaven,
> Gott selbst aber ist Sklave der Notwendigkeit.

Das Wort, das man seit dem zweiten Jahrhundert in der Schule lernte: „Ist auch der Leib versklavt, so ist der Geist doch frei", stammt vermutlich aus einer seiner Komödien.

Leider ist Theopomps Geschichte der Sklaverei ebenso verloren wie die Komödie für Sklaven (δουλοδιδάσκαλος) des Pherekrates. Aber aus der bildenden Kunst ist einiges erhalten, so etwa die schönen Bostoner Myrina-Terrakotten von Sklaven und die aus der Komödie hervorgegangenen typisierten und doch individualisierten Masken des treuen, des klugen, des bäuerischen oder des albernen Sklaven.

Erst in der zweiten Phase ist die Religion für die Sklaven so wichtig geworden, daß sie geradezu die Hauptverbreiter vieler Religionen wurden. Das umfangreiche Material, das *Bömer* zur Religion des antiken Sklaven gesammelt hat, ermöglicht einen klaren Überblick: In der ersten Phase unterschied sich der Sklave religiös nur wenig vom Freien. Es gab einige exklusive griechische Kulte, die Sklaven ausschlossen, im allgemeinen aber nahm der Sklave am öffentlichen Kult ebenso teil wie an privaten Hauskulten. Sklaven waren von jeher an den Tempeln und in den Heiligtumsbezirken beschäftigt; wie fromm ein solcher Tempelsklave sein konnte, hatte Euripides im ‚Ion' geschildert. Viele Weihreliefs, aber auch die neue Komödie zeigen Sklaven, die mit der gesamten Familie ihrer Herren zu ländlichen Opferfeiern und Familienfesten ziehen und nach Erfüllung ihrer Hilfsdienste an den Feierlichkeiten teilhaben. Die altgriechische Sitte, neue Sklaven zuerst um den Herd zu führen, damit sie Mitglieder der Hausgemeinde würden, blieb erhalten.

In der zweiten Phase änderte sich alles grundlegend: Die Not der Sklaven war größer geworden. Tausende, die eben noch frei gewesen waren, Gebildete und Ungebildete, wurden auf die Märkte und in die Sklavenschiffe getrieben und nach Westen verfrachtet, und zunächst war gewiß für viele ein Gott oder eine Göttin die einzige Zuflucht. Die Umstände zwangen den Sklaven geradezu, religiös zu werden. Wenn sich die Verhältnisse besserten, wenn Sklaven in der neuen Gegend, in die sie verpflanzt waren, zu Freigelassenen aufstiegen, blieben sie diesem Gott dankbar, verbreiteten seinen Kult und missionierten für ihn. Andere freundeten sich mit den Göttern ihres neuen Aufenthaltsortes an oder suchten sie mit denen ihrer früheren Heimat zu identifizieren. Einige sahen ihre Sklaverei auch als Strafe eines bestimmten Gottes an, den sie nun zu versöhnen trachteten.

Das alles erklärt, warum es in keiner Phase des Hellenismus besondere Sklavengötter gegeben hat. Die Götter fragen nicht danach, ob einer frei oder Sklave sei, und die Sklaven verehrten die gleichen Götter wie die Herren. Auch sind die östlichen Götter keineswegs nur durch Sklaven, sondern mindestens ebenso oft durch Soldaten, Kaufleute, Philosophen oder – wie Kybele – durch die offizielle Diplomatie im Westen bekannt geworden. Mancher erhoffte oder erbat seine Befreiung von den Soterengöttern Apollon, Isis,

Asklepios, Dionysos, aber sie waren nicht die einzigen. Dem Beispiel Eleusis folgend weihten alle Mysterien Sklaven ein, und viele Sklaven haben davon Gebrauch gemacht. Sowohl religiöse als auch nichtreligiöse Clubs nahmen Freie und Sklaven auf, und es ist höchstens überraschend, daß sich im Sabaziosclub von Athen im Jahre 102/1 drei Sklaven neben fünfzig Freien gar nicht unwohl gefühlt haben. Eigene Sklavenclubs sind seit dem dritten Jahrhundert nachweisbar, anscheinend hat eine Vereinigungsfreiheit für sie in Begräbnisvereinen zu allen Zeiten bestanden.

Welchen Beitrag haben nun die Sklaven zur hellenistischen Kultur geleistet? Die Massenversklavungen, so traurig sie waren, waren sozusagen der Ersatz für den ausgebliebenen Alexanderzug nach dem Westen. Versklavte Epeiroten und Makedonen, Korinther und Inselbewohner, kleinasiatische Griechen und Griechen vom Pontos trugen ihre Kultur nach dem Westen. Antike Alexanderfreunde hatten behauptet, im Westen sei es dunkel geblieben, weil Alexander nicht dorthin gekommen sei; sie mußten nun sehen, wie diese achaischen und aitolischen Gefangenen, Verkauften, Geplagten und Entwürdigten das Werk Alexanders vollendeten – wieder einmal leuchtet eine der großen Paradoxien der hellenistischen und vielleicht jeder Geschichte auf. Das war wohl der bitterste Preis, den die hellenistische Kultur zahlen mußte, aber sie zahlte ihn.

Abgesehen von den in Italien wirkenden Sklaven der zweiten Phase gab es auch in der ersten Phase geistig schöpferische Sklaven; Gellius stellt eine ganze Liste auf und nennt unter anderen Menippos, Diogenes von Sinope, drei Sklaven Theophrasts, Zenons und Epikurs, die alle tüchtige Vertreter ihrer Schulen waren; Sklaven waren der Historiker der Diadochengeschichte, Timagenes, der Dichter des messenischen Heldenepos, Rhianos, und gewiß noch mancher andere.

Es war nicht die Schuld des Hellenismus, daß er die Probleme, die mit der Sklaverei zusammenhingen, nicht lösen konnte. Was möglich war, beweist das Ptolemaierreich, das aber seinerseits das Problem des verarmten Bauern und Landarbeiters nicht zu lösen vermochte. Erstaunlich ist aber etwas ganz anderes: die hellenistische Kultur war zu stark, als daß die Massenversklavungen sie hätten zerstören können; ihre Expansionskraft, gerade auch durch die Sklaven, ist eins der schönsten historischen Dokumente, das für sie spricht.

k) Fahrendes Volk, Asoziale

Die weiter gewordene Welt lockte alle diejenigen, die ihr Gewerbe von jeher nomadisierend ausgeübt hatten, noch mehr als bisher auf die Straßen. Die griechische Welt hat immer eine gewisse Liebe zum fahrenden Volk gehabt, auch der Sokrates des Xenophon hatte sich an ihm ergötzt. Im Hellenismus wuchs nicht nur die Zahl solcher Schausteller, sondern auch die Mannigfaltigkeit ihrer Darbietungen. Von Stadt zu Stadt, aber auch von Dorf zu Dorf, wo die Einnahmen oft höher waren, zogen Schlangenbändiger, Dompteure von Affen, Bären, Hunden, Elefanten, Kamelen und Löwen, Tierstimmenimitatoren – Plutarch begeisterte sich für einen athenischen Nachahmer von Nachtigallenstimmen –, Zauberkünstler, Bauchredner, Jongleure und Seiltänzer. Alexandriner zogen mit Wasserorgeln oder Dudelsäcken und mit Marionettentheatern umher, die homerische Szenen in modernerer Bearbeitung vorführten. Meist spielten diese Leute auf Straßen und Märkten gegen Lohn, der sogar schriftlich fixiert wurde, aber auch bei Familienfesten und Gastmählern in den Häusern. Groß war die Nachfrage nach Groteskgestalten wie Zwergen und Buckligen, andere ließen sich den Bauch auspolstern oder sich sonst irgendwie entstellen, um dadurch Geld zu verdienen.

Stärker als in anderen Berufen mischten sich beim fahrenden Volk Menschen aus den verschiedensten Völkern. Zur Zeit Menanders spielten arabische Wandermusikanten auf den Straßen Athens, griechische oder sizilische dagegen im Indusgebiet oder in Oberägypten. Ihr Ruf war nicht immer der beste, doch nahmen sie es ernst mit ihrem nicht immer leichten und oft gefährlichen Gewerbe. Im zweiten Jahrhundert fragte ein Alexandriner beim Orakel von Didyma an, ob er Balanceakte oder Stierdressuren wählen solle, um reich und berühmt zu werden, und manche gelangten zu großem Ansehen; dem Jongleur Theodoros errichtete man an mehreren Orten Ehrenstatuen, dem Straßenmusikanten Archelaos eine Statue in Milet; in Theben gab es keine Statue für Pindar mehr, wohl aber eine für den Sänger Kleon. Weit bekannt waren der wandernde Komiker Matreas aus Alexandreia, der die Leute mit Scherzfragen erheiterte, der Zauberkünstler Xenophon, der gemeinsam mit zwei Gehilfen Feuerzauber vorführte, und der Clown Eudikos, der berühmte Sportler parodierte. Das Marionettentheater des Potheinos durfte sogar im Athener Dionysostheater auftreten. Enttäuschungen blieben freilich nicht aus, und mancher hungernde Wandermusikant mußte sich damit trösten, daß er immerhin für die Musen flöte, wenn die Menschen ihm schon nicht zuhörten. Auch andere mußten ihr Brot schwer verdienen, wie etwa die Krokodilbändiger von Tentyra, die mit lebenden Krokodilen durch die Welt zogen.

Alle diese Leute ernährten sich mit ehrlicher Arbeit und bereiteten überdies der oft geplagten Bevölkerung durch ihre Darbietungen manche Freude; anders stand es jedoch mit den Scharen von Bettlern, die die Straßen bevölkerten. Oft handelte es sich um Arbeitsscheue, Verbummelte und Heruntergekommene, oft auch um unverschuldet in Not Geratene wie zum Beispiel Schiffbrüchige, die mit dem Bettelsack durch die Welt zogen oder Bettelbriefe schrieben und sich damit trösteten, daß Armut oft dazu zwinge, unwürdige Dinge zu tun. Die seit dem vierten Jahrhundert in Korinth auftauchenden Bettelpriester der Kybele und anderer orientalischer Gottheiten – wohl meist Nichtgriechen –, denen man das Schlechteste nachsagte und jedes Verbrechen zutraute, blieben verachtet, und man gab ihnen oft nur Almosen, um sie los zu werden. Die bettelnden Kyniker wollten nicht in einem Atemzug mit ihnen genannt werden; merkte man den Kynikern an, daß ihr Bettlerdasein ein bewußter Kulturprotest und eine ehrliche Demonstration der Bedürfnislosigkeit war, ließ man sie nicht nur gelten, sondern empfand sie als einen nicht wertlosen Beitrag zur Besinnung auf den Wert der Bedürfnislosigkeit und machte sich höchstens mit gutmütigem Spott über sie lustig; eine bekannte Anekdote stellte einen solchen Bettler dem reichsten der Könige gegenüber. Der Bettler bat den König um eine Drachme, worauf dieser antwortete: „Aber das wäre keine königliche Gabe.“ Da bat der Bettler: „So gib ein Talent“, worauf Antigonos antwortete: „Das dürfte ein Kyniker nicht annehmen.“ Solche Gespräche mögen sich durchaus auch im wirklichen Leben zugetragen haben.

Schlimmer waren die echten Unsozialen, von denen der Hellenismus drei Kategorien kennt: Diebe, Räuber und Kuppler. In den juristischen Papyri des Ptolemaierreiches kommt Diebstahl häufig vor; wurde der Dieb erwischt, mußte er das gestohlene Gut voll zurückgeben oder ersetzen und das Doppelte seines Wertes als Strafe zahlen. Trotzdem wurde bei Dunkelheit viel gestohlene Ware verkauft. Bei großen Menschenansammlungen, in Bädern, in Gasthöfen, auch im Zustand leichter Betrunkenheit auf der Straße war man nirgends vor Dieben sicher, die oft von Ort zu Ort zogen, damit man sie nicht so leicht erwischen konnte. Das Räuberunwesen ist nirgends ganz ausgerottet worden, zumal dort nicht, wo Zeit und Gelände günstig dafür waren. Berüchtigte, aber gut organisierte Räuberbanden, die die Karawanen überfielen und sich mit den Polizeitruppen herumschlugen, gab es in Oberägypten und in dem gebirgigen Kilikien; nächtliche Straßenräuber machten die Vorortviertel von Alexandreia und anderen Großstädten unsicher. Besonders verhaßt waren Tempelräuber (die man etwa mit modernen Museumdieben vergleichen kann); von der großen ptolemaischen Generalamnestie vom Jahre 118 wurden nur sie und die Mörder ausgenommen.

Kuppler und Kupplerinnen gehörten nicht nur zum eisernen Bestand der hellenistischen Komödie, sondern ebenso zum Bild der hellenistischen Stadt. Sie wurden hoch besteuert und waren von öffentlichen Ämtern und Ehren ausgeschlossen, aber ernstlich hat niemand daran gedacht, sie abzuschaffen.

5. Feste, Freizeit, Sport, Spiel, Reise

a) Häusliche Feste

Auf einer Grabinschrift des ersten Jahrhunderts aus Itanos in Kreta danken drei Brüder ihrem verstorbenen Vater für vielerlei: für die Veranstaltung heiterer Kinderfeste, für die vielen Opferfeste, die er ihretwegen für alle Götter abgehalten hatte, für die Feste zu ihrer Ephebenzeit und für die Ausrichtung ihrer Hochzeiten, alles Feierlichkeiten, die mit großen Festessen verbunden waren. Das ist ein Beispiel dafür, wie gern der Mensch den alltäglichen Rhythmus des Lebens bei jeder nur denkbaren Gelegenheit durch private Feste unterbrach.

Zwei bis drei Feste wurden schon anläßlich der Geburt gefeiert; ein Geburtstagsgedicht des Kallimachos beweist, daß es in Alexandreia nicht anders war als in der ‚alten' Welt. Wenige Tage nach der Geburt trug man das Kind feierlich um den Herd, und Freunde und Verwandte sandten den Eltern Geschenke. Am siebenten Tag feierte man die Namengebung eines Mädchens, am zehnten die eines Knaben mit Gedichten, Geschenken und einem Festessen. Bei Eintritt in die Schule und zum Abschluß der Ephebie wurden die Elternhäuser bekränzt und daheim oder in gemieteten Räumen das Ereignis durch ein Festmahl mit geladenen Gästen gefeiert.

Dann folgten die Feiern zur Hochzeit. Bestand zwischen dem jungen Paar und den beiderseitigen Eltern Einverständnis, so wurde die Verlobung bekanntgegeben, wozu zuweilen die ganze Stadt gratulierte. Für die Hochzeitsfestlichkeiten besitzen wir außerordentlich reiche Quellen: neben den erhaltenen hellenistischen Hochzeitsliedern, den in Romanen enthaltenen Schilderungen und den vielen Bemerkungen der neuen Komödie finden sich auch Darstellungen in der bildenden Kunst. Die Vorbereitungen zur Hochzeit begannen mit der Herrichtung des Brautgemachs, das neu ausgemalt wurde; das Brautbett wurde prächtig geschmückt, je reicher das Haus war, um so reicher war auch der Prunk an purpurnen oder golddurchwirkten Decken, den man entfaltete, die Freundinnen der Braut bestreuten das Brautbett mit frisch gepflückten Blumen. An den Türen der Hochzeitshäuser hingen Lorbeerzweige.

Im Haus des Mädchens erklärte – wie es eine schöne Myrinaterrakotte zeigt – die Brautmutter, was alles noch zu tun sei. Ältere Freundinnen rüsteten das Brautbad; ein Bild aus Kentoripa stellt fünf Frauen dar, die ein solches Bad bereiten, und der alte griechische Lekythos blieb noch im Späthellenismus das dafür notwendige Gerät. Dann wurde im Frauengemach die Braut gesalbt und geschmückt, während ein Rauchopfer dargebracht wurde. An Brautschmuck und Hochzeitskleidern suchten die Häuser einander zu überbieten. Die Braut trug ein weißes, faltenreiches Kleid aus kostbarem Stoff, das sie bis zu den Füßen verhüllte; der Schleier verdeckte alles Haar und ließ das Gesicht frei. Die Lieblingsgespielin der Braut war farbig gekleidet, trug einen goldenen Reif um den Hals und war bekränzt, ihr Schleier aber war weit zurückgeschlagen. Die Brautmutter schmückte sich mit einem tuchreichen goldgelben Chiton und einem weißen Himation, die Brautgespielinnen trugen bunte, lang fließende Festgewänder und ihren kostbaren Schmuck. Den Bräutigam schmückte ein purpurfarbiges Himation; auch er war bekränzt.

Die Trauung vollzog bei den hellenistischen Griechen der Vater in der althergebrachten schlichten Form mit der Brautübergabe: „Diese gebe ich dir zur Erzeugung legitimer Kinder", worauf der Verlobte nur antwortete: „Ich nehme sie an" (λαμβάνω). Dazu kamen in den einzelnen Gegenden verschiedene Bräuche: die Makedonen etwa teilten ein Brot mit dem Schwert, von dem jeder der Neuvermählten die Hälfte aß. In einigen Orten las der Vater den Traukontrakt vor, in anderen gingen der Trauung Tempelbesuche voraus, bei denen die Locken, das Kinderspielzeug oder die Mädchenkleider der Braut geopfert wurden. Der Brautzug zum neuen Heim der Braut mit Fackeln und Musikbegleitung wurde in Städten, die auf ihr Griechentum Wert legten, wie in Naukratis, unverändert beibehalten; die Braut wurde mit Datteln, Feigen, kleinen Münzen oder Nüssen überschüttet, in einigen Städten wurde sie auf einem Maultierkarren gefahren, an ihrer Seite der Bräutigam und der Freund des Bräutigams, doch verlor sich dieser Brauch in den Großstädten allmählich.

Eine neue Art von Hochzeitsliedern entstand in Alexandreia und verdrängte in den gebildeten Kreisen die alten Formen, sie wurden eleganter, feiner, zurückhaltender, auch psychologischer und bildeten schließlich eine eigene Literaturgattung, für die Theokrit und Bion schöne Beispiele bieten. Man besang die Hochzeiten homerischer Helden oder mythologischer Paare, doch erhielten sich auch alte Formen mit den Anrufungen des Hymenaios und das Ständchen in der Hochzeitsnacht (Epithalamios, Epithalamion). Die Motive der Gesänge waren vielfach die gleichen: Freude über das schöne Paar, Lob des Bräutigams und der Braut, gute Wünsche, etwas Spott und vor allem, echt hellenistisch, immer auch ein wenig Trauer; als Beisspiel mögen ein paar Verse aus einem Hochzeitslied des Apollonios von Rhodos dienen:

Pflegen doch wir armen, zum Leiden geborene Menschen
Niemals sicheren Fußes die Pfade des Glückes zu schreiten,
Bittere Plage gesellt sich oft den fröhlichsten Stunden.

Religiöse Handlungen fehlten bei keinem Hochzeitsfest. Opfer aller Art leiteten es ein und schlossen es ab, vielfach galten sie dem Agathos Daimon, dem beliebten Schutzgott des bürgerlichen Lebens. Frömmere Kreise betonten die Verwandtschaft der Hochzeit mit der Mysterienweihe, superstitiösere holten Orakel ein. Wenn die Deutung des Hochzeitsbildes von Boscoreale richtig ist, so wäre bei der Hochzeit des Demetrios Poliorketes mit der jüngeren Phila ein Spiegelorakel befragt worden. Konservative Kreise vererbten alte religiöse Bräuche weiter, so etwa das Versöhnungsopfer an Artemis, die Gegnerin der Ehe, die Vorstellung der Braut vor den Göttern des neuen Hauses oder die Opfergaben im Liknon (in der Getreideschwinge), das dann später als Wiege des ersten Kindes diente, vielleicht ein säkularisierter dionysischer Mysterienritus.

Hochzeitsgeschenke waren allgemein üblich und bestanden aus Gegenständen, die in dem jungen Haushalt gebraucht wurden; so schickte Theokrit eine elfenbeinerne Spindel mit einem entzückenden Begleitgedicht an seine Freunde Nikias und Theugenis, wobei er sich für die Kleinheit des Geschenkes entschuldigte:

Große Anmut
Ist bei kleinem Geschenk, denn alles aus Freundeshand ist kostbar.

Auch ärmere Familien leisteten sich zwei Hochzeitsessen: eins zahlte der Vater der Braut, das andere der des Bräutigams, wobei der eine den anderen zu übertreffen suchte. Man lud soviel Gäste wie nur möglich ein, mietete Köche, Musikanten und Spaßmacher und lachte über mehr oder weniger geistreiche Späße wie etwa das Servieren von mit Honig überzogenen Steinen an Stelle von Kuchen. Alles andere übertrafen die beiden berühmtesten Fürstenhochzeiten, die Hochzeit Alexanders und seiner Freunde, auf der die besten Künstler, Musiker und Schausteller von Sizilien bis Indien auftraten und die Geschenke unübersehbar waren, und die Hochzeit des Antiochos III. in Chalkis.

Zu den häuslichen Festen gehörten weiterhin Geburtstagsfeiern der Kinder, an denen diese mit Spielzeug und Schmuckstücken beschenkt wurden, Feiern bei bestandenen Examina, Familiengeburtstagen, der Verleihung eines höheren Amtes oder einer höheren Rangstufe und ähnlichen Ereignissen, oft auch Schmausereien und Trinkereien ohne besonderen Anlaß. Humorlose Römer machten es den ‚Graeculi' zum Vorwurf, daß sie bei jeder lächerlichen Gelegenheit Feste feierten. Aber gerade diese oft so intimen Feste, von denen die Komödien wie die Papyri sprechen, waren ein Zeichen der Kultur, hier entfalteten sich die griechische Gastfreundschaft, die dem Gast den Aufenthalt so angenehm wie möglich zu machen suchte, die gepflegte Genußfreudigkeit, die Herzlichkeit des Familiären, die Aufgeschlossenheit für echte Freundschaft. Sehr beliebt waren jene Feste, zu denen jeder etwas beisteuerte; so brachte zu einem von Philodemos erwähnten Fest der erste Gast Kohl mit, der zweite Pökelfleisch, der dritte Zwiebeln, der vierte eine Leber, der fünfte Schweinebraten, so daß nur noch Eier gekauft zu werden brauchten. Ganz gleich, ob die Feste im Haus selbst gefeiert wurden oder ob man zum Picknick aufs Land zog, jeder Gast tat sein Bestes, um eine heitere Atmosphäre zu schaffen. Freilich waren solche Feste nicht immer eine reine Freude; Menander schildert, wie schrecklich eine Familienfeier im hellenistischen Athen sein konnte: Der Vater ergreift den Weinbecher und hält eine lange Rede mit lauter Ermahnungen, dann redet die Mutter, dann schwätzt irgendeine alte Tante, dann ein krächzender Greis, der Vater der Tante, dann eine Alte, die den Sohn des Hauses mit „Liebster" anredet – und das alles muß man nicht nur anhören, sondern dazu auch noch zustimmend nicken.

b) Öffentliche Feste

Den Unterschied zwischen privaten und öffentlichen Festen betonten bereits die Schreiber der Atthiden, die auf die Fülle der Feste zumindest in Attika hinwiesen, das zu allen Zeiten „voll von Festen" war. Hier, wie in vielen anderen Gegenden, konnten weder Kriege noch Wirtschaftskrisen die öffentliche Festfreudigkeit ernstlich gefährden – oft „konkurrierten" *(Jacoby)* die Feste so sehr miteinander, daß das eine das andere verdrängte. Die wachsende Zahl öffentlicher Feste während der hellenistischen Epoche kam dadurch zustande, daß die alten konservativ weiter gefeiert, sogar, wie die Pythais zeigte, wieder erneuert oder mit den Auswanderern in andere Weltgegenden verpflanzt wurden, oder daß in der Blütezeit des dritten Jahrhunderts Reichtum und Erfolg die Herrscher und Städte zur Stiftung immer neuer und schönerer Feste anreizten. Die erhaltenen städtischen Festkalender und die Kalenderbücher liefern genügend Material für den fluktuierenden Strom von Festübertragungen, Umbenennungen von Festen, Additionen aus anderen Kalendern und völligen Neuschöpfungen.

Den stärksten Einfluß übte der athenische Festkalender dadurch aus, daß Städte wie Alexandreia und Pergamon viele seiner Feste übernahmen, andere wie Ilion wenigstens einige davon. Hätte man allerdings diesen Kalender unverändert übernommen, so wäre für andere Feste kaum noch Raum geblieben: abgesehen davon, daß jeder Tag irgendeinem Gott geheiligt wurde, den man nach Belieben privat feiern konnte, betrug die Anzahl der Festtage, die öffentlich, freilich längst nicht immer in der gleichen Weise und nicht in jedem Jahr gefeiert wurden: im Hekatombeion 6 Tage, im Metageitnion 6, im Boedromion 13, im Pyanepsion 12, im Maimakterion 2, im Posideon 4, im Gamelion 5, im Anthesterion 6, im Elaphebolion 9, im Munichion 4, im Thargelion 5 und im Skirophorion 3 Tage, das heißt also, daß unter günstigen Umständen jeder fünfte Tag ein Feiertag war. Die meisten dieser Feste waren vorhellenistischen Ursprungs, doch sind einige hellenistische Daten, Veränderungen oder Neuerungen bemerkenswert. Die Lenaia, deren Finanzverwaltung seit 334 unter der Aufsicht der Epimeleten standen, fanden erst jetzt Eingang auf den Inseln Rhodos, Astypalaia und Mykonos, im athenisch gesinnten Priene und in Magnesia um Maiandros; zu den alten Agonen kamen solche der tragischen und komischen Dichter und tragischen und komischen Schauspieler, die bis in die sullanische Zeit abgehalten wurden, kam wenigstens zeitweise im dritten Jahrhundert der Vortrag von Dithyramben. An den großen Dionysien trat seit 329 zu den alten Agonen tragischer und komischer Dichter und tragischer Schaupieler der komischer Schauspieler; alte Tragödien wurden seit 386, alte Komödien seit 339, alte Satyrspiele seit 254 neu inszeniert. Im Ganzen unverändert blieben die anderen großen athenischen Feste, die Eleusinia, die Panathenaien, die drei Tage der Anthestreria und die Handwerkerfeste der Chalkeia. Wieder erneuert wurden seit 338 die Amphiaraia und neu eingeführt einige rein politische Feste, und zwar 307 die Demetrieia für Demetrios Poliorketes, 229 die Diogeneia für den Strategen Diogenes und nach 163 ein Dankfest für König Ariarathes V. und die Königin Nysa von Kappadokien. Je mehr der politische Glanz der Stadt verblaßte, um so mehr feierte man die Gedenktage von Marathon, Salamis, Plataiai, Naxos und Mantineia.

Viele öffentliche Feste der hellenistischen Welt behielten, wenigstens pro forma, einen religiösen Charakter bei, besonders die an den alten und neuen Heiligtümern begangenen Feste. ‚Gottesboten' wurden ausgesandt, um die Einladungen an befreundete Städte zu überbringen, und ‚Gottesgesandte' vertraten die Geladenen; neue Feste wurden zu Ehren einer Gottheit gestiftet, so wollten die Attaliden vor aller Welt ihre Frömmigkeit dadurch beweisen, daß sie Nikephoria für Athene Nikephoros, Basileia für Zeus Basileus, Philetaireia in Delos für Apollon und Eumeneia in Sardeis für Athene einrichteten. Daß de facto die Spiele, Essereien und Märkte wichtiger waren als die religiösen Feiern, geht aus manchem Zeugnis hervor. Feste orientalischer Götter wurden nur dann zu öffentlichen, griechischen Feiern, wenn diese Götter schon hellenisiert waren wie der Adonis des Todes- und Auferstehungsfestes in Alexandreia unter Ptolemaios II. und die Isis des auch zuerst in Alexandreia gefeierten Festes zum Wiederbeginn der Schiffahrt nach dem Winter.

Mischte sich in den religiösen Festen Altes und Neues, so waren die Herrscherfeste, die im dritten und noch im zweiten Jahrhundert geradezu aus der Erde schossen, ganz und gar neu und trugen anderen Charakter. Es gab Feste, die nichts anderes waren als Demonstrationen des herrscherlichen Reichtums, andere bedeuteten Versuche einer Kulturpropaganda oder einer rein politischen Propaganda, wieder andere waren Ausdruck echter Herrscherfrömmigkeit, und schließlich gab es solche, die dankbare Gesinnung gegenüber dem Herrscher zum Ausdruck brachten. Leider läßt sich nur in wenigen Fällen sagen, welches dieser Motive bei den zahlreichen Geburtstags- und Gedenktagsfeiern für lebende und tote Herrscher in jedem einzelnen Fall überwog. Wir können nur ahnen, daß es etwas anderes bedeutete, wenn Klazomenai Feiern zu Ehren der Stratonike und Antiochos I. anordnete als wenn der achaische Bund Festspiele für Philopoimen schuf. Die Städte taten es den Fürsten nach, soweit sie konnten; mit möglichst hohem Aufwand feierten sie ihre Gründungstage, die Geburts- oder Todestage ihrer Heroen oder ihrer großen Männer und Frauen. Nicht immer feierte die ganze Stadt, sondern manche Feste waren einzelnen Phylen oder einzelnen Berufsklassen vorbehalten. Dann schlug der städtische Patriotismus hohe Wogen, so etwa bei dem Fest, das Priene im Jahre 297 zur Erinnerung an die Befreiung von einem Lokalherrscher einrichtete: die Sache war kaum der Rede wert, zumal da Ephesos das Hauptverdienst an dieser Befreiung zukam, aber sie bot doch Anlaß genug zu einem Fest. Auf allen diesen Festen wurde viel Geld ausgegeben und viel Geld verdient, viel geredet, repräsentiert, gegessen und getrunken. Hier erschließt sich uns einer der heute besonders ‚modern' anmutenden Züge des Hellenismus, wobei die Analogie nicht weiter ausgeführt zu werden braucht. Selbst die Finanzierung der Feste ermöglicht es, genaue Parallelen zur gegenwärtigen Situation zu ziehen: reiche Privatleute, die sich einen Namen machen wollten oder geschäftliches Interesse hatten, propagandabedürftige Kultinstitutionen und städtische Behörden, die sich nicht allzu sehr von modernen Kultur- und Werbeämtern unterschieden, teilten sich in die Organisierung und Finanzierung.

Die drei Hauptbestandteile der öffentlichen Feste blieben oder wurden Opfer, Agone und Festzüge. Opferteile erhielt bei einigen Festen der größte Teil der Bürger, bei anderen nur wenige, aber jeder hatte die Möglichkeit, an einer festlichen Panegyris in der Festnacht teilzunehmen. Am stärksten veränderten sich die Festzüge, deren Zahl ins Ungeheure stieg. Auch da, wo sie sich an alte Formen anlehnten, sich an den großen griechischen Prozessionen der Eleusinien, der Panathenaien, der athenischen Dionysosprozession und anderen orientierten, was auch in Alexandreia geschah, war der neue

Geist überall zu spüren. Die Festzüge wurden gesitteter, buntfarbiger, spielerischer. Die Könige benutzten gerade diesen Teil der Feste, um ihren Reichtum vorzuführen. Die Kinderliebe forderte ihr Recht: maskierte Kinder durften in den großen Zügen mitziehen oder formierten eigene Kinderfestzüge. Junge Mädchen machten manchen Festzug zu einer Art Kleider- und Modenschau, die Naturverbundenheit zeigte sich auf den Festen der Inselbewohner in Fischer- und Schifferprozessionen; außer den Epheben der lokalen Gymnasien nahmen an den Residenzen oder in den Garnisonstädten auch die Truppen am Festzug teil. Neu war schließlich noch, daß die Zuschauer von dem vorbeiziehenden Zug mit Geschenken aller Art beworfen oder beschenkt wurden.

Feststimmung herrschte auf allen Straßen und in allen Häusern, besonders bei den großen Festen. Die Kinder hatten schulfrei, die Sklaven brauchten nicht zu arbeiten, Freilassungen wurden an solchen Tagen verkündet, man bekränzte sich und trug seine besten Kleider. Natürlich spielte in einem erotisierten Zeitalter auch die Liebe eine große Rolle. Wenn auch die Vergewaltigungen in den Stücken der neuen Komödie literarische Übertreibungen auf dem Hintergrund alter Tragödienmotive sind, so bedeuteten Szenen, wie sie Theokrit schildert, gewiß keine Ausnahmen: selbst die Prozession zu Ehren der jungfräulichen Artemis bot Gelegenheiten zur Verführung.

Doch hatten bei vielen Festen Ordner dafür zu sorgen, daß Männer und Frauen möglichst getrennt blieben. Nur selten wurde Kritik an öffentlichen Festen laut: Panaitios empfahl, die städtischen Gelder lieber für Bauten als für Feste zu verwenden.

c) Sport

Es gab nur wenige öffentliche Feste, bei denen nicht auch Sportveranstaltungen agonistischer Art stattfanden; die schönsten antiken Sportplätze stammen aus der hellenistischen Zeit und Welt, und seit den berühmten Sportlern in der Umgebung Alexanders, Perdikkas und Krateros, riß die Kette bedeutender Sportler nicht mehr ab.

Auch im Hellenismus war es noch immer der alte griechische Sport, in dem sich die Jugend übte und der zum Wesen des Mannes gehörte, aber nun entstand ein neuer Typ, der viel Schuld am Absinken des Sportes im Späthellenismus trug: der professionelle sportliche Star. Der Hellenismus hat die hohe Gage für den Professionellen erfunden und damit die Voraussetzung geschaffen für das Aufkommen jenes ungebildeten, großsprecherischen Muskelprotzes, der von Agon zu Agon zog, sich mit seinen Siegen brüstete und es gern sah, wenn die Städte versuchten, ihn sich durch immer höhere Geldzahlungen gegenseitig abspenstig zu machen. Was jedoch den hellenistischen Sport trotz dieser Entwicklung vom modernen Sport grundlegend unterscheidet, ist, daß ihm die Rekordsucht als Motiv fehlte; der Sieg über den Gegner genügte bei allen Agonen.

Die innere Gliederung des Gymnasions in den philosophisch-musischen und in den sportlichen Bezirk hatte die Neugestaltung oder die Neubauten der Sportanlagen zur Folge. Einen großen offenen Rasenplatz zum Training für Wurf, Sprung und Schwerathletik, gedeckte und ungedeckte Laufbahnen für die Leichtathletik, Nebenräume für Geräte und Zurüstung und vorbildliche Wasch- und Badeanlagen erhielten nun auch die kleinsten Städte. Hier wirkten die verschiedenen Disziplinen der Sportlehrer, hier wurde dem jungen Mann eingeschärft, daß man einen Kranz nicht einfach ‚holen' könne, sondern daß man ihn mühsam erringen müsse, und hier wurde die Auslese für die sportlichen Kämpfe auf den großen Spielen herangebildet – soweit und solange sie nicht nur von Professionellen beschickt wurden – hier übten die Trainer ihre Mannschaften ein, mit denen sie dann zu den Spielen reisten; oft wurden diese Lehrer und Trainer zugleich mit den Siegern geehrt.

Die Anzahl der Sportveranstaltungen im Hellenismus war so groß, daß es genügt, die Liste der von *Klee* zusammengestellten größten hellenistischen Agone zu wiederholen: im ersten Olympiadenjahr die Spiele in Olympia, die Soteria von Delphoi, die Naia, die Eleutheria in Larisa, die Heraia in Samos, die Amphiaraia; im zweiten Olympiadenjahr die arkadischen Lykaia, die nemeischen Spiele, die Hekatombeia, die Eleutheria in Plataiai und die isthmischen Spiele; im dritten Olympiadenjahr die Panathenaien, die pythischen Spiele, die Delia und nochmals die Heraia; und im vierten Olympiadenjahr die Asklepieia in Epidauros und nochmals die Lykaia, Nemeia und Isthmia. Nicht in dieser Liste enthalten sind die Ptolemaia in Alexandreia, die Leukophryeneia in Magnesia am Maiandros, die Nikephoria in Pergamon, die Eumeneia in Sardeis, die Asklepieia in Kos, die Erotideia in Thespiai, die Herakleia in Chalkis und die Theseia und Eleusinia in Athen, dazu einige kleinere.

Für den Hellenismus ist charakteristisch, daß bei allen Spielen die Zahl der Wettkämpfe für Knaben anstieg, daß im zweiten Jahrhundert unverhältnismäßig mehr Olympiasieger aus Rhodos kamen als aus irgendeinem anderen Teil der Welt, daß die isthmischen Spiele nicht einmal nach der Zerstörung Korinths und seines Festplatzes aufhörten; allerdings gewannen sie nie wieder das alte Ansehen. Die pythischen Spiele boten das Schauspiel, nach der Niederlage der Aitoler zu Spielen zu werden, die zum Dank für die Befreiung Delphois von den Aitolern abgehalten wurden (189). Die nemeischen Spiele erlangten ihren höchsten Glanz, als Antigonos Doson sie nach dem Sieg bei Sellasia besuchte. Leise Verfallszeichen machten sich allerdings schon von Beginn der Epoche an geltend; den Anfang einer langen Reihe von Korruptionserscheinungen, die in Delphoi ihren Höhepunkt erreichten, bildete die Bestechungsaffäre des Atheners Kallippos in Olympia (332). Die Sache kam heraus und die elische Spielverwaltung legte dem verantwortlichen Athen eine Geldstrafe auf und schloß es – als es sich weigerte, sie zu zahlen – von den Spielen aus. Als auch das nichts half, griff der verbündete Apollon von Delphoi zugunsten Olympias ein: die Pythia erklärte, Athen werde so lange von den delphischen Orakeln und den pythischen Spielen ausgeschlossen, bis es die ihm auferlegte Strafe zahlen werde, und die Athener zahlten.

Von anderen vorhellenistischen Spielen gewannen die athenischen Theseia im zweiten Jahrhundert wegen der starken Beteiligung der waffenfähigen Mannschaften und wegen der Ergänzung der sportlichen durch militärische Vorführungen an Beliebtheit. In konservativer Weise wurde noch 161/0 nicht der Sieger, sondern seine Phyle geehrt. Wettstreit der Trompeter und Herolde, Exerzierübungen, Schau der Waffen und Pferde sowohl der örtlichen wie der auswärtigen Garnisonen traten zu den Agonen in drei Arten des Laufes hinzu, zu Fackellauf, Ringen, Faustkampf, Pankration der Jungmannschaften und der Männer, und zu den hippischen Vorführungen im Waffenreiten, Geländereiten, Abspringen vom Pferd, Rennreiten und Speerwerfen vom Pferd aus. An den Panathenaien änderte sich wenig, außer daß Lykurgos das Panathenaien-Stadion neu gebaut und Herakleitos, ein Freund des Antigonos Gonatas, es nochmals verbessert und die Agone reichlich finanziert hatte (277/6). Die Spiele wurden aber nicht immer in vollem Umfang ausgetragen. Ihre Nachahmungen in Pergamon, Rhodos und Ilion glichen ihnen weitgehend. Zu den größten Spielen gehörten im zweiten Jahrhundert die Eleutheria von Larisa mit nicht weniger als sechsundzwanzig Wettbewerben, von denen allerdings fünf musisch waren. Als besondere Sportarten waren auf ihnen der thessalische Stierfang und das Fackelreiten vertreten. Die delischen Spiele besuchte Scipio, er erhielt bei dieser Gelegenheit einen Lorbeerkranz. Für die panionischen Spiele ließ sich Teos seine Asylie von Delphoi neu bestätigen.

Mehrere große Sportwettkämpfe wurden zum Dank für die Galatersiege eingerichtet. Am angesehensten waren die vom aitolischen Bund gestifteten, 276 von Chios und 275/4 von Athen anerkannten delphischen Soterien zu Ehren des Retters Zeus und des pythischen Apollon und die pergamenischen Nikephoria, die zuerst von der delphischen Amphiktionie anerkannt wurden; beide waren mit musischen Agonen verbunden. Alle neuen Spiele aber überstrahlte das Fest der Artemis Leukophryene in Magnesia am Maiandros, ein gymnischer, hippischer und musischer Agon nach dem Vorbild der Pythien. Eine Erscheinung der Göttin veranlaßte die Magneten dazu, nach Delphoi zu schicken, und Apollon begrüßte es, daß Magnesia seiner Schwester die gleichen Ehren zuteil werden lassen wollte wie Delphoi ihm selbst. Daraufhin schickten die Magneten Theoren in alle Teile der hellenistischen Welt, die zu den Agonen, Opfern und Panegyreis in jedem fünften Jahr einluden. Die meisten Geladenen antworteten freundlich, eine pergamenische Stadt sandte hundert Drachmen als Erstlingsspende für das Heil der pergamenischen Könige; Ithaka beschloß auf einer Volksversammlung im Odysseion, ein Schaf als Opfer zu schicken, Megalopolis, Antiocheia in der Persis, Seleukeia am Tigris, Apameia, zwei weitere Seleukeia, Paros, Philipp V., Attalos I. und Eumenes II., Antiochos III. und IV. und Ptolemaios IV. erkannten die Spiele als isopythisch an und sandten Geschenke. In einer schönen Inschrift, in der sie die Gottesepiphanie und den Beginn der Spiele auf das Jahr 221 datierten, schrieben die Magneten die Geschichte der Spiele; als Empfängerin der ersten Offenbarung galt eine Priesterin. Charakteristisch ist die vierfache Datierung nach dem eponymen Stephanephoren, dem eponymen Archonten von Athen und nach je einem Sieger in den pythischen und den olympischen Spielen. Mit den Spielen in Magnesia lassen sich nur noch die Agone in Didyma vergleichen, die auf Grund eines Apollon-Orakels gestiftet worden waren und zu denen alle Griechen eingeladen wurden, „damit sie alle der gemeinsamen Wohltaten des Gottes teilhaftig würden". Die meisten übrigen Spiele dienten der politischen Propaganda der Herrscher, sowohl die Ptolemaia, die die Ptolemaier auf ihren Inselkolonien stifteten (seit 280), als auch die Attaleia und Eumeneia der Pergamener; ein Ausdruck der Dankbarkeit waren die gymnischen und hippischen Soterien, die Megalopolis zur Erinnerung an Philopoimen einrichtete.

Von vielen dieser Spiele besitzen wir Siegerlisten, die vom dritten bis zum ersten Jahrhundert nicht nur die Sieger in den einzelnen Sportarten, sondern oft auch ihre Trainer nennen. Aus diesen Inschriften wird nun allerdings das Starwesen oft erschreckend deutlich. Eine Inschrift des dritten Jahrhunderts berichtet von einem Argiver, der auf folgenden Spielen gesiegt hatte: auf den Heraia, Basileia, Panathenaien und Eleusinien, auf den athenischen Ptolemaia, Lykaia, Amphiaraia von Oropos, Eleutheria, auf den thermischen Spielen, den Herakleia, den sikyonischen Pythien, den Soterien, den Antigoneia und natürlich in Nemea, Olympia und auf dem Isthmos, und zwar mindestens achtzehnmal im Männerdoppellauf, achtmal im Hoplitenlauf, dreimal im einfachen Lauf und schon als Knabe zweimal im Knabendoppellauf und einmal im einfachen Knabenlauf. Zwischen den Jahren 86 und 31 siegte ein Sportler aus Halikarnassos in Chios, Epidauros, Oropos, Argos, Kerkyra, Plataiai, Chalkis, Kos, Isthmia, Nemea und auf den Panathenaien, und zwar siebenmal im Knabendauerlauf, einmal im Knabenreiten und sechsmal im Reiten der Männer. Ein hippischer Star aus Lindos siegte zwischen 300 und 290 an acht Kampfstätten im Zweigespann, Viergespann, Fohlenzwei- und -viergespann und im Reiten, ein Sikyone zwischen 260 und 220 als Knabe an sieben Plätzen im Ringen, Boxen und im Pankration, als Erwachsener an fünf Plätzen im Boxen und im Pankration; es gab um das Jahr 200 Spezialisten im Doppellauf und Dauerlauf, die auf allen nur erreichbaren Festen liefen und sehr häufig siegten. Wenn sich die Sieger auch vielfach noch mit einer Ehrenstatue, einem Ehrengedicht oder den üblichen Siegerkränzen begnügten, alle taten das gewiß nicht mehr, und sowohl bei sportlichen wie bei musischen Spielen begannen Geldpreise zu locken. Immerhin war Athen im vierten Jahrhundert mit schlechtem Beispiel vorangegangen: die hundertvierzig Amphoren Öl, die der erste Sieger im Wagenrennen mit Pferden erhielt, stellten einen ansehnlichen wirtschaftlichen Wert dar.

Für die Ordnung der Spiele sorgten die besonders gewählten oder berufenen Agonotheten, die vielfach, wie Philippides oder Glaukon in Athen (296/5), mit ihrem eigenen Vermögen zur Gestaltung beitrugen. Wie weit ihre Kompetenzen gingen, ist ungewiß – das wird sehr verschieden gewesen sein –, doch zeigen Beispiele aus Epidauros (um 200), daß sie, gemeinsam mit den Preisrichtern, über korrupte Sportler hohe Geldstrafen verhängen durften. Wenig wissen wir über die komplizierten Systeme der Siegerermittlung, insbesondere bei Kombinationen wie dem Fünfkampf.

Von Sportunfällen, auch solchen, die zum Tod führten, berichteten Ärzte und Grabinschriften. So wurde im zweiten Jahrhundert im Stadion von Amorgos ein sechzehnjähriger Ephebe von einem Speer getroffen und starb nach einer mißlungenen Operation am fünften Tag. „. . . doch mein Kamerad Hermes führte mich an seiner Hand ins Land der Frommen", endet seine Grabinschrift. Es gab Vorschriften, die besagten, daß ein Sportler, der einen Gegner lebensgefährlich verletzt habe, nie zum Sieger erklärt werden dürfe; für ärztliche Hilfe war überall gesorgt.

Die Unterscheidung nach Altersklassen wurde differenzierter. Wenn man von den Kinderagonen absieht, die es bei einigen Festen gab, die aber mehr in den Bereich des Spieles als in den des Sportes gehörten, so gab es in Olympia, Delphoi und Arkadien nur zwei Altersgruppen: Knaben und Männer, bei den meisten Kampfstätten jedoch drei: Knaben, Jünglinge und Männer, und in Thespiai, Kos und bei den pamboiotischen Spielen in Koroneia sogar vier: Knaben, ältere Knaben, Jünglinge und Männer. Es wurde streng darauf geachtet, daß keiner statt in seiner eigenen Altersklasse in einer höheren oder einer niedereren auftrat, doch waren die Jahresgrenzen nicht bei allen Spielen dieselben.

Der hellenistische Mensch betrieb fast nur die alten Sportarten. Bis weit in christliche Zeit hinein wurde der Fünfkampf in der Reihenfolge Diskuswurf, Sprung, Speerwurf, Lauf, Ringen geübt, sicher bezeugt ist er in Thespiai, Olympia (252, 248), Arkadien (320), in Larisa auch der Knaben- und Jünglingsfünfkampf. Stadion-, Doppelstadion- und Dauerlauf gab es für alle Altersklassen, doch waren die Strecken nicht bei allen Spielen die gleichen; der 200-Meter-Lauf galt vielen als der edelste Sport. Die Mediziner empfahlen den Lauf, besonders den mit einem Reifen, als beste Gesundheitsübung: man sollte ihn allmählich verlängern und nachts trainieren. Athen und die seine Sportsitten nachahmenden Plätze wie Delos liebten den Fackellauf für Einzelläufer, als Stafettenlauf und im Mannschaftsverband, während Hindernislauf selten war. Springen kam nur in Verbindung mit anderen Sportarten vor und beschränkte sich auf Weitsprung aus dem Stand mit und ohne Sprunggewichten. Dagegen gewann sich die Schwerathletik neue Freunde, sogar das Pankration – in Larisa und im Jahre 200 auch in Olympia sogar für Knaben, zeitweise in Isthmia für Knaben und Jünglinge –, obwohl es viele gab, die an seiner Roheit Anstoß nahmen. Dagegen war das Ringen der Knaben ein gern geübter Sport; im Jahre 130 siegte ein junger Smyrnäer bei den athenischen Theseia. In Olympia wurden die gewaltigen Kraftleistungen eines Doppelsiegers im Pankration und Ringen der Männer fünfmal während der hellenistischen Jahrhunderte gerühmt (212, 156, 92, 68, 52), zwei der Sieger waren Alexandriner, einer ein Rhodier. Die Mediziner empfahlen besonders den Fingerkampf und das Ringen auf dem Boden. Die Regeln waren nicht mehr einheitlich, doch galt derjenige als besiegt, der dreimal zu Boden gehen mußte. Das Boxen schließlich war ein Sport für alle Altersklassen. Es wurde zunächst am Boxball geübt, die Boxhandschuhe hatten noch nicht, wie bei den Römern, Metallstücke eingeflochten; auch diese Sportart galt allmählich als zu roh und wurde daher kritisiert und sogar verlacht. Die Arkader haben das Boxen von Kind an geübt und stellten mehrere Olympioniken im Knabenfaustkampf; eine hellenistische Erleichterung des Kampfes bedeutete die Erlaubnis für Jüngere, ein Ohrenleder anzulegen.

Beim Werfen und Schießen gab es neben den althergebrachten auch neue Arten des Wettkampfes. An den klassischen Kampfstätten wurde bis in die römische Zeit der Diskus-Weitwurf gepflegt; in Olympia lag der Normaldiskus in Lederhüllen für jedes Fest wohl aufbewahrt im Schatzhaus von Sikyon. Im alltäglichen Sport begnügte man sich mit dem Steinwurf und dem Speerwerfen nach Entfernung oder Ziel, Bogenschießen wurde im zweiten Jahrhundert zu einem Modesport.

Im Pferdesport trat das Wagenrennen hinter dem Reiten etwas zurück, doch behielt Olympia zu allen Zeiten das Rennen mit dem klassischen Viergespann bei; für einen isthmischen Wagensieger dichtete Kallimachos das Siegeslied; der gleiche Mann siegte wohl auch mit dem Rennwagen in Nemea. Alexander ließ in Olympia rennen – man dichtete ihm im Roman sogar an, er habe selbst ein Viergespann gelenkt –, ebenso die königliche Freundin des zweiten Ptolemaiers, der Vater Attalos' I., und nach ihnen viele andere. Außerhalb der klassischen Kampfstätten standen das Rennreiten und das Reiterspiel im Vordergrund. Der reitende Knabe vom Kap Artemision aus dem zweiten Jahrhundert in seiner weit vorgeneigten Haltung und seiner Freude am Mitgehen mit den Bewegungen des Pferdes ist dafür ebenso typisch wie die Nachricht, daß Polybios mit zweiundachtzig Jahren vom Pferde gestürzt sei; die Ärzte mußten vor zu vielem Reiten warnen. Neben dem Rennreiten von einer oder zwei Hippodromlängen wurde das Speerwerfen vom Pferd aus nach aufgehängten Zielschilden Lieblingssport der Epheben. Die Männer übten das Reiten in Kriegsrüstung; Fackelrennen zu Pferde entzückten die Zuschauermengen bei den großen Festen.

Die Ballspiele des Hellenismus trugen keinen Sportcharakter, sondern gehörten zum Bereich der Spiele. Eine Ausnahme machte das seit dem fünften Jahrhundert in Athen aufgekommene Hockeyspiel, das in hellenistischer Zeit häufig gespielt worden ist, jedoch kaum als Mannschaftsspiel, sondern immer nur zwischen zwei Gegnern. Man benutzte umgebogene Stäbe und einen kleinen Ball oder eine Kugel.

Alle Arten des antiken Wassersports gewannen neue Freunde. Im Schwimmsport übte man – meist schon seit vorhellenistischer Zeit – Armschwimmen – besonders schön ist der schwimmende Orontes zu Füßen der Tyche von Antiocheia –, Brustschwimmen, Wechselzug mit Beinschlag, Rükkenschwimmen, Seitenschwimmen und Kopfsprung. Jährlich fand ein Wettschwimmen in Hermione in der Argolis statt; Pyrrhos war ein guter Schwimmer, während Alexander nicht schwimmen konnte. Unter den Ruderregatten war die alljährlich am Gedenktag des Sieges von Salamis von der athenischen Jungmannschaft geruderte am berühmtesten.

Die Volkstümlichkeit und die emotionale Haltung der zuschauenden Massen dem Sport und den Sportlern gegenüber illustriert ein durch Polybios überliefertes Ereignis. Der Olympiasieger des Jahres 216 in der schwersten Kampfart, Kleitomachos von Theben, der für unbesiegbar galt, wurde 212 von Aristonikos, dem Starsportler Ptolemaios' IV., herausgefordert. Das

Publikum, das – nach den Beobachtungen des Polybios – zunächst immer aus Mitleid für den Schwächeren Partei ergreift, jubelte ihm zu, weil er es gewagt hatte, gegen den Unbesiegbaren anzutreten. Da wandte sich Kleitomachos mit der Frage an die Volksmenge, ob es nicht eine Schande wäre, wenn ein ‚Ägypter' statt eines Griechen in Olympia siege, und sofort fiel ihm die Gunst der Massen zu, was Aristonikos so entmutigte, daß er verlor.

Das führt zur Frage nach dem Ethos des hellenistischen Sportes. Auffällig ist, wie viele Sportler im Krieg für ihre Stadt gefallen sind, meist in der vordersten Reihe. Ihre Fairness, die Härte ihres Trainings und ihre Enthaltsamkeit werden oft rühmend hervorgehoben. Doch gab es seit Euripides auch Kritiker und Spötter, die behaupteten, die Athleten seien dumm, roh, sie seien Fresser und Säufer, entstellten ihre Gesichter durch Boxhiebe und so fort.

Literatur über den Sport gab es in Fülle, und die besten Vertreter des geistigen und künstlerischen Lebens beschäftigten sich mit ihm. Aristoteles stellte Verzeichnisse olympischer und pythischer Sieger zusammen, Erathosthenes schrieb zwei Bücher über Olympiasieger, und wenn beide dabei wohl auch in erster Linie ein chronologisches Interesse verfolgt haben dürften, so ließ sich doch auch das sportliche nicht ausschalten. In vielen Schriften des Corpus Hippocraticum spielt der Sport eine Rolle: die Ärzte prüften seinen Wert oder Unwert für die Gesundheit, gaben Anweisungen für Sportdiät oder Verhaltungsmaßregeln bei Sportunfällen, und die Epigrammatiker dichteten Verse für die Siegerstatuen. Vor allem in der bildenden Kunst herrschten Sportmotive vor. Pausanias sah in Olympia noch zweihundertdreißig Siegerstatuen; Siegermünzen gab es seit Philipp II.; besonders schön sind die Münzen von Abydos, die den schwimmenden Leandros darstellen, den auch Apelles gemalt hat. Am Anfang der Plastik des Hellenismus stehen die Sportler des Lysippos und seiner Schule, der Apoxyomenos, der ballwerfende Knabe, der ausruhende Hermes, die Ringergruppe von Herculaneum und Siegerstatuen, auch für siegende Knaben; es folgten der Faustkämpfer des Apollonios im Thermenmuseum mit seiner unerhörten Realistik, der Bronzekopf des Faustkämpfers des Silanion aus Olympia und im Hoch- und Späthellenismus die Ringergruppe von München, der karikierte Faustkämpfer von Dresden, das Votivrelief der siegreichen Fackelläufer von London, der nach dem Sport ausruhende Jüngling von Tralleis, die rennenden Gespanne auf den spätesten Panathenaienvasen und – bereits in kunstgewerblicher Verwendung – die Ringerpaare der Bostoner Schüssel.

d) Tanz

Etwa zweihundert griechische Tänze *(Weege)* sind uns namentlich bekannt, doch läßt sich nur von wenigen mit Sicherheit sagen, ob sie im Hellenismus wirklich getanzt worden oder ob sie gar erst in dieser Epoche entstanden sind. Fest steht jedoch, daß man sich nicht scheute, ägyptische und afrikanische Tänze als Modeerscheinungen zu übernehmen, und im seleukidischen Bereich haben orientalische Tänze gelegentlich Einlaß gefunden, selbst wenn sie die Grundforderung, die die Griechen an den Tanz stellten, nämlich Eurhythmie, nicht erfüllten. Im allgemeinen aber folgte der hellenistische Tanz den alten griechischen Vorbildern: er blieb in allererster Linie Ausdruckstanz. Pantomimische Haltungen, andeutende Bewegungen, sprechende Gesten, das Einhalten gewisser Gesetze und Schemata blieben seine wesentlichen Merkmale. Wenn *Séchan* mit Recht sagt, daß der griechische Tanz Musik, Dichtung und Plastik in einem sei, so gilt das auch für den hellenistischen. Tanz ist Ausdruckskunst des ganzen Körpers, und es gibt genug bildhafte Darstellungen, die das bestätigen. Natürlich war es ein Unterschied, ob man in der feierlichen Prozession oder in der ekstatischen Mysterienfeier, auf der Bühne oder beim Begräbnis, bei der Hochzeit oder beim Volksfest tanzte, aber die gemeinsamen Grundzüge griechischen Tanzens blieben immer die gleichen.

Es gab Tänze für Männer, für Frauen, für Männer und Frauen gemeinsam, für Kinder, Jugendliche, Epheben und Jungfrauen, aber auch Alte scheuten sich nicht, zu tanzen. Es gab große landschaftliche Unterschiede und Mischformen der verschiedensten Gattungen. So entstand eine ungeheure Fülle von Figuren und Tanzhaltungen, die sich zum Teil noch aus den Namen herauslesen lassen. Die genau geregelten Hand- und Fingerbewegungen als mimische Ausdrucksform – ‚ein Stück Holz mit der Hand anfassen‘ –, die Haltung der Arme, die Fußbewegungen und Kopfhaltungen, die langsame oder schnelle Drehung des ganzen Körpers, das alles war bedeutungsvoll; die Gestik war teils verhalten, teils Schrecken erregend, Jubel und Trauer ausdrückend. Der Gang wechselte vom feierlichen Schreiten bis zu wildesten Sprüngen, vom Stampfen bis zum Hinken. Manche Tänze wurden mit besonderen Attributen getanzt, mit Thyrsosstäben, die bei den altertümlichen Kriegstänzen an die Stelle der Waffen traten, mit Girlanden, Kränzen, Körben voll Blumen, Vasen, Mänteln und Schleiern. Von Figurentänzen waren Marsch-, Reigen- und Rundtänze bekannt; Solo-, Gruppen- und Massentänze sind bezeugt. Zuweilen führte ein Vortänzer den Reigen an.

Einmalig ist die Fülle der mimischen Darstellungen aller dieser Tänze, und manche der Namen legen die Vermutung nahe, daß es sich dabei um neuartige

Motive gehandelt hat. Da gab es einen Tanz, der den stoischen Weltbrand nachahmte, andere, die einen Fleischdiebstahl, die Ankunft und den Weg eines Boten, das Hocken und Schweben einer Eule, den Gang des Theseus durch das Labyrinth, das Fliegen und Zwitschern der Vögel, das Brüllen und Springen eines Löwen, aber auch das Schicksal des Hektor und Achill zum Ausdruck brachten. Dabei wurden, wie gesagt, alte Tänze wie der Geranostanz, der Waffentanz der Pyrrhiche, der Kalathiskostanz mit Körben auf dem Kopf oder der lustige Kordax modernisiert; aus der Pyrrhiche wurde ein dionysischer Tanz, den auch Frauen tanzten und der jeden militärischen Charakter verlor. Der Geranostanz wurde nicht nur durch Kallimachos bekannt, sondern zu einem Stück athenisch-delischer Kulturpropaganda, als man ihn als Triumph des Theseus über den Minotauros tanzte. Den Kordax tanzten anspruchslosere Kreise und Sklaven mehr oder weniger ausgelassen bei Hochzeits- und Geburtstagsfeiern.

Im übrigen war die Variationsbreite sehr groß: sie reichte von kunstvollsten Tanzschöpfungen, vor allem weiblichen Mantel- und Schleiertänzen von großer Anmut, bis zu höchst lasziven Nackttänzen alexandrinischer, thessalischer oder roh bäuerlicher Tänzerinnen und Tänzer. Zur Volksbelustigung traten auf den Märkten Tanzakrobaten wie Seiltänzer und Sprungbrettänzer auf. Als Tanzmusik diente in den meisten Fällen das Flötenspiel, doch wurde es mehr und mehr üblich, den Takt mit Kastagnetten, Klappern oder Fußklappern zu unterstreichen; auf dem Land wurden Tanzlieder gesungen.

Die alte religiöse Bindung des Tanzes ging nicht überall verloren. Im dionysischen Bereich, aber auch bei der Pythais wurde getanzt, und orgiastische Tänze zur Erzeugung religiöser Ekstasen gab es anscheinend bei gewissen Mysterienfeiern, obwohl die Zeugnisse aus hellenistischer Zeit dafür seltener sind als aus der vorhergehenden und folgenden Epoche. Sokratische Gedanken vom erzieherischen Wert geordneten Tanzes fanden in weiten Kreisen Eingang und waren ein guter Schutz gegen die Verwilderung des Tanzens.

An Literatur über den Tanz gab es ein gelehrtes Buch des Aristoxenos von Tarent, das in römischer Zeit ausgeschrieben wurde; es beschäftigte sich in erster Linie mit dem Verhältnis zwischen Tanz und Musik. Die bildende Kunst des Hellenismus hat sich dem Tanz noch mehr zugewandt als dem Sport, ihre ganze Freude an eleganter und geformter Bewegung kommt sowohl in den künstlerisch reifsten wie auch in den billigsten Terrakotten und Bronzen von Tänzern, Tänzerinnen und Tanzpaaren zum Ausdruck. Das tanzende Erosfigürchen vom Schiff von Mahdia und seine Gegenstücke, die tanzenden Göttinnen und die Fülle von Tänzerinnen aller Art in Kentoripa oder Myrina, die bekannten Reliefs der Apollon im Tanz folgenden Musen, der tanzenden

Mainaden und der Reigen tanzenden Mädchen spiegeln alle das Wesen hellenistischen Tanzens wider; vielleicht ist die Tänzerin von Priene aus dem dritten Jahrhundert der vollkommenste Ausdruck dieser Verbindung von Dynamik und Verhaltenheit, Eurhythmie und Grazie.

e) Spiele aller Art

Einer der vornehmsten Maßstäbe für die Höhe des menschlichen Niveaus einer Epoche liegt in der Art, wie die Menschen, von denen sie getragen wird, zu spielen vermögen. Mag man das Spiel, seine Ursache, seinen Sinn und Wert definieren wie immer man will, alle geistig lebendigen Zeiten konnten und wollten spielen, waren schöpferisch im Erfinden neuer und im Gestalten alter Spiele und fanden im Spiel reiche Beglückung. Auch hierin reiht sich der Hellenismus in die großen Epochen der Menschheit ein. Doch erhält er eine besondere Nuance durch einen typischen Zug des griechischen Wesens, den die Vertreter der alten außergriechischen Kulturen sehr wohl erkannt haben: „Ihr Griechen seid immer Kinder." Es ist bezeichnend, daß in den langen Listen griechischer Spiele bei Pollux oder Athenaios in den meisten Fällen nicht zu unterscheiden ist, ob Kinderspiele oder Spiele von Erwachsenen gemeint sind, daß ferner Spiele, die in anderen Zeiten nur von Kindern gespielt werden, im Hellenismus auch bei Erwachsenen beliebt waren und daß der Erwachsene beim Spielen zum Kind, das Kind zum Erwachsenen wurde.

Die hellenistische Liebe zum Kind zeigte sich beim Spiel von ihrer schönsten Seite. Wie eine hellenistische Anekdote berichtet, soll König Agesilaos von Sparta mit seinen Kindern auf dem Steckenpferd geritten sein, Kallimachos sah Kindern zu, die auf der Straße Kreisel trieben, und Jesus beobachtete Kinder, die auf dem Markt Hochzeit und Begräbnis spielten und dazu ein griechisches Kinderlied sangen:

> Wir haben euch geflötet, und nicht habt ihr getanzt,
> Wir haben euch gejammert, und nicht habt ihr geweint.

Die Kleinen durften den ganzen Tag über auf der Straße oder im Hof der Häuser spielen, die Größeren erst nach vollbrachter Arbeit am Abend. Wenn die jungen Männer ins Ephebenalter kamen und ihnen keine Zeit mehr für das Spielen blieb, mußten die jungen Mädchen ihre Spiele für sich allein spielen; beliebt war das Schildkrötenspiel, bei dem ein Mädchen in der Mitte eines Kreises saß, nach einem Wechselgespräch mit dem ganzen Chor aufsprang und aus dem Kreis zu kommen versuchte. Wurde man älter, spielte man Liebesorakel-Spiele mit Klatschmohnblättern (πλαταγώνιον) oder Kußspiele in der Art von Pfänderspielen.

Bei allen Altersstufen beliebt waren Bewegungs- und Versteckspiele, Wettlauf, Haschen, wobei eine schwarz-weiße Scherbe geworfen wurde, die entschied, welche Partei fangen, welche davonlaufen mußte. Wurfspiele gab es in großer Menge: man warf Knöchel, Stöcke, Kieselsteine, Scherben in die Luft oder in Felder, die man auf die Erde zeichnete, nach beweglichen und unbeweglichen Zielen, in Löcher, über die Wellen; Erwachsene warfen Äpfel vom fahrenden Schiff an den Strand, aber auch Steinchen über die Wellenberge. Man warf Feigen in die Luft und fing sie mit dem Mund auf, oder Steine mit dem Handrücken und fing sie mit der Handfläche auf, man warf Nüsse auf einen Haufen, ohne daß sie davon herabgleiten durften. Sackhüpfen auf geölten Weinschläuchen, Hüpfen und Hinken, Huckepackrennen, Hüpfen auf einem aufgeblasenen, aber langsam in sich zusammenfallenden Schlauch, Blindekuh, Reigenspiele mit Gesang sind durch Quellen bezeugt. Kreiseltreiben mit Kreiseln aus Holz, Bronze und Ton war sehr beliebt; man brachte den Kreisel erst mit den Fingern in drehende Bewegung, ehe man ihn peitschte; Topfschlagen wurde bisweilen so energisch gespielt, daß sich die Spieler schließlich mit den Scherben so lange prügelten, bis der Arzt geholt werden mußte.

Von jeher waren die Griechen Freunde von Ballspielen. Bei den Epheben machten sie einen Teil des Trainings aus, und die Ärzte verschrieben sie jeder Altersstufe. Man übte das Werfen nach oben und unten, zählte, wie oft man auffangen konnte, spielte paarweise Zuwerfen und Auffangen, vor allem Liebespaare, die sich die Bälle zum Geschenk machten. Diese Bälle waren oft kostbar, etwa mit Goldnetzen überzogen, immer aber aus gutem Leder. Genaue Regeln für Teamspiele, die uns erhalten sind, legen die Vermutung nahe, daß eine Art Handball bekannt war, dagegen gibt es nicht ein einziges Zeichen, aus dem sich schließen läßt, daß auch Fußball gespielt wurde, so oft das auch schon behauptet worden ist. Als Bewegungsspiel pflegte man das Reifentreiben mit einem Stock.

Beliebte Kampfspiele waren der Versuch, den Gegner von einer bestimmten Linie wegzuziehen oder aus dem Stand zu drücken, auch Schinkenklopfen und Tauziehen waren bekannt. Von kindlichen Singspielen sind einige Verse erhalten; zu ihnen gehörten die Eiresione-Umzüge der Kinder, die in Athen an den Pyanopsia stattfanden, bei denen es sich zunächst um kultische Spiele handelte, weiterhin ein kindliches Bitten um Gaben, die an einen mit roten und weißen Bändern geschmückten Ölzweig gehängt wurden; lärmender waren Kinderkonzerte auf Muscheltrompeten. Marionetten- und Schattentheater gab es auch, doch sind Einzelheiten darüber nicht bekannt.

Häufig und eingehend sprechen die Quellen von Würfel- und Brettspielen.

Man würfelte mit Astragalen oder mit Würfeln aus Bronze, Bein, Ton oder Holz wie von jeher in der griechischen Welt, nannte die Würfe, die die Buchstabenzeichen oder als vertiefte Pünktchen eingebohrten Zahlen anzeigten, mit den alten Namen Chier, Koer, Aphroditewurf und dergleichen und erfand neue wie das Wort-Spiel ‚Euripides'; man komplizierte die Regeln und vermehrte das Risiko, so daß sich nicht nur mancher durch das Würfelspiel ruinierte, sondern daß Ärzte es als eine häufige Krankheitsursache bezeichneten. Da man mit mehreren Würfeln – bis zu acht – warf, waren die Hasardmöglichkeiten fast unerschöpflich.

Vier Typen von Brettspielen waren im Hellenismus bekannt, die unseren Spielen Mühle, Dame, Fuchs und Gans und einer heute noch in der griechischen Welt gespielten Mischform (Tabli) glichen, dazu kam eine Kombination von Brettspiel und Würfelspiel. Seit homerischen Zeiten hatten die Griechen so gespielt, doch machten sich von Zeit und Zeit auch ägyptische Einflüsse auf die Gestaltung der Spielbretter, Figuren und Spielregeln bemerkbar. Das Brett war entweder mit Linien gezeichnet oder in Felder eingeteilt, als Spielsteine dienten in einfachen Fällen geschliffene weiße und schwarze Tonscherben, sie waren entweder rund und flach oder halbkugelförmig. Auf Delos und auf Kypros erhaltene Spieltafeln stellen den Normaltyp des Spielbrettes dar, der elf Linien und eine Mittelmarke auf jeder dritten Linie zeigt. Nach ägyptischem Vorbild stellte man auch Tierfiguren, etwa schwarze und weiße Hunde, auf. Das meistgenannte Spiel war das vom 5. Jahrhundert bis in römische Zeit viel gespielte ‚Stadtspiel', wobei das Spielbrett ‚Stadt' hieß, ein Felderspiel, das darin bestand, eine Figur der einen Partei dadurch gefangenzunehmen, daß sie von zweien der anderen Farbe eingekreist wurde. Bei den einfachen Linienspielen kam es darauf an, drei Steine in eine Linie zu bringen; kompliziertere begannen damit, daß jeder Spieler fünf Steine auf fünf Linien placiert hatte, von denen die mittlere als heilige Linie umspielt werden mußte.

Das mimische Talent der Griechen führte zu Nachahmungsspielen, meist karikierender Art mit fratzenhaften Verzerrungen oder mit Verkleidungen und Maskierungen. Erwachsene übten im Spiel ihre Geschicklichkeit im Knüpfen und Lösen von Knoten, in Gleichgewichtsspielen oder im Prüfen der Treffsicherheit, wozu in gewissem Sinne das Kottabosspiel gehörte. Kinder formten und bauten aus Steinchen, Hölzchen und Sand, Ton oder Wachs, oder sie spielten mit dem vielerlei Spielzeug, das es von jeher in der griechischen Welt gegeben hat und das sich noch vermehrte. Die schönste Quelle, die Bilder der athenischen Choenkännchen, aber auch viele Ausgrabungsstücke bezeugen griechische Kinderliebe und Spielfreudigkeit im gleichen Maße. Aus hellenistischer Zeit fanden sich in Myrina entzückende kleine Puppentische und

Puppenstühle, Imitationen von Speisen und Kuchen für Puppen und Puppenbetten. Auf den Unterweltsvasen ziehen die verstorbenen Kinder ein kleines Spielwägelchen hinter sich her, wenn sie an den Schrecken des Hades vorbeischreiten. Spieltiere aus Holz und Terrakotta gab es wohl in allen Häusern. An den äußersten Grenzen der griechischen Welt, in Taxila, waren die Spielzeugfunde besonders reich, dort spielten die Kinder mit am Ort hergestellten Pferdchen, Vögeln, Rindern, Buckelrindern, Elefanten und Kamelen, aber auch mit importierten Rasseln, Pfeifen und anderen Kinderinstrumenten.

Griechische Mädchen liebten ihre Puppen und spielten mit ihnen bis zur Hochzeit, dann weihten sie sie der Artemis als Tempelvotiv. Der Hellenismus verfeinerte die Puppen aus Terrakotta beträchtlich, aber auch Puppen aus Holz und sogar Elfenbein stellten die Puppenmacher her, und zwar als Steh- oder Sitzpuppen, mit beweglichen Gliedern und als Hampelpuppen mit einer Schnur zum Bewegen der Arme und Beine; man konnte sie bemalt, bekleidet oder als Ankleidepuppen zum Selbstkleiden kaufen; eine Neuerung war die Erweiterung der älteren Puppenstube zum Puppenhaus. Anscheinend war Korinth bis zu seinem Untergang einer der Mittelpunkte der hellenistischen Puppenfabrikation. Die Liebe zu lebendigen Spieltieren wurde immer größer, sowohl bei Kindern wie bei Erwachsenen, doch war sie in Griechenland längst vor dem Hellenismus vorhanden gewesen. Myrina-Terrakotten bilden spielende Kinder mit Vögeln, Hunden, Hähnen, Gänsen, Schweinen, Ziegen, Schafen und Ponies ab, dazu kamen die schon lange zuvor beliebten Hasen und Singzikaden.

Zu erwähnen bleibt schließlich noch der umfangreiche Komplex der Rate- und Denkspiele, einschließlich der Rätsel aller Art. Einfache Ratespiele – ‚Wieviel Ostraka habe ich in der rechten Hand?' – genügten vielen, andere erfanden allerlei Denkspiele. Ein Buchstabenspiel zum Erraten seltener homerischer Namen war typisch für den Geist der Zeit. Der Hellenismus war eine Epoche des Rätsellösens. Abgesehen von Bilderrätseln war ziemlich jeder Rätseltypus im Hellenismus zu finden, und das vierzehnte Buch der Anthologie sowie Athenaios haben zum Glück eine gute Auswahl erhalten. Einige der häufigeren Arten waren:

1. Buchstabenrätsel wie: Name eines Fisches mit Alpha, Wörter, in denen kein Sigma vorkommt, Wörter, die mit einer bestimmten Silbe beginnen, Wörter mit einer bestimmten Buchstaben- oder Silbenzahl.
2. ‚Teekessel' (Das Erraten synonymer Wörter), die bei der Vieldeutigkeit zahlreicher griechischer Wörter häufig vorkamen (Kore = Mädchen und Augapfel).
3. Logogriphen (Onyx-Nyx).

4. Wortveränderungen (Sandale-Skandale).

5. Namenrätsel aller Art: Theophore Namen, Namen mit lobenswerten Wortbestandteilen und so fort.

6. Literarische Rätsel: Dafür bot Homer eine Fülle von Stoff, und es ist auch hier wieder erstaunlich, welch gute Homerkenntnis überall vorausgesetzt wurde.

7. Begriffsrätsel, philosophische Rätsel: Das schönste stammt noch von Alexis:

Nicht sterblich, nicht unsterblich, sondern eine Mischung aus beiden,
So lebt es weder im Bereich eines Menschen noch eines Gottes,
Aber sein Wesen entsteht immer neu und vergeht wieder.
Unsichtbar ist es dem Blick, doch allen bekannt. (Schlaf)

8. Mathematische Rätsel: Die meisten waren einfache, aber literarisch eingekleidete Gleichungen wie: Pythagoras antwortet auf die Frage, wieviel Schüler er habe: „Die Hälfte beschäftigt sich mit Mathematik, ein Viertel mit Naturwissenschaft, ein Siebentel denkt schweigend nach, dazu noch drei Frauen." Oder: „Von den Rindern des Augias weidet die Hälfte am Alpheios, ein Achtel um den Kronoshügel, ein Zwölftel am Taraxippos, ein Zwanzigstel in Elis, ein Dreißigstel in Arkadien, dazu noch 50." Einer der Hauptverfasser dieser Rätsel in Versen war Metrodoros von Lampsakos.

9. Geographische, zoologische, botanische und astronomische Rätsel. Ein hübsches Beispiel ist ein Silbenrätsel mit einer doppelten Lösungsmöglichkeit: „Das Ganze ist eine Insel. Die erste Silbe ist das Brüllen des Rindes, die zweite das des Bankiers." (Rho-dos, Myk-onos)

10. Grammatische Rätsel. Das schönste lautet:

Nicht sprich, und du wirst meinen Namen aussprechen. Mußt du aber sprechen,
Wirst du, wenn du sprichtst – o großes Wunder – auch wieder meinen Namen aussprechen. (Nicht)

11. Fragen nach alltäglichen Dingen. Besonders anmutig ist das folgende:

Siehst du mich, sehe auch ich dich. Du aber siehst mich mit Augen,
Ich sehe dich ohne Augen, denn Augen habe ich nicht.
Willst du, rede ich ohne Stimme, denn die Stimme gehört dir.
Mir aber öffnen sich die Lippen klanglos. (Spiegel)

Das Lösen von Rätseln war zum Gesellschaftsspiel geworden und ein Gastmahl unter Gebildeten ohne Rätselspiel kaum denkbar, auch die alexandrinischen Gelehrten gaben sich beim gemeinsamen Essen Rätsel auf. Wer das ihm gestellte nicht lösen konnte, mußte zur Strafe eine Schale voll Wein trinken, der mit Meerwasser gemischt war. Wie beliebt das Rätsel war, wird durch nichts besser bewiesen als durch die Grabinschriften, die dem Beschauer noch ein Rätsel aufgeben – so soll er aus Symbolen oder literarischen Anspielungen den Namen des Bestatteten erraten –, aber auch durch die Parodien auf gar zu weit hergeholte Rätsel, an denen die neue Komödie reich war.

Auch das Spiel hat die hellenistische Kunst befruchtet. Seit Polyklet gibt es Bronzen von Astragalenspielern, spielenden Kindern, Kindern mit Tieren, dem ballspielenden Eros und viele Kopien aus Silber, Marmor und Terrakotta. Die Dichtung ist reich an Votivepigrammen mit Spielsachen, an Rätselgedichten und idyllischen Kinderszenen, wie dem Spiel des Eros und Ganymed mit Astragalen bei Apollonios.

f) Reisen

Ein neuer Wesenszug des Hellenismus war das Reisen um seiner selbst willen, also die Touristik. Natürlich gab es auch weiterhin Berufsreisende jeder Art, und wenigstens bis zum Ende des dritten Jahrhunderts waren sie häufiger anzutreffen als in früherer Zeit, aber zu ihnen gesellten sich nun auch Reisende, die nichts weiter wollten als fremde Länder kennenlernen, denkwürdige Stätten besuchen und dadurch vor allem ihre jegliche Enge sprengende Unruhe stillen.

Wenn möglich, reiste man nicht allein. Zuerst stellte man einen Reiseplan auf, der berücksichtigen mußte, wo man Quartier und Verpflegung bekam. Ein Beispiel dafür ist eine Palästinareise Zenons, der elf Städte besuchte. Im voraus wurde dafür gesorgt, daß genügend Brotgetreide für die Reisenden und genügend Futter für Esel, Kamele und Maultiere zu bekommen war. Dann ging es ans Packen. Auf Reisen führte Zenon außer Decken, Zelt und Waffen eine Unmenge Papier zum Schreiben mit sich, außerdem zwei Boote.

Die Hotels hatten sich in den großen Touristenzentren gegenüber früheren Zeiten gewiß gebessert. Wenn es sich bei dem ‚Haus der Masken' in Delos tatsächlich um ein Hotel für Schauspieler gehandelt haben sollte, so war es nicht nur ein komfortables, sondern auch durch die schönen Konferenzräume geschmackvolles und praktisches Hotelgebäude. Das große Kurhotel in Epidauros und die ähnlichen Etablissements aus späthellenistischer und römischer Zeit waren wesentlich größer, dürften aber ähnlich eingerichtet gewesen sein. Bescheidene Gasthäuser gab es in jeder Stadt, teils in städtischem, teils in privatem Besitz, einige lagen außerhalb der Tore, damit der Fremde auch bei Nacht eine Unterkunft finden konnte. Erzählungen von Wirten, die die Gäste beraubten oder gar ermordeten, gehören wohl ganz dem Roman an, historisch bewiesen ist es dagegen, daß es viele Gasthäuser gab, in denen man Zimmer mit Frauen vermietete, auch wurde in vielen Gasthäusern gespielt. Verpflegung mußte sich der Reisende selbst besorgen, wenn er nicht in eine der zahllosen Gaststätten, Garküchen oder Kneipen der größeren Städte ging, in denen er allerdings oft teures Essen und gewässerten Wein bekam. Wer einen Gastfreund hatte, blieb bei ihm, wobei sich die Tugend hellenistischer Gastfreundschaft in einigen bekannten Fällen so auswirkte, daß der Gast dem Gastgeber durch zu langes Bleiben oder der Gastgeber dem Gast durch Geiz und Knauserei lästig wurde.

Gute Eindrücke von der Touristik vermitteln Reiseschilderungen wie die des Herakleides, die Touristenkritzeleien an der großen Pyramide, an den Memnonskolossen und in Philai, die Berichte der Periegeten über die Sehenswürdigkeiten von Ilion oder von Salamis einschließlich der Euripideshöhle. Pausanias läßt aber auch vermuten, wie anstrengend dieser Tourismus gewesen sein muß, auch wenn man sich der bezahlten lokalen Fremdenführer bediente, die nicht ahnen konnten, wie viele ihrer Legenden in die Literatur eingehen würden.

Wie die Athener der klassischen Zeit gingen auch die hellenistischen Menschen, als echte Städter, spazieren, wenn sie nicht reisen konnten oder wollten. Man bummelte in den neuen Säulenhallen, auf den Märkten, in den Grünflächen der großen Parks, auf den Kais und Molen der Häfen, beschaute sich die ein- und ausfahrenden Schiffe, die ständig entstehenden Neubauten und nie aufhörenden Reparaturen im Hafen, die neuesten unter den Hunderten von Denkmälern, Statuen und Weihgeschenken, die Tempelmuseen, die Grabdenkmäler. Man besuchte nahe oder entferntere Ausflugsorte wie die Daphne, das Nikephorion oder den Kanopos. Wo eine schöne Gegend war, fand sich auch ein Spazierweg, oft durch Wegweiser markiert, der die Entfernung bis zur nächsten Quelle angab, eine steinerne Bank, auf der man ausruhen konnte, ein schönes Gartengrab, das zu besinnlicher Ruhe einlud. Modern wurden Nacht- und Morgenwanderungen; man freute sich an Mond, Sternen und Sonnenaufgang. Aufregendes aber wurde vermieden: man ging an der See entlang, solange sie ruhig dalag, wurde sie aber stürmisch, ging man lieber in den Wald. Aber all das entsprang nicht nur einer romantischen Stimmung oder dem Naturgefühl: man fragte auch den Arzt nach dem gesundheitlichen Wert der Spaziergänge, und dieser empfahl, am ersten Tag mit zehn Stadien zu beginnen, bis auf hundert Stadien zu steigern und die Strecke auf drei tägliche Spaziergänge, am frühen Morgen, vor der Hauptmahlzeit und am

Abend, aufzuteilen; morgens sollte man rasch, nach dem Essen langsam gehen, im Winter schnell, im Sommer langsam, und dergleichen Regeln mehr.

6. *Der Tod*

Eigenart, Differenziertheit und innere Spannungsweite des hellenistischen Menschen haben eine vielseitige, wechselvolle, oft widerspruchsvolle Haltung dem Tod gegenüber zur Folge gehabt, die sowohl die unstillbare Sehnsucht nach Leben, aber auch die konträre Sehnsucht nach Ruhe und Frieden am konsequentesten ausprägte. Erst im Hellenismus wurde der Tod oft für *einen* Menschen oder in *einem* Kunstwerk bitter und süß, Freund und Feind, belanglos und gewaltig zugleich. Der Tod war der fackelsenkende Knabe und zugleich das verkrümmte Skelett, der Schlaf *und* der Unterweltsdämon. Der Selbstmord wurde verdammt *und* gepriesen. Nicht nur Barbaren, sondern auch Götter sterben, aber beide überwinden auch den Tod, jeder auf seine Weise. Für den Hellenismus existiert das Totenreich überhaupt nicht *und* ist doch Welt höchster Seligkeit oder qualvollen Schreckens. Der Mensch im Hellenismus gedachte seiner Toten wie kaum in einer anderen Geschichtsepoche, ließ lange Gedichte auf sie verfassen, bezahlte teure Denkmäler, übernahm sogar die ägyptischen Sitten des Mumifizierens, ließ aber auf den Grabsteinen ein buntes Gemisch von Gedanken predigen, die vom nihilistischen Zynismus und Hedonismus bis zu muffiger Moral und mythisch-mystischer Religiosität reichten. Kurz, der Tod stand mitten im bunten Leben und man erfreute sich an der Darstellung Sterbender, weil man erkannt hatte, daß sie zum Bestand der Welt gehörten.

Schon im Früh- und Hochhellenismus gab es viele, die das Sterben für etwas Selbstverständliches, Natürliches und unter Umständen sogar für etwas Gutes hielten. „Der Tod gleicht einem guten Arzt", der jede Krankheit heilt, „der Mensch ist von Natur sterblich", „auch Herakles mußte sterben"; der kynische Volksredner Bion hatte das schöne Wort gebraucht, man müsse den Leib so verlassen wie ein Haus, dem der Sturm das Dach abgedeckt habe und dessen Türen geraubt worden seien. Den Menschen überleben seine Werke und seine Kinder, im übrigen ist das Leben gar nicht so sehr wichtig, und Sterben ist immer besser als unglücklich leben, ja, „süß ist sterben, wenn man nicht leben kann, wie man will". Nicht nur die Platonisierung der hellenistischen Welt und nicht erst der Aufstieg der Religionen machte das Sterben weniger gewichtig, sondern auch die Naturwissenschaft; sie begann, die Leichen zu sezieren, und versuchte zu ergründen, ob der Tod aus Wärme- oder aus Feuchtigkeitsmangel seine Ursache im Körper habe, und machte beim Studium der Symptome des herannahenden Todes bestimmte Voraussagen, nach wieviel Tagen bei gewissen Krankheiten der Tod eintreten müsse. Alexandrinischen Medizinern verdankt die Kunst das anatomisch genaue Skelett, das bis in die indogriechische Welt und bis Boscoreale zum Symbol des selbstverständlichen Sterbens wurde. Daß damit der Blick für die Tragik des Todes und die echte Trauer um Tote nicht verlorenging, versteht sich von selbst; zwei Probleme haben den Menschen immer zu schaffen gemacht, nämlich das Sterben der Kinder und das der Unverheirateten.

Man darf nicht übersehen, daß der Hellenismus zu einer solchen Haltung schon deshalb gezwungen war, weil die Formen des Sterbens immer aufregender und ungewöhnlicher wurden, er hätte sonst diese Belastungen kaum ertragen können, auch vor der Zeit der großen Wirren und Kriege nicht. Der erste große Schock, der die Welt traf, war das Sterben Alexanders, es folgten die Nachrichten von der langen Kette gewaltsamer Todesfälle, Morde, Selbstmorde und Hinrichtungen, die die Welt unaufhörlich erschütterten: von der Ausrottung der Familie Alexanders, vom unnatürlichen Sterben aller Diadochen – selbst von Ptolemaios' I. wurde erzählt, er sei ermordet worden –, vom Tod des alten Lysimachos auf dem Schlachtfeld, von der Hinrichtung des Eumenes von Kardia und des Phokion, vom Selbstmord der verehrten Phila, den Morden des Ptolemaios Keraunos und der durch die Frauen verübten Giftmorde an den Höfen. Vom Ende des dritten Jahrhunderts an war der schreckliche Tod nichts Ungewöhnliches mehr; die Leichen auf den Straßen der Städte Korinth und Syrakus, der epirotischen Städte und des Athen zur Zeit Sullas, aber auch die Leichen der erschlagenen Römer in Kleinasien und der in den ägyptischen Aufständen Umgekommenen konnten nicht übersehen werden. Selbst von einer ‚glücklichen' Stadt wie Alexandreia berichtet ein Zeuge, sie sei voll von Kranken und Toten. Dazu kam die ständig steigende Zahl der Unfalltoten, der auf See Ertrunkenen, der durch Räuber Umgekommenen, mit Fahrzeugen Verunglückten und der Selbstmörder aus allen Schichten. So lernte man, das Leben vom Tod her zu sehen.

Man begann, sich für die Sterbestunde zu interessieren, und sammelte letzte Worte Sterbender, denn viele glaubten, daß der Mensch im Angesicht des Todes nur die Wahrheit spräche und daß er bereits tiefere Einsichten habe als der noch im Leben stehende; Poseidonios meinte, daß sich die Seele unmittelbar vor dem Sterben von den sinnlichen Wahrnehmungen löse und Verborgenes erkenne, so etwa, wer als Nächster sterben würde. Auch konnte man sich an den Sterbestunden der Weisen selbst aufrichten. Eine ungeheure Kraft ging vom ‚Phaidon' aus: das Sterben des Sokrates hat bis zum Tod des jüngeren

Cato vielen in ihrer Todesstunde geholfen. Damit kann nur das Sterben Epikurs verglichen werden, das auch seine größten Gegner uneingeschränkt bewunderten: „Verbringend den seligsten Tag des Lebens und ihn zugleich beendend schreiben wir euch das. Krämpfe und Schmerzen folgen einander im Übermaß und lassen nicht nach an Heftigkeit. Aber ihnen allen widerstand die naturgemäße Freude (τὸ κατὰ φύσιν χαῖρον) der Erinnerung an unsere früheren Gespräche. Du aber auf Grund der Verbundenheit mit mir und der Philosophie von Jugend auf sorge für die Kinder des Metrodoros." In die gleiche Linie gehört die Erzählung von der Sterbestunde des Archimedes. In ihrer erschütternden Größe und Wahrhaftigkeit hat der Ephemeridenbericht und der des Ptolemaios bis zu Plutarch und Arrian die Sterbestunde Alexanders zu einer der gewaltigsten Schilderungen des Sterbens aller Zeiten werden lassen, in erster Linie durch ihre wortkarge Schlichtheit.

So scheute man sich nicht mehr, Sterbende realistisch und zugleich verklärt darzustellen. In der pergamenischen Kunst der Zeit Eumenes' II. erreichte das seinen nie wieder übertroffenen Höhepunkt, wobei auch die sterbende Frau – als vom Pferd stürzende oder am Boden liegende Amazone – in gleicher Vollkommenheit wie der sterbende Mann erfaßt wurde. Pergamon stand nicht allein: der gehenkte Marsyas, die Kinder der Niobe und die sterbenden Söhne des Laokoon sind nicht nur von kunstgeschichtlicher Bedeutung, sondern auch Zeugnisse für die Kultur des Sterbens in hellenistischer Zeit.

Der Tote wurde zunächst amtlich abgemeldet; das mußte rechtzeitig geschehen, weil die Erben sonst weiterhin für ihn Steuern zu zahlen hatten, wenigstens im Ptolemaierreich. Zuständig waren die Gauschreiber, in den Städten die Katasterämter, die Abmeldung mußte schriftlich von den nächsten Verwandten oder für Sklaven von ihren Herren eingereicht werden, der Beamte machte einen Aktenvermerk und strich den Verstorbenen aus den Steuerlisten.

Trauer und Trost fanden mannigfachen Ausdruck, und zwar vom höflich Konventionellen bis zum echten Leid und Mitleid. Ein bezeichnender Beileidsbrief ist erhalten: „Man kann ja dagegen nichts machen." Aber wir hören auch echte Klagen von Eltern um ihre Kinder, von Kindern um ihre Eltern, von Freunden und Ehepaaren umeinander, und der Trost ist oft alles andere als formelhaft: „Sage meiner Mutter, sie soll sich nicht betrüben . . . im Hades sehe ich bessere als mich." Hellenistisch ist der Gedanke der mittrauernden Natur, am klangvollsten in Moschos' Klage um den verstorbenen Dichterfreund Bion: Blumen, Vögel, selbst das Echo tönen ihr Klagelied. Hellenistisch ist die Ausbildung der Konsolationsliteratur, deren Formen *Kassel* untersucht hat; dabei hat er festgestellt, daß die Verfasser nie bloßes Mitleid ausdrücken, sondern wirklich helfen wollen. Zu den frühesten Beispielen gehörten der Brief, den Straton an Arsinoe beim Tod ihres Sohnes schrieb, und Theophrasts Schrift über die Trauer. Straton forderte Arsinoe auf, nicht stumm zu trauern, sondern den Tränen freien Lauf zu lassen, denn Zeus selbst habe es so geordnet, daß man den Toten Klagen und Tränen weihen dürfe. Für die Klagen von Kindern um den Tod ihrer Mutter hatte schon Euripides erschütternde Worte gefunden, auch hierin Vorläufer des Hellenismus. Wie von jeher in der griechischen Welt sollten sich auch Männer der Tränen nicht schämen; Aischines stellte Demosthenes als schlechten Vater und Kinderhasser (μισότεκνος) hin, weil er beim Tod seiner Tochter nicht sichtbar getrauert hatte. Denn „Tränen gehören zur Trauer wie die Frucht zum Baum".

In Ägypten übernahmen viele Griechen die Sitte der gemieteten Klagefrauen, in Asien zuweilen die persische Sitte, sich die Haare zu scheren. Im griechischen Bereich blieb der Threnos die offizielle Klage, der zu der persönlichen Klage hinzukam; er war ein Klagelied, das an der Bahre des Toten, der nach griechischer Sitte bei der Bestattungsfeier ‚zugegen' sein muß, vorgetragen wurde und dessen Refrain die Mitklagenden responsorisch deklamierten. Das schönste Beispiel ist Bions Adonislied. Es gab aber auch musische Threnos-Gesänge, die bezahlte Chöre zu Flötenmusik vortrugen. Die attische Trauersitte, dreißig Tage zu trauern, und zwar am dritten, neunten und dreißigsten Tag am Grab, verbreitete sich weithin. Bei offiziellen Staatsbegräbnissen ordneten die Herrscher oder die Städte allgemeine Trauer mit Arbeitsruhe, Trauerkleidung aller Bürger und allgemeiner Beteiligung am Trauerzug an.

Auf vielen Grabinschriften wurde ausdrücklich bestätigt, wie tief man um den Toten trauerte, auch wurde das noch durch Grabbilder, wie trauernde Eroten, über den Inschriften unterstrichen. Aber es gab selbst in Ägypten genügend Proteste gegen alles Übertriebene, vor allem gegen die eindringenden ungriechischen Sitten. *Perdrizet* hat auf einige Inschriften hingewiesen, von denen die eine am schärfsten ägyptische Bräuche einschließlich der Mumifizierung ablehnt: „Ich bin ein Toter, der gut riecht" – nicht nach ägyptischem Zedernöl. Auch im rein griechischen Bereich hielten viele die Trauer für unnütz: sie verdoppele nur das Leid und die Toten merkten ja doch nichts davon.

Wo es das Klima erlaubte, wurde der Tote im Hof aufgebahrt, bei Staatsbegräbnissen natürlich auf öffentlichen Plätzen. Die Reichen entfalteten dabei schon in vorhellenistischer Zeit einen solchen Luxus, daß gesetzlich dagegen eingeschritten wurde – in Syrakus bereits im Jahre 478. Doch blieb es Sitte, die Toten in ihren besten Kleidern aufzubahren, in denen sie dann auch verbrannt oder bestattet wurden. Nur Ärmere legten die Leiche auf eine einfache Decke und ein Kopfkissen und bedeckten sie mit einem dunklen Himation.

Bei öffentlichen Aufbahrungen verwandte man viel Räucherwerk und Aromata, die in Metallgefäßen und Räuchergeräten um die Bahre aufgestellt wurden. Im übrigen wurde nach und nach fast alles gesetzlich geregelt, was schon aus hygienischen Gründen notwendig war, abgesehen von sozialen Erwägungen, wie sie bei Demetrios von Phaleron eine Rolle spielten. Aus den erhaltenen Gesetzen geht hervor, daß der Luxus, mit dem man die Toten bei den Aufbahrungen kleidete, allmählich eingeschränkt und alle Einzelheiten des Leichenzuges genau festgelegt wurden, daß die Häuser einer besonderen Reinigung unterzogen werden mußten und daß die Begräbnissätze und Steuern festgesetzt wurden. In Athen vernichtete die strenge Durchführung des Verbotes reliefgeschmückter Grabstelen durch Demetrios vom Jahre 317/6 für über hundert Jahre einen bedeutenden Zweig der Sepulkralkunst; erst im zweiten und ersten Jahrhundert tauchen wieder an alte Vorbilder anknüpfende Reliefstelen auf. Das öde Einheitsgrabmal der Zeit des Demetrios, ein einfacher Säulenstumpf, schuf eine Friedhofsmonotonie, die jedoch nicht überall Schule machte.

Da während der ganzen hellenistischen Zeit kein Toter innerhalb der Stadtmauern begraben werden durfte, kam dem Leichenzug besondere Bedeutung zu, weil die Entfernungen, die er in den weiträumigen Städten bis zum Friedhof außerhalb der Mauern zurückzulegen hatte, oft sehr groß waren. Nur nach dem Tod einiger Fürsten fanden Leichentransporte über Land statt, so bei Dareios, Alexander oder Eumenes von Kardia; in anderen Fällen verbrannte man die Toten und überführte nur die Asche. Bei städtischen Leichenzügen wurde der Tote mit einem Tuch verhüllt auf einer Kline getragen, doch gab es auch Leichenwagen, die zuweilen mit religiösen, besonders dionysischen Emblemen geschmückt waren, und den Transport in Holz- oder Tonsärgen. Der Unterschied zwischen Erd- und Feuerbestattung war fast nur noch eine Frage der Holzpreise und der Feuerpolizei; sie hing auch davon ab, ob die Möglichkeit bestand, Gräber anzulegen. Weltanschauliche Erwägungen sind nur selten angedeutet. Beide Bestattungsformen waren oft an ein und demselben Ort gebräuchlich; zu den Verteidigern der Verbrennung gehörte Herakleides Pontikos. Einige frühhellenistische Herrscher haben aus Archaismus und Homerismus heraus Leichenspiele veranstaltet.

Im Ptolemaierreich ließen auch Griechen ihre Toten mumifizieren; durch sie erhielt diese Bestattungsform ein neues Element, das Mumienporträt, das in Stil und Technik von der gemalten Grabstele abstammt. Auffällig sind die vielen Prozesse um Eigentumsrechte an Mumien, die darauf schließen lassen, daß es erlaubt war, Mumien auf Privatgrundstücken aufzubewahren.

Weitaus am häufigsten waren die verschiedenen Formen der Erdbestattung. Der Hellenismus kannte große Nekropolen, Katakomben, Einzelgräber und

Mausoleen, doch waren die Übergänge von der einen Form in die andere fließend. Nicht nur große, sondern auch kleine Städte wie Myrina oder Kentoripa besaßen mehrere Friedhöfe; da die Gräber und Grabdenkmäler nicht veräußert werden durften, wenn sie rechtlich geschützt waren, beanspruchten die Totenstädte immer mehr Platz, und einige in der Nähe von Großstädten gelegene wuchsen tatsächlich ins Unermeßliche. Sonderfälle waren vereinzelt vorkommende Staatsgräber wie ein Massengrab von Sikyon, ein Ehrengrab im Gymnasion von Amorgos, ein hellenistisches Rundgrab für die Gefallenen von Milet und die Ehrengräber an den großen Ausfallstraßen, der heiligen Straße von Athen, Ephesos oder Milet-Didyma. Auf den Friedhöfen fanden sich im Hellenismus vor allem die folgenden Grabformen:

1. Rechteckige, ein bis vier Meter tief in die Erde geschachtete oder in den Fels eingehauene Gräber, auch Doppelgräber für Ehepaare, entweder mit Erde zugeschüttet oder mit Steinplatten verschlossen.

2. Gartengräber, meist in Form bepflanzter Hügel in einem Grabgarten, mit Bänken und Ruhesitzen für die Besucher.

3. Rundgräber mit flachen oder höheren Hügeln, meist zur Beisetzung von Ascheurnen und Aschekisten.

4. Komplizierte unterirdische oder in Felsen gebaute Katakombenanlagen mit Grabnischen, Loculus- und Arkosolgräbern, meist in der Nähe von Großstädten. Am besten bekannt sind die von Mex aus dem dritten oder zweiten Jahrhundert und die von Melos aus der Zeit der neuen Besiedelung. Unterirdische Peristylanlagen für die Besucher der Toten sind eines ihrer wesentlichen Merkmale.

5. Gemauerte Grabkammern mit einer steinernen Kline für den Toten. Ihre Anlage ließ unter Berücksichtigung der Bodenverhältnisse der Phantasie der Architekten weiten Spielraum. Sie waren teils einem Haus mit Vorhalle, Hof und Hauptraum, in dem die Kline stand, nachgebildet, teils höhlenartig in Felsen eingehauen, teils von einem Hügel überwölbt.

6. Plattengräber der traditionellen Form.

7. Oberirdische Grabhäuser oder Grabtürme für eine oder mehrere Bestattungen, zum Teil mit indigenen Architektureinflüssen, im seleukidischen Osten.

8. Offene Grabschächte, auf deren Boden eine Kiste stand.

9. Einbau hellenistischer Gräber in alte Gräber, so zum Beispiel bei Pylos in mykenische Grabanlagen.

10. Steinsarkophage, die teils eingegraben waren, teils im Freien standen. Seit dem vierten Jahrhundert wurde von Samos und Kleinasien aus der freistehende Steinsarkophag mit Giebeldach zunächst in Phoinikien und der syri-

schen Dekapolis, dann auch im Westen bekannt. Als „unzugängliches Haus für die Toten" hatte er keine Fenster, stand gewöhnlich im Freien auf einer hohen Basis und damit den Lebenden etwas ‚entrückt', um wie eine Art ‚Heroon' zu wirken.

11. Terrakottasarkophage in Wannen- und Zeltform wurden in Kleinasien da weiter benutzt, wo sie schon früher bekannt gewesen waren, im Westen blieben sie in Form der spätetruskischen Klinensarkophage erhalten. Holzsarkophage, zum Teil mit Stuckreliefs überzogen, hatte Ägypten längst gekannt, von dort übernahm sie der Hellenismus; in den holzreichen Gebieten um das Schwarze Meer kamen, unabhängig davon, hölzerne Sarkophage mit bunter Bemalung oder Schnitzwerk vor.

12. Seit dem Bau des Mausoleums von Halikarnassos hörte die Reihe monumentaler Grabbauten nicht mehr auf. Die teils literarisch, teils archäologisch bekanntesten des Hellenismus sind außer dem Sema Alexanders und den Ptolemaiergräbern das Mausoleum von Belevi und das König Jubas von Mauretanien.

13. Lokale Besonderheiten, deren es viele gegeben hat, finden sich zum Beispiel in dem ägyptisch-hellenistischen Mischbau des Petosirisgrabes mit einer griechischen Vorhalle und einer ägyptischen Grabkapelle oder in dem neu gefundenen thrakischen Fürstengrab, einer ausgemauerten Grabkammer mit einem zwanzig Meter hohen Tumulus darüber und einer Bronzeascheurne in einem Marmorsarkophag.

Die zahlreichen Grabbeigaben sind zumeist ohne materiellen Wert; für den Hellenismus erlauben sie keinerlei Rückschlüsse auf irgendeine Form des Jenseitsglaubens, sondern entspringen denselben Motiven, aus denen man auch heute noch den Toten Blumen ins Grab wirft oder die eine Mutter dazu bewegen, ihrem Kind eine Puppe in den Sarg zu legen. Vielfach sind sie überhaupt nur aus unverstandener und gewohnheitsmäßig fortgeführter Tradition zu erklären. Man kann zwei Hauptgruppen von Beigaben unterscheiden: Hausgerät und figürliche Terrakotten. Zum ersteren gehören Tongefäße aller Art, Löffel und anderes Eßbesteck, Weinkrüge und -schalen, Lampen, Bronzespiegel, Flaschen aus Glas, Nippes aus Alabaster oder Bein, zahlreiche Astragalen und Spielsteine. Figürliche Terrakotten nahezu aller bekannter Typen sind, zerbrochen oder heil, in Gräbern gefunden worden; an einigen Orten scheint es Sitte gewesen zu sein, sie vor der Beisetzung bewußt zu zerbrechen. Ausnahmen von diesen allgemein üblichen Sitten mögen Gräber mit religiösen Beigaben wie Votivterrakotten gebildet haben, besonders da, wo ägyptischer Einfluß vorhanden war oder wo die Zugehörigkeit des Toten zu einer Mysterienreligion zu vermuten ist; hierher gehören Harpokratesfiguren oder dionysische Masken als Totengaben. Grabkränze, meist aus billigem Metall, waren im griechisch-makedonischen Bereich üblich, Mitgabe einer kleinen Menge Getreide im ptolemaischen Ägypten, der Kyrenaika und anderen Orten.

Im Hellenismus waren Tod und Begräbnis sehr teuer. Zwar ließ man auch die Armen nicht unbestattet: in Rhodos verbrannte man sie auf Kosten der Stadt und sammelte ihre Asche in einer Urne mit der Aufschrift: ἀποτάφων ταφών. Die meisten sicherten sich aber schon zu Lebzeiten ein ‚ordentliches' Begräbnis mit würdiger Aufbahrung, Bewirtung der Leidtragenden und natürlich einen Begräbnisplatz. Das geschah am häufigsten durch die Mitgliedschaft in einem der zahllosen religiösen oder säkularen Begräbnisvereine. Vielsagender war, daß in vielen Fällen der Stifter eines Grabdenkmals sich selbst auf den Grabinschriften nannte, daß er sich darin vom Toten für diese Stiftung danken ließ und daß er auch vom Beschauer Anerkennung dafür forderte und erwartete: „Der edle Vater hat mich für seine beiden Söhne gestiftet ...", „Weint, Gräber und Stelen ... sagt aber auch, daß mir meine Eltern das Grab errichteten", „Den Naos der Aspasia und das schön gemalte Porträt stiftete Diogenes, für ihre Liebe den Dank abstattend".

Weil man die Welt vom Tode her zu sehen gelernt hatte, besuchte man die Friedhöfe viel und gern, und zwar nicht nur, um an bestimmten Tagen Totenspenden darzubringen oder Kränze niederzulegen, sondern weil dort die Verbundenheit mit den Toten ganz allgemein auf solch hohe künstlerische Weise Ausdruck gefunden hatte, wie es früher nur bei Ehrenfriedhöfen der Fall gewesen war. Höchstens Abergläubische hielten sich von den Gräbern fern, im allgemeinen aber waren die Friedhöfe bevölkert von Besuchern, die die Versinschriften lasen und die Denkmäler betrachteten; ein schönes Epigramm bittet, die halb verwelkten Kränze eines Grabes zur Seite zu räumen, damit man die Inschrift lesen könne. Die alten griechischen Formen der Grabdenkmäler – Stele, Grabrelief, Statue und Grabcippus – wurden in der ganzen Welt gebräuchlich, wenn auch nicht überall im gleichen Maße. Nun trat auch die gemalte Grabstele ihren Siegeszug an, nicht nur weil sie billiger war als Reliefstelen, sondern weil der Sinn für das Malerische in weitesten Kreisen erwacht war. Statuen des Toten aufzustellen war nicht überall erlaubt, sondern blieb öffentlichen Ehrungen vorbehalten; wo solche Beschränkungen nicht bestanden, wurden wenigstens Porträtbüsten aufgestellt; in größerem Umfang allerdings erst im Späthellenismus.

Schwierig ist es, bei hellenistischen Grabreliefs auf Stelen, in Grabkammern oder auf Sarkophagen zu entscheiden, was dabei rein dekorativ oder was symbolisch gemeint war – abgesehen von den ausgesprochen religiösen Themen. Weinlaub, Löwenköpfe, Frauenköpfe an Stirnziegeln, Adler mit Menschenköpfen als Firstakroterien, selbst Seirenen und Niken waren für die meisten sicher nur noch Dekorationen. Wahrscheinlich haben die wenigsten in ihnen Symbole für die vom Leibe getrennte Seele gesehen, so wie auch heute die Friedhofsbesucher angesichts des traditionellen Grabengels kaum mehr an solche Symbole denken. Noch zögernd verhielt sich der Hellenismus gegenüber Darstellungen aus dem Leben des Verstorbenen, jedenfalls im Vergleich zu späteren römischen Grabsitten oder früheren ägyptischen. Am häufigsten anzutreffen waren sie auf Soldaten- und Kindergräbern. Reiter mit Pferden und Waffen und Kinder mit Spielzeug und Spieltieren waren relativ häufig, andere Motive selten. Nachwirkungen des klassischen attischen Grabreliefs gab es in verschiedenen Teilen der hellenistischen Welt während der ganzen Epoche, und damit Abschieds- und Familienszenen als Thema. An einem hochhellenistischen Grabrelief dieser Art aus Smyrna zeigte *Pfuhl,* wie sich in diesen Darstellungen – bis hin zu den Gestalten der kleinen Hunde, die sich von dem Sterbenden verabschieden – altionisches Formgefühl mit hellenistischem treffen und echte Ruhe mit lebhafter seelischer Bewegung vereinen konnte. Schließlich gehören hierher alle Reliefs und sonstigen Darstellungen von auf der Kline liegenden Toten, von Toten, die ein Buch zuschlagen oder eine Buchrolle zurollen, von Trauerzügen, Klagefrauen und doch wohl auch einige Darstellungen der Jagd- und Schlachtensarkophage.

Anders steht es mit den Totenmahlreliefs und den mythologischen Reliefs auf hellenistischen Gräbern. Auch da, wo die Totenmahlszenen vom Hochhellenismus ab weicher, ‚menschlicher', ‚diesseitiger' wurden, wo sie besonders in rhodischen Arbeiten ‚wie ein hellenistisches Epigramm wirkten' *(Pfuhl),* – „der Zecher liegt entschlummert da, die von der Kline herabgesunkene Linke hält noch den Kantharos" – oder wo bei gemalten Grabstelen wie dem Totenmahl von Palermo eine weiche Zartheit der Farben die Trauer unterstreicht, sind keine irdischen Mahlzeiten gemeint, sondern das jenseitige Mahl, wie immer es sich der einzelne auch vorgestellt haben mag. Erscheint Dionysos zu diesem Mahl, wie auf dem früh- oder hochhellenistischen Totenmahl im Louvre, ist er der Gott, der den Zugang zu diesem Mahle verheißt, dann schaut die Familie des Toten respektvoll zu und der Charakter des Jenseitigen wird besonders betont. Die mythischen Reliefs variieren, Themen über Tragik und Schrecken des Todes: Hippolytos, Meleagros, Antaios, Sphingen, die Jünglinge zerfleischen, Totenrichter, der Jäger Hades; oder aber über Rettung vom Tod und Seligkeit im Jenseits: Orpheus, der Freispruch Orests durch Athene, Schiffe und Meergötter als Bild der Überfahrt in ein seliges Land, Iphigeneias Entrückung, eleusinische Szenen, alles Dionysische – nicht nur der Thiasos, sondern auch Dionysos und Ariadne –, Hermes als Totengeleiter, Herakles als Todüberwinder. Alle dionysischen Sarkophage sind hellenistisch, wurden aber in Rom lange Zeit nachgeahmt. Eine besondere hellenistische Zwischenform zwischen jenseitigem Mahl und Mysterienfrömmigkeit ist die Darstellung der Hochzeit im Jenseits.

Grabaltäre waren der einfachste Ausdruck für eine im hellenistischen Denken weit verbreitete Heroisierung des Toten, das Grab wurde zum Heroon. Eine bildhafte Darstellung des als Erdgottheit heroifizierten Toten war die Schlange, die aus dem Grab oder der Urne kriecht, um die ihr zukommende Spende entgegenzunehmen.

Zum Schluß noch ein Blick auf die unerschöpfliche Fülle hellenistischer Grabinschriften und Grabgedichte: Weitaus die meisten sind von einer ergreifenden Schlichtheit und enthalten nichts als den Namen und den Gruß χαῖρε, der fast niemals fehlt und sowohl den Toten wie den Vorübergehenden grüßt. Einfache Formeln lauten etwa: „Das ist das Grab des . . .“, „Dies Grab X dem Y gestiftet“, „Hier liegt . . .“, „Hier hat X den Y bestattet“, „Hier hält die Erde den X fest“, „Der hier liegt, der bin ich . . .“, „Die Freunde haben bestattet den . . .“. Schlichte Ausdrücke herzlicher Liebe finden sich zu Hunderten: „Der süßesten Frau“, „Der liebsten Tochter“, „Der Edlen“, „Der zu früh Gestorbenen“, „Heiß Geliebter“, „Du hast niemandem Schmerz zugefügt“. Zuweilen antwortet der Tote: „Freue auch du dich“, „Freue dich, der du vorbeigehst“. Beim Namen kann der Verwandtschaftsgrad stehen: ‚Tochter‘, ‚Ehefrau‘, der Name des Vaters, der Demos oder der Heimatort: ‚Alexandriner‘, ‚Milesier‘, auch das Alter und die Lebenszeit, seltener der Beruf oder im Leben erworbene Ehren – denn der Tod macht alle gleich. Doch gab es Ausnahmen: es finden sich Hinweise auf eine ‚tüchtige Gastwirtin‘, eine Kleiderhändlerin, einen Ephebenlehrer, einen Instrukteur im Geschützwesen, auf Musikantinnen, Sportler und Schauspieler. Auch bildeten sich einige konventionelle Formeln heraus: „Er ruht im Schoß der Erde“, „Der Tod macht zwischen Jung und Alt keinen Unterschied“, „Leicht sei dir der Staub“, „Er ging hinüber zu den Glückseligen“, „. . . zu den Frommen“, „in das Haus des Hades“, „zur ewigen Erinnerung“. Auch der Humor fehlt nicht: „Paß auf, blonde Stratonike, daß Persephone nicht auf dich eifersüchtig wird.“ Das alles gewährt tiefe Einblicke in das hellenistische Seelenleben; vor allem ist nicht zu übersehen, daß der Gruß „Freue dich“ für die Toten ganz und gar hellenistisch ist.

Viele Grabinschriften und -gedichte sind von Dankbarkeit erfüllt. Die Lebenden danken den Toten für das, was sie getan haben, und die Toten klagen, daß sie den Lebenden nicht genug Dank abstatten konnten. „Könnte man Gute heraufholen, kämst du wieder ans Licht"; „Sage nicht, daß Gute tot seien".

Die längeren, oft auf Bestellung gearbeiteten metrischen Inschriften sind meist autobiographischer oder biographischer Natur. Auf einer Reliefstele, die einen alten Lehrer mit seinem Schüler zeigt, steht die Versinschrift:

> Neunzig Jahre habe ich, Aglaophon, gelebt,
> Gesund am ganzen Leib.
> Den langen Weg bis ins Alter
> Bin ich ohne jeden Schaden gegangen.
> So pflegt das Leben der Reinen zu sein.

In der älteren hellenistischen Zeit hatten diese autobiographischen Epitaphien noch Takt und Zurückhaltung:

> Hier bestatteten mich, Eutychia, die Frau des Agathon,
> In frommer Gesinnung meine Zwillingssöhne.
> Das ist mir ein großes Geschenk der Götter,
> Daß nach meinem Tod Kinder und Gatte sich noch nach mir sehnen.

Sie waren auch nicht ohne echten Stimmungsgehalt:

> Hier liege ich am windstillen Felsstrand des Meeres
> Und sehe die Schiffe vorbeifahren.

Allmählich aber wurden sie unerträglich geschwätzig: die Verstorbenen übertreiben in diesen autobiographischen Epitaphien maßlos, zählen Verdienste, Tugenden und Ehrungen auf, beschreiben ihre Ehe und ihr Verhältnis zu den Verwandten.

Auch die biographischen Epitaphien reichten von sachlicher Erzählung bis zu hohler Prahlerei. Schön ist trotz seiner Länge die Erzählung eines kretischen Offiziers, der nach siegreichen Kämpfen in der Heimat mit seinem Schwiegersohn, einem Aitoler, in ptolemaische Dienste ging, dort einen hohen Rang erhielt und Kommandeur von Gaza wurde, wo ihm sein zwanzigjähriger Sohn und eine siebenjährige Enkelin starben. Die berühmteste dieser Inschriften ist die des Kaufmanns Flavius Zeuxis aus Hierapolis in Phrygien, der zweiundsiebzigmal von Kleinasien nach Italien gesegelt war. Manchmal wurde auch das Aussehen des Verstorbenen kurz geschildert, vornehm zurückhaltend in einer Grabinschrift auf eine junge Frau aus Priene, um deren Lippen – wie es in der Inschrift heißt – noch im Tode Anmut spielte.

Oft spricht Heimweh oder Stolz auf die Heimat aus den Inschriften. Häufig auch wird der Vorübergehende angesprochen, allerdings findet sich dieses

Motiv öfter in der Kunstdichtung als auf echten Grabinschriften. Einige aber sind ursprünglich, so die Aufschrift einer gemalten Stele von Demetrias:

> Grüße, Wanderer, und lies andächtig die Aufschrift,
> Wenn du am Grab des Protomachos vorübergehst.

Das gleiche gilt für eine alexandrinische Inschrift des zweiten Jahrhunderts mit bukolischem Einschlag:

> Hirten mögen ihren Weg weiterziehen
> Und ihre Herden grasen lassen,
> Aber du, in den Musen gebildeter Wanderer,
> Sage erst χαῖρε.

Oder noch einfacher:

> Niemand gehe ohne zu weinen vorüber.

Manchmal kann damit auch eine moralische Belehrung verknüpft sein, wie etwa auf dem Grabepitaph eines Ertrunkenen: man solle sein Leben nicht zur See aufs Spiel setzen, da es ohnehin nur kurz sei, oder es heißt:

> Wenn du böse bist, tritt nicht an dieses Grab,
> Bist du aber gut, setze dich getrost hierher,
> Wenn du willst, und ruhe dich aus.

Schließlich gehören hierher auch die Rätselfragen auf den Grabstelen. Bei manchen wird allerdings die Lösung gleich mitgegeben, zum Beispiel auf einer Grabstele von Sardeis. Sie zeigt eine Lilie, ein A, ein Buch, einen Korb und einen Kranz. Die Lösung lautet: die Lilie bedeutet die hier ruhende Frau, das A ihr einziges Kind, das Buch ihre Bildung, der Korb ihre Tüchtigkeit und der Kranz das Amt einer Stephanephore, das sie innehatte.

Religiöse Grabinschriften im strengen Sinn waren im Hellenismus noch selten; zu den verbreitetsten gehörte im ptolemaischen Bereich die Formulierung: „Es gebe dir Osiris das frische Wasser." Aus Demetrias stammt eine Grabinschrift mit einem Gebet an Persephone, sie möge den reinen Mann Agathokles die Wiese der Frommen bewohnen lassen. Häufiger waren heroisierende Inschriften, und in manchen Gebieten findet sich der Zusatz ‚Heros' auf vielen Gräbern. Wohl vorwiegend formelhaft wurde noch von Tartaros, Elysion, Asphodeloswiesen gesprochen, das Grab heilig, die Toten fromm und selig genannt, über Lohn und Strafe, Krieg und Frieden, Arbeit und Genuß im Jenseits gedichtet. Aus den weltanschaulichen und philosophischen Sentenzen geht klar hervor, daß im Früh- und Hochhellenismus der Glaube an ein Jenseits nur eine geringe Rolle spielte, eine Ausnahme bildeten die Platoniker, die auf den Grabinschriften die Trennung von Leib und Seele betonten: im Späthellenismus wurden solche Stimmen häufiger laut, und in diesen Kreisen sprach man dann vom Tod als ἐλπὶς αἰωνίων ἀγαθῶν. Aber die Zahl derer, die nicht an ein Fortleben glaubten, war, den Inschriften nach zu schließen, sehr groß. Die epikureischen Formulierungen der Gebildeten und der naive Pessimismus der Masse vereinigten sich zur gleichen Überzeugung: „Was könnte denn ein Toter Gutes haben, wo wir Lebenden nicht einmal eins haben", wo „alles Schwindel" ist, was vom Jenseits gesagt wird; „Ich war nicht, ich war, ich bin nicht", „Iß, trink und spiele". Das kann zur Ablehnung aller Grabsitte führen: „Ich habe immer Bilder und Grabdenkmäler verachtet . . . Als Lebender will ich etwas haben." Ist der Tote aber Stoiker, so macht er Propaganda für die substanzielle Seele, die sterblich ist wie der Leib und entweder wieder zu Erde wird – „Der ich aus Erde geformt bin, bin ich wieder zu Erde geworden" – oder die sich im Äther auflöst. Eine eigene Gruppe bilden die Grabinschriften, die Verfluchungen der Grabverletzer oder solcher, die dem Toten im Lauf des Lebens Unrecht getan haben, enthielten, an deren reale Wirksamkeit man fest glaubte: man wünscht dem Verfluchten einen raschen Tod, Ruhelosigkeit auf der Erde und auf dem Meer, Kinderlosigkeit, die Ausrottung seines ganzen Geschlechtes und den gnadenlosen Zorn der Götter.

Endlich sagt auch die große Menge literarischer fiktiver Grabinschriften, die von troischen Helden bis zu berühmten und unberühmten Menschen der hellenistischen Gegenwart reichen, das gleiche aus wie die Grabdenkmäler: der Mensch hatte gelernt, das Leben vom Tod her zu deuten. In der Grabinschrift wurde das letzte Urteil über den Menschen gesprochen, seine Größe, seine Leistung und sein Leiden unwiderruflich bestätigt, zugleich aber auch über den Sinn des Lebens überhaupt das Urteil gefällt. Das geschah auf völlig unreligiöse Weise, und darum gelangen diese Epigramme auch den Dichtern des Früh- und Hochhellenismus am besten. Viele sind unendlich schön, von ergreifender Menschlichkeit und feinem Verständnis für die Eigenart der Menschen, denen sie gewidmet sind. Die seelische Besonderheit des hellenistischen Menschen tritt hier noch einmal mit aller Deutlichkeit hervor: es war ihr gelungen, Tod und Leben als ein Ganzes zu sehen.

Nachweis der Zitate

Seite 12: Plin. n. h. 2,109 (112), 248. *G. Misch*, Geschichte der Autobiographie I,1. 3. Aufl. Frankfurt 1949. 176. Plut. exil. 5 (600f.). Apollodoros von Karystos frgm 5 ab (Edm. III A p. 186).

S. 13: Arrian anab. Alex. 1, 16, 7. Arrian anab. Alex. 6, 11, 4–9.

S. 14: Ditt. Syll. 1, 402. 408. Ditt. Syll. 2, 630.

S. 15: Menand. frgm. Körte 662 Edm. 764; Anth. Gr. 11, 438; Callim. hymn. 1, 8; Tit. 1, 12. Cic. fin. bon. 2, 25, 80.

S. 16: Menand. frgm. Körte 749 Edm. 762.

S. 19: *Joh. Leipoldt*, Jesus und Paulus, Jesus oder Paulus. Leipzig 1936. 15.

S. 21: Plut. libid. et aegritud. 3 (Ziegler-Polenz Nr. 77).

S. 22: *Alfr. Heuss*, Stadt und Herrscher des Hellenismus. Klio Beiheft 39. 1937. Neudr. Wiesbaden-Aalen 1963. 216–244. Inschr. v. Priene (Hiller von Gaertringen). Berlin 1906. Nr. 19. *Alfr. Heuss*, Die völkerrechtlichen Grundlagen der römischen Außenpolitik. Klio Beiheft 31. 1937. Neudr. Wiesbaden-Aalen 1968. 86.

S. 23: *U. v. Wilamowitz-Moellendorff*, Hellenistische Dichtung zur Zeit des Kallimachos. I. Berlin 1924. 55. Diog. Laert. 2, 113–119 (Hicks).

S. 25: *W. Theiler*, Königsberger Euripides-Vorlesung 1943.

S. 26: Plut. bruta rat. uti 3 (987a) (Hubert Nr. 64). Menand. frgm. Körte 1 Edm. 13. Athen. Deipn. 1, 3c (Gulick). Diog. Laert. 2, 7.

S. 27: *F. Schiller*, Die Räuber 1, 2. *Alfr. Heuss*, Alexander der Große und die politische Ideologie des Altertums. Ant. u. Abendl. 4. 1954. 66. Plut. Pelopid. 2.

S. 28: Plut. Pyrrh. 14. Aelian. var. hist. 13, 12.

S. 29: Theocr. id. 17, 1–8.

S. 30: Plut. Pyrrh. 26, 1. Plut. apophtheg. reg. Antig. 11 (182d).

S. 31: *Alfr. Heuss*, Alexander der Große und die politische Ideologie des Altertums. Ant. u. Abendl. 4. 1954. 77. Menand. frgm. Körte 484 Edm. 761.

S. 32: Menand. frgm. Körte 619 Edm. 588. Menand. frgm. Körte 739 Edm. 612. Menand. frgm. Körte 786 Edm. 724. Menand. frgm. Körte 45 Edm. 50.

S. 33: Hedylos bei Athen. Deipn. 11, 473ab. Diog. Laert. 6, 62.

S. 34: Menand. frgm. Körte 762 Edm. 617. Menand. frgm. Körte 432 Edm. 499.

S. 35: Menand. frgm. Körte 111 Edm. 125. Menand. frgm. Körte 621. Menand. frgm. Körte 624 Edm. 811. Menand. frgm. Körte 644 Edm. 455. Philemon frgm. 163 (Edm. III A p. 82).

S. 36: 1. Kor. 15, 32. Menand. frgm. Körte 737 Edm. 611. Menand. frgm. Körte 61 Edm. 67.

S. 37: Menand. frgm. Körte 203 Edm. 240. Menand. frgm. Körte 635 Edm. 605.

S. 38: Diod. Sic. 1, 2, 2. Thucydid. 3, 83, 1.

S. 39: Ditt. Syll. 3, 985. Menand. frgm. Körte 475 Edm. 602. Menand. frgm. Körte 681. Menand. frgm. Körte 627 Edm. 669. Menand. frgm. Körte 646 Edm. 507. Menand. frgm. Körte 467 Edm. 679. Menand. frgm. Körte 376 Edm. 443. P. Michigan 3, 209. (Michigan Papyri III Ann Arbor 1936).

S. 40: Arrian anab. Alex. 7, 14, 6. Menand. frgm. Körte 640 Edm. 814. Menand. frgm. Körte 642 Edm. 591. Menand. frgm. Körte 213 Edm. 247.

S. 41: G. *Misch*, Geschichte der Autobiographie I, 1. 3. Aufl. Frankfurt 1949. 184.

S. 42: F. *Flückiger*, Geschichte des Naturrechts I. Zollikon-Zürich 1954. 21.

S. 44: The Flinders Petrie Papyri I Nr. 15. Ditt. Syll. 2, 622. Ditt. Syll. 2, 802.

S. 45: Tituli Asiae Minoris (TAM) II Nr. 595.

S. 50: Callim. frgm. 228 (Pfeiffer).

S. 52: W. *Otto-H. Bengtson*, Zur Geschichte des Niederganges des Ptolemäerreiches. Abh. Bayer. Akad. N.F. 17. München 1938. 23.

S. 61: Anth. Graec. 16, 231 (Beckby). Anth. Graec. 7, 492.

S. 64: P. Michigan 3, 211–218. Callim. Epigr. 15 (17).

S. 65: Menand. frgm. Körte 572 Edm. 647.

S. 66: Aeschin. de legat. 78; c. Ctes. 172 (Martin).

S. 67: *J. Seibert*, Historische Beiträge zu den dynastischen Verbindungen in hellenist. Zeit. Wiesbaden 1967. 55.

S. 68: Menand. frgm. Körte 685 Edm. 763.

S. 71 Theocr. id. 15, 64. *B.P. Grenfell*, An Alexandrian erotic fragment and other Greek papyri chiefly Ptolemaic. Oxford 1896, Neudruck Milano 1972. Nr. 1.

S. 74: Anth. Graec. 5, 81 (80).

S. 75: Anth. Graec. 5, 177 (176). Anth. Graec. 5, 178 (177).

S. 76: Anth. Graec. 5, 150 (149). Theocr. id. 2, 106–110. Menand. Dyskol. 379–392 (Kraus).

S. 77: Menand. frgm. Körte 43 Edm. 48. Menand. frgm. Körte 79 Edm. 85.

S. 78: Athen. Deipn. 13, 585 c; Alciphr. epist. 4, 18 f. Menand. frgm. Körte 653 Edm. 727.

S. 79: Mt. 21, 31 f.

S. 80: Menand. frgm. Körte 589 Edm. 803; Körte 590 Edm. 804; Körte 591 Edm. 746; Körte 422 Edm. 488.

S. 84: Curt. Ruf. 6, 9 (36), 34–36. 10 (39). 23.

S. 85: R. *Herzog-G. Klaffenbach*, Asylieurkunden aus Kos. 1952 Nr. 4. R

S. 87: A. *Debrunner*, Geschichte der griech. Sprache. II. Grundfragen und Grundzüge des nachklass. Griechisch. Berlin 1954. 68.

S. 91: Act. 21, 39 (bezieht sich auf Tarsos in Kilikien.)

S. 92: L. *Robert*, Hellenica I. Paris 1940. 57 f. A. *Heuss*, Stadt und Herrscher des Hellenismus. Klio Beiheft 39. 1937. Neudruck Aalen 1963, 231. Plut. esu carn. 1, 7 (996a) (Hubert Nr. 65)

S. 94: Menand. frgm. Körte 336 Edm. 405f.

S. 97: Ditt. Syll. 2, 672.

S. 99: Stob. 4, 1, 48 (Hense).

S. 102: Ditt. Or. 1, 165.

S. 106: Ditt. Syll. 3, 1268.

S. 107: O. *Seel*, Eiresione. Stuttgart 1957. Nr. 122.

S. 109: R. *Pagenstecher*, Über das landschaftliche Relief bei den Griechen. Sitzungsb. Heidelberger Akad. 1919. 12.

S. 111: Anth. Graec. 6, 21.

S. 112: Menand. frgm. Körte 620, 1–6 Edm. 534, 1–6.

S. 116: Menand. frgm. Körte 416 Edm. 481 (gekürzt).

S. 135: Athen. Deipn. 11, 782d–784d. 466e–503f.

S. 143: Menand. frgm. Körte 667 Edm. 561.

S. 146: Menand. frgm. Körte 679 Edm. 610.

S. 150: Herond. mimiamb. 7 col. 37 vers. 57–61. Alciphr. epist. 2, 8; Philostr. epist. 27 (Benner-Fobes).

S. 153: H. *Battke*, Geschichte des Ringes. Baden-Baden 1956. Nr. 5. 20–27.

S. 155: W. *Züchner*, Griechische Klappspiegel. Jahrb. Deutsch. Arch. Inst. Ergänzungsh. 14. Berlin 1942.

S. 159: Menand. Dyskol. 644f.

S. 161: F. *Bilabel*, ΟΨΑΡΤΥΤΙΚΑ und Verwandtes. Sitzungsber. Heidelberger Akad. 1919. S. 15ff (P. Heidelb. 1701).

S. 170: Athen. Deipn. 10, 422d. Sueton Caes. 53 (Ihm) = Plut. Caes. 17, 9f.

S. 175: A. *Deissmann*, Paulus. Tübingen 1911. 26–28. Anth. Graec. 14, 37.

S. 176: Baton frgm. 2, 1–11 (Edm. III A p. 260).

S. 177: H. *Arntz*, Vinum siccum. Bonner Jahrb. 159. 1959. 192–214. Athen. Deipn. 1, 31de.

S. 178: Alexis frgm. 9, 8–12 (Edm. II p. 378.) Menand. frgm. Körte 512 Edm. 779.

S. 180: Anonym. Com. frgm. 106f. (Edm. III A p. 350ff. = Athen. Deipn. 2, 36ab.)

S. 182: Athen. Deipn. 8, 335e–336d; 12, 530bc; Anth. Graec. 7, 325; 16, 27. *S. 182:* Jes. Sirach 14, 14.

S. 185: Menand. frgm. Körte 9 Edm. 7.

S. 189: Plut. apophthegm. reg. Archelaos 2 (177a).

S. 192: H. *Wilsdorf*, Bergleute und Hüttenmänner im Altertum bis zum Ausgang der römischen Republik, ihre wirtschaftliche, soziale und juristische Lage. Freiberger Forschungshefte Reihe D Heft I. Freiberg i. Erzgeb. 1953. E. *Schoenbauer*, Beiträge zur Geschichte des Bergbaurechts. München 1929.

S. 202: O. *Brendel*, Die Schafzucht im alten Griechenland. Diss. Giessen 1934. 34. 43. 55. 66–69. 89.

S. 203: Menand. Dyskol. 603–606. Menand. Dyskol. 743–745.

S. 204: Menand. Dyskol. 768f. Menand. Dyskol. 829–831. Menand.

Dyskol. 833f. Philemon frgm. 105 (Edm. III A p 66). Philemon frgm. 98, 1–6 (Edm. III A p 64). Menand. frgm. Körte 558. 559 (Edm. 795. 641.)

S. 205: Menand. frgm. Körte 560 Edm. 642.

S. 211: Apk. 18, 11–18 (der Text stammt erst aus dem 1. Jhdt., die Sache ist hellenistisch).

S. 217: Anth. Graec. 9, 435.

S. 218: Curt. Ruf. 4, 11, 14.

S. 219: *Ch. Habicht*, Die herrschende Gesellschaft in der hellenist. Monarchie. Vierteljahresschrift f. Sozial- u. Wirtschaftsgesch. 45. 1958. 1–16.

S. 223: Ditt. Or. 1, 194.

S. 225: *F. Granier*, Die makedonische Heersversammlung. 1931. 54–65.

S. 226: Ditt. Or. 1, 266.

S. 231: Nepos 21, 2, 1–3, 1.

S. 232: Inschr. v. Priene Nr. 19.

S. 234: *W. Peek*, Griechische Grabgedichte. 1960 Nr. 161.

S. 235: *F. Kiechle*, Zur Humanität in der Kriegsführung der griech. Staaten. Historia 7. 1958. 129–156. W. W. *Tarn*, Hellenistic military and naval developments. Cambridge 1930. IG IX Nr. 298. 462.

S. 236: Plut. Pelopid. 1. M. Mc. Clelland Westington, Atrocities in Roman warfare to 133 BC. Diss. Chicago 1938.

S. 241: *W. W. Tarn*, Hellenistic military and naval developments. Cambridge 1930. 89f.

S. 248: Eurip. Suppl. 233–238. 949–954 (Übers. Wilamowitz). Philemon frgm. 155 (Edm. III A p. 80).

S. 258: *W. Peek*, Griech. Grabgedichte 1960. Nr. 225. 235.

S. 259: Philemon frgm. 120 (Edm. III A p 70).

S. 263: Petron. sat. 99.

S. 264: Alexis frgm. 211 (Edm. II p. 476). P. Oxyrrh. 1383.

S. 266: *M. Holleaux*, Etudes d'épigraphie et d'histoire grecque IV, 1. Paris 1952. 124.

S. 267: Polyb. 2, 8 (B.-W.).

S. 268: Anth. Graec. 10, 119.

S. 270: C. Pap. Iud. I Nr. 4 = P Cairo Zen. 59076 = Preisigke-Bilabel III, 1 Nr. 6790. C. Pap. Iud. I Nr. 1 = P Cairo Zen. 59003 = Preisigke-Bilabel III, 1 Nr. 6709.

S. 272: Menand. frgm. Körte 562 Edm. 796.

S. 273: Menand. frgm. Körte 564 Edm. 1093. Menand. frgm. Körte 563 Edm. 644.

S. 274: Philemon frgm. 22 (Edm. III A p. 14). Alexis frgm. 278b (Edm. II p. 510).

S. 277: *M. Lejeune*, Observations sur la langue des actes d'affranchissement delphiques. 1940. Jes. Sirach 33, 33. Diog. Laert. 6, 55.

S. 278: *J. Vogt*, Struktur der antiken Sklavenkriege. Wiesbaden 1957.

S. 279: Menand. frgm. Edm. 857. Philemon frgm. 31 (Edm. III A p. 18).

S. 280: *F. Bömer*, Untersuchungen über die Religion der Sklaven in Griechenland und Rom I–IV. Wiesbaden 1957-1963.

S. 281: Gell. noct. Att. 2, 18, 6–10.
S. 283: Plut. de vitioso pudore 7 (531ef).
S. 285: Apollon. Argonaut. 4, 1165–1167 (Übers. v. Scheffer).
S. 286: Theocr. id. 28, 24f.
S. 287: Menand. frgm. Körte 209 Edm. 923. Antiphanes frgm. 229 (E II p. 284).
S. 291: Th. Klee, Zur Geschichte der gymnischen Agone an griechischen Festen. 1918. 76.
S. 294: W. *Peek*, Griech. Grabgedichte. 1960. Nr. 167.
S. 298: *F. Weege*, Der Tanz in der Antike. 1926. L. Séchan, La danse grecque antique. 1930.
S. 300: Platon Tim. 22b. Lk. 7, 32; Mt. 11, 16f.
S. 304: Athen. Deipn. 10, 449de = Alexis frgm. Anth. Graec. 14, 1. Anth. Graec. 14, 4. Anth. Graec. 14, 16. Anth. Graec. 14, 22. Anth. Graec. 14, 56.
S. 307: Diphilos frgm. 88 (Edm. III A p. 140.) Philemon frgm. 203 (Edm. III A p 86). Menand. Körte 647 Edm. 930. 1105 A.
S. 309: Diog. Laert. 10, 22. P Oxyrrh. 1, 115. Anth. Graec. 7, 335. 466. R. Kassel, Untersuchungen zur griechischen und römischen Konsolationsliteratur. Zetemata 18. München 1958.
S. 310: Aeschin. c. Ctes. 78. Philemon frgm. 73 (Edm. III A p. 36). P. Perdrizet, Le mort qui sentait bon. Mélanges Bidez II. 1934. 719–727.
S. 315: *E. Pfuhl*, Spätionische Plastik. Jb. DAI 50. 1935. 9–48. *E. Pfuhl*, Drei eigenartige Totenmahlreliefs Arch. Anz. 1935. 11–20.
S. 316: Ditt. Syll. 3, 1225. Callim. epigr. 2.
S. 317: Inschr. Myrina Nr. 3 S. 113. W. *Peek*, Griech. Grabgedichte. 1960 Nr. 233 W. *Peek*, Griech. Grabgedichte 1960 Nr. 123–129 Ditt. Syll. 3, 1229. Inschr. Priene Nr. 287.
S. 318: W. *Peek*, Griech. Grabgedichte. Berlin 1960 Nr. 163–165 W. *Peek*, Griech. Grabgedichte. Berlin 1960 Nr. 228 W. *Peek*, Griech. Grabgedichte. Berlin 1960 Nr. 160, 182, 219 Theocr. epigr. 19. Inschr. Sardeis VII Nr. 104. 111.
S. 319: Plut. mon posse suaviter viv. sec. Epic. 29 (1106f). Menand. frgm. Körte 157 Edm. 169 Callim. epigr. 13 (15). W. *Peek*, Griechische Versinschriften I. Grab-Epigramme. Berlin 1955. Nr. 1702.

Ausgewählte Bibliographie

Zum Ganzen:

A. Aymard-J. Auboyer, L'Orient et la Grèce antique. 6. Aufl. Paris 1967.

A. Aymard-J. Auboyer, Rome et son empire. 5. Aufl. Paris 1967.

E. Barker, From Alexander to Constantine. Passages and Documents illustrating the history of social and political ideas. Oxford 1956.

E. Bayer, Grundzüge der griech. Geschichte. 3. Aufl. Darmstadt 1970.

E. Bayer, Griechische Geschichte. Stuttgart 1968.

N.H. Baynes, The Hellenistic civilisation and East Rome. Oxford 1946.

H. Bengtson, Universalhistorische Aspekte der Geschichte des Hellenismus. Welt als Geschichte 18. 1958. 1–13.

H. Bengtson, Griechische Geschichte. HdA III, 4. 4. Aufl. München 1969.

H. Berve, Das Alexanderreich auf prosopographischer Grundlage. 2 Bde. München 1926.

H. Berve, Gestaltende Kräfte der Antike. 2. Aufl. München 1966.

H. Berve, Griechische Geschichte III: Spätzeit des Griechentums. Freiburg i.B. 1963.

H. Braunert, Das Mittelmeer in Politik und Wirtschaft der hellenistischen Zeit. Kiel 1967.

N.J. Burich, Alexander the Great, a bibliography (sehr nützlich) Kent 1970.

M. Cary, The geographic background of Greek and Roman history. Oxford 1967.

M. Cary, A history of the Greek world from 323 to 146. 5. Aufl. London 1968.

F. Chamoux, La civilisation hellénistique. Paris 1971.

R. Cohen, La Grèce et l'hellénisation du monde antique. 2. Aufl. Paris 1948.

J. Deininger, Der politische Widerstand gegen Rom in Griechenland 217–86 v.Chr. Berlin 1971.

J.G. Droysen, Geschichte Alexanders d.Gr. (nach der 2. Aufl. von 1877 neu herausgegeben v. E. Bayer). Basel 1952.

J.G. Droysen, Geschichte des Hellenismus. 3 Bde. (nach der Ausgabe von 1836–1843 neu herausgegeben) Hamburg 1952/3.

V. Ehrenberg, Alexander and the Greeks. Oxford u. London 1938.

V. Ehrenberg, Der Staat der Griechen II: Der hellenistische Staat. Leipzig 1958 Neudr. Darmstadt 1960.

P.M. Fraser, Ptolemaic Alexandria. 2 Bde. Oxford 1970.

M. Hadas, Hellenistic culture, fusion and diffusion. New York 1959.

A. Heuss, Römische Geschichte. 2. Aufl. Braunschweig 1964.

M. Holleaux, Études d'épigraphie et d'histoire grecque. Band 4 und 5. Paris 1952. 1957.

M. Holleaux, Rome, la Grèce et les monarchies hellénist. au 3e. siècle avant J.-C.

(nach der Ausgabe von 1935). Paris 1969 (Bibl. des Écoles Franç. d'Athènes et de Rome 124).

L. *Maccas*, L'hellénisme de l'Asie Mineure. Paris 1919.

D. *Magie*, Roman rule in Asia Minor. 2 Bde. Princeton 1950.

W. *Nestle*, Griechische Geistesgeschichte von Homer bis Lukian. Stuttgart 1944.

W. *Otto*, Kulturgeschichte des Altertums. München 1925.

A. *Pascalakis*, Alexander the Great and Hellenism. Thessaloniki 1966.

P. *Pédech*, La méthode historique de Polybe. Paris 1964. (Grundlegend).

P. *Pédech*, Une somme de la civilisation hellénistique Rev. Et. Grecques 85. 1973. 233–238.

W. *Peremans-E. Van't Dack*, Prosopographia ptolemaica. Louvain seit 1950. (Wird ständig fortgesetzt, enthält bereits über 17000 Personen des Hellenist. Ägypten aller Stände. Das Werk ist unerschöpflich).

G. *de Reynold*, L'Hellénisme et le génie européén. Fribourg 1944.

R. *Poehlmann*. Die Übervölkerung der antiken Großstädte. Neudruck (nach der Ausgabe von 1884) Leipzig 1967.

R. *Poehlmann*, Geschichte der sozialen Frage und des Sozialismus in der antiken Welt. 2 Bde. München 1912.

A. B. *Ranowitsch*, Der Hellenismus und seine geschichtliche Rolle (Deutsche Ausgabe) Berlin 1958.

M. *Rostovtzeff*, The social and economic history of the Hellenistic world. 3 Bde. Oxford 1941, Neudruck 1967. Auch deutsch: Gesellschafts- und Wirtschaftsgeschichte der hellenistischen Welt. Darmstadt 1955/6.

O. *Seel*, Römertum und Latinität. Stuttgart 1964.

O. *Seel*, Eine römische Weltgeschichte. Nürnberg 1972.

O. *Seel*, Weltdichtung Roms. Berlin 1965.

J. *Seibert*, Der Hellenismus in der Forschung. Darmstadt 1972.

F. *Taeger*, Das Altertum. 2 Bde. 6. Aufl. Stuttgart 1958.

W. W. *Tarn-G. T. Griffith*, Hellenistic civilisation. Neudruck (nach der 3. Aufl. von 1952) London 1966. Deutsch: Die Kultur der hellenist. Welt. Darmstadt 1966.

A. J. *Toynbee*, Hellenism. Oxford 1959.

J. *Vogt*, Römische Geschichte I. Freiburg 1951.

F. W. *Walbank*, A historical commentary on Polybius. 2 Bde. Oxford 1957. 1967.

J. H. *Waszink*, De Hellenistische Cultuur. Leiden 1951.

T. B. L. *Webster*, Hellenistic poetry and art. London 1964.

C. B. *Welles*, Alexander and the Hellenistic world. Toronto 1970.

U. *Wilcken*, Griechische Geschichte im Rahmen der Altertumsgeschichte. 9. Aufl. München 1962.

E. *Will*, Histoire politique du monde hellénistique. 2 Bde. Nancy 1966. 1967.

Zu I,1: Der hellenistische Mensch und das hellenistische Menschenbild

D. *Amand*, Fatalisme et liberté dans l'antiquité grecque. Louvain 1945. Neudr. Amsterdam 1973.

E. *Bayer*, Demetrios Phalereus und die Athener. Stuttgart 1942.

H. Bolkestein, Wohltätigkeit und Armenpflege im vorchristlichen Altertum. Utrecht 1939. Neudruck Groningen 1967.
E. Buschor, Das hellenistische Bildnis. 2. Aufl. ed. H. Walter. München 1971.
E. J. Chevalier-R. Bady, L'âme grecque. Paris 1947.
A.J. Festugière, Liberté et civilisation chez les Grecs. Paris 1947.
H. Fuchs, Der geistige Widerstand gegen Rom in der antiken Welt. Berlin 1964.
C. Habicht, Gottmenschentum und griech. Städte. 2. Aufl. München 1970 (Zetemata 14).
A.R. Hands, Charities and social aid in Greece and Rome. London 1968.
S. Howard, A veristic portrait of Late Hellenism. California Studies 3. Berkeley 1970. 98–113.
H. Kenner, Weinen und Lachen in der griech. Kunst. Wien 1960.
P. Levêque, Le monde hellénistique. Paris 1969.
E. Manni, Demetrio Poliorcete. Roma 1952.
H.J. Müller, Freedom in the ancient world. London 1962.
W. Nestle, Die Überwindung des Leides in der Antike. Gymnas. 53. 1942. 6–27.
E. Norden, Antike Menschen im Ringen um ihre Berufsbestimmung. Leipzig 1932.
U. Ott, Die Kunst des Gegensatzes in Theokrits Hirtengedichten. Hildesheim 1969 (Spudasmata 22).
M. Pohlenz, Der hellenische Mensch. Göttingen 1947. Neudr. 1972.
M. Pohlenz, Griechische Freiheit. Wesen und Werden eines Lebensideals. Heidelberg 1955.
L. Radermacher, Lachen und Weinen. Studien über antikes Lebensgefühl. Wien 1947.
E.B. Richardson, Old age among the ancient Greeks. Baltimore 1933 (John Hopkins U. Stud. 16).
A. Thierfelder, Philogelos. München 1968.
F.W. Walbank, Philipp V of Macedon. Cambridge 1940.
F. Zucker, Freundschaftsbewährungen in der neuen attischen Komödie. Berlin 1950. (Sber. Sächs. Akad. 98).

Zu I,2: Die Frau und das Frauenbild

a) Die Emanzipation der Frau

O. Braunstein, Die politische Wirksamkeit der griech. Frau. Diss. Leipzig 1911.
E. Burck, Die Frau in der griechisch-römischen Antike. München 1969.
P. Grimal, Histoire mondiale de la femme. Paris 1965.
P. Herfst, Le travail de la femme dans la Grèce ancienne. Amsterdam 1922.
J. Leipoldt, Die Frau in der antiken Welt und im Urchristentum. Leipzig 1954.
U.E. Paoli, La donna greca nell'antichità. 2. Aufl. Firenze 1954.
C. Préaux, Le statut de la femme à l'époque hellénistique. Rec. de la Société J. Bodin 11. Brüssel 1959.
C. Seltman, Women in antiquity. 2. Aufl. New York 1956.
H. Sonnet-Altenburg, Hetären, Mütter, Amazonen. Frauencharaktere aus der antiken Welt. Heidenheim 1963.

b) Die Frauen der Höfe

I. Becker, Das Bild der Kleopatra in der griechischen und lateinischen Literatur. Berlin 1966.

E. Kornemann, Große Frauen des Altertums. 4. Aufl. Tübingen 1952.

G. Longega, Arsinoe II. Roma 1968 (Univ. d. Stud. d. Padova Pubbl. d. Ist. d. Stor. Ant. 6).

E. Ludwig, Cléopatre. Paris 1955.

H.G. Macurdy, Hellenistic Queens. Baltimore 2. Aufl. 1943 (John Hopkins Studies in Arch. 14).

E. Mireaux, La reine Bérénice. Paris 1951.

P. Pédech, La Cléopatre de Corneille devant l'histoire. Publications de l'Université de Haute Bretagne 2. 1974. 425–433.

J. Schmidt, Kleopatra. Deutsche Ausg. v. Rieger. Lausanne 1970.

J. Seibert, Historische Beiträge zu den dynastischen Verbindungen in hellenistischer Zeit. Wiesbaden 1967. (Historia Beiheft 10).

W.W. Tarn-M.P. Charlesworth, Octavian, Antony, and Cleopatra. Cambridge 1965.

H. Thierfelder, Die Geschwisterehe im hellenistisch-römischen Ägypten. Münster i. W. 1960.

D.B. Thompson, A portrait of Arsinoe Philadelphos. Am. Journ. Arch. 59. 1955. 199–206.

H. Volkmann, Kleopatra, Politik und Propaganda. München 1953.

C. Wehrli, Phila, fille d'Antipatre et épouse de Démétrius. Historia 13. 1964. 140–146.

c) Frauen in Kunst und Wissenschaft

H. Homeyer, Dichterinnen des heidnischen Altertums und der christlichen Frühzeit. Paderborn 1937.

D.L. Page, Corinna. Berkeley 1953.

J.C. Poestion, Griechische Philosophinnen. Wien 1882.

F. Scheidweiler, Erinnas Klage um Baukis. Philolog. 100. 1956. 40–51.

d) Ehefrau und Mutter

H. Bell, A happy family. Aus Antike und Orient. Festschrift f. Wilhelm Schubart. Leipzig 1950. 38–47.

W. Erdmann, Die Ehe im alten Griechenland. München 1934 (Beitr. Papyrforsch. 20).

E. Gerner, Beiträge zum Recht der Parapherna. München 1954 (Beitr. Papyrforsch. 38).

C. Vatin, Recherches sur le mariage et la condition de la femme mariée à l'époque hellénistique. Paris 1970.

H.J. Wolff, Written and unwritten marriages in Hellenistic and postclassical Roman law. Philadelphia 1939.

e) Zur Entdeckung der Frauenseele

A. *Buchholz*, Zur Darstellung des Pathos der Liebe in der hellenist. Dichtung. Diss. Freiburg 1954.

K. *Ziegler*, Kallimachos und die Frauen. Antike 13. 1937. 20–42.

f) Erotik

J. *Bungarten*, Menanders und Glykeras Brief bei Alkiphron. Diss. Bonn 1966 (1967).

C. *Clairmont*, Das Parisurteil in der antiken Kunst. Zürich 1951.

H. *Doehl*, Der Eros des Lysipp. Frühhellenistische Eroten. Diss. Göttingen 1968.

R. *Flacelière*, L'amour dans l'antiquité. Paris 1960.

P. *Flury*, Liebe und Liebessprache bei Menander, Plautus und Terenz. Heidelberg 1968.

A. *Greifenhagen*, Griechische Eroten. Berlin 1957.

F. *Lasserre*, La figure d'Eros dans la poésie grecque. Lausanne 1946.

G. *Lieberg*, Puella divina. Die Gestalt der göttlichen Geliebten bei Catull im Zusammenhang der antiken Dichtung. Amsterdam 1962.

W. *Ludwig*, Von Terenz zu Menander. Philolog. 103. 1959. 1–36.

R. *Lullies*, Die kauernde Aphrodite. München-Pasing 1954.

G. *Saeflund*, Aphrodite Kallipygos. Goeteborg 1963.

G. *Vorberg*, Glossarium eroticum. Stuttgart 1932.

g) Zum Urteil über die Frau

J. *Vogt*, Von der Gleichwertigkeit der Geschlechter in der bürgerlichen Gesellschaft der Griechen. Wiesbaden 1960.

Zu I,3. Die Sprache

A. *Debrunner*, Grundfragen und Grundzüge des nachklassischen Griechisch. 2. Aufl. Berlin 1954.

A. *Debrunner*, Nachklassisches Griechisch. KT 165. Berlin 1933.

A. *Debrunner*, Grammatik des neutestamentlichen Griechisch. 13. Aufl. Göttingen 1970.

L. *Radermacher*, Koine. Wien 1947.

L. *Radermacher*, Neutestamentliche Grammatik. Tübingen 2. Aufl. 1925.

E. *Risch*, Das Attische im Rahmen der griech. Dialekte. Mus. Helv. 21. 1964. 1–14.

R. *Stroemberg*, Griechische Sprichwörter. Göteborg 1961.

W. *Theiler*, Die Sprache des Geistes in der Antike. Festschrift für A. Debrunner. 1954. 431–440 = Forschungen zum Neuplatonismus. Berlin 1966. 302–312.

Zu I,4: Die neuen Städte

I. Calabi, Ricerche sui rapporti fra le poleis. Firenze 1952.
F. Castagnoli, Ippodamo di Mileto e l'urbanistica a pianta ortogonale. Roma 1956.
G. Cultrera, Architettura ippodamea. Roma 1925 (Mem. Accad. Linc. 17, 5).
V. Ehrenberg, Polis und Imperium. Stuttgart/Zürich. 1965.
N.D. Fustel de Coulanges, La cité antique. 28. Aufl. Paris 1924, Neudr. 1947.
H. Francotte, La polis grecque. Paderborn 1907. Neudruck Roma 1964 (Studia historica 4).
H. Francotte, Les finances des cités grecques. Liège 1909. Neudr. Roma 1964 (Studia historica 6).
A. v. Gerkan, Griechische Städteanlagen. Berlin 1924.
A. v. Gerkan, Von antiker Architektur und Topographie. Stuttgart 1959.
G. Glotz, La cité grecque. Paris 1928, Neudr. 1968.
A.J. Graham, Colony and mother city in ancient Greece. Manchester 1964.
F. Gschnitzer, Abhängige Orte im griech. Altertum. München 1958 (Zetemata 17).
W.R. Halliday, The growth of the city state. Chicago 1923, Neudr. 1967.
M. Hammond, City state and world state in Greek and Roman political theory. Cambridge Mass. 1951, Neudr. 1966.
F. Heichelheim, Die auswärtige Bevölkerung im Ptolemäerreich. Leipzig 1925, Neudr. Aalen 1963. (Klio Beih. 18).
A. Heuss, Antigonos Monophthalmos und die griech. Städte. Hermes 73. 1938. 133–194.
A. Heuss, Stadt und Herrscher des Hellenismus in ihren staats- und völkerrechtlichen Beziehungen. Leipzig 1937, erw. Neudr. Aalen 1963 (Klio Beih. 39).
E. v. Ivanka, Die aristotelische Politik und die Städtegründungen Alexanders des Großen. Budapest 1938.
A.H.M. Jones, The cities of the Eastern Roman provinces. 2. Aufl. Oxford 1970.
A.H.M. Jones, The Greek city from Alexander to Justinian. Oxford 1940, Neudr. 1966.
O. Jurewicz, Die Krise der griechischen Polis. Berlin 1969.
E. Kirsten, Die griechische Polis als historisch-geographisches Problem. Bonn 1956.
F. Krischen, Die griechische Stadt. Wiederherstellungen. Berlin 1938.
P. Lavedan-J. Hugueney, Histoire de l'urbanisme. 2. Aufl. Paris 1966.
K. Lehmann-Hartleben, Die antiken Hafenanlagen des Mittelmeeres. Beiträge zur Geschichte des Städtebaues im Altertum. Leipzig 1923, Neudr. Aalen 1963 (Klio Beiheft 14, N. S. 1).
R. Martin, L'urbanisme dans la Grèce antique. Paris 1956.
V. Martin, La vie internationale dans la Grèce des cités. Paris 1940.
V. Tscherikower, Die hellenistischen Städtegründungen von Alexander dem Großen bis auf die Römerzeit. Leipzig 1927. (Philolog. Suppl. 19, 1).
R.F. Willetts, Die Grundmerkmale der griechischen Polis. Altertum 4. 1958. 149–165.
R.E. Wycherley, How the Greek built cities. London 1949, Neudr. 1962.

Zu I,5: Jugend und Erziehung

J. Audiat, Délos 28: Le Gymnase. Paris 1970.
M. Blum, Die antike Mnemotechnik. Hildesheim 1969. (Spudasmata 15).
A. Bork, Der junge Grieche. Zürich 1959.
A. Brenot, Recherches sur l'ephébie attique et en particulier sur la date de l'institution. Paris 1920.
L. Chéronnet-G. Barband, L'enfant dans l'antiquité. Villefranche 1950.
M.L. Clark, Rhetorik in Greco-Roman education. New York 1957.
W. Clarysse-A. Wouters, A schoolboy's exercise. Ancient Society 1. Leuven 1970. 201–235.
J. Delorme, Gymnasion. Paris 1960.
A. Dumont, Essai sur l'ephébie attique. 2 Bde. Paris 1875/6, Neudr. Osnabrück 1968.
K.J. Freeman, Schools of Hellas. New York 1907.
M. Fuhrmann, Das systematische Lehrbuch. Göttingen 1960.
M. Fuhrmann, Untersuchungen zur Textgeschichte der pseudoaristotelischen Alexander-Rhetorik des Anaximenes v. Lampsakos. Wiesbaden 1965.
J. Herrmann, Die Ammenverträge in den graeko-ägyptischen Papyri. Zeitschr. Savigny-Stift. Rom. 76. 1959. 490–499.
H. Herter, Das Kind im Zeitalter des Hellenismus. Bonner Jahrb. 132. 1927. 250–259.
H. Herter, Das Leben ein Kinderspiel. Bonner Jahrb. 161. 1961. 73–84.
W. Jaeger, Paideia. 3 Bde. 4. Aufl. Berlin 1954–1959.
F. Kühnert, Allgemeinbildung und Fachbildung in der Antike. Berlin 1961.
H.I. Marrou, Histoire de l'éducation dans l'antiquité. 6. Aufl. Paris 1965.
R. Meister, Die Entstehung der höheren Allgemeinbildung in der Antike. Wiener Stud. 69. 1956. 256–264.
M.P. Nilsson, Die hellenistische Schule. München 1955.
C. Pélékidis, Histoire de l'ephébie attique dès origines à 31 avant j. C. Paris 1962 (École fr. d'Athènes trav. et mém. 13).
R. Pfeiffer, History of classical scholarship from the beginning to the end of the Hellenistic age. Oxford 1968.
O. W. *Reinmuth*, The ephebic inscriptions of the 4th. century b.C. Leiden 1971 (Mnemosyne Suppl. 14).
P. Schazmann, Pergamon. Das Gymnasion. Berlin 1923. (Altert. Perg. VI).
N. Terzaghi, L'educazione in Grecia. Firenze 1910.
J. Xirotyris, Die Auffassung von Kind und Kinderleben bei den griechischen Romanschriftstellern. Diss. München 1936.
E. Ziebarth, Aus dem griechischen Schulwesen. Leipzig 1914. Neudr. Groningen 1971.
W. Zschietzschmann, Wettkampf und Übungsstätten in Griechenland. II. Palästra, Gymnasion. Stuttgart 1961.

Zu I,6: Das Verhältnis zur Natur

a) Naturgefühl, Landschaft, Garten

A. *Biese*, Die Entwicklung des Naturgefühls bei den Griechen und Römern. 2 Bde. Kiel 1882. 1884.

W. *Boeck*, Alte Gartenkunst. Leipzig 1939.

W. *Capelle*, Der Garten des Theophrast. Festschr. f. Zucker 1954. 45–82.

H.R. *Fairclough*, Love of nature among the Greeks and Romans. New York 1931.

H.R. *Fairclough*, The attitude of the Greek tragediens towards nature. Toronto 1897.

A. *Gallina*, Le pitture con paesaggi dell'Odissea dall'Esquilino. Roma 1964.

A. *Geikie*, The love of nature among the Roman poets during the later decades of the republic and the first century of the empire. London 1912.

M. *Gothein*, Geschichte der Gartenkunst I. Jena 1926.

P. *Grimal*, Les jardins romains à la fin de la république et aux deux premiers siècles de l'empire. 2. Aufl. Paris 1969.

E. *Hyams*, A history of gardens and gardening. New York 1971.

B. *Kapossy*, Brunnenfiguren der hellenistischen und römischen Zeit. Zürich 1969.

H. *Lauter*, Kunst und Landschaft, ein Beitrag zum rhodischen Hellenismus. Antike Kunst 15. 1972. 49–59.

G. *Lawall*, Theocritus'Coan pastorals. London 1967.

E. *Loewy*, La natura nell'arte greca. Padova 1946.

E. *Martinengo-Cesaresco*, Outdoor life in Greek and Roman poets. London 1911.

R. *Pagenstecher*, Über das landschaftliche Relief bei den Griechen. Heidelberg 1919 (SHA 1919. 10, 1).

C. *Ranck*, Geschichte der Gartenkunst. Leipzig 1909.

W. *Schmid*, Art. Bukolik. RAC II. 1954. 786–800.

C. *Schneider*, Art. Garten. RAC VIII. 1972. 1048–1061.

G. *Schönbeck*, Der locus amoenus von Homer bis Horaz. Diss. Heidelb. 1962.

E. *Schroedinger*, Nature and the Greeks. Cambridge 1954.

A. *Seidensticker*, Waldgeschichte des Altertums. 2 Bde. Frankfurt 1886, Neudr. Amsterdam 1966.

W. *Theiler*, Zur Geschichte der teleologischen Naturbetrachtung bis auf Aristoteles. 2. Aufl. Berlin 1965.

D.P. *Thompson*, Ancient gardens. Archaeology 4. 1951. 41–47.

b) Pflanzen und Tiere

C. *Blümel*, Tierplastik. Berlin 1939.

H. *Bretzl*, Botanische Forschungen des Alexanderzuges. Leipzig 1902, Neudr. Hildesheim 1971.

V.v. *Hehn*, Kulturpflanzen und Haustiere. 8. Aufl. Berlin 1911, Neudr. Hildesheim 1963.

G. *Herrlinger*, Totenklage um Tiere. Stuttgart 1930.

G. *Jennison*, Animals for show and pleasure in ancient Rome. Manchester 1937.

G.M. *Richter*, Animals in Greek sculpture. New York 1930.
R. *Stroemberg*, Griechische Pflanzennamen. Göteborg 1940.
R. *Stroemberg*, Studien zur Etymologie und Bildung der griechischen Fischnamen. Göteborg 1943.
H. *van Thiel*, Der Eselsroman. München 1972 (Zetemata 54).

Zu II: Das Leben des Alltags

Allgemeines

W. *Deonna*, La vie privée des Déliens. Paris 1948 (École fr. d'Athènes trav. et mém. 7).
W. *Klein*, Vom antiken Rokoko. Wien 1921.
J. *Lindsay*, Daily life in Roman Egypt. London 1963.
R. *Vischer*, Das einfache Leben. Göttingen 1965.

Zu II,1: Wohnung

a) Häuser

F. *Chapoutier*, La maison grecque à Olynthe. Rev. Étud. Anc. 53. 1951. 318–323.
T. *Fyfe*, Hellenistic architectur. Cambridge 1936. Neudr. Roma 1965.
J.W. *Graham*, Olynthiaka. Hesper. 23. 1954. 320–346.
J.W. *Graham*, The Hellenistic house. Olynthos VIII. Oxford-Baltimore 1938.
J.W. *Graham*, Origins and interrelations of the Greek house and the Roman house. Phoenix 20. 1966. 3–31.
A. *Müfid*, Stockwerkbau der Griechen und Römer. Istanb. Forsch. 1. Berlin 1932.
F. *Oelmann*, Haus und Hof im Altertum. Berlin-Leipzig 1927.
B.C. *Rider*, The Greek house, its history and development from the Neolithic period to the Hellenistic age. Cambridge 1916, Neudr. London 1965.
B.C. *Rider*, Ancient Greek houses. Chicago 1964.
D.M. *Robinson*, Excavations at Olynthus XIII. Oxford-Baltimore 1946.
A. *Rumpf*, Zum hellenistischen Haus. Jahrb. DAI 50. 1935. 1–8.
A.R. *Schütz*, Der Typus des hellenistisch-ägyptischen Hauses. Diss. Würzburg 1936.

b) Einzelheiten des Hauses

H.G. *Beyen*, Die pompeianische Wanddekoration vom 2. bis zum 4. Stil. 2 Bde. Den Haag 1938. 1960.
W. *Ehlich*, Bild und Rahmen im Altertum. Leipzig 1955.
A.T. *Hodge*, The woodwork of Greek roofs. Cambridge 1960.
W. *Hoepfner*, Ein Kombinationsschloß aus dem Kerameikos. Arch. Anz. 1970. 210–213.
L. *Kjellenberg*, Studien zu den antiken Dacheindeckungen. Skrifter Samfundet Uppsala 24. 1927.

O. *Königsberger*, Die Konstruktion der ägyptischen Tür. Glückstadt 1936.
K. *Meister*, Die Hausschwelle in Sprache und Religion der Römer. Heidelberg 1924/25.
F. W. *Schlegel*, Kulturgeschichte der Türschlösser. Duisburg 1963.
B. A. *Sparkes*, The Greek kitchen. Journ. Hell. Stud. 82. 1962. 121–137.
B. A. *Sparkes*, The Greek kitchen. Addenda. Journ. Hell. Stud. 85. 1965. 162–163.

c) Beleuchtung, Heizung, Wasser

D. M. *Bailey*, Greek and Roman pottery lamps. London 1963.
O. *Bovon*, Lampes d'Argos. Paris 1966.
Ph. *Bruneau*, Délos 26: Les lampes. Paris 1966.
G. *Downey*, The water supply of Antioch on the Orontes. Annal. archéol. de Syrie. 1. 1951. 171–187.
M. *Lang*, Waterworks in the Athenian Agora. Princeton 1968.
S. *Loeschcke*, Antike Laternen und Lichthäuschen. Bonner Jahrb. 118, 1910. 370–382.
S. *Settis*, Descrizioni di un ninfeo ellenistico. Studi classici e orientali 14. 1965. 247–257.
V. *Svoronos-Hadjimichalis*, L'évacuation de la fumée dans les maisons grecques du cinquième et quatrième siècles. BCH 80. 1956. 483–506.
T. *Szentleleky*, Ancient lamps. Budapest 1969.

d) Bad

R. *Ginouvès*, Balaneutiké. Recherches sur le bain dans l'antiquité grecque. Paris 1962.
R. *Ginouvès*, Bain individuel ou bain collectif. Palaeologia 5. 1956/7. 103–107.
R. *Ginouvès*, Une salle de bain hellénistique à Delphes. BCH 76. 1952. 541–561.

e) Möbel

G. *Bakalakis*, Hellenikà trapezofóra. Baltimore 1948 (neugr).
G. *Cart*, Exposition Musées du Louvre. La vie privée en Grèce et en Rome. Revue des arts 9. 1959. 235–240.
W. *Deonna*, Le mobilier délien (Délos XVIII). Paris 1938, dazu Ergänzungen BCH 62. 1938. 210–221.
D. K. *Hill*, Ivory Ornaments of Hellenistic couches. Hesper. 32. 1963. 293–300.
E. *Pernice*, Hellenistische Tische, Zisternenmündungen, Beckenuntersätze, Altäre und Truhen. Berlin 1932.
G. M. A. *Richter*, The furniture of the Greeks, Etruscans, and Romans. 2. Aufl. London 1966.

f) Hausgerät

E. Diehl, Die Hydria. Mainz 1964.
D.K. Hill, Kitchen and banquet. Class. Journ. 43. 1947/8. 451–455.
A. Kisa, Glas im Altertum. 3 Bde. Leipzig 1908, Neudr. Roma 1968.
E. Pernice, Gefässe und Geräte aus Bronze. Berlin 1925.
B. Schroeder, Griechische Bronzeeimer im Berliner Antiquarium. Berlin 1914 (Winckelmann-Programm 67).
D.E. Strong, Greek and Roman gold and silver plate. London 1966.

Zu II,2: Kleidung, Kosmetik, Schmuck

a) Kleidung

E. Abrahams-L. Evans, Ancient Greek dress. 2. Aufl. Chicago 1964.
M. Bieber, Griechische Kleidung. Berlin 1928.
M. Bieber, Entwicklungsgeschichte der griechischen Tracht von der vorgriech. Zeit bis zur röm. Kaiserzeit. 2. Aufl. Berlin 1967.
M.G. Houston, Ancient Greek, Roman, and Byzantine costume. 2. Aufl. London 1967.
E. Klepper, Costume in antiquity. London 1964.
E. Pirchan, Kostümkunde. Ravensbg. 1952.
G. Rosa, Tessuti ellenistici e copti. Boll' d' arte 39. 1954. 168–174.
C. Ruban, Nattes, rubans et pendeloques. BCH 94. 1970. 551–565. (auch zu b).
C. Saunders, Costume in Roman comedy. New York 1909.
B. Schier, Pelze in altertumskundlicher Sicht. Frankfurt 1951.
B. Schier, Wege und Formen des ältesten Pelzhandels in Europa. Frankfurt 1951.
M. Tilke, Kostümschnitte und Gewandformen. Tübingen 1948.
H. Weber, Griechische Frauentrachten im vierten Jahrhundert. Diss. München 1939.
Th. Wiegand, Bronzefigur einer Spinnerin. Berlin 1913. (Winckelmann-Programm 73).

b) Haartracht, Kopfbedeckungen

Grundlegend sind die *Artikel Haartracht* in *RE VII*, 2109–2150 und *RE Suppl. VI*, 90–102.
K. Baus, Der Kranz in Antike und Christentum. Bonn 1940.
L. Deubner, Die Bedeutung des Kranzes im klassischen Altertum. ARW 30. 1933. 70–104.
G. Krahmer, Hellenistische Köpfe. Göttingen 1936.

c) Kosmetik

H. Th. Bossert, Zur Geschichte der Seife. Forschungen und Fortschritte 29. 1955. 208–211.
A. Schmidt, Drogen und Drogenhandel im Altertum. Leipzig 1924.

d) Schmuck

P. Amandry, Collection Hélène Stathatos I. Les bijoux antiques. Straßburg 1954.
H. Battke, Geschichte des Ringes. Baden-Baden 1956.
E. Coche de la Ferté, Les bijoux antiques. Paris 1956.
R.A. Higgins, Greek and Roman jewellery. London 1961.
C. Kraeling, Hellenistic gold jewellery in Chicago. Archaeology 8. 1955. 252–259.
F.H. Marshall, Catalogue of finger-rings in the British Museum. London 1907.
F.H. Marshall, Catalogue of the jewellery Greek, Etruscan, and Roman. (Dept. of Antiquities Brit. Museum). London 1911, Neudr. 1969.
B.M. Robinson, Unpublished gold jewellery and gems. Am. Journ. Arch. 37. 1953. 5–19.
B. Segall, Museum Benaki: Katalog der Goldschmiedearbeiten. Athen 1938.

e) Sonstiges

E. Brandt, Griechische Gemmen von minoischer Zeit bis zum späten Hellenismus. München seit 1968 (nicht vollendet).
F. Endell, Antike Spiegel. München 1952.
B. Schier, Die Kunstblume von der Antike bis zur Gegenwart. Berlin 1956.
W. Züchner, Griechische Klappspiegel. Berlin 1942.

Zu II,3: Essen und Trinken

a) Allgemeines

H.G. Beyen, Über Stilleben aus Pompeji und Herculaneum. La Haye 1928.
F. Bilabel, ΟΨΑΡΤΥΤΙΚΑ und Verwandtes. Heidelberg 1919.
S. u. L. Bommer, Die Ernährung der Griechen und Römer. München 1943.
S. Bommer-L. Bommer-Lotzin, Die Gabe der Demeter. München 1961.
D. B. Brothwell, Food in antiquity. London 1969.
B. Fehr, Orientalische und griechische Gelage. Bonn 1971.

b) Der Koch

H. Dohm, Mageiros. München 1964 (Zetemata 32).
A. Giannini, La figura del cuoco nella commedia greca. Acme 13. 1960. 135–216.

c) Brot, Teigwaren

M. Bieber, Kuchenform mit Tragödienszene. Berlin 1915.
A. Jardé, Les céréales dans l'antiquité grecque. Paris 1925.
W. Krenkel, Vom Korn zum Brot. Altertum 11. 1965. 209–223.
P. Mingazzini, Gli antichi conoscevano i maccharoni? Arch. Class. 6. 1954. 292–294.

L.A. Moritz, Grain-mills and flour in classical antiquity. Oxford 1958.
Z.M. Packman, The taxes in grain in Ptolemaic Egypt. Toronto 1968.

d) Fleisch, Fisch

A.C. Andrews, Greek and Latin terms for salmon and trout. Transact. Amer. Philol. Ass. 86. 1955. 308–318.
A.C. Andrews, The Sardinian fish of the Greeks and Romans. Am. Journ. Philol. 70. 1949. 171–185.
A.C. Andrews, Oysters as a food in Greece and Rome. Class. Journ. 43. 1947/48. 229–241.
L. Bohlen, Die Bedeutung der Fischerei im Altertum. Diss. Hamburg 1936.
J. Haussleiter, Der Vegetarianismus in der Antike. Giessen 1935.
C. Vatin, Un tarif de poissons à Delphes. BCH 90. 1966. 274–280.

e) Gemüse, Gewürze

A.C. Andrews, The parsnip as food in the classical era. Class. Philol. 53. 1958. 145–152.
A. C. Andrews, The carrot as food in the classical era. Class. Philol. 44. 1949. 182–196.
A.C. Andrews, Celery and parsley as food in the Greco-Roman period. Class. Philol. 44. 1949. 91–99.
A.C. Andrews, The use of rue as a spice by the Greeks and Romans. Class. Journ. 43. 1947/8. 371–380.

f) Milchprodukte

G.P. Herdi, Die Herstellung und Verwertung von Käse im griechisch-römischen Altertum. Thurgau 1918.
K. Wyss, Die Milch im Kultus der Griechen und Römer. Giessen 1914.

g) Obst, Honig, Süßigkeiten

A.C. Andrews, Melon and watermelons in the classical era. Osiris 12. 1956. 368–375.
D. Casella, La frutta nelle pitture pompeiane. Pompeiana 1950. 355–386.
J. Klek, Die Bienenkunde des Altertums. 2 Bde. Neumünster 1919. 1921.

h) Öl

A. Bovon-Ph. Bruneau, Huiliers hellénistiques. BCH 90. 1966. 131–143.
A.G. Drachmann, Ancient oil mills and presses. Kopenhagen 1932.

i) Wein, Bier

H.W. Allen, A history of wine. London 1961.
H. Arntz, Vinum siccum. Bonner Jahrb. 139. 1959. 192–214.
F.v. Bassermann-Jordan, Geschichte des Weinbaues. 2. Aufl. Frankfurt M. 1923.
R. Billiard, La vigne dans l'antiquité. Lyon 1913.
E. Diehl, Griechischer Weinkühler. Festschr. Gymnas. Zweibrücken 1959. 18–28.
W.v. Kalnein, Das Weingefäß im Wandel der Jahrtausende. Stuttgart 1966.
K. Kircher, Die sakrale Bedeutung des Weines im Altertum. Giessen 1910, Neudr. Berlin 1970.
K. Kromer, Römische Weinstuben in Sayala. Denkschr. Öst. Akad. Phil. Hist. Wien 1967.
H. Lewy, Sobria ebrietas. Giessen 1929.
C. Ricci, La coltura della vita e la fabbricazione del vino nell' Egitto greco-romano. Milano 1924, Neudr. 1972.
A. Salač, Ein Hymnus auf den Wein. Act. Ant. 7. 1959. 201–209.
C. Schneider, Zur Bedeutung des Weines in der Kulturgeschichte. Neustadt W. 1958.
C. Seltman, Wine in the ancient world. London 1957.
B.A. Sparkes, Kottabos. Archaeology 13. 1960. 202–207.
F. Weege, Der einschenkende Satyr aus der Sammlung Mengarini. Berlin 1929.

Zu II,4: Arbeit und Berufsleben

a) Allgemeines

H. Blümner, Die gewerbliche Tätigkeit der Völker des Altertums. Leipzig 1869.
H. Blümner, Technologie. 4 Bde. Leipzig 1875–1887. (teils 2. Aufl. 1912).
L. Brentano, Das Wirtschaftsleben der antiken Welt. Jena 1929, Neudr. Hildesheim 1961.
F. Carrata-Thomes, La rivolta d'Aristonico e le origine della provincia Romana d'Asia. Torino 1968.
L. Einaudi, Greatness and decline of planned economy in the Hellenistic world. Bern 1950.
F.M. Feldhaus, Die Technik der Antike. Hildesheim 1971.
R.J. Forbes, Studies in ancient technology. Bisher 9 Bände. Leiden 1955–1972.
R. Gaettens, Inflationen. München 1955.
G. Glotz, Le travail dans la Grèce antique. Paris 1920.
T. J. Haarhoff, The stranger at the gate. Aspects of exclusiveness and cooperation. Oxford 1948.
F. Heichelheim, Wirtschaftliche Schwankungen von Alexander bis Augustus. Jena 1930.
J. Hinrichs, De operariorum cantilenis Graecis. Diss. Giessen 1908.
S. Lauffer, Einführung in die antike Wirtschaftsgeschichte. Darmstadt 1971.
J. Leipoldt, Der soziale Gedanke in der altchristlichen Kirche. Leipzig 1952.
N. Lewis, Inventory of compulsory services in Ptolemaic and Roman Egypt. Toronto 1968.

C. *Nicolet*, Recherches sur les structures sociales dans l'antiquité classique. Paris 1970.
F. *Poland*, Geschichte des griechischen Vereinswesens. Leipzig 1909, Neudr. 1967.
C. *Singer*-R. *Holmyard*-A. *Hall*, A history of technology. Bd. II Oxford 1967.
O. *Wason*, Class struggles in ancient Greece. London 1947. Neudr. Rom 1972.
C. *Welskopf*, Die Produktionsverhältnisse im alten Orient und in der griech. röm. Antike. Berlin 1967.

b) Handwerker

C. *Blümel*, Griechische Bildhauer an der Arbeit. Berlin 1940.
A. *Burford*, Craftsmen in Greek and Roman society. London 1972.
H.J. *Etienne*, The chisel in Greek sculpture. Leiden 1968.
O. *Lau*, Schuster und Schusterhandwerk in der griechisch-römischen Literatur und Kunst. Diss. Bonn 1967.
A. *Mutz*, Die Kunst des Metalldrehens bei den Römern. Basel 1972.

c) Großbetriebe, Bergbau

C. *Dubois*, Étude sur l'administration et l'exploitation des carrières marbre, porphyre, granit etc. dans le monde romain. Paris 1908.
K. *Fitzler*, Steinbrüche und Bergwerke. Leipzig 1910.
S. *Lauffer*, Die Bergwerkssklaven von Laureion. 2 Bde. Wiesbaden 1955/6, 1956/7.
N. *Lewis*, L'industrie du papyrus dans l'Egypte gréco-romain. Paris 1934.
C. *Préaux*, L'économie royale des Lagides. Bruxelles 1939.
M. *Rostovtzeff*, A large estate in Egypt in the third century b. C. New York 1922, Neudr. Roma 1967.
E. *Schönbauer*, Beiträge zur Geschichte des Bergbaurechtes. München 1929 (Beitr. zur Papyrforsch. 12).
M. *Westermann*, Business papers of the third century. (Zenon Papyri). 2 Bde. New York 1934. 1940.
H. *Wilsdorf*, Bergleute und Hüttenmänner im Altertum bis zum Ausgang der röm. Republik. Berlin-Leipzig 1952. (Freiberger Forschungsh.).
H. *Wilsdorf*-H. *Uhbrich*, Bergleute und Hüttenmänner, Bibliographie. Berlin 1966.
E. *Wipszycka*, L'industrie textile dans l'Egypte romaine. Warschau 1965.

d) Freie Lohnarbeiter, Tagelöhner

W. *Drumann*, Die Arbeiter und Communisten in Griechenland und Rom nach den Quellen. Königsberg 1860, Neudr. Amsterdam 1968.
J. *Hengstl*, Private Arbeitsverhältnisse freier Personen in den hellenistischen Papyri. Diss. Bonn 1972.
W. *Krenkel*, Tagelöhner in Rom. Romanitas 6/7. 1965. 131–150.
S. *Lauffer*, Antiker Sozialismus. Darmstadt 1971.
C. *Mossé*, Le travail en Grèce et à Rome. Paris 1966.

e) Landwirtschaft, Jagd, Fischfang

M.T. Atkinson, A Hellenistic land-conveyance. Historia 21. 1972. 45–74.

J. Aymard, Essai sur les chasses romaines dès origines à la fin du siècle des Antonins. Paris 1951.

R. Billiard, L'agriculture dans l'antiquité. Paris 1928.

S.v. Bolla-Kotek, Untersuchungen zur Tiermiete und Viehpacht im Altertum. 2. Aufl. München 1968. (Beitr. z. Papyrforsch. 30).

O. Brendel, Die Schafzucht im alten Griechenland. Diss. Giessen 1934.

D.J. Crawford, Kerkeosiris. An Egyptian village in the Ptolemaic period. Cambridge 1971.

D.B. Hull, Hounds and hunting in ancient Greece. Chicago-London 1964.

M. Miller, Das Jagdwesen der Griechen und Römer. München 1883, Neudr. Amsterdam 1970.

J. Overbeck, Antike Jagd. München 1927.

P.F. Palumbo, Per una storia del lavoro agricolo nel mondo antico. Studi Salentini 23. 1966. 177–218.

K. Schauenburg, Jagddarstellungen auf griechischen Vasen. Hamburg 1969.

M. Schnebel, Die Landwirtschaft im hellenistischen Ägypten. München 1925.

P. Zazoff, Jagddarstellungen auf antiken Gemmen. Hamburg-Berlin 1970.

f) Handel, Banken

R. Bogaert, Banques et banquiers dans les cités grecques. Leiden 1968.

L. Casson, The grain trade in the Hellenistic world. Transact. Amer. Philol. Ass. 85. 1954. 168–187.

E. Ciccotti, Commercio e civiltà nel mondo antico. Milano 1929.

R. Herzog, Aus der Geschichte des Bankwesens im Altertum. Abh. der Giessener Hochschulges. I. 1919. 15.

T. Kleberg, Buchhandel und Verlagswesen in der Antike. 3. Aufl. Darmstadt 1969.

H. Knorringa, Emporos. Amsterdam 1926, Neudr. 1961.

W. La Baume, Die Entwicklung des Textilhandels in Alteuropa. Bonn 1955.

F. Preisigke, Girowesen im griechischen Ägypten. Straßburg 1910, Neudr. Groningen 1970.

H. Schaal, Vom Tauschhandel zum Welthandel. Leipzig 1931, Neudr. Groningen 1970.

E. Speck, Handelsgeschichte des Altertums. 3 Bde. Leipzig 1900–1906.

E. Stemplinger, Buchhandel im Altertum. München 1933.

J. Stiegler, 5000 Jahre Buchhaltung. Stuttgart 1948.

E. Ziebarth, Der griechische Kaufmann im Altertum. München 1934.

g) Beamtentum

J.D. Bishop, The cleroterium. Journ. Hell. St. 90. 1970. 1–14.

C. Habicht, Die herrschende Gesellschaft in der hellenistischen Monarchie. Vierteljahresschrift f. Sozial- u. Wirtschaftsgesch. 45. 1958. 1–16.

C. Kunderewicz, Évolution historique de la responsabilité des fonctionnaires. Eos 48. 1956/7. 101–115.

E. Meyer, Einführung in die antike Staatskunde. Darmstadt 1968.

W. Oertel, Die Liturgie. Leipzig 1917, Neudr. Aalen 1965.

W. Peremans, Égyptiens et étrangers dans l'administration civile et financière de l'Égypte ptolemaique. Ancient Society 2. 1971. 33–51.

F. Preisigke, Die ptolemäische Staatspost. Klio 7 1907. 241–277.

E. Seidl, Ptolemäische Rechtsgeschichte. 2. Aufl. Erlangen 1962.

E.S. Staveley, Greek and Roman voting and election. London 1972.

F. Carrata Thomes, Il problema degli eteri nella monarchia di Alessandro Magno. Torino 1954.

h) Soldaten

Allgemeines

F.E. Adcock, The Greek and Macedonian art of war. Berkeley 1957.

A. Aymard, Esprit militaire. Rev. des études anc. 55. 1953. 132–145.

W. Clarysse, Three soldiers' wills. Ancient Society 2. 1971. 7–20.

H.Delbrück-K. Christ, Geschichte der Kriegskunst im Rahmen der politischen Geschichte I. Berlin 1964.

P. Ducrey, Le traitement des prisonniers de guerre dans la Grèce antique. Paris 1968.

Y. Garlan, Cité, armée et stratégie à l'époque hellénist. d'après l'oeuvre de Philon de Byzance. Historia 22. 1973. 16–34.

F. Granier, Die makedonische Heeresversammlung. München 1931 (Beitr. zur Papyrforsch. 13).

C.T. Griffith, The mercenaries of the Hellenistic world. Cambridge 1935, Neudr. Groningen 1968.

F. Kiechle, Zur Humanität in der Kriegführung der griechischen Staaten. Historia 7. 1958. 129–156.

J. Kromayer-G. Veith, Heerwesen und Kriegführung der Griechen und Römer. München 1928, Neudr. 1963 (HdA IV, 3, 2).

M. Launey, Recherches sur les armées hellénistiques. 2 Bde. Paris 1949. 1950.

J. Lesquier, Les institutions militaires de l'Égypte sous les Lagides. Paris 1911.

M. Mac Clelland-Westington, Atrocities in Roman warfare. Diss. Chicago 1938.

P.M. Meyer, Das Heerwesen der Ptolemäer und Römer in Ägypten. Leipzig 1900, Neudr. Aalen 1966.

H.W. Parke, Greek mercenary soldiers from the earliest times to the battle of Ipsus. Oxford 1933, Neudr. 1970.

W.K. Pritchett, Studies in ancient Greek military practices. Berkeley 1971.

W.W. Tarn, Hellenistic military and naval developments. 2. Aufl. Cambridge-London 1930, Neudr. New York 1966.

G. Wartenberg, Der Soldat in der griechisch-hellenist. Komödie. Diss. Leipzig 1969.

C.B. Welles, Gallic marcenaries. Klio 52. 1970. 477–490.

Truppengattungen, Waffen

J.K. Anderson, Ancient Greek horsemanship. Berkeley 1961.

J.K. Anderson, Philopoemen's reform of the Achaian army. Class. Philol. 62. 1967. 104–106.

M. Andronicos, Sarissa. BCH 1970. 91–107.

E. Badian, Orientals in Alexander's army. Journ. Hell. St. 85. 1965. 160–162.

P.A. Brunt, Alexander's Macedonian cavalry. Journ. Hell. St. 83. 1963. 27–46.

H. Callies, Zur Stellung der medici im röm. Heer. Medizinalhist. Journ. 3. 1968. 18–27.

H. Diels-E. Schramm, Philons Belopoiika (Text u. Übers.). Berlin 1919 (ABA 1918).

H. Diels-E. Schramm, Herons Belopoiika (Text u. Übers.) Berlin 1920 (ABA 1918, 2.)

R.F. Glover, The tactical handling of the elefant. Greece and Rome 17. 1948. 1–11.

G.T. Griffith, A note on the hipparchies of Alexander. Journ. Hell. St. 83. 1963. 68–74.

W. Krebs, Elefanten in den Heeren der Antike. Wiss. Ztft. Univ. Rostock 13. 1964. 205–220.

E.W. Marsden, Greek and Roman artillery. 2 Bde. Oxford. 1969. 1970.

R.D. Milns, Alexander's Macedonian cavalry. Journ. Hell. St. 86. 1966. 167–169.

R.D. Milns, Alexander's seventh phalanx battalion. Greek, Roman, and Byz. St. 7. 1966. 159–166.

W. Peremans, Notes sur la bataille de Raphia. Aegypt. 31. 1951. 214–222.

M.E. Pfeffer, Krankenversorgung der Soldaten in der griech. und röm. Antike. Wehrwissensch. Rundsch. 18. 1968. 291–298.

B. Rubin, Die Entstehung der Kataphraktenreiterei. Historia 4. 1955. 264–283.

A.v.Salis, Das Grabmal des Aristonautes. Berlin 1926. (Winkelmannprogr. 84).

E. Schramm, Die antiken Geschütze der Saalburg. Berlin 1918.

A. Szalay-E. Boehringer, Die hellenistischen Arsenale (Pergamon). Berlin 1937.

Taktik, Strategie, Festungskrieg

H. Popp, Antike Kriegskunst. München 1935.

S. Toy, A history of fortification. London 1955.

Krieg und Frieden

E. Ciccotti, La guerra e la pace nel mondo antico. Milano 1901, Neudr. Roma 1971.

M. Dieckhoff, Krieg und Frieden im griechisch-römischen Altertum. Berlin 1962.

W. Nestle, Der Friedensgedanke in der antiken Welt. Leipzig 1938 (Philol. Suppl. 31).

T.T.B. Ryder, Koine Eirene. Oxford 1965.

G. Zampaglione, L'idea della pace nel mondo antico. Torino 1967.

i) Seeleute

Allgemeines

A.M. Amit, Athens and the sea. Bruxelles 1965.

M. Cary-Warmington, The ancient explorers. London 1929.

L. Casson, Ancient mariners, sea-farers, and sea-fighters. New York 1959.

R. Hennig, Abhandlungen zur Geschichte der Schiffahrt. Jena 1928.

W. W. Hyde, Ancient Greek mariners. New York 1947.

A. Koester, Das antike Seewesen. Berlin 1923, Neudr. 1969.

A. Koester, Studien zur Geschichte des antiken Seewesens. Leipzig 1934, Neudr. Aalen 1963. (Klio Beih. 32).

A. Lesky, Thalatta. Der Weg der Griechen zum Meer. Wien 1947.

J. Meirat, Marines antiques de la Méditerranée. Paris 1964.

D.A. Rost-H. Flashar, Vom Seewesen und Seehandel in der Antike. Amsterdam 1968.

E. Zechlin, Maritime Weltgeschichte. Altertum und Mittelalter. Hamburg 1947.

Schiffe

D. Blackman, The length of life of a trireme. Greek, Roman, and Byzant. St. 10. 1969. 214–216.

L. Casson, Ships and seamanship in the ancient world. Princeton 1971.

L. Casson, The sails of the ancient mariners. Archaeology 7. 1954. 214–219.

L. Casson, Hemiolia and trihemiolia. Journ. Hell. St. 78. 1948. 14–18.

L. Casson, Ancient ship-building. Transact. Amer. Philol. Ass. 94. 1963. 28–33.

W. Fuchs, Der Schiffsfund von Mahdia. Tübingen 1963.

P.N. Gargallo, Anchors of antiquity. Archaeology 14. 1961. 31–35.

P. Gilles, Les navires à rames de l'antiquité. Paris 1965.

H. Michaelsen, Riesenschiffe. Berlin 1914.

F. Miltner, Ethnische Elemente antiker Schiffsformen. Gymnas. 62. 1955. 18–28.

F. Moll, Der Schiffbauer in der bildenden Kunst. Berlin 1930.

F. Moll, Das Schiff in der bildenden Kunst, Bonn 1929.

J.S. Morrison, The Greek trireme. Mariner's Mirror 27. 1941. 14–20.

J.S. Morrison-R.T. Williams, Greek oared ships. Cambridge 1968.

C. Torr, Ancient ships. Chicago 1954.

Häfen

L. Castiglione, Isis Pharia. Bull. Mus. Hongr. 34/5. 1970. 37–55.

J.J. Coulton, The stoa by the harbour at Perachora. Ann. Brit. School Athens 59. 1964. 100–131.

H. Schaal, Ostia. Bremen 1957.

C. Schneider, Hellenistische Hafenstädte. Jahrb. d. Hafenbautechn. Gesellsch. 23/4. 1955–57. 4–16.

C. Schneider, Antike Binnenhäfen und Binnenschiffahrt. Hansa 95. 1958. 1379f.

J.W. Shaw, A double-sheave pulley block from Kenchreai. Hesper. 36. 1967. 389–401.

Nautik

A.M. *Anthiaume*, Recherches sur l'histoire de la science nautique anterieurement à la découverte du nouveau monde. Paris 1913.

G.F. *Bass*, A history of seafaring based on underwater archeology. London 1972.

H. *Bengtson*, Skylax von Karyanda und Herakleides von Mylasae. Historia 3. 1954/5. 301–307.

A. *Breusing*, Die Nautik der Alten. Bremen 1886.

T. *Brown*, Onesicritus. New York 1970.

J. *Gagé*, Gadès, l'Inde et les navigations atlantiques dans l'antiquitè. Rev. hist. 75. 1951. 189–216.

D. *Gernez*, Les 'Périples' des anciens grecs et leurs rapports avec les livres de l'instruction nautique. Communic. de l'Académie de Marine 4. 1947/9. 15–34.

R. *Güngerich*, Die Küstenbeschreibung in der griech. Literatur. Münster 1950.

A. *Köster*, Die Nautik des Altertums. Berlin 1914.

Handelsmarine

C.H. *Brecht*, Zur Haftung der Schiffer im antiken Recht. München 1962.

G. *Kapitän*, Schiffsfrachten antiker Baugesteine und Architekturteile vor den Küsten Ostsiziliens. Klio 39. 1961. 276–318.

W. *Krebs*, Einige Transportprobleme der antiken Schiffahrt. Altert. 11. 1965. 86–101.

E. *Ziebarth*, Beiträge zur Geschichte des Seeraubes und Seehandels im alten Griechenland. Berlin 1929.

Kriegsmarine

R.C. *Anderson*, Oared fighting ships. London 1962.

F. *Corazzini*, Storia della marina militare antica. Catania 1892–1908.

D. *Kienast*, Untersuchungen zu den Kriegsflotten der römischen Kaiserzeit. Bonn 1966.

P. *Pédech*, Batailles navales dans les historiens grecs. Rev. ét. gr. 82. 1969. 43–55.

W.L. *Rodgers*, Greek and Roman naval warfare. London 1937.

K. *Schmidt*, Die Namen der attischen Kriegsschiffe. Diss. Leipzig 1931.

J.H. *Thiel*, Studies on the history of Roman seapower in the republican times. Amsterdam 1946.

Seeräuber

H.J. *Dell*, The origin and nature of Illyrian piracy. Historia 16. 1967. 344–358. vgl. 19. 1970. 113–120.

E. *Maroti*, Die Rolle der Seeräuber in der Zeit der mithradat. Kriege. Ricerche storiche in memoria di C. Barbagallo. Napoli 1970. 481–493.

H. *Ormerod*, Piracy in the ancient world. 2. Aufl. Liverpool 1950, Neudr. Chicago 1967.

J.M. *Sestier*, La piraterie dans l'antiquité. Paris 1880.

j) Sklaven

B. Adams, Paramone. Berlin 1964.

W.O. Blake, The history of slavery and the slave trade. St. Clair Shores 1971.

F. Bömer, Untersuchungen über die Religion der Sklaven in Griechenland und Rom. 4 Bde. Wiesbaden 1957–1963.

J.P. Brisson, Spartacus. Paris 1959.

A. Calderini, La manomissione e la condizione dei liberti in Grecia. Milano 1908, Neudr. Roma 1965.

M. Capozza, Movimenti servili nel mondo romano in età repubblicana. 2 Bde. Roma 1966. 1972.

L. Delekat, Katoche, Hierodoulie und Adoptionsfreilassung. München 1964. (Beitr. z. Papyrforsch. 47).

M.L. Finley, Slavery in classical antiquity. Cambridge 1960, Neudr. 1964.

F. Gschnitzer, Studien zur griechischen Terminologie der Sklaverei I. Wiesbaden 1964.

N. Himmelmann, Archaeologisches zum Problem der griech. Sklaverei. Wiesbaden 1971.

F. Kiechle, Sklavenarbeit und technischer Fortschritt im römischen Reich. Wiesbaden 1969.

F. Kudlien, Die Sklaven in der griechischen Medizin der klassischen und der hellenistischen Zeit. Wiesbaden 1968.

A. Mischulin, Spartacus. Berlin 1952.

P. Olivia, Die charakteristischen Züge der großen Sklavenaufstände. Neue Beitr. z. Gesch. d. alten Welt 2. 1965. 75–88.

J. Pouilloux, Actes d'affranchissement thessaliens. BCH 79. 1955. 442–466.

H. Rädle, Untersuchungen zum griechischen Freilassungswesen. Bonn 1969 (Diss. München).

H. Rädle, Selbsthilfeorganisationen der Sklaven und Freigelassenen in Delphi. Gymnas. 77. 1970. 1–5.

H. Raiffeiner, Sklaven und Freigelassene. Diss. Innsbruck 1970.

R.L. Sargent, The size of the slave population at Athens during the 5th. and 4th. cent. b. C. Urbana Ill. 1925, Neudr. Roma 1971.

E.M. Staerman, Die Blütezeit der Sklavenwirtschaft in der römischen Republik. Wiesbaden 1969.

J. Vogt, Sklaverei und Humanität. Wiesbaden 1965 (Historia Einzelschr. 8).

J. Vogt, Sklaverei und Humanität im klass. Griechentum. Wiesbaden 1953.

J. Vogt, Wege zur Menschlichkeit in der antiken Sklaverei. Tübingen 1958.

J. Vogt, Struktur der antiken Sklavenkriege. Wiesbaden 1957.

J. Vogt, Bibliographie zur antiken Sklaverei. Bochum 1971.

J. Volkmann, Die Massenversklavungen der Einwohner eroberter Städte in der hellenist.-röm. Zeit. Wiesbaden 1961.

H. Wallon, Histoire de l'esclavage dans l'antiquité. 2. Aufl. 3 Bde. Paris 1879, Neudr. Aalen 1971.

W.L. Westermann, The slave systems of Greek and Roman Antiquity. Philadelphia 1955.

A. Wilhelm, Ein Grabgedicht aus Athen. Mélanges Bidez II. Bruxelles 1934. 1007–1020.

k) Fahrendes Volk, Asoziale

H. *Blümner*, Fahrendes Volk im Altertum. München 1918. (SBayA).
A. *Gaheis*, Der Gaukler im Altertum. Wiener Blätter 2. 1923. 10ff. 34ff.
C.H. *Haile*, The clown in Greek literature. Diss. Princeton 1930.

Zu II,5: Feste, Freizeit, Sport, Spiel, Reise

a) Häusliche und öffentliche Feste

L. *Deubner*, Die Gebräuche der Griechen nach der Geburt. Rhein. Mus. 95. 1952. 374–377.
L. *Deubner*, Attische Feste. Berlin 1932, Neudr. Hildesheim 1962.
A. *Mommsen*, Heortologie. Leipzig 1864, Neudr. Amsterdam 1968.
R. *Muth*, „Hymenaios" und „Epithalamion". Wien. St. 67. 1954. 5–45.
M.P. *Nilsson*, Griechische Feste. Leipzig 1906.
A. *Pickard-Cambridge*, The dramatic festivals of Athens. 2. Aufl. Oxford 1968.
E. *Samter*, Familienfeste der Griechen und Römer. Berlin 1901.
M. *Vandoni*, Feste pubbliche e private nei documenti greci. Milano 1964.

b) Sport

H. *Bengtson*, Die olympischen Spiele in der Antike. Zürich und Stuttgart 1971.
C. *Blümel*, Sport der Hellenen. Berlin 1936.
J. *Ebert*, Griechische Epigramme auf Sieger an gymnischen und hippischen Agonen. Berlin 1972 (ASächsA).
E.N. *Gardiner*, Athletics in the ancient world. Oxford 1930.
H.A. *Harris*, Sport in Greece and Rome. London 1972.
J. *Juethner*, Die athletischen Leibesübungen der Griechen. Wien 1968 (SÖstA 1965).
E. *Mehl*, Antike Schwimmkunst. München 1927.
L. *Moretti*, Iscrizioni agonistiche greche. Rom 1953.
W. *Rudolph*, Olympischer Kampfsport in der Antike. Berlin 1965.
B. *Schroeder*, Der Sport im Altertum. Berlin 1927.
W. *Zschietzschmann*, Wettkampf und Übungsstätten in Griechenland. 2 Bde. Stuttgart 1961.

c) Tanz

F. *Ducat*-W. *Fuchs*, Relief aux danseuses. BCH 89. 1965. 15–20.
H. *Heydemann*, Verhüllte Tänzerin. Halle 1879.
L.B. *Lawler*, Phora, Schema, Deixis in the Greek dance. Transact. Amer. Philol. Ass. 85. 1954. 148–158.
L.B. *Lawler*, The dance in ancient Greece. London 1964.
R. *Lullies*, Statuette einer Tänzerin. Studia Robinson 1. 1951. 668–673.
G. *Prudhommeau*, La danse grecque antique. 2 Bde. Paris 1965.
L. *Séchan*, La danse grecque antique. Paris 1930.
F. *Weege*, Der Tanz in der Antike. Halle 1926.

d) Spiele aller Art

J. Dörig, Von griechischen Puppen. Antike Kunst 1. 1958. 41–52.
E. Falkener, Games ancient and oriental. New York 1961.
H.J.R. Murray, A history of board games other than chess. Oxford 1952.
B. Neutsch, Spiel mit dem Astragal. In R. Herbig, Ganymed. Heidelberg 1949. 18–28.
Ino Michaelidou-Nicolaou, Une nouvelle table à jeu. BCH 94. 1970. 549–551, vgl. auch 89. 1965. 122–127.
K. Ohlert, Rätsel und Rätselspiele der alten Griechen. 2. Aufl. Berlin 1912.
G. Rohlfs, Antikes Knöchelspiel. Tübingen 1963.
F. Scheidweiler, Erinnas Klage um Baukis. Philolog. 100. 1956. 40–51.

e) Reisen

W.C. Firebaugh, The inns of Greece and Rome. Chicago 1923.
R.J. Forbes, Notes on the history of ancient roads and their construction. Amsterdam 1934, Neudr. 1964.
T. Kleberg, Hôtels, restaurants et cabarets dans l'antiquité romaine. Stockholm 1957.
T. Kleberg, In den Wirtshäusern und Weinstuben des antiken Rom. Berlin 1963.

Zu II,6: Der Tod

F. Cumont, Lux perpetua. Paris 1949.
H. Diepolder, Die attischen Grabreliefs des 5. und 4. Jahrhunderts v. C. Berlin 1931, Neudr. Darmstadt 1965.
W. Gauer, Zum Iudicium Orests. Jahrb. D.A.I. 84. 1969. 76–88.
E. Griessmair, Das Motiv der mors immatura in den griech. metrischen Grabinschriften. Innsbruck 1966.
W. Hermann, Römische Götteraltäre. Kallmünz 1961.
G. Kleiner, Diadochengräber. Wiesbaden 1963.
D.C. Kurtz-Boardman, Greek Burial customs. London 1971.
F. Matz, Hellenistische und römische Grabbauten. Antike 4. 1928. 266–292.
H. Möbius, Die Ornamente der griechischen Grabstelen. 2. Aufl. München 1968.
W. Peek, Griechische Grabgedichte. Berlin 1960.
W. Peek, Griechische Versinschriften I. Berlin 1955.
W. Peek, Unedierte Grabinschriften aus Athen und Attika. Berlin 1958.
E. Reiner, Die rituelle Totenklage der Griechen. Stuttgart 1938.
A. Stecher, Der Lobpreis der Toten in den griechischen metrischen Grabinschriften. Diss. Innsbruck 1964.
J. Ter Vrugt-Lentz, Mors immatura. Diss. Groningen 1960.
C. Watzinger, Griechische Holzsarkophage aus der Zeit Alexanders des Großen. Leipzig 1905.
Th. Zielinsky, La guerre à l'outretombe. Mélanges Bidez Bruxelles 1934. 1021–1042.

Namenregister

(Ohne die Namen der Bibliographie und die ständig wiederkehrenden Namen Hellenismus, Griechen usw.)

Sachregister

Auswahl